Hendrik Trescher | Michael Börner

Inklusion als Herausforderung für integrative Kindertageseinrichtungen

Hendrik Trescher | Michael Börner

Inklusion als Herausforderung für integrative Kindertageseinrichtungen

Die Autoren

Hendrik Trescher, Jg. 1984, ist Professor mit dem Schwerpunkt „Inklusion und Exklusion" am Institut für Erziehungswissenschaft, FB Erziehungswissenschaften, an der Philipps-Universität Marburg.

Michael Börner, Jg. 1987, ist wissenschaftlicher Mitarbeiter am Institut für Erziehungswissenschaft, FB Erziehungswissenschaften, an der Philipps-Universität Marburg.

Dieses Buch ist erhältlich als:
ISBN 978-3-7799-7146-7 Print
ISBN 978-3-7799-7147-4 E-Book (PDF)

1. Auflage 2023

in der Verlagsgruppe Beltz · Weinheim Basel
Werderstraße 10, 69469 Weinheim

Herstellung: Ulrike Poppel
Satz: Datagrafix, Berlin
Druck und Bindung: Beltz Grafische Betriebe, Bad Langensalza
Beltz Grafische Betriebe ist ein klimaneutrales Unternehmen (ID 15985-2104-100)
Printed in Germany

Weitere Informationen zu unseren Autor:innen und Titeln finden Sie unter: www.beltz.de

Inhalt

Abbildungsverzeichnis

1. Inklusion als Herausforderung für integrative Kindertageseinrichtungen

1.1 Hinführung

In den vergangenen Jahrzehnten ist Inklusion zu einer ‚neuen Leitidee' und damit letztlich auch zu einem wirkmächtigen Paradigma avanciert. Ursprünglich im Feld der Sonder- bzw. Heilpädagogik angesiedelt, haben sich seither einige Diskursverschiebungen vollzogen (vgl. Köpfer/Powell/Zahnd 2021, S. 11; Joyce-Finnern 2017, 15f; Biewer/Schütz 2016, S. 126; Katzenbach 2015, 19ff). Zwar gilt Inklusion noch immer vielfach als etwas, was sich ausschließlich oder doch zumindest primär auf Menschen bezieht, die entlang gesellschaftlicher Klassifikationssysteme als Menschen mit Behinderung gefasst werden (vgl. Hirschberg/Köbsell 2016, S. 555; Budde/Hummrich 2013, o.S.; Hinz 2013, o.S.), allerdings hat Inklusion zwischenzeitlich auch verstärkt den Weg in andere wissenschaftliche Disziplinen und (insofern vorhanden) deren Praxisbereiche gefunden – etwas, was in der Vergangenheit nicht selten durch Vertreter:innen des sonder- bzw. heilpädagogischen Fachdiskurses gefordert wurde (vgl. Hinz 2013, o.S.). In vielen bezugsrelevanten Publikationen findet sich mittlerweile die Loslösung von einem sogenannten „engen" Inklusionsbegriff, der Inklusion auf einzelne Personengruppen (vor allem Menschen mit Behinderung) oder gesellschaftliche Teilbereiche (etwa den Bereich Schule) beschränkt, und eine damit einhergehende Hinwendung zu einem ‚breiten' bzw. ‚weiten' Inklusionsbegriff, der Inklusion als gesamtgesellschaftliche Herausforderung fasst, der eben auch auf gesamtgesellschaftlicher Ebene zu begegnen ist (vgl. Budde et al. 2019, o.S.; Budde/Hummrich 2015, 35ff; Lindmeier/Lütje-Klose 2015, S. 12).

Von dieser ‚Öffnung' von Inklusion betroffen sind auch Kindertageseinrichtungen. Auch an sie wird von unterschiedlichen Stellen (sei es durch politische Instanzen, Trägern oder Eltern) verstärkt die Erwartungshaltung und/oder der Auftrag gerichtet, Inklusion in ihrem Strukturbereich umzusetzen. Dies lässt sich auch anhand der Entwicklung der Betreuungszahlen in entsprechenden Einrichtungen ablesen: Im Fachkräftebarometer Frühe Bildung 2019 wird dargelegt, dass zwischen 2007 und 2018 „die Zahl der Kinder mit besonderem Förderbedarf (Eingliederungshilfe nach SGB VIII/SGB XII) von rund 57.100 auf 84.600 (+48%) gewachsen [ist]. Entsprechend arbeiten mehr Einrichtungen integrativ: Während 2007 nur rund ein Viertel mindestens ein Kind mit (drohender) Behinderung betreute, waren es 2018 bereits 37%. Nicht zuletzt ist die Zahl der Kinder, die in ihren Familien eine andere Sprache als Deutsch sprechen, zwischen 2007 und 2018 um 55% auf knapp 695.000 gestiegen. Vielsprachigkeit ist insbesondere in Westdeutschland und in Berlin Realität: Dort werden in rund 90 % der Einrichtungen Kinder mit unterschiedlichen Familiensprachen betreut" (Autorengruppe Fachkräftebarometer 2019, S. 10). Das Thema „Inklusion" nimmt allerdings nicht nur einen immer größeren Stellenwert in den einzelnen Organisationen ein, verschiedenfach wird ihnen sogar eine besondere Rolle mit Blick auf das ‚Gelingen' von Inklusion zugeschrieben (vgl. Thon/Mai 2018, S. 113; Machold/Diehm 2017, S. 310; Joyce-Finnern 2017, 19 ff; Schmude 2013, S. 216). Es handelt sich hierbei um eine Perspektive, die auch im Zuge der vorliegenden Studie vertreten wird. Begründet wird dieses besondere Inklusionspotenzial unter anderem damit, dass Kindertageseinrichtungen Lebensbereiche darstellen, in denen „entscheidende Weichen für den Weg durchs Leben und insbesondere für die persönliche Bildungsbiographie gelegt und gestellt [werden]" (Thole/Fölling-Albers/Roßbach 2008, S. 17; Kaul 2018, S. 34). Für viele Kinder stellen Kindertageseinrichtungen die ersten Begegnungsräume mit Menschen außerhalb des privaten Umfeldes dar und es handelt sich in der Folge um die Bereiche, in denen in der Regel erstmals unmittelbare Erfahrungen mit dem breitgefassten Themenbereich ‚Differenz' gesammelt werden (vgl. Joyce-Finnern 2017, 19 ff; Schmude 2013, S. 216). In der Konsequenz sind es auch die Orte, an denen entsprechende Kontakte (pädagogisch) gestaltet und begleitet werden können und letztlich auch müssen, um zum Beispiel möglichen Berührungsängsten zwischen den Kindern zu begegnen oder diesen vorzubeugen. Kindertageseinrichtungen scheinen insofern in besonderem Maße geeignet, bereits frühzeitig im Leben eines Menschen eine Sensibilisierung und Vertrautheit mit Blick auf die Vielfalt menschlicher Lebenspraxis zu erreichen und diese Perspektive zu kultivieren. Weiterhin kann Kindertageseinrichtungen insofern ein besonderes Inklusionspotenzial zugeschrieben werden, als sie im Gegensatz zum Handlungsraum Schule weniger stark durch eine Leistungsorientierung und (damit einhergehend) Abhängigkeiten und Hierarchien gekennzeichnet sind. In Kindertageseinrichtungen steht „nicht die (Lern-)Leistungsbewertung und mithin die Selektion nach Leistung im Mittelpunkt der pädagogischen Praxis, sondern die alters- und entwicklungsbezogene, über weite Strecken auch individualisierende pädagogische Begleitung, Unterstützung und mitunter Förderung der noch jungen Kinder durch die Fachkräfte" (Machold/Diehm 2017, S. 310).

Zusammenfassend scheint es also angemessen, von einem wechselseitigen Relevanzverhältnis zwischen Inklusion und Kindertageseinrichtungen zu sprechen. Auf der einen Seite stellt Inklusion ein hochgradig aktuelles Thema in frühpädagogischen Wissenschafts- und Praxisfeldern dar, welches immer mehr an Relevanz gewinnt (vgl. König 2020b, o. S.; Albers et al. 2020, o. S.; Brunner 2018, ff; Joyce-Finnern 2017, 9 ff; Trescher/Hauck 2015, S. 488). Auf der anderen Seite sind es jedoch ebendiese frühpädagogischen Wissenschafts- und Praxisfelder, die von elementarer Bedeutung für die Bewältigung der mannigfaltigen Herausforderungen sind, die sich aus der Erhebung von Inklusion als gesamtgesellschaftliche

Aufgabe ergeben. Denn um Inklusion, verstanden als kritische, gesellschaftsverändernde Praxis[1], umsetzen zu können, bedarf es letztlich auch der verstärkten Beforschung von Kindertageseinrichtungen als (Re-)Produktionsorte gesellschaftlicher (Ungleich-)Verhältnisse (vgl. Beutin/Flämig 2021, 43 ff; Panagiotopoulou 2020, S. 74; Trescher 2018c, 176 ff; Joyce-Finnern 2017, 105 ff; Machold/Diehm 2017, S. 309; Seitz/Finnern 2015, S. 26). Insofern ist es bedeutsam, mit Blick auf die „Entwicklung hin zur ‚inklusiven Kindertagesstätte' [...] innezuhalten und die gegenwärtige Situation in Einrichtungen der gemeinsamen Betreuung von Kindern mit und ohne Behinderung kritisch zu reflektieren" (Trescher/Hauck 2015, S. 488). An ebendieser Stelle anzuknüpfen und einen entsprechenden Beitrag hierzu zu leisten, kann als eines der Kernanliegen des hier gegenständlichen Forschungsprojekts gesehen werden. Die Begründungslogik der Studie geht jedoch hierüber hinaus, denn die Notwendigkeit einer eingehenderen Beforschung des Handlungsfelds ergibt sich ebenfalls daraus, dass die eingangs benannte Delegation von Inklusion als Handlungsauftrag an frühkindliche Bildungseinrichtungen zu einer nicht unwesentlichen Komplexitätssteigerung des dortigen pädagogischen Handelns geführt hat. Die Forderung, Inklusion im eigenen Handlungsfeld umzusetzen, konfrontiert die Mitarbeiter:innen mit vielfältigen neuen Herausforderungen, die zusätzlich zu jenen hinzutreten, durch die die dortige Handlungspraxis ohnehin gekennzeichnet war bzw. ist. Beispielhaft angeführt werden kann etwa, dass die explizite Erweiterung des Adressat:innenkreises um zuvor nicht erfasste Personengruppen – zum Beispiel (aber nicht ausschließlich): Kinder mit Behinderung – dazu führen kann, dass die Vielfalt der im Alltag zu berücksichtigenden Bedürfnisse zunimmt und die Situationen bzw. Rahmenbedingungen, in denen die Mitarbeiter:innen ihr pädagogisches Handeln ausgestalten müssen, komplexer werden. Verwiesen sei beispielsweise auf die Konfrontation der Mitarbeiter:innen mit ‚neuen' sprachlichen Aushandlungsformen pädagogischer Praxis – sei es der Umgang mit Fremdsprachen (zum Beispiel im Kontext von Kindern und Eltern mit Fluchtmigrationshintergrund) oder der Auseinandersetzung mit dem Thema „Gebärdensprache". Hervorzuheben ist in diesem Zusammenhang ebenfalls die Möglichkeit des Umgangs mit erhöhten bzw. komplexen Unterstützungsbedarfen, wie sie etwa im Kontext von Kindern mit verbalsprachlichen Einschränkungen vorliegen, die ihre Belange nicht über alternative Sprachformen (zum Beispiel über die genannten Gebärden) kommunizieren können. Hier bedarf es dann ggf. neuer kreativer Zugänge und komplexerer Praxen des Fremdverstehens, die sich womöglich erst berufsbegleitend angeeignet werden müssen. Greifbar wird hieran, dass Inklusion nicht nur als Herausforderung für Kindertageseinrichtungen, sondern auch für die hieran geknüpften berufsfeldbezogenen Aus- und Weiterbildungssysteme zu

1 Zum Inklusionsverständnis, das der hiesigen Studie zugrunde liegt, sei auf Kapitel 3 verwiesen.

sehen ist. Hiervon betroffen ist auch die Frage nach der Vermittlung und Aneignung theoretischen Wissens: Mit der Erhebung von Inklusion zu einem handlungsleitenden Paradigma frühpädagogischer Handlungspraxis geht die Notwendigkeit einher, dass sich die Mitarbeiter:innen ‚neues' theoretisches Wissen (zum Beispiel zu den Begriffen Inklusion, Teilhabe, Behinderung oder Barriere(-freiheit)) sowie hieran geknüpfte handlungspraktische Aushandlungsformen (ggf. in Abgrenzung zu früheren Begriffen und Leitbildern) womöglich parallel zur praktischen Tätigkeit aneignen (müssen). Dies kann wiederum eigene Konflikte mit sich bringen, denn die (ggf. selbstständige) Auseinandersetzung mit (sozial-) wissenschaftlichen Theorien und die Aneignung theoretischer Begriffe ist etwas, was eher im Rahmen eines Hochschulstudiums vermittelt wird. Kindertageseinrichtungen sind jedoch – trotz zunehmender Verbreitung und Relevanz – noch immer „nicht akademisierte Arbeitsfelder" (König 2020b, o. S.; Autorengruppe Fachkräftebarometer 2019, S. 9).

Grundsätzlich muss allerdings festgehalten werden, dass Inklusion nur ein Teilaspekt eines insgesamt breiter angelegten Transformationsprozesses ist, in dem sich das pädagogische Handlungsfeld in Kindertageseinrichtungen seit einigen Jahren befindet. Auch über den Handlungsauftrag Inklusion hinaus ist das zu bewältigende Aufgabenspektrum in der Handlungspraxis immer komplexer und die Liste der Anforderungen, die an die Mitarbeiter:innen gerichtet werden, stetig länger geworden (vgl. König 2021, S. 7; 2020b; Geiger 2021, S. 21; Autorengruppe Fachkräftebarometer 2019, S. 10; Thon/Mai 2017, S. 261). So sollen Kindertageseinrichtungen inzwischen „nicht nur immer mehr Kinder immer früher bilden und erziehen, zur *work-family-balance*, Geschlechtergerechtigkeit und Frauenerwerbsquote beitragen, sondern als sozialräumlich situierte Orte des Gemeinwesens auch Kinderarmut kompensieren, vielfältige Hilfsangebote für Familien vernetzen, Eltern beraten und bilden, geflüchtete Familien integrieren, mit Schulen lebendige und barrierefreie Bildungslandschaften gestalten, und so weiter und so fort" (Bollig 2019, 160 f; Hervorhebung im Orig.; vgl. Jooß-Weinbach 2012, S. 11). In einer Kindertageseinrichtung tätig zu sein, bedeutet also mehr denn je, sich vielfältigen und mitunter widerstreitenden Ansprüchen ausgesetzt zu sehen und das eigene Handeln im Spannungsfeld mannigfaltiger Ambivalenzen auszugestalten. Um diesen Herausforderungen perspektivisch gerecht zu werden, bedarf es verstärkt empirischer Forschung, die unmittelbar im Handlungsfeld ansetzt, innerorganisationale Abläufe sowie pädagogisches Handeln beleuchtet und kritische Reflexionsräume schafft (vgl. König 2020b, o. S.; König 2021, S. 7; Schwentesius 2017, S. 194). Gerade angesichts der vielfältig steigenden Anforderung an die frühpädagogische Handlungspraxis muss es verstärkt darum gehen, „Handlungsprobleme […] wahrzunehmen, zu beschreiben und in ihrer Struktur zu verstehen" (Breitenbach/Bürmann/Thünemann 2012, S. 97), um hiervon ausgehend Herausforderungen und Weiterentwicklungsperspektiven aufzuzeigen. Die vorliegende Studie strebt, wie bereits angemerkt, danach, hierzu einen Beitrag zu leisten. Sie widmet sich der grundlegenden und möglichst breiten Beforschung von integrativen Kindertageseinrichtungen als Vollzugsorte pädagogischen Handelns und greift damit die oben nachgezeichneten Entwicklungen sowie bestehende Forschungsdesiderate des Fachdiskurses auf (vgl. König 2020b, o. S.; Brunner 2018, S. 4; Bischoff/Betz 2018, S. 25; Seitz/Finnern 2015, S. 26; Thole/Milbradt/Göbel 2016, S. 4; Thole 2010, S. 217).

1.2 Zu diesem Buch

Das vorliegende Buch basiert auf dem Forschungsprojekt „Inklusion als Herausforderung für integrative Kindertageseinrichtungen", das zwischen 2017 und 2019 an der Goethe-Universität Frankfurt durchgeführt wurde, und hat die Darstellung des besagten Projekts sowie die Präsentation der herausgearbeiteten Ergebnisse zum Gegenstand. Auf breiter Ebene setzt es sich mit integrativen Kindertageseinrichtungen als Vollzugsorte pädagogischen Handelns auseinander und bietet vielfältige entsprechende Einblicke. Mit einer Krabbelstube, einem Naturkinderkarten sowie einem sogenannten „Kinderladen" wurden drei strukturell differente Einrichtungen ausgewählt und auf Grundlage eines komplexen Materialpools beforscht. Neben der Analyse der pädagogischen Konzepte und strukturellen Gegebenheiten der Einrichtungen wurden auch die (Selbst-) Darstellungen und Perspektiven von Mitarbeiter:innen unterschiedlicher Statusgruppen (über Interviews) sowie die je konkreten Interaktionsverläufe in den Einrichtungen (über Beobachtungen) erfasst und beleuchtet. Die Ergebnisse der einzelnen Auswertungen sind in der Schrift zusammenfassend und problemzentriert abgebildet. Auf ihre je eigene Art und Weise zeigen sie auf, wie komplex und anspruchsvoll pädagogisches Handeln in frühkindlichen Bildungseinrichtungen ist und verweisen hiervon ausgehend auf vielfältige Handlungsbedarfe und Weiterentwicklungspotenziale. Das Buch versteht sich in der Summe als kritisches Reflexionsangebot, das sich an eine Vielzahl von Adressat:innen richtet. Durch den eher breiten und allgemein gehaltenen Zugang zum Handlungsfeld, der nicht selten auch grundlegende Herausforderungen und Strukturprobleme aufwirft und diskutiert, können die Ergebnisse beispielsweise interessant für jene Personen sein, die sich ggf. zum ersten Mal mit Fragen pädagogischen Handelns im Handlungsfeld frühkindlicher Bildungseinrichtungen oder auch anderen Bereichen beschäftigen – sei es im Rahmen einer Ausbildung, eines Studiums oder auch privat. Für jene Menschen, die bereits in der hier untersuchten Handlungspraxis arbeiten, scheinen vor allem die kritische Beleuchtung von Selbstverständnissen von Mitarbeiter:innen sowie die breite Diskussion pädagogischer Handlungspraxis anhand konkreter Beispiele interessant. Beides öffnet den Blick für die Krisenhaftigkeit[2] des Handlungsfeldes und hilft ggf. dabei, vertraut gewordene Umgangsformen und Abläufe in einem neuen Licht zu sehen und zu hinterfragen. Insofern versteht sich das Buch als Einladung zum kritischen Nachdenken über pädagogische Handlungspraxis in Kindertageseinrichtungen und darüber hinaus. Ausdruck dessen ist ebenfalls die im Buch vorgestellte Methode des pädagogischen Verstehens, die als Verfahren der Praxisreflexion bzw. ‚Praxistool' im Forschungsprojekt „Wohin mit dem Wohnheim? Institutionsanalyse und Organisationsentwicklung in der stationären Behindertenhilfe" (Trescher 2018a; sowie explizit zur Methode: Trescher 2020d) entwickelt wurde und hier erstmals auf das Handlungsfeld integrativer Kindertageseinrichtungen übertragen wird.

Das Buch transportiert aber nicht nur eine Fülle an empirischem Datenmaterial und dessen problemzentrierte Auswertung und Diskussion. Es basiert auf einem Forschungsprojekt, das sich in eine Reihe weiterer Projekte einreiht, in denen sich intensiv und in je verschiedenen Zusammenhängen mit Fragen pädagogischen Handelns im Kontext von Inklusion und Behinderung beschäftigt wurde (vgl. Trescher 2015; Trescher 2017a; Trescher 2017f; Trescher 2018a; Trescher 2018b). Auf Grundlage dieser Projekte wurde das Theorem „Behinderung als Praxis, Inklusion als Kritik" entwickelt, das auch für die hiesige Untersuchung grundlegend ist und – in Kapitel 3 – ausführlicher vorgestellt wird. Entlang dieses Zugangs wird Inklusion als relationale Praxis verstanden, die darauf ausgerichtet ist, ihrerseits relationale Praxen des Ausschlusses, die als Praxen der Behinderung erfasst werden, offenzulegen und im lebenspraktischen Vollzug zu dekonstruieren. Inklusion stellt somit eine genuin gesellschaftskritische Praxis dar, die durch die Dekonstruktion[3] von Behinderungspraxen Teilhabemöglichkeiten für Personen eröffnet, die bisher – in welcher Form auch immer – von Ausschluss bedroht oder betroffen waren bzw. sind. Die Erörterung und Diskussion jenes grundlagentheoretischen Zugangs vor dem Hintergrund des erhobenen empirischen Materials könnte wiederum für Sozial- und Kulturwissenschaftler:innen interessant sein.

1.3 Zum Aufbau des Buches

In den Kapiteln 2 bis 5 des Buches wird sich zunächst mit grundlegenden Fragen beschäftigt, die auch für die spätere Einordnung und Diskussion der Ergebnisse von Bedeutung sind und auf die über den Verlauf der Darstellungen immer wieder verwiesen bzw. zurückgegriffen wird. In den Fokus gerückt wird hier zunächst – aufbauend auf einem Foucault'schen Diskursverständnis – das Verhältnis

2 Zum Krisenbegriff siehe die grundlagentheoretischen Ausführungen in Kapitel 5.

3 Bezugnehmend auf den Begriff der Dekonstruktion sei auf die Ausführungen in Kapitel 3.3 verwiesen.

von Diskurs und Subjekt (Kapitel 2), welches wiederum grundlegend für das im Anschluss daran darzustellende Theorem „Behinderung als Praxis, Inklusion als Kritik" ist (Kapitel 3). Gegenstand ist hier – wie der Titel bereits impliziert – die theoretische Klärung der Begriffe Behinderung und Inklusion. Im darauffolgenden Kapitel wird das – der hiesigen Studie zugrundeliegende – Verständnis von Kindheit expliziert sowie sich allgemein mit (historischen) Konstruktionen von Kindheit beschäftigt (Kapitel 4). In Kapitel 5 folgt eine theoretische Auseinandersetzung mit (für die hiesige Arbeit zentralen) Strukturmerkmalen pädagogischen Handelns.

Kapitel 6 markiert den Übergang zum empirischen Teil des Buches. Hier wird auf das Erkenntnisinteresse des Forschungsprojekts und die forschungsleitenden Fragestellungen eingegangen. In Kapitel 7 steht die Operationalisierung des Erkenntnisinteresses im Mittelpunkt. Kapitel 8 beschäftigt sich ausführlich mit dem gewählten methodischen Setting und stellt die gewählten Erhebungs- und Auswertungsverfahren vor.

Kapitel 9 ist das erste von insgesamt vier Auswertungskapiteln. Im Mittelpunkt steht hier die Darstellung der Auswertung der pädagogischen Konzepte der drei beforschten Einrichtungen. Kapitel 10 befasst sich mit der Strukturanalyse der Einrichtungen, die auf Grundlage der objektiven Eckdaten der Einrichtungen durchgeführt wurde. Es folgt eine ausführliche Darstellung der Auswertung der Interviews, die mit Mitarbeiter:innen unterschiedlicher Statusgruppen geführt wurden (Kapitel 11). Kapitel 12 behandelt den letzten Teil der Auswertung und beschäftigt sich mit der Analyse innerorganisationaler Interaktionsverläufe auf Grundlage der erhobenen Beobachtungsprotokolle.

Im darauffolgenden Kapitel 13 wird der Übergang zum abschließenden Teil des Buches bereitet. Kernfokus ist die zusammenfassende Darstellung, Einbettung und Diskussion der Gesamtergebnisse, wobei immer wieder Bezüge zu den grundlagentheoretischen Ausführungen in den Anfangskapiteln hergestellt werden. In Kapitel 14 wird ein empirisches Resümee gezogen und das forschungspraktische Vorgehen der Studie abschließend reflektiert. Gegenstand von Kapitel 15 ist die Formulierung eines handlungspraktischen Ausblicks, der sich an den erarbeiteten Gesamtergebnissen orientiert. In Kapitel 16 findet – aufbauend auf dem Ausblick – nochmal ein kurzer Exkurs statt. Vorgestellt und anhand von drei Beispielen exemplifiziert wird hier die Methode des pädagogischen Verstehens, die sich als eine Art ‚Praxistool' bzw. Methode der Praxisreflexion versteht und im Zuge früherer Forschungsprojekte entwickelt wurde. Kapitel 17 bildet sodann den Abschluss des Buches. Hier werden nochmal einige abschließende Gedanken formuliert.

2. Diskurs und Subjekt

In diesem Kapitel wird – als Grundlegung für die anschließende Darstellung des Behinderungs- und Inklusionsverständnisses (Kapitel 3) – die Frage nach der Wirkmächtigkeit von Diskursen und der Konstituierung von Subjekten im Fokus stehen. Etwas vereinfacht formuliert geht es hierbei um das Thema „Menschwerdung“ bzw. die Frage, wie ‚Menschen‘ zu einem Teil von ‚Gesellschaft‘ werden, wo sie dort ihre ‚Position‘ finden bzw. wie sie dort ‚positioniert‘ werden und ebendiese ‚Position‘ ausgestalten können. Reckwitz schreibt hierzu: „Wenn die kulturwissenschaftliche – die soziologische, historische, literaturwissenschaftliche, kulturanthropologische – Subjektanalyse nach ‚dem Subjekt‘ fragt, dann fragt sie nach der spezifischen kulturellen Form, welche die Einzelnen in einem bestimmten historischen und sozialen Kontext annehmen, um zu einem vollwertigen, kompetenten, vorbildlichen Wesen zu werden“ (Reckwitz 2008a, 9 f). Weiterhin wird „nach dem Prozess der ‚Subjektivierung‘ oder ‚Subjektivation‘ [gefragt], in dem das Subjekt unter spezifischen sozial-kulturellen Bedingungen zu einem solchen ‚gemacht‘ wird“ (Reckwitz 2008a, 9 f). Menschliche Lebenspraxis bzw. das, was allgemeinhin unter ‚Realität‘ verstanden wird, wird hier folglich nicht als etwas gesehen, was durch ‚die Natur‘ vorgegeben ist, sondern als etwas, was erst in und durch die spannungsgeladene, ambivalente und kontingente Beziehung von Diskurs und Subjekt hervorgebracht wird. Soziale Wirklichkeit ist relational, also immer abhängig von Beziehungen und der je konkreten Aushandlung menschlicher Lebenspraxis.

In den folgenden Unterkapiteln wird das der Studie zugrundeliegende Verständnis der genannten Begriffe dargelegt. Weiterhin wird aufgezeigt, wie beides ineinandergreift. Zunächst wird, im Anschluss an einen Foucault’schen Diskursbegriff, das Diskursverständnis entfaltet, auf das sich die vorliegende Arbeit beruft (Kapitel 2.1). Daraufhin wird skizziert, wie – hierauf aufbauend – Subjekt und Subjektivierung gefasst werden (Kapitel 2.2).

2.1 Diskurs und Diskursteilhabe

Foucault begreift Diskurse als Praktiken, „die systematisch die Gegenstände bilden, von denen sie sprechen“ (Foucault 1981, S. 74). Diskursen wird somit eine hervorbringende, produktive Wirkmächtigkeit zuteil. Diskurse werden von Foucault als „eine Menge von Aussagen“ (Foucault 1981, S. 156) charakterisiert, die „einem gleichen Formationssystem angehören“ (Foucault 1981, S. 156), wobei hervorzuheben ist, dass sich Diskurse nicht auf den Faktor Sprache reduzieren lassen: „Zwar bestehen diese Diskurse aus Zeichen; aber sie benutzen diese

Zeichen für *mehr* als nur zur Bezeichnung der Sachen. Dieses *mehr* macht sie irreduzibel auf das Sprechen und die Sprache“ (Foucault 1981, S. 74; Hervorhebung im Orig.). Wird Foucault gefolgt, ist eines der zentralen Merkmale von Diskursen darin zu sehen, dass sie sich fortwährend vollziehen, also kein starres Gebilde beschreiben. Diskurse werden gelebt, sie vollziehen und verändern sich. Ihnen wohnt eine Prozesshaftigkeit inne. Stetig werden sie (durch Subjekte) neu ausgehandelt und hervorgebracht (vgl. Reckwitz 2003, S. 298).

Neben einem übergreifenden Diskurs, der die komplette(n) erfahrbare(n) Wirklichkeit(en) in sich vereint, sind Diskurse dadurch gekennzeichnet, dass sie stets in irgendeiner Art und Weise gegenstandsbezogen sind. Diese Gebundenheit begrenzt die Diskurse. Ihnen sind Grenzen gesetzt. Allerdings können diese Grenzen durchaus fließend sein, sodass hier im Anschluss an Reckwitz eher von ‚unscharfen Grenzen‘ zu sprechen ist (vgl. Reckwitz 2008b, S. 11). Im Prinzip bedeutet das, dass nicht immer eindeutig gesagt werden kann, wo ein Diskurs eigentlich beginnt und wo er endet. Diskurse sind also „diskontinuierliche Praktiken […], die sich überschneiden und manchmal berühren, die einander aber auch ignorieren oder ausschließen“ (Foucault 2003, S. 34). Ungeachtet dessen können gewisse Themen, Gegenstände und auch Subjekte durchaus bestimmten Diskursen zugeordnet werden. In erziehungswissenschaftlichen Fachdiskursen wird beispielsweise nicht – um ein gegenwärtig sehr einschlägiges Thema aufzugreifen – grundlegend über die Entwicklung und Wirksamkeit von Impfstoffen oder die juristische Begründbarkeit von pandemiebedingten Kontakt- respektive Ausgehbeschränkungen verhandelt, sondern über Fragen von Sozialisation, Erziehung und Bildung (ggf. im Zeichen einer Pandemie). Somit sind auch Virolog:innen als Subjekte nicht Teil dieses Fachdiskurses, Pädagog:innen und Erziehungswissenschaftler:innen hingegen schon. Gleichzeitig kann es allerdings – wie in Bezug auf die unscharfen Grenzen angemerkt – sein, dass Diskurse in interdisziplinärer Manier Anschluss an andere Wissenschaftszweige und deren Theoriefelder finden. Im Fall der hiesigen erziehungswissenschaftlichen Studie sind dies etwa Diskurse der Soziologie, Philosophie und Kulturwissenschaften. So ist es dann auch zu begründen, dass in diesem Buch überhaupt Fragen danach gegenständlich werden, was unter den Begriffen Diskurs, Subjekt usw. zu verstehen ist.

Mit Blick auf die Frage danach, was wie in Diskursen ausgehandelt wird, ist der Begriff des Dispositivs von Bedeutung. Auch dieser entstammt der Foucault'schen Diskurstheorie und adressiert ein Ordnungssystem, das Diskurse entlang einer „homologe[n] kulturelle[n] Logik“ (Reckwitz 2008a, S. 29) zusammenhält und steuert (vgl. Foucault 2017; Link 2020, S. 279; Gelhard 2013; Bührmann/Schneider 2012; 2010). Dispositive sind „eine Art Hinterbühne […], auf der die Diskurse und diskursiven Praxen reguliert werden“ (Trescher 2018a, S. 14; vgl. Reckwitz 2008a, S. 29). Sie lenken das Netz von Praktiken an und im Subjekt, welches Subjekte (Menschen) an bestimmten Orten in Diskursen platzieren und halten. Dispositive sind damit (notwendigerweise) kontingent, aber nicht

‚schnell' angreifbar. In Bezug auf die hier relevante Thematik betrifft dies etwa die Frage, wie Diskurse um Kindheit und pädagogisches Handeln in frühkindlichen Bildungseinrichtungen verhandelt werden (vgl. Andresen 2004; Burmeister 2020).

Diskurse werden also durch ihre unscharfen Grenzen begrenzt. Dies ließe sich auch darüber fassen, dass eine Form von Ausschluss entsteht und die Frage nach Diskursteilhabe gegenständlich wird. Der Zugang zu Diskursen und die Beteiligung an deren Aushandlung wird jedoch nicht ausschließlich durch ihre gegenstandsbezogenen Grenzen reguliert, sondern ebenso durch Diskursen inhärente Ausschließungssysteme, die im Umkehrschluss aber immer auch Systeme des Zugangs zu Diskursen sein können (vgl. Foucault 2003, S. 11; Trescher 2018a, 21 ff; Trescher/Hauck 2020b, 17 ff). Durch derartige Regulierungen wird sichergestellt, „dass das, was gesagt werden kann und was als legitimes Wissen angenommen wird, limitiert bleibt und nur innerhalb deutlich eingeschränkter und sichtbarer Grenzen erscheint" (Mills 2007, S. 80). Die Ausschließungsprozeduren von Diskursen lassen sich dabei im Grunde auf drei Kernaspekte zurückführen, die nachfolgend aufgegriffen werden: die *Frage nach Exklusion*, die *Frage nach dem Normalen* sowie die *Frage nach den Sprechenden* (vgl. Foucault 2003; Trescher/Hauck 2020b, 17 f).[4] Bezugnehmend auf die *Frage nach Exklusion* geht es um die benannten (unscharfen) Grenzen von Diskursen und die Aushandlung der Frage, wer (ggf. unter welchen Bedingungen bzw. Umständen) zu diesen zugelassen wird oder nicht. Exemplarisch angeführt werden kann hier das, was Foucault mit der „Ausgrenzung des Wahnsinns" (Foucault 2003, S. 16) adressiert. Die (unscharfen) Grenzen von bzw. die Zugänglichkeit zu Diskursen bestimmt, wer dort sprechen darf und wer nicht, wobei mit ‚sprechen' nicht nur verbalsprachliche Äußerungen, sondern sämtliche Ausdrucks- bzw. Gestaltungsformen menschlicher Lebenspraxis gemeint sind (vgl. Foucault 2003, 27 ff). Es geht also um die grundlegende Frage der Zugänglichkeit zu Diskursen.

Die *Frage nach dem Normalen* nimmt die innere Ausgestaltung von Diskursen in den Blick. Innere Prozeduren des Ausschlusses entfalten dann ihre Wirkmächtigkeit, wenn eine Person Zugang zu einem Diskurs hat und diesen in der Folge auch unweigerlich mit hervorbringt. Aufgeworfen wird an dieser Stelle die Frage danach, was im betreffenden Diskurs zugelassen ist zu sagen und was nicht. Von Relevanz sind Regeln, Normen oder Verhaltenskodizes, die festlegen, was nun eigentlich als das ‚Normale' des Diskurses zu betrachten ist. Dies können zum Beispiel bestimmte Sittlichkeitsnormen sein – beispielhaft etwa die Art und Weise der Nahrungsaufnahme in einem Restaurant oder an den Besuch geknüpfte

---

4 Es sei darauf hingewiesen, dass es sich bei dieser Systematisierung um eine vereinfachte Form der Darstellung handelt, die auf frühere Arbeiten von Trescher (2015) beruht und hier zu einer verkürzten Darstellung genutzt wird (vgl. Trescher 2018d; Trescher 2020b; Trescher/Hauck 2020a; Trescher/Hauck 2020b).

Bekleidungsvorschriften. Weiterhin können es institutionalisierte Abläufe oder konkrete Interaktionsrituale sein, die innerhalb eines Diskurses von den dort agierenden Subjekten einzuhalten sind. Von Relevanz sind darüber hinaus mögliche Tabus, die zu beachten bzw. einzuhalten sind. Eine Normalisierungspraxis stellt nach Foucault zum Beispiel „das verbotene Wort" (Foucault 2003, S. 16) dar. Über dieses wird geregelt, was in einem Diskurs gesagt werden darf und was nicht. Ebenfalls anzuführen wäre „der Wille zur Wahrheit" (Foucault 2003, S. 16). Durch diesen wird reguliert, welches Wissen nun in einem Diskurs als wahr anerkannt wird und welches nicht. Wissenschaftliche Entdeckungen zum Beispiel sind demnach nicht als solche im Sinne der einzig gültigen Wahrheit einzustufen, sondern als das Zulassen neuer Wahrheiten im Diskurs, wodurch sich die Grenzen von Diskursen verschieben (vgl. Foucault 2003, 14f).

Ebenso wie die Frage nach dem Normalen beschreibt auch die *Frage nach den Sprechenden* eine innere Ausschlussprozedur. Hier geht es darum, wer sich in einem Diskurs ‚äußern' kann und welches Gewicht dem geäußerten ‚Wort' zuteil wird. Im Zuge dessen können ebenfalls latente Mechanismen wirksam werden, die den Ausschluss von je bestimmten Diskursen regulieren und eine „Selektion unter den sprechenden Subjekten" (Foucault 2003, S. 26) vornehmen. Ein Beispiel für eine solche Regulierung der Vergabe von ‚Sprechrollen' ist, dass eine Person zwar an einem Diskurs teilhaben kann (und ihn dadurch mithervorbringt), ihrem Wort allerdings nicht die gleiche Bedeutung beigemessen wird, wie dem von anderen Personen.

Die regulativen Mechanismen von Diskursen können in der Summe als wirkmächtige Praxen reflektiert werden, die unmittelbaren Einfluss darauf haben, welche Subjektpositionen durch Subjekte eingenommen werden können und welche nicht. Sie führen dazu, dass bestimmte Subjekte an bestimmte Positionen gebunden und dort durch gouvernementale Praxen der Fremd- und Selbststeuerung als Subjekte hervorgebracht werden, was in Bezug auf das hier vertretene Verständnis von Behinderung und Inklusion von zentraler Bedeutung ist (vgl. Trescher 2020a, S. 150). Bevor allerdings in Kapitel 3 ausführlicher hierauf eingegangen wird, wird zunächst noch das Thema „Subjekt" und „Subjektivierung" thematisiert.

2.2 Subjekt und Subjektivierung

Von den Vertreter:innen postmoderner Subjekttheorien, zu denen auch Foucault zu zählen ist, wird das (postmoderne) Subjekt dadurch in seiner Integrität als bedroht betrachtet, dass „die Prozesse der Subjektivierung subtiler werden und zunehmend in das Subjekt selbst verlagert sind" (Graßhoff/Paul/Yeshurun 2015, S. 315). Schlagwörter sind hier ‚Individualisierung', ‚Flexibilisierung' und ‚Ökonomisierung' (vgl. Lemke/Krasmann/Bröckling 2012; Lessenich 2009; Bröckling/

Krasmann/Lemke 2004). Die Verantwortung für soziale Probleme, Phänomene des Ausschlusses und der Abhängigkeit werden in das Subjekt verlagert (vgl. Graßhoff/Paul/Yeshurun 2015, S. 315). Foucault verortet das Subjekt in einer ambivalenten Einheit von Fremd- und Selbstbestimmung (vgl. Foucault 2005b, 269 ff; Saar 2013, S. 27). Von Bedeutung ist hier der schon oben verwendete Begriff der Gouvernementalität. Foucault versteht hierunter eine Technik der Menschenführung (vgl. Foucault 2015, S. 261). Mit dem Begriff werden diejenigen Prozeduren umschrieben, mit denen Personen, Strukturen und Praxen auf andere Personen (planvoll) einwirken und diese als je bestimmte Subjekte hervorbringen bzw. Subjektpositionen bereitstellen, innerhalb derer sich Subjekte selbst hervorbringen. Gouvernementale Regierungspraxen vollziehen sich insofern einerseits durch Formen der Fremdregulierung, gleichzeitig jedoch auch durch Formen der Selbstregulierung (vgl. Lemke/Krasmann/Bröckling 2012). Gouvernementalität ist zu verstehen als „die Gesamtheit, gebildet aus den Institutionen, den Verfahren, Analysen und Reflexionen, den Berechnungen und den Taktiken, die es gestatten, diese recht spezifische und doch komplexe Form der Macht auszuüben" (Foucault 1978, S. 171). Foucault sieht das Subjekt somit einerseits „der Herrschaft eines anderen unterworfen […] und in seiner Abhängigkeit" (Foucault 2005b, S. 275) stehend und andererseits als „durch Bewusstsein und Selbsterkenntnis an seine eigene Identität gebunden" (Foucault 2005b, S. 275). Das Subjekt unterwirft sich demnach zwar äußeren (diskursiven) Verfügungen und kann sich ausschließlich innerhalb der durch Diskurse gerahmten Subjektpositionen bewegen, ist aber dabei gleichzeitig auch zur Selbstverfügung in der Lage (vgl. Nonhoff 2014, S. 392). An dieser Stelle offenbart sich eine Ambivalenz in der Konstitution des Subjekts. Diese ist darin begründet, dass das Subjekt „erst in der Unterwerfung unter eine diskursive Ordnung als handlungsfähiges Subjekt in Erscheinung [tritt]" (Opitz 2014, S. 393; vgl. Butler 2016b).

Unter dem Begriff der ‚Subjektpositionen' werden die durch Diskurse hervorgebrachten Positionen verstanden, die das Subjekt annehmen kann (vgl. Motakef 2014, S. 394). Wichtig zu beachten ist, dass Subjektpositionen durch Diskurse reguliert werden, also nicht beliebig durch Subjekte gewählt werden können (vgl. Motakef 2014, S. 394). Subjekte werden also in und durch Diskurse hervorgebracht. In der Folge sind sie „in allen ihren Merkmalen Produkte historisch- und kulturell spezifischer Praktiken, und sie existieren nur innerhalb des Vollzugs sozialer Praktiken" (Reckwitz 2003, S. 296). Dieser Prozess der Hervorbringung von Subjekten durch Diskurse ist das, was hier unter der Praxis der Subjektivierung gefasst wird. Diese Praxen vollziehen sich über die Aneignung und die Auseinandersetzung mit den „spezifischen, naturalen, materialen und sozialen sowie symbolischen Ordnungen" (Ricken 2013b, S. 34). Ebenjene Subjektivierungspraxen „sind immer auch empirisch beobachtbar – und können daher mit Mitteln, die innerhalb der Sozialwissenschaft erprobt und fortwährend verfeinert werden, […] erforscht werden" (Rieger-Ladich 2017, S. 192). Dies in Bezug auf den Handlungsrahmen integrativer Kindertageseinrichtungen zu leisten, kann – wie über den Verlauf der Studie zu zeigen sein wird – als ein zentrales Anliegen des hier gegenständlichen Forschungsprojekts gesehen werden.

Diskurse bringen also Subjekte hervor, gleichzeitig können Subjekte jedoch auch Diskurse verändern und hervorbringen, indem sie in und durch diese handeln. Sie bewirken, dass Diskurse in all ihren Teilen fortwährend neu geschöpft werden und damit immer gewissen Transformationen unterliegen (vgl. Foucault 2014, S. 25). Im Rahmen ihrer Subjektpositionen können Subjekte dazu beitragen, Diskurse zu verändern und deren Grenzen zu verschieben. Diese Kontingenz bzw. Wandelbarkeit von Diskursen bedeutet wiederum zwangsläufig, dass auch die Subjekte wandlungsfähig und nicht an starre Positionen gebunden sind. Indem Diskurse verändert und ihre Grenzen verschoben werden, transformieren sich notwendigerweise auch – mal mehr, mal weniger tiefgreifend – die hierin angelegten Subjektpositionen. Nonhoff und Gronau sprechen in Bezug auf die Beziehung von Diskurs und Subjekt auch von einem Verhältnis der „Gleichursprünglichkeit" (Nonhoff/Gronau 2012, S. 122). Für Foucault ist es in diesem Zusammenhang entscheidend, zu betonen, „dass es nicht auf der einen Seite unbewegliche Diskurse gibt, die mehr als halbtot sind, und dann auf der anderen Seite ein allmächtiges Subjekt, das sie manipuliert, sie umwälzt, sie erneuert, sondern dass die diskurrierenden Subjekte Teil eines diskursiven Feldes sind – hier finden sie ihren Platz (und ihre Möglichkeiten der Deplatzierung), ihre Funktion (und ihre Möglichkeiten funktioneller Wandlung). Der Diskurs ist nicht der Ort eines Einbruchs purer Subjektivität; er ist für Subjekte ein Raum differenzierter Positionen und Funktionen" (Foucault 2005a, S. 33).

Abschließend sei noch darauf hingewiesen, dass sich dieser Prozess der Hervorbringung von Subjekten durch und in Diskursen ebenfalls „als ein Anerkennungsgeschehen" (Ricken 2013a, S. 84) begreifen lässt. Anerkennung ist dabei grundlegend normativ, denn sie ist notwendigerweise mit der Frage verbunden, wer wie als was in Diskursen anerkannt wird bzw. wer wie als was anerkannt werden soll (vgl. Ricken 2013a, S. 90; Balzer/Ricken 2010, 39f; Diehm 2010, 129f). Die Art und Weise der Anerkennung ist bedeutsam, da sie letztlich darüber entscheidet, wem – entlang der im Vorangegangenen thematisierten Prozeduren der Ausschließung – im Diskurs welche Subjektpositionen zuteilwerden und wem es – entlang dieser Subjektpositionen – erlaubt ist zu sprechen und welches Gewicht dem Wort der betreffenden Personen zugemessen. Die Anerkennung als (nicht) diskursfähiges Subjekt wird hierbei mittels „Normen der Anerkennung" (Butler 2014, S. 34) festgelegt. Diese wiederum werden durch das „Wahrheitsregime [...], das von Anfang an entscheidet, was eine anerkennbare Form des Seins ist und was nicht" (Butler 2014, S. 33), reguliert. Ebendiese Normen stellen den diskursiven Rahmen dar, in welchem das Subjekt als dieses oder jenes anerkannt werden kann (vgl. Butler 2014, S. 34; Rösner 2012, 385ff).

3. Behinderung als Praxis. Inklusion als Kritik

Im Folgenden wird das Behinderungs- sowie Inklusionsverständnis der hiesigen Studie vorgestellt. Beide Verstehenszugänge gründen wesentlich auf den Ausführungen aus Kapitel 2. Sowohl Behinderung als auch Inklusion werden als machtvolle[5] diskursive Praxen verstanden, die relational aufeinander bezogen sind und sich wechselseitig ausschließen (vgl. Trescher 2017b). Inklusion wird als gesellschaftskritische Praxis gefasst, die darauf ausgerichtet ist, Praxen der Behinderung zu identifizieren und im lebenspraktischen Vollzug zu dekonstruieren[6] (vgl. Trescher 2017c; Trescher 2018a, 33; Trescher 2018d; Trescher/Hauck 2020b, S. 22).

Entwickelt wurde das Theorem „Behinderung als Praxis. Inklusion als Kritik" im Zuge jahrelanger Untersuchungen und Forschungen zu Lebensverhältnissen von Menschen mit Behinderungen in Deutschland. Dabei wurden Organisationen des Hilfesystems (vgl. Trescher 2018a; 2017f; 2015), die Perspektive des subjektiven, biografischen Erlebens (vgl. Trescher 2017a; 2017f), die pädagogisch-professionelle Ebene (vgl. Trescher 2018a; 2015) sowie die Ebene des Sozialraums und der Gesamtgesellschaft in den Blick genommen (vgl. Trescher/Hauck 2020b). Das hier gegenständliche Forschungsprojekt „Inklusion als Herausforderung für integrative Kindertageseinrichtungen" sieht sich in der Tradition dieser Vorarbeiten, stellt aber mindestens in zweierlei Hinsicht eine Erweiterung dar. Zum einen wird der bisher sehr starke Fokus auf ‚(geistige) Behinderung' aufgegeben und zunehmend durch die Beforschung allgemeingesellschaftlicher Lebenspraxen

5 Der Begriff ‚Macht' wird an dieser Stelle und auch im weiteren Verlauf der Ausführungen ebenfalls in Anlehnung an Foucault verwendet (vgl. Foucault 2017, 93 ff; 2013, 37 ff). Unter ‚Macht' versteht er keine Form der repressiven Gewalt, über die gewisse Menschen verfügen und andere wiederum nicht. Vielmehr versteht er ‚Macht' als eine Art diffuse produktive Kraft, die alle Menschen in gleichem Maße erfasst und entlang bestimmter sozio-kulturell-historisch geprägter Logiken bzw. „einer komplexen strategischen Situation in einer Gesellschaft" (Foucault 2017, S. 94) operiert (vgl. Foucault 2017, S. 94; 2013, S. 250). In „Überwachen und Strafen" schreibt er hierzu: „Man muss aufhören, die Wirkungen der Macht immer negativ zu beschreiben, als ob sie nur ‚ausschließen', ‚unterdrücken', ‚verdrängen', ‚zensieren', ‚abstrahieren', ‚maskieren', ‚verschleiern' würde. In Wirklichkeit ist die Macht produktiv; und sie produziert Wirkliches. Sie produziert Gegenstandsbereiche und Wahrheitsrituale: das Individuum und seine Erkenntnis sind Ergebnisse dieser Produktion" (Foucault 2013, S. 250). In Bezug auf Foucaults Machtbegriff sprechen Dreyfus und Rabinow auch von „Strategien ohne Strategen" (Dreyfus/Rabinow 1987, S. 137).

6 Zum Begriff der Dekonstruktion siehe Kapitel 3.3.

ersetzt. Inklusion, so wurde in den früheren Arbeiten deutlich, kann nicht nur dadurch erreicht werden, dass sich Systeme und Praxen der sogenannten „Behindertenhilfe“ anpassen. Zum anderen wird der Fokus erstmals auf das Lebensalter Kindheit gerichtet und kindliches Handeln sowie pädagogisches Handeln im Kontext frühkindlicher Bildungseinrichtungen im Zeichen des Theorems in den Blick genommen. Bevor nun aber ausführlicher auf ebendieses Theorem eingegangen wird, scheint es zunächst erforderlich, zu skizzieren, was unter den immer wiederkehrenden Begriffen ‚Praxis‘ bzw. ‚Praktiken‘ verstanden wird und wie beides in der hiesigen Studie voneinander abgegrenzt wird.

3.1 Praxen und Praktiken

Das hier zugrundeliegende Verständnis der Begriffe Praxen und Praktiken basiert auf praxeologischen bzw. praxistheoretischen Arbeiten, in denen beide Begriffe ausgehandelt werden (vgl. Schäfer 2016b; Schatzki 2001). Mit einer praxistheoretischen Perspektive wird eine Sicht auf soziale Wirklichkeit eröffnet, die „eine spezifische Version einer kulturtheoretischen, ‚sozialkonstruktivistischen‘ Perspektive“ (Reckwitz 2003, 286 f) darstellt, anhand derer „empirisch sichtbar gemacht werden [soll], wie soziale Ordnungen im praktischen Zusammenspiel von Körpern, Dingen und Artefakten erzeugt, aufrechterhalten und verändert werden“ (Alkemeyer/Buschmann 2016, S. 116; vgl. Reckwitz 2003, 282 f). Soziale Wirklichkeit wird dabei als etwas erfasst, dass sich „aus sehr konkret benennbaren, einzelnen, dabei miteinander verflochtenen Praktik*en* […] zusammensetzt“ (Reckwitz 2003, 289; Hervorhebung im Orig.). Arbeiten aus entsprechenden Zusammenhängen verfolgen daher unter anderem den Anspruch, diese Praktiken zu rekonstruieren, weshalb Praxistheorie auch als etwas verstanden werden kann, dass durch einen „quasi-ethnologischen Blick auf die Mikrologik des Sozialen“ (Reckwitz 2003, S. 298) geleitet ist.

Innerhalb praxeologischer oder praxistheoretischer Arbeiten werden die Begriffe Praxis, Praxen und Praktiken teilweise voneinander unterschieden (vgl. Alkemeyer/Buschmann 2016; Shove/Pantzar/Watson 2012; Rouse 2001), teilweise aber auch synonym verwendet (vgl. Reckwitz 2012; 2003). Im Englischen stellt sich die Frage nicht, welcher Begriff in welchem Sinne Anwendung findet, was darauf zurückzuführen ist, dass ‚practice‘ (zumindest der Wortbedeutung nach) sowohl Praxis als auch Praktik gleichermaßen bedeutet. Hieraus folgt die grundsätzliche Notwendigkeit, das eigene Verständnis von ‚practice‘ offenzulegen (vgl. Schatzki/Knorr Cetina/Savigny 2001). Alkemeyer und Buschmann formulieren, dass es durchaus sinnvoll sein könne, zumindest idealtypisch „zwischen *Praktiken* als kulturell geformten Mustern identifizierbarer Einheiten einerseits und *Praxis* im Sinne von Verrichtungen andererseits“ (Alkemeyer/Buschmann 2016, S. 119;

Hervorhebung im Orig.) zu unterscheiden[7], um „auf die unterschiedlichen theoretisch-methodologischen Perspektivierungen und die daraus resultierenden Konsequenzen für die Konzeptualisierung der sozialen Ordnung und ihrer Subjekte […] aufmerksam zu machen" (Alkemeyer/Buschmann 2016, S. 119). Die Konstitution von Praktiken bzw. Praxis sei von der eingenommenen Perspektive abhängig. „Je nachdem, welche *Beobachterposition* bezogen wird, erscheint Praxis entweder primär in ihrer Einheit, Regelhaftigkeit und Strukturiertheit *(practice-as entity)* oder aber in erster Linie als eine Vollzugsgegenwart voller Unsicherheit und Überraschungen *(practice-as-performance)*" (Alkemeyer/Buschmann 2016, S. 124; Hervorhebung im Orig.; vgl. Shove/Pantzar/Watson 2012, 99 ff). Reckwitz (2012; 2003) unterscheidet hingegen nicht begrifflich zwischen kulturell geformten Mustern von Praktiken und Vollzugspraktiken, bezieht sich jedoch zumeist auf ‚practice-as-performance', also auf die Vollzugskraft, die der Hervorbringung von Subjekten und Objekten durch (in seinem Begriffskanon) Praktiken inhärent ist (vgl. Reckwitz 2012, 14 ff). Auch im hier relevanten Zusammenhang wird, in Rückbezug auf die in Kapitel 2 dargelegte Annahme der sozialen Welt als diskursiv geordnet bzw. sich diskursiv vollziehend, ein Verständnis von Praxis als Vollzugspraxis zugrunde gelegt, also in diesem Sinne als ‚practice-as-performance'. Perspektivisch soll dabei zwischen je situativen Praxen und generalisierten Praktiken unterschieden werden. Als situative Praxen werden dabei jene gefasst, die sich je konkret in einer Situation vollziehen. Unter generalisierten Praktiken werden all jene Praxen gefasst, die in einem gegebenen Kontext routinisiert wurden. Je situative Praxen in den Blick zu nehmen, heißt, die Einzigartigkeit der Lebenspraxis zu würdigen und analytisch zu fassen. Gemeint ist der Vollzug in einer Einzelsituation, in der sich Subjekte und Diskurse wechselseitig hervorbringen. In der hier gegenständlichen Forschungsarbeit stehen – indem es um die Analyse pädagogischen Handelns in frühkindlichen Bildungseinrichtungen geht – je situative Praxen im Vordergrund der Analysen.

3.2 Behinderung als Praxis

In Kapitel 2 wurde dargelegt, dass Subjekte einerseits in und durch Diskurse hervorgebracht werden, sie andererseits jedoch auch selbst an der Aushandlung und der Hervorbringung von Diskursen beteiligt sind. Praxen der Subjektivierung vollziehen sich dabei im Rahmen eines gouvernementalen Regierungsgeschehens durch Praxen der Fremd- und Selbststeuerung. Das Verständnis von Behinderung, das der hiesigen Forschungsarbeit zugrunde liegt, setzt an

7 Shove et al. sprechen hier von ‚practice-as-entity' und ‚practice-as-performance' (vgl. Shove/Pantzar/Watson 2012, 7 f).

ebendieser Stelle an. Es fasst Behinderung als machtvolle diskursive Praxis, die sich – als je situative Praxis – dann vollzieht, wenn einem Subjekt oder einer Gruppe von Subjekten der Zugang zu (je konkret bezugsrelevanten) Diskursen erschwert oder verhindert wird und/ oder ihm – im Falle der Zugänglichkeit – die Möglichkeit verwehrt bleibt, in den je betreffenden Diskursen zu ‚sprechen' und/ oder ‚gehört' zu werden (vgl. Trescher 2017b; Trescher 2017d). Dies geht mit einer Abkopplung von essentialistischen Vorstellungen von Behinderung einher. Behinderung ist demnach kein manifester Status einzelner Personengruppen mehr, der entlang bestimmter medizinisch-naturwissenschaftlicher Definitionsgrößen vergeben wird, sondern Behinderung ist etwas, was in und durch diskursive Praxen entsteht. Forschungsarbeiten, die einem Verständnis von Behinderung als Praxis folgen, interessieren sich dafür, *wie* Subjekte *als was* in Diskursen durch „Anrufungs- oder Adressierungspraktiken" (Dederich 2019, S. 114) hervorgebracht werden. Es wird die Frage nach diskursiven Ordnungen – und damit auch nach den in Kapitel 2 thematisierten Dispositiven –, zugewiesenen Subjektpositionen gegenständlich, ebenso wie die Frage nach deren je konkreten Ausgestaltung, individuellen Aushandlung sowie – hieran anschließend – die Frage nach Diskursteilhabebarrieren, die an die jeweiligen Subjektpositionen geknüpft sind und in der Folge dazu führen können, dass Subjekte in ihrer Diskursteilhabe beschränkt und als behindert hervorgebracht werden. Behinderung als Praxis zu reflektieren, heißt, die Frage zu stellen, wer in welcher Art und Weise (nicht) als im Diskurs sprechendes Subjekt hervorgebracht wird bzw. sich wechselseitig selbst als nicht-sprechendes Subjekt hervorbringt. Die medizinisch-naturwissenschaftliche Statuszuschreibung ‚Behinderung' tritt in diesem Zusammenhang als wirkmächtige Praxis in Erscheinung, da aus ihr spezielle Praxen des Umgangs mit Menschen erwachsen, die sich an den als ‚behindert' klassifizierten Personen vollziehen. Das als ‚behindert' klassifizierte Subjekt ist „performativer Effekt diskursiver und institutioneller Praktiken, die als dichtes Netz von Zuschreibungen die Selbst- und Fremdwahrnehmung einer Gruppe von Individuen hervorbringen" (Rösner 2014, S. 140). Entlang ihrer jeweiligen Subjektpositionen und hieran geknüpfter Praxen der Anrufung und Adressierung wird Menschen ein bestimmter sozialer Status zuteil, der wiederum „in hohem Maße [beeinflusst], als wer oder was sich die so Angerufenen oder Adressierten selbst sehen" (Dederich 2019, S. 114). Organisiert und zusammengehalten werden diese Praxen ihrerseits durch ein Behinderungsdispositiv, durch das „das Subjekt an bestimmte Positionen im Diskurs gebunden und auf diese beschränkt wird" (Trescher/Hauck 2020b, S. 20; Trescher 2018a, S. 14).

Behinderung als machtvolle diskursive Praxis zu reflektieren, die sich je situativ vollzieht, geht dabei mit der Konsequenz einher, dass auch Menschen, die bisweilen nicht im herkömmlichen Sinn als ‚behindert' bezeichnet wurden, in bestimmten Situationen als ‚behindert' zu fassen sind (vgl. Trescher 2017c; Trescher 2018a, 33 ff). Dies ist immer dann der Fall, wenn sie in ihrer je konkreten Lebenspraxis an Diskursteilhabebarrieren stoßen, sprich wenn sie durch bestimmte diskursive Praxen in ihrer Teilhabe an Diskursen eingeschränkt werden. Faktoren wie Armut, Einsamkeit oder der Ausschluss von Bildungsmöglichkeiten treten dabei ebenso als Praxen der Behinderung in Erscheinung wie Formen erlernter Bedürfnis- und Hilflosigkeit oder etwaige Traumatisierungen, die durch das Leben in sogenannten „totalen Institutionen" (Goffman 1973) hervorgerufen werden können (vgl. Trescher 2017a; Trescher 2017d). Weiterhin hat es zur Folge, dass ein Subjekt niemals als gesamtes Individuum ‚behindert' sein kann, sondern lediglich in bestimmten Situationen bzw. Diskursen. Die Frage nach der Wirkmächtigkeit von Praxen der Behinderung ist insofern eine, die immer in Bezug auf den je konkreten Einzelfall zu klären ist. Wann und wo Praxen der Behinderung als solche wirkmächtig werden, kann nicht generalisiert festgelegt werden.

Anhand der bisherigen Darstellungen sollte deutlich gemacht werden, dass sich ein Verständnis von Behinderung als Praxis einerseits auf eine äußere Ebene bezieht, in Form der Manifestation von Diskursteilhabebarrieren (zum Beispiel in Form verwehrter Zugänge zu Diskursen oder verwehrten Sprecherrollen in deren Aushandlung). Von Bedeutung ist andererseits aber ebenso, dass Behinderung als Praxis auch eine innere Ebene erfasst. Diese nimmt wiederum die subjektive Erfahrung des Behindert-Werdens in den Blick (vgl. Trescher 2017b; Trescher 2017e; Trescher 2018e). Behinderung als machtvolle diskursive Praxis zu verstehen, bedeutet auch, Behinderung als konkrete Lebenserfahrung von Subjekten zu beleuchten. Behinderung als Praxis ist für Personen, die hiervon betroffen sind, eine reale sozial-emotionale Erfahrung, die nicht selten mit Erlebnissen wie Ausgrenzung und Diskriminierung verbunden ist. Missachtungserfahrungen in alltäglichen Aushandlungen – beispielsweise in Form erlebter Zurückweisung, Geringschätzung, Isolation und Gewalt – stellen Erfahrungsgrößen dar, die nicht selten mit behinderten Subjektpositionen verbunden sind. Behinderung als Praxis adressiert insofern auch das, „was sich als Erfahrung von und mit Behinderung niederschlägt, sich in Biografien und Karrieren verfestigt, was Gegenstand und Bedingung von Anpassungen, Bewältigungsstrategien, Leiden oder Widerstand" (Groenemeyer 2014, S. 154) ist. Behinderung entlang des hier vertretenen Verständnisses zu verstehen, bedeutet demnach ein komplexes Wechselspiel aus (äußeren) diskursiven Praxen der Ein- und Ausschließung sowie der (inneren) Einschreibung ebenjener Praxen in Subjekte durch Praxen der Subjektivierung in den Blick zu nehmen. Was dies für das hier relevante Handlungsfeld integrativer Kindertageseinrichtungen bedeutet und wie dieses Verständnis von Behinderung mit dem hier vorherrschenden Verständnis von Inklusion verbunden ist, wird im nachfolgenden Unterkapitel ausgeführt.

3.3 Inklusion als Dekonstruktion und kritische Praxis

Im Vorangegangenen wurden bereits zwei wesentliche Konsequenzen adressiert, die zu berücksichtigen sind, wenn Behinderung als machtvolle diskursive Praxis gefasst wird. Eine weitere Konsequenz ist darin zu sehen, dass Behinderung als etwas greifbar wird, das zumindest auf theoretischer Ebene auflösbar ist. Dies ist dann der Fall, wenn Praxen, die auf vielfältige und komplexe Art und Weise dazu führen, Behinderung je situativ zu (re-)produzieren, dekonstruiert werden. Der hierin angelegte dekonstruktionslogische Ansatz bezieht sich auf Judith Butler (1991), die wiederum an das Dekonstruktionsverständnis Derridas (2016; 1999; 1990; 1986) anschließt und dieses als Begriff und Praxis weiterentwickelt hat (vgl. Reckwitz 2008a, 89 ff). In ihren Arbeiten hat sich Butler vor allem der Dekonstruktion von Geschlechterverhältnissen und hierin angelegter hierarchischer Ordnungen gewidmet (vgl. Butler 2016a, S. 8). Sie hat gezeigt, dass die vorherrschende Geschlechterordnung und deren Auslebungspraxen (zum Beispiel: heterosexuelle Familienmodelle, Monogamie etc.) nicht auf naturgegebene Tatsachen zurückzuführen sind, sondern vielmehr das Produkt machtvoller diskursiver Praktiken sind, die ebendiese erst hervorbringen und – durch Praxen der Subjektivierung – stetig reproduzieren. In diesem Sinne konstatiert sie: „Die Vorstellung, dass es eine ‚Wahrheit' des Sexus geben könne, wie Foucault ironisch behauptet, wird gerade durch die Regulierungsverfahren erzeugt, die durch die Matrix kohärenter Normen der Geschlechtsidentität hindurch kohärente Identitäten hervorbringen" (Butler 1991, 38). Dekonstruktion von Geschlecht heißt demnach erstmal, dass die Kategorie ‚Geschlecht' selbst infrage gestellt und auf ihre Wirkmächtigkeit hin analysiert wird. Dekonstruktion kann damit als eine Praxis des Infragestellens begriffen werden. Es geht darum, „das Vorherrschende [...] in seiner gesellschaftlichen Funktion zur Aufrechterhaltung der herrschenden Norm(alität) sowie in seinen Konstitutions- und Konstruktionsprozessen zu untersuchen, dabei Ausgeschlossenes zu erkennen und Hierarchisierungen aufzuweichen" (Hartmann 2001, 80 f). Dekonstruktion bedingt „eine Bejahung der Differenz und des Differierens" (Zirfas 2001, S. 50) und verfolgt das Ziel „das Denken von innen her für das zu öffnen, was dieses seit jeher ausgeschlossen hat, um dem anderen gerecht werden zu können" (Zirfas 2001, S. 50). In Bezug auf das hier relevante Verständnis von Inklusion als Praxis der Dekonstruktion von Behinderung kann dies also insofern gewendet werden, als es um eine Form der genealogischen Analyse geht – also um die Offenlegung und kritische Reflexion von „Machtwirkungen in und am Subjekt" (Saar 2007, S. 304), die ihrerseits Perspektiven und Räume für Veränderung und Kritik öffnet (vgl. Saar 2007, S. 294). Es geht um eine kritische Analyse von Strukturen und Praxen, die Behinderung hervorbringen, um diese erfassen und lebenspraktisch dekonstruieren zu können. Durch die Dekonstruktion von Behinderung entstehen wiederum (im Idealfall) Formen von Diskursteilhabe, die ihrerseits alternative Formen der

Subjektivierung möglich machen. Inklusion wird demnach ihrerseits als machtvolle diskursive Praxis gefasst, deren Fokus darauf liegt, Praxen der Behinderung a) offenzulegen und b) zu dekonstruieren. In der Summe geht es darum, „innerhalb der symbolischen Ordnung und damit an den realen Machtverhältnissen in der Gesellschaft Veränderungen zu erzeugen" (Rösner 2014, S. 141), um hierdurch Menschen, die von Behinderung (als Praxis) betroffen sind, Formen von Diskursteilhabe und damit neue Aushandlungsformen in Bezug auf ihre je konkrete Lebenspraxis zu ermöglichen. Inklusion stellt gouvernementale Regierungstechniken infrage, erfasst Praxen von Herrschaft und Ausschluss und dekonstruiert sie im lebenspraktischen Vollzug. Entlang des hiesigen Verständnisses ist Inklusion also als genuin kritische Praxis zu begreifen, denn sie stellt „nicht nur die Handlungspraxis, sondern auch (Herrschafts-)Systeme sowie deren Funktionen in Frage" (Trescher 2015, S. 51).

Weiterhin zeigt sich, dass Inklusion zu betreiben, immer auch eine Form politischen Handelns bedeutet, denn sie ist – aufgrund der Adressierung von Diskursteilhabebarrieren und der Dekonstruktion von Praxen des Ausschlusses – letztlich immer darauf ausgerichtet, Gesellschaft zu kritisieren und Gesellschaft zu verändern (vgl. Dederich 2017, S. 71). „Inklusion ernst zu nehmen, bedeutet notwendiger Weise ständig Kritik an gesellschaftlichen und institutionellen Rahmenbedingungen zu üben und somit die Politisierung der eigenen Tätigkeit ernst zu nehmen" (Seifert 2013, o. S.). Dass diese Form politischen Handelns mit tiefgreifenden Herausforderungen verbunden und für die beteiligten Subjekte hochgradig krisenhaft[8] ist, ist naheliegend, kann es sich doch als erforderlich erweisen, geltende Strukturen sowie routinisierte Praxen und Denkmuster grundlegend zu hinterfragen und zur Disposition zu stellen. Inklusion ist allerdings nicht nur insofern als krisenhaft zu reflektieren, als sie Veränderungen erzeugt und Neues hervorbringt. Die Krisenhaftigkeit von Inklusion präsentiert sich ferner darin – und dies ist für den Kontext der hiesigen Studie von zentraler Bedeutung –, dass sich die Frage, wann etwas für wen in welcher Situation zur Diskursteilhabebarriere wird oder nicht, nicht pauschal beantworten lässt (vgl. 2018g; 2020c; Trescher 2022). Es ist keinesfalls immer klar, was überhaupt für wen als Diskursteilhabebarriere zu fassen ist und wie sich ebendiese ggf. lebenspraktisch dekonstruieren lassen, ohne wiederum an anderer Stelle und für andere Personen andere Formen von Ausschluss zu erzeugen. Das, „was für die eine Person eine Barriere darstellt, kann für eine andere Person Unterstützung sein und umgekehrt" (Trescher/Hauck 2020b, S. 314). Inklusion zu ‚machen', heißt insofern zwangsläufig, dass immer der je konkrete Einzelfall im Blick behalten werden muss. Weiterhin bedeutet es, dass sich in einem ambivalenten Feld bewegt wird. Verschiedene Positionen müssen erfasst, kritisch hinterfragt und gegeneinander

8 Der Begriff ‚Krise' wird hier im Anschluss an Ulrich Oevermann (2016a; 1996) gefasst. Siehe hierzu die Ausführungen in Kapitel 5.1.

abgewogen werden. Es gibt nicht den einen richtigen Weg, sondern es kann immer nur die Frage nach dem höheren Gut gestellt werden, was bedeutet, dass Inklusion auch heißt, dass krisenhafte Entscheidungen getroffen werden müssen: Für wen werden wann, warum und welche Formen von Diskursteilhabebarrieren (nicht) durch spezielle (politische oder pädagogische) Maßnahmen adressiert? Welche Teilhabebarrieren anderer Personen werden deshalb nicht erfasst oder ggf. – im Zuge der Dekonstruktion der Diskursteilhabebarrieren – überhaupt erst hervorgebracht? Inklusion ‚machen', ist insofern immer auch eine moralische Frage, die entlang einer Idee von Gerechtigkeit beantwortet werden muss (vgl. Forst 1994, 215ff; Forst 2005, 24ff).

Ausgehend von dem dargelegten Behinderungs- und Inklusionsverständnis lässt sich mit Blick auf das hiesige Forschungsvorhaben die Frage nach dem Vollzug von Praxen der Behinderung und Inklusion im Handlungskontext integrativer Kindertageseinrichtungen ableiten. Beispielsweise: Wie gestaltet sich der innerorganisationale Umgang mit Differenzzuschreibungen? Welche Subjektpositionen werden Kindern in entsprechenden Handlungszusammenhängen zugewiesen? Wie knüpfen Betreuungspraxen der Mitarbeiter:innen an diesen an und wie werden die Positionen durch die Kinder selbst aufgegriffen und ausgehandelt? Wie sind die Einrichtungen strukturell ausgestaltet und welche Konsequenzen ergeben sich hieraus in Bezug auf Praxen der Behinderung und Inklusion? Ziel des Forschungsvorhabens ist es, unter anderem auf diese Fragen Antworten zu finden.

4. Kindheit

Das heute vorherrschende Verständnis von ‚Kindheit' als eigene Lebensphase, in deren Rahmen dem Kind eine besondere Aufmerksamkeit zukommt, ist nicht naturgegeben, sondern, wie der französische Arzt und Historiker Philippe Ariès 1960 in seiner Untersuchung zur „Geschichte der Kindheit" (Ariès 1975) erstmals ausführlich darlegte, das Produkt gesellschaftlicher Wandlungsprozesse (vgl. Kaul 2018, S. 36; Bock 2013, S. 23; Hengst 2008, S. 551). Ausgehend hiervon wird im Rahmen der vorliegenden Studie ‚Kindheit' als sozio-kulturell-historisch variable Kategorie gefasst, die in hohem Maße normiert ist. Dies heißt unter anderem, dass sich das, was in einem je konkreten sozio-kulturell-historischen Zusammenhang unter ‚Kindheit' verstanden wird, durchaus mehr oder weniger stark unterscheiden kann. Weiterhin heißt es, dass die Kategorie ‚Kindheit' nicht ‚im luftleeren Raum steht', sondern mit weitreichenden Konsequenzen für (unter anderem) jene Menschen einhergeht, an denen die Kategorie anknüpft (vgl. Alberth/Bollig/Schindler 2020, 2 ff; Burmeister 2020, 64 ff). Sozio-kulturell-historische Vorstellungen von Kindheit nehmen unmittelbaren Einfluss darauf, wie mit Menschen, die unter der zeitspezifisch definierten Kategorie ‚Kindheit' subsumiert werden, umgegangen und wie sie als Subjekte hervorgebracht werden. Kinder sehen sich vielfältigen kulturellen Deutungsmustern und Praxen ausgesetzt, die ihrerseits den Rahmen für mögliche (Selbst-)Erfahrungen darstellen. Unter Rückbezug auf Kapitel 2 wäre folglich zu sagen, dass es Diskurse um bzw. Dispositive der Kindheit sind, die Kinder überhaupt erst als solche hervorbringen. Gleichzeitig sind es aber auch die Kinder, die ihrerseits in die Hervorbringung von Diskursen um Kindheit involviert sind. Im Folgenden soll diese Perspektive anhand des historischen Wandels der Konstruktion ‚Kindheit' grob skizziert werden.

Zur Entdeckung und Institutionalisierung der Kindheit

In Ariès' Analyse, welche mitunter auch als Ausgangspunkt der modernen Kindheitsforschung betrachtet wird (vgl. Postman 1982, S. 15), wird deutlich, dass sich die Entwicklung hin zu heutigen Kindheitskonzepten erst ab dem 16. und 17. Jhd. abzuzeichnen begann. So wurden Kinder noch in der mittelalterlichen Kunst bis zum 17. Jhd. als ‚kleine Erwachsene' dargestellt, die sich nur in ihrer Körpergröße, nicht aber im Ausdruck oder anderen Merkmalen von Erwachsenen unterscheiden (vgl. Ariès 1975, S. 92). Diese Art der Darstellung illustriert, dass es – im Gegensatz zur heutigen Zeit – zu diesem Zeitpunkt noch kein kategoriales Verständnis von Kindheit gab, weshalb Kinder auch an der Lebenspraxis der Erwachsenen teilnahmen, sobald sie ohne permanente Hilfe leben konnten (vgl. Ariès 1975, S. 209) – was, laut Ariès, etwa ab dem siebten Lebensjahr der Fall war (vgl. Ariès 1975, S. 559). Konkret äußerte sich dies darin, dass die Kinder sowohl an den Spielen als auch an der Arbeit der Erwachsenen beteiligt waren, womit sie das, was sie im Leben wissen mussten, zumeist im Rahmen eines Lehrverhältnisses, d.h. über eine direkte praktische Teilnahme, erwarben. Diese spezifische Eltern-Kind-Beziehung war vor allem vor dem Hintergrund bedeutsam, dass die Familie zum Erhalt des eigenen Besitzes und der Sicherung des eigenen Überlebens aufeinander angewiesen war. Der Familie kam primär die zweckorientierte Funktion des Selbsterhalts zu und nicht notwendigerweise die der emotionalen Verbundenheit. Dieser Tatbestand wird unter anderem auch durch die damaligen demografischen Gegebenheiten plausibilisiert, denn die hohe Kindersterblichkeit beförderte es, dass Geburten eher unter quantitativen Gesichtspunkten betrachtet (d.h. tendenziell mehr Kinder gezeugt wurden, damit zumindest einige überlebten) und starke emotionale Bindungen vermieden wurden bzw. sich – gemessen an einem heutigen Standard – nur eingeschränkt entwickeln konnten (vgl. Ariès 1975, 98 f; Postman 1982, S. 27). Die Loslösung von der Konstruktion des Kindes als ‚kleinem Erwachsenen' und den daran geknüpften Praxen des Umgangs erfolgte zusehends im 18., dem sogenannten „pädagogischen Jahrhundert", in dem die schrittweise systematische Entdeckung und sukzessive Institutionalisierung des Phänomens ‚Kindheit' zu verorten sind.

Begünstigt durch die Idee der Aufklärung und dem sich zu dieser Zeit etablierenden Bildungsbürgertum festigte sich ab dem 18. Jahrhundert zunehmend eine Vorstellung vom Kind als noch unfertigem und daher erziehungsbedürftigem Wesen (vgl. Hurrelmann/Bründel 2003, 62 f; Konrad/Schultheis 2008, S. 18). Auch die Romantik nahm hierbei eine bedeutende Rolle ein, indem sie das Bewusstsein für den Eigenwert von Kindern stärkte und damit zur Konturierung der Kindheit als für sich stehende Lebensphase beitrug (vgl. Andresen/Hurrelmann 2010, 16 ff). Ausgehend von dieser ‚Entdeckung' der Kindheit als eigener Lebensphase kam es zur Entwicklung mannigfaltiger Erziehungskonzepte[9], denen stets eine der folgenden Vorstellungen vom Wesen des Kindes zugrunde lag, nach denen sich der erzieherische Umgang mit den Kindern richten sollte: Zum einen bestand die maßgeblich vom protestantisch geprägten Philosophen John Locke beeinflusste Vorstellung vom Kind (vgl. Postman 1982, S. 72). In seinen Überlegungen zur Erziehung griff er folgende Prämisse auf: „[T]he mind to be, as we say, white paper, void of all characters, without any ideas" (Locke 2020, S. 73). Diese Vorstellung vom Kind als ‚Tabula rasa', dem latinisierten Ausdruck für den von Locke gewählten Begriff „white paper", nach der das Kind gewissermaßen als ‚unbeschriebenes Blatt' zur Welt kommt, machte die gestalterische Bearbeitung durch Erziehende wie Eltern, Lehrer:innen und den Staat erforderlich, um es zu zivilisieren und zur Vernunft zu führen. Zentrales Leitbild dieser Vorstellung von der Entwicklung des Kindes sowie der Ausgestaltung des pädagogischen Handelns war hierbei das

9 Auf eine ausführlichere Darstellung wird hier verzichtet. Siehe hierfür stattdessen etwa: Benner/Brüggen 2011; Gudjons 2016; Hammerstein/Herrmann 2005.

Bild von dem Pädagogen bzw. der Pädagogin als Handwerker:in, der bzw. die das Kind entsprechend eigener Vorstellungen formt bzw. formen kann, wohingegen das Kind nichts ins die erzieherische Interaktion ‚mitbringt' (vgl. Helsper 2007, S. 17). Zum anderen lässt sich der Beitrag von Jean-Jacques Rousseau zur romantischen Anschauung anführen, die das Kind bereits mit ‚natürlichen' Dispositionen von besonderem Wert ausgestattet sah, der sich in ihrer Natürlichkeit begründete. So hält er fest: „Die Pflanze wird durch Pflege aufgezogen, der Mensch durch die Erziehung" (Rousseau 1998, S. 108). Anhand dieser Darstellung zeichnet sich bereits die Rolle des Pädagogen bzw. der Pädagogin als ‚Gärtner:in' ab, der bzw. die die natürlichen Eigenschaften des Kindes lediglich im Sinne eines begleitenden Wachsen-Lassens unterstützt und schädliche äußere Einflüsse fernhält – womit ein Gegensatz zwischen dem ‚guten' natürlichen Kind und der ‚schlechten' Gesellschaft (als schädlichem äußeren Einfluss) impliziert wurde (vgl. Konrad/Schultheis 2008, S. 20; Helsper 2007, S. 17; Postman 1982, 70 ff; Litt 1964). Diese beiden grundverschiedenen Sichtweisen auf den Pädagogen bzw. die Pädagogin – einerseits als Handwerker:in, andererseits als Gärtner:in – einte jedoch der Gedanke, dass die Kindheit als Lebensphase von besonderer Bedeutung für die Entwicklung und Erziehung eines prinzipiell lernfähigen Kindes hin zu einem vervollkommneten Menschen und somit auch zu einer Vervollkommnung der Gesamtgesellschaft ist (vgl. Andresen/Hurrelmann 2010, 17 f). Diese Vorstellung vom entwicklungsbedürftigen und damit in seinem Sein vom Erwachsenen unterschiedenen Wesen des Kindes konstituierte die Kindheit als Schon- und Schutzraum sowie eigenen Lebensabschnitt gegenüber dem Erwachsenenalter, um auf dieses vorzubereiten (vgl. Kränzl-Nagl/Mierendorff 2007, 6 f).

In der Angelegenheit, das als ‚unfertig' charakterisierte und daher nicht mit den Handlungs- und Partizipationsmöglichkeiten der Erwachsenen ausgestattete Kind zunächst auf das Erwachsenenleben vorzubereiten, kam den Schulen, aber auch den Familien eine wachsende Bedeutung zu (vgl. Hurrelmann/Bründel 2003, S. 60). Familie und Schule stellten den institutionellen Rahmen für eine Konsolidierung der (vorher sich vor allem theoretisch vollzogenen) Trennung zwischen Kindern und Erwachsenen dar (vgl. Ariès 1975, S. 562). Konkret nachweisbar begründete sich diese Trennung erst seit dem Ende des 19. Jhd. mit der flächendeckenden Ausdehnung der Schulbildung[10]. Die Institution ‚Schule' trat an die Stelle des ehemaligen Lehrverhältnisses und grenzte die Lebenswelt der Kinder von der der Erwachsenen ab, womit sich die Kindheit als eigene

10 In diesem Zusammenhang ist die Entwicklung des Wohlfahrtsstaats in Deutschland bedeutsam (vgl. Joyce-Finnern 2017, S. 36). Zum Beispiel trugen das preußische Gesetz von 1891 zum Verbot der Kinderarbeit bis zur Vollendung der Schulpflicht und außerschulische Programme sozialer Arbeit zur Ausweitung des Schon- und Schutzraumes für eine größere Zahl an Kindern bei (vgl. Hurrelmann/Bründel 2003, S. 60; Andresen/Hurrelmann 2010, 15 f), da so nicht nur bürgerliche, sondern auch ärmere Kinder Adressaten des Unterrichts wurden (vgl. Andresen/Hurrelmann 2010, S. 15; Kränzl-Nagl/Mierendorff 2007, 10 f).

Lebensphase gesamtgesellschaftlich etablierte (vgl. Ariès 1975, 46ff). Dieses Erstarken des Bildungsgedankens und die damit verbundene zunehmende Bedeutung der Schule wurde aber sowohl durch ein neues wirtschaftliches Interesse an Erziehung und Bildung befördert (vgl. Hurrelmann/Bründel 2003, S. 60) als auch durch den wirtschaftlichen und technischen Fortschritt, der es in der veränderten Arbeitsorganisation der kapitalistischen Form der Warenherstellung ab einem gewissen Zeitpunkt erlaubte, das Kind aus dem Produktionsprozess herauszulösen (vgl. Konrad/Schultheis 2008, S. 17; Hornstein/Thole 2005, S. 2; Kränzl-Nagl/Mierendorff 2007, S. 10). Der amerikanische Soziologe Neil Postman hebt überdies die Erfindung des Buchdrucks hervor, der zur Folge hatte, Erwachsenheit über die Leistung der Schriftaneignung zu erwerben (vgl. Postman 1982, S. 48). Bedeutungsvoll an der ‚Scholarisierung' ist hinsichtlich der Trennung von Kindheit und Erwachsenenalter insbesondere die Entstehung eigener, von den Erwachsenen abgesonderter Lebensbereiche für Kinder (vgl. Hurrelmann/Bründel 2003, S. 60). Neben der Schule wurden weitere Institutionen der frühkindlichen Erziehung und Freizeiteinrichtungen für Kinder installiert, was eine zunehmende Pädagogisierung von Kindheit nach sich zog (vgl. Joyce-Finnern 2017, S. 36). Darüber hinaus fand die erzeugte Abgrenzung einen immer differenzierteren Ausdruck in der Entwicklung einer Kultur um das Kind (vgl. Postman 1982, S. 55). Es entstand beispielsweise ein Unterschied zwischen Kinder- und Erwachsenenkleidung, die körperliche Erscheinung der Kinder auf Gemälden wurde nicht mehr als Miniatur eines Erwachsenen dargestellt, Bücher über Kinderheilkunde und Kinderliteratur erschienen und eine ‚Kindersprache' entwickelte sich, die vor dem 17. Jhd. nicht bekannt war (vgl. Postman 1982, S. 55). Hieran geknüpft war zudem auch die Entwicklung ‚neuer' normativer Verhaltensansprüche – beispielsweise hinsichtlich der Frage, wie sich erwachsene Menschen in der Gegenwart von Kindern verhalten sollten. Ausdruck dessen war etwa die entstehende Vorstellung, dass Erwachsene sprachliche Ausdrücke betreffend Sexualität, Krankheit, Tod, Geld und Gewalt in der Gegenwart von Kindern meiden sollten (vgl. Postman 1982, S. 61). Kurzum: Es wurden zunehmend Unterschiede zwischen den beiden Lebensaltern durch eine je spezifischer werdende Symbolwelt etabliert und markiert (vgl. Postman 1982, S. 63). Die ‚Kindheit', als neu entdeckte Lebensphase, drang in den bestehenden Kulturkreis ein, wurde zunehmend institutionalisiert und führte zu weitreichenden Umwälzungen auf allen Ebenen des gesellschaftlichen Lebens. Dies setzte sich auch auf der Ebene der Familie weiter fort, denn mit der ‚Scholarisierung', in deren Rahmen das Kind von nun an auf das Erwachsenenalter vorbereitet und durch kulturelle Praktiken zunehmend von diesem abgesondert wurde, ging zugleich eine ‚Familialisierung' einher, also Prozesse der Privatisierung der Familie sowie der gefühlsmäßigen Konzentration des Familienlebens auf die Eigenart des Kindseins (vgl. Ariès 1975, 47f; Hurrelmann/Bründel 2003, S. 60), in deren Rahmen den Kindern ein eigener sozialer Wert zugesprochen wurde (vgl. Joyce-Finnern 2017,

S. 36). Dieser äußerte sich beispielsweise darin, Kindern eine größere Bedeutung zuzumessen, die deren Verlust bei Geburten emotional schmerzlicher gestaltete und zu einer freiwilligen Beschränkung der Kindesanzahl führte, um dem Kind die seiner Bedeutung entsprechende Aufmerksamkeit zukommen lassen zu können (vgl. Ariès 1975, S. 48). In diesem Prozess begründete sich die Familie auch – neben der Schule – als eine Instanz moralischer Erziehung nach den Vorstellungen von Kirchenreformern, Justiz und Staat (vgl. Ariès 1975, S. 48).

Von der bislang vorherrschenden Vorstellung vom Kind als einem ‚unfertigen', defizitären Wesen, das nur durch Erziehung zu einem vollwertigen Subjekt werden kann, hebt sich die reformpädagogische Betrachtungsweise von Kindern des 20. Jhd. dezidiert ab (vgl. Honig 1999, S. 49; Andresen/Hurrelmann 2010, 20 ff). Das Kind gilt nicht mehr als „Objekt der Erziehung" (Honig 1999, S. 49), stattdessen wurde erstmals eine Autonomie des Kindes proklamiert (vgl. Hurrelmann/Bründel 2003, S. 63). Das Kind entwickle sich selbst (vgl. Honig 1999, S. 49), was experimentelle reformpädagogische Konzepte wie ‚Selbstschöpfung' hervorbrachte, die – beispielsweise in Landerziehungsheimen angewandt – auf eine Reform der Institution Schule zielten. Dabei kommt vor allem der schwedischen Reformpädagogin Ellen Key Bedeutung zu, die die Anerkennung des Kindes als einer sich entwickelten Persönlichkeit forderte und das ‚Jahrhundert des Kindes' in ihrer gleichnamigen Schrift von 1900 ausrief (vgl. Honig 1999, 49 f; Hurrelmann/Bründel 2003, S. 63). Mit der aufklärerischen ‚Natur des Kindes' – als pädagogische Differenz von Kind und Erwachsenem – wurde damit jedoch nicht gebrochen. Vielmehr wurde sie radikalisiert, indem die Vorstellung vom anthropologisch vom Erwachsenen zu unterscheidenden Kind nun vom subjektiven Erleben der Kinder selbst gedacht wurde (vgl. Honig 1999, 48 f). Das Bild vom Kind als sich autonom entwickelndes Subjekt wurde dabei zunehmend romantisiert bis mythologisiert, indem das Kind als reines Wesen dem Erwachsenen als moralisches Vorbild dienen sollte (vgl. Hurrelmann/Bründel 2003, S. 63).

Die zu Anfang des 20. Jhd. dominierenden entwicklungspsychologischen und auch sozialisationstheoretischen Perspektiven waren weiterhin bis in die zweite Hälfte des letzten Jahrhunderts von der Vorstellung vom Kind als schutz- und förderbedürftigem Wesen geprägt, das sich erst noch zum Erwachsenen entwickelt (vgl. Kränzl-Nagl 1998b, S. 12; Kirchhöfer 1997, S. 16; Honig 1999, S. 59), wobei dieser Vorstellung auch in pädagogischen und sozialpolitischen Konzepten entsprochen wurde (vgl. Kirchhöfer 1997, S. 16). Danach tritt in der Soziologie infolge der Kritik am Sozialisationsparadigma allerdings vornehmlich ein Blick auf Kindheit in den Vordergrund, der die Gesamtheit der sozialen Verhältnisse, die Kindheit konstituieren, in den Fokus rückt (vgl. Kränzl-Nagl/Mierendorff 2007, 7 ff; Hornstein/Thole 2005, S. 3; Kirchhöfer 1997, S. 17). Nicht zuletzt unter dem Begriff „Agency" (Betz/Eßer 2016, S. 301) wird Kindern in diesen aktuelleren Sichtweisen nicht nur ein Interesse als zukünftige Erwachsene, sondern als eigenständige Akteur:innen zuteil, die in gesellschaftliche Zusammenhänge eingebunden sind und hier selbst agieren und diese mitgestalten (vgl. Joyce-Finnern 2017, S. 42; Bollig/Kelle 2012; Kränzl-Nagl 1998a, S. 29; Kirchhöfer 1997, 16f). Zum Agency-Begriff schreibt Helfferich: „‚Agency' ist ein Grundbestandteil aller Konzepte, die erforschen oder erklären, wer oder was über welche Art von Handlungsmächtigkeit verfügt oder diese zugeschrieben bekommt bzw. als welchen und wessen Einwirkungen geschuldet etwas zu erklären ist" (Helfferich 2012, S. 10).

5. Pädagogisches Handeln

Ebenso wie Behinderung, Inklusion und die Vorstellungen von Kindheit wird auch pädagogisches Handeln im Kontext der hiesigen Studie als diskursive Praxis verstanden. Pädagogisches Handeln vollzieht sich ebenfalls im Spannungsfeld der wechselseitigen Hervorbringung von Diskurs und Subjekt, wirkt machtvoll auf dieses zurück und ist als sozio-kulturell-historisch wandelbare Größe zu begreifen. Unter Rückbezug auf die Ausführungen zum historischen Wandel der Konstruktion Kindheit lässt sich Letzteres nicht zuletzt daran veranschaulichen, dass sich die Antwort auf die Frage danach, wie pädagogisches Handeln gedacht wird und was durch die Ausübung pädagogischen Handelns eigentlich auf Seiten der jeweiligen Adressat:innen bewirkt bzw. hervorgebracht werden soll, immer wieder verschoben hat (vgl. Helsper 2007, S. 17; Daub 2013, S. 40). In den folgenden Unterkapiteln wird es nun darum gehen, zu skizzieren, was im Kontext des hier gegenständlichen Forschungsprojekts unter pädagogischem Handeln verstanden wird. Dabei steht ein Zugang im Mittelpunkt, der sich – im Anschluss an die professionalisierungs- und sozialisationstheoretischen Arbeiten Ulrich Oevermanns (Oevermann 2016a; 2016b; 2002b) – auf die Krisenhaftigkeit pädagogischen Handelns bezieht.

5.1 Krise und Routine nach Oevermann

Nach Oevermann sind „Krisen und der Prozeß ihrer Bewältigung [...] konstitutiv für Lebenspraxis, also für die Gattung Mensch überhaupt“ (Oevermann 2016a, S. 44). Er legt dabei ein Verständnis menschlichen Handelns – und damit menschlichen Lebens insgesamt – zugrunde, wonach sich dieses als eine kontinuierliche Abfolge von Entscheidungsprozessen begreifen lässt (vgl. Oevermann 2000, S. 64). Jeder Mensch sieht sich ununterbrochen in die Situation versetzt, Entscheidungen treffen und diese – freilich in hochgradig differierendem Maße – vor sich selbst oder anderen (ggf. auch erst retrospektiv) rechtfertigen bzw. begründen zu müssen. Oevermann spricht hier von den unhintergehbaren Momenten des Entscheidungszwangs und der Begründungsverpflichtung (vgl. Oevermann 2016b, S. 77). Unhintergehbar deshalb, da menschliches Handeln dem „unabweisbaren Prinzip [unterliegt], daß man sich nicht nicht entscheiden kann“ (Oevermann 2016a, S. 64). Dies meint, dass auch die Entscheidung, etwas nicht zu tun, schlussendlich eine Entscheidung darstellt, die mit lebenspraktischen Konsequenzen verbunden ist und in der Folge zur nächsten Entscheidung führt.[11] An diesem Punkt gewinnen die Begriffe Krise und Routine an Bedeutung. Oevermann beschreibt die Begriffe als komplementäres Begriffspaar, wobei die Routine immer nur aus der einst bewältigten Krise erwachsen kann (vgl. Oevermann 2016a, S. 67). Die Krise steht somit stets am Anfang. Dies ist auch in der Folge in allen weiteren Entscheidungssituationen so, allerdings muss sie sich hier nicht zwangsläufig bewusst als solche manifestieren, denn in der Regel wurden in der Vergangenheit bereits Lösungsstrategien entwickelt, die sich in Bezug auf die je konkret vorliegende Entscheidungssituation bewährt haben und damit weitgehend gedankenlos angewandt werden können. Diese bewährten Lösungsstrategien bzw. das hierin eingebettete Handlungswissen ist es, was Oevermann unter dem Begriff der Routine fasst (vgl. Oevermann 2016a, 66f). Die Routine erlaubt es, dass ein Mensch sein Leben ohne fortwährende Störung bzw. nicht im Dauerzustand der Krise leben muss. Sie reduziert – zumindest aus der Perspektive des handelnden Menschen – die Komplexität sozialer Situationen, markiert eine Art Automatismus und erlaubt es, die Aufmerksamkeit auf andere Dinge zu richten. Die Routine hat also eine entlastende Funktion. Sie bedingt, dass sich die Krise nicht (mehr) als solche manifestiert, denn sie löst die Situation der Entscheidungskrise auf, bevor sich die Krise verfestigt (vgl. Oevermann 2016b, S. 75). So konstatiert Oevermann: „Der in der Praxis selbst unmittelbar Handelnde folgt in der allergrößten Zahl der Fälle bewußtlos den eingeschliffenen Routinen, durch die die Wahl jeweils schon immer subjektiv oder fallspezifisch vorentschieden ist, so daß die Krise lebenspraktisch sich nicht manifestiert, sondern eine potentielle bleibt" (Oevermann 2016a, 66f). Aus einer Außenperspektive betrachtet wird gemäß des hiesigen Zugangs also klar, „daß nicht, wie in der Perspektive der Lebenspraxis selbst, die Routine den Normalfall bildet, sondern die Krise" (Oevermann 2016a, S. 67). Nun kann es jedoch sein, dass ein Mensch in seinem Leben mit einer Entscheidungssituation konfrontiert wird, in der er eben nicht auf bewährte Handlungsmuster bzw. routinisierte Problemlösungen zurückgreifen kann. Dies wäre dann die Situation, in der sich die Krise manifestiert. Oevermann spricht hier von „manifesten Krisen" (Oevermann 2016b, S. 77). Manifeste Krisen treten dann auf, wenn bewährtes Handlungswissen, welches in der Vergangenheit zur Lösung von Krisen entwickelt wurde, gestört wird und neue Lösungen entwickelt werden müssen, deren Auswirkungen jedoch nicht oder nur

11 Es sei an dieser Stelle darauf hingewiesen, dass es vor allem diese Überlegungen (jedoch auch die Weiteren) sind, die für die methodologischen Grundlagen der rekonstruktiven Analyseverfahren der objektiven Hermeneutik von essenzieller Bedeutung sind, denn sie begründen letztlich die für die Verfahren (und sequenzanalytische operierende Forschungsansätze generell) elementare Annahme der „Sequentialität" (Oevermann 2000, S. 65) sozialen Handelns (vgl. Oevermann 2000, 58ff). In Kapitel 8.5 wird ausführlicher auf diese Verfahren deren Grundlagen eingegangen.

bedingt abgesehen werden können (vgl. Oevermann 1996, S. 7). Bewährt sich das in der manifesten Entscheidungskrise neu gewählte Handlungsmuster zur Bewältigung der Krise, kann es sich – wie angemerkt – in der Folge wiederum zur Routine verfestigen: „Denn die Routine leitet sich material als deren Schließung aus der Krise ab; zur Routine wird, was sich als einstige Krisenlösung bewährt hat. Dagegen ist die Krise ein plötzliches Aufbrechen eingespielter vorausgehender Routinen, seien es Techniken, Praktiken oder Überzeugungen, und damit ein unvorhersehbares Öffnen eines Geschlossenen" (Oevermann 1996, S. 7).

5.2 Krisenhaftigkeit pädagogischen Handelns

Wie lässt sich diese Dialektik von Krise und Routine nun auf pädagogisches Handeln übertragen? Mit Oevermann ist pädagogisches Handeln als ein Handlungstypus zu verstehen, der sich im Modus einer „stellvertretenden Krisenbewältigung" (Oevermann 2002b, S. 21) vollzieht (vgl. Jooß-Weinbach 2014, S. 277). Diese Idee von pädagogischer Handlungspraxis setzt dort an, wo ein Mensch in Konfrontation mit einer manifesten (Entscheidungs-)Krise noch nicht oder ggf. auch nicht mehr dazu in der Lage ist, ebendiese zu bewältigen, sodass es einer begleiteten bzw. gemeinsamen Krisenbewältigung bedarf.[12] Diese gemeinsame Krisenbewältigung vollzieht sich, wird Oevermann weiter gefolgt, im Rahmen einer speziellen Beziehungspraxis zwischen pädagogisch handelnder Person und dem Adressaten bzw. der Adressatin des Handelns, die er „Arbeitsbündnis" (Oevermann 2016b, S. 115) nennt. Garz und Raven schreiben hierzu: Das Arbeitsbündnis „ist ein ‚geschützter Raum', wo alle Autonomie generierenden (erzeugenden) bzw. restituierenden (wiederherstellenden) Prozesse der Sozialisation bzw. Re-Sozialisation in Kooperation zwischen Hilfesuchendem und Hilfeleistendem gestaltet werden. So finden z. B. Autonomie generierende Prozesse in Arbeitsbündnissen zwischen Lehrern und Schülern und Autonomie restituierende Prozesse z. B. in Arbeitsbündnissen zwischen Menschen mit Angststörungen und Psychotherapeuten statt" (Garz/Raven 2015, S. 122). Das Arbeitsbündnis ist dadurch gekennzeichnet, dass die darin involvierten Personen in unterschiedlichem Maße in dieses eingebunden sind. Dies entspricht der asymmetrischen Struktur pädagogischen Handelns (vgl. Helsper 2007, 15 ff). Mit Oevermann kann diese Asymmetrie über die Differenz zwischen spezifischer und diffuser

12 Becker-Lenz und Müller-Hermann weisen in ihren Ausführungen darauf hin, dass es hier häufig zu Fehlinterpretationen kommt: „Die Oevermannsche Kategorie der ‚stellvertretenden Krisenbewältigung' als Hauptaufgabe von Professionen wird oft dahingehend missverstanden, dass Professionelle anstelle des Klienten und d. h. ohne diesen die Krise bewältigen würden. Das Arbeitsbündnismodell geht jedoch davon aus, dass es eine gemeinsame Krisenbewältigung ist, die nur durch eine gemeinsame Anstrengung gelingen kann" (Becker-Lenz/Müller-Hermann 2013, S. 222; vgl. auch: Jooß-Weinbach 2014).

Beteiligung am Arbeitsbündnis gefasst werden (vgl. Oevermann 2016b, S. 114; 2002b, S. 40). Zur Unterscheidung zwischen diffusen und spezifischen Sozialbeziehungen führt er aus: „Diffus sind solche Beziehungen, in denen derjenige, der ein Thema vermeiden oder nicht behandeln will, jeweils die Beweislast trägt, was voraussetzt, dass im Normalfall kein mögliches Thema ausgespart bleibt. Das entspricht genau einer Beziehung zwischen ganzen Menschen. In spezifischen Sozialbeziehungen hingegen trägt derjenige die Beweislast, der ein neues, in der Spezifikation den Rollendefinitionen nichtenthaltenes Thema hinzufügen möchte. Das setzt voraus, dass zuvor ein Bereich beziehungsrelevanter Themen konventionell spezifiziert wurde. Dem entspricht genau die Logik von rollenförmigen Sozialbeziehungen, in denen durch institutionalisierte Normen, per Vertrag letztlich, in Rollendefinitionen festgelegt worden ist, was in diesen Beziehungen thematisch ist" (Oevermann 2002b, S. 40). Im Arbeitsbündnis vereinen sich nun diffuse und spezifische Beziehungsanteile in einer „widersprüchliche[n] Einheit von Autonomie und Abhängigkeit" (Oevermann 2016b, S. 123): Während der bzw. die Adressat:in mehr oder weniger diffus in die pädagogische Beziehungspraxis involviert ist, ist die pädagogisch handelnde Person (je nach Handlungsfeld) mehr oder weniger spezifisch, d. h., sie tritt vor allem als professionelle:r Rollenträger:in in Erscheinung, während der bzw. die Adressat:in mehr oder minder als ganze Person agiert.

Wird pädagogisches Handeln im Sinne Oevermanns als ein Handeln im Modus stellvertretender Krisenbewältigung gedacht, bringt dies zwangsläufig mit sich, dass es sich um eine Form von Handlungspraxis handelt, die sich nicht standardisieren lässt: „[D]ie stellvertretende Bewältigung einer Krise [muss] immer auf die Konkretion eines Falles in seiner historischen Eigenart und Eigenlogik bezogen" (Oevermann 2002b, S. 30) sein. Pädagogisches Handeln wird damit als Handlungstypus greifbar, der sich immer speziell am jeweiligen Gegenüber ausrichten muss, um dessen individuellen und je situativen Belangen gerecht werden zu können, sodass es zwangsläufig nur bedingt plan- bzw. vorhersehbar ist. Dies ist dann auch gemeint, wenn Oevermann festhält, dass sich pädagogisches Handeln in einer „Zone der Ungewißheit" (Oevermann 2016b, S. 138) vollzieht. Anders als ein technisiertes Handeln – Oevermann verweist hier auf die ingenieurale Handlungspraxis (vgl. Oevermann 2016b, S. 138) – vollzieht sich pädagogisches Handeln „nicht durch die Implementation von feststehenden Programmen und nicht durch die Subsumtion unter schematisierte oder standardisierte Rezepte" (Oevermann 2016b, S. 122). Pädagogisches Handeln wird von ihm deshalb als eine ‚professionalisierungsbedürftige Praxis' markiert (vgl. Oevermann 2002b, 32). Sie folgt keinem klaren Kausalitätsverhältnis und kennt damit auch keine Erfolgsgarantie mit Blick auf das ‚Gelingen' einer pädagogischen Handlung. Hierin liegt dann auch die zentrale Differenz zur ingenieuralen Handlungspraxis: Die Handlungskompetenz pädagogisch Handelnder „endet nicht bei der Bewältigung lebenspraktischer Krisen, sondern sie beginnt dort" (Oevermann 2016b, S. 139).

An dieser Stelle sind nun auch die zentralen theoretischen Grundlagen gelegt, um den Fokus auf den Aspekt zu verlagern, der für das hier relevante Verständnis pädagogischen Handelns von elementarer Bedeutung ist und der über den weiteren Verlauf der Schrift immer wieder aufgegriffen wird: die Krisenhaftigkeit pädagogischen Handelns. Die Krisenhaftigkeit pädagogischen Handelns lässt sich dahingehend bestimmen, dass es sich bei pädagogischem Handeln um einen Handlungstypus handelt, der als ein Handeln im ununterbrochenen ‚Krisenmodus' gedacht werden kann – jedenfalls dann, wenn es den Anspruch erhebt, ein Handeln zu sein, das darum bemüht ist, den je individuellen und situativen Belangen der jeweiligen Adressat:innen gerecht zu werden. Im Zeichen von Entscheidungszwang und Begründungsverpflichtung sehen sich pädagogisch Handelnde in der Ausübung ihrer alltäglichen Handlungspraxis fortwährend dazu gezwungen, Entscheidungen treffen zu müssen, ohne vollends „über Ursache-Wirkungs-Zusammenhänge verfügen zu können" (Helsper 2007, S. 19). Vielmehr muss „mit Störungen unterschiedlicher Art gerechnet werden: mit eigenwilligen Reaktionen des Adressaten, mit streuenden Effekten, mit ungewollten Nebeneffekten, mit irritierenden Rückkopplungen und anderen Unabwägbarkeiten mehr" (Rieger-Ladich 2014, S. 285). Diese Unabwägbarkeiten, welche letztlich die anhaltende Krisenhaftigkeit des Handelns markieren, bedingen dann auch, dass pädagogisches Handeln als ein Handlungstypus zu fassen ist, der in besonderem Maße durch Erfahrungen des Scheiterns gekennzeichnet ist (vgl. Rieger-Ladich 2014, S. 285). Die Bewältigung manifester Entscheidungskrisen ist nicht „ohne die Gefahr des Scheiterns zu haben" (Oevermann 1996, S. 7). ‚Scheitern' steht dabei, dies ist auch mit Blick auf die spätere Diskussion der Ergebnisse von zentraler Bedeutung, nicht synonym für ein endgültiges Misslingen, einen Irrtum oder Versagen, sondern ist konstitutiver Bestandteil einer komplexen Handlungspraxis, die im Spannungsfeld von Entscheidungszwang und gleichzeitiger Nicht-Verfügbarkeit über den Verlauf und Ausgang einer Handlung angelegt ist. Pädagogisches Handeln, gedacht als professionalisierungsbedürftige Praxis, ist in hohem Maße störanfällig und daher auf stete kritische (Selbst-)Reflexion angewiesen (vgl. Thiersch 2015, S. 58; Bernhard 2011, S. 86). Hierzu zählt dann auch, sich als pädagogisch handelnde Person der Krisenhaftigkeit des eigenen Handelns bewusst zu sein, die unabweisbare Potenzialität des Scheiterns im Blick zu haben und zu versuchen, dieses produktiv für die Ausübung des eigenen Handelns zu wenden. Eine solche Haltung fortwährender kritischer Selbstreflexion, die in der Anerkennung der Krisenhaftigkeit der eigenen Handlungspraxis gründet und die pädagogische Entscheidungskrise im Blick hat, ist es, die hier – im Anschluss an Oevermann – als Ausdruck pädagogischer Professionalität gesehen wird. Die Krisenhaftigkeit pädagogischer Handlungspraxis anzuerkennen, heißt dabei nicht, das eigene Handeln zu verneinen, vielmehr geht es darum, die Krisenhaftigkeit zu nutzen, um die eigene Handlungspraxis der Reflexion zugänglich zu machen, festgefahrene Praxen (wieder) aufzubrechen und Handlungspraxis ggf. neu denken zu können.

5.3 Pädagogisches Handeln als Handeln in Ambivalenzen

Die oben adressierte Krisenhaftigkeit pädagogischen Handelns wird weiterhin dadurch potenziert, dass pädagogisches Handeln als etwas begriffen werden muss, was sich inmitten vielfältiger, teils divergierender Ansprüche vollzieht. In bezugswissenschaftlichen Fachdiskursen ist hier unter anderem von ‚Antinomien', ‚Paradoxien', ‚Spannungsverhältnissen' und ‚Widersprüchen' die Rede, um diese Herausforderung begrifflich zu fassen. In der vorliegenden Studie wird sich auf den Begriff der ‚Ambivalenz' gestützt. Zurückzuführen ist dies darauf, dass pädagogisch Handelnde in ihrem Alltag immer wieder vor der Herausforderung stehen, in Situationen Entscheidungen zu treffen, die durch Ambivalenzen gekennzeichnet sind, d.h., dem etymologischen Wortsinn folgend, mehrere Perspektiven abgewogen werden müssen, die jeweils „beide gelten" (Bayer/Happ 2002, 10; 189; vgl. Trescher 2018a, S. 11). Eine ganz grundsätzliche Ambivalenz pädagogischen Handelns liegt zum Beispiel in der Verortung des Handelns zwischen (der Maxime der Hervorbringung von) Autonomie und (dem handlungspraktischen Ausüben von) Zwang (vgl. Benner 2015; Helsper 2007, S. 19; Tenorth 1997; Litt 1964) begründet, die bereits Kant in seiner berühmten Frage „Wie kultiviere ich die Freiheit bei dem Zwange?" (Kant 1967, S. 40) in den Mittelpunkt des Nachdenkens über Pädagogik stellte und die bis heute nicht an Aktualität eingebüßt hat. Eine weitere Ambivalenz ist die von Nähe und Distanz bzw. „Ent-Emotionalisierung und Entgrenzung" (Kowalski 2020, S. 468), die – unter Rückbezug auf die obigen Ausführungen Oevermanns – letztlich das Verhältnis von eingebrachten/ zugelassenen spezifischen und diffusen Beziehungskomponenten im Rahmen des Arbeitsbündnisses fokussiert (vgl. Dörr 2019; Wernet 2011). Ambivalenzen pädagogischen Handelns gründen ebenso darin, dass pädagogisches Handeln in Strukturen „sozialer Regelwerke und Normen" (Helsper 2007, S. 19) eingebettet ist, die – insbesondere hinsichtlich ihrer häufig bürokratisch-verwaltungslogischen Ausprägung (sei es durch Gesetze, institutionelle und organisationale Vorgaben oder je situative Verhaltens- und Sittlichkeitsnormen) – eine gouvernementale Steuerung bedeuten (vgl. Lemke/Krasmann/Bröckling 2012). Pädagogisches Handeln ist eine Aushandlungspraxis der beteiligten Subjekte innerhalb der sie umgebenden Strukturen und hieran geknüpfter machtvoller Diskurse, die sich in und um diese Strukturen vollziehen. Dies kann wiederum zum Ausgangspunkt weiterer Ambivalenzen werden – etwa mit Blick auf mögliche Diskrepanzen zwischen organisationalen Vorgaben und persönlichen Handlungsmotiven der pädagogisch Handelnden (vgl. Trescher 2018a, S. 147). Pädagogisch zu handeln, bedeutet, sich im (in der Regel schnelllebigen) Alltag zwischen diesen und weiteren Polaritäten zu bewegen, diese je situativ neu abzuwägen und auf den jeweiligen Einzelfall hin auszurichten (vgl. Trescher 2018a, 51 ff; Breitenbach/Bürmann/Thünemann 2012, S. 97; Helsper 2007, 18 ff). Es schließt sich hier der Kreis zur bereits im vorangegangenen Unterpunkt thematisierten Herausforderung: Die Komplexität der Situationen, in denen gehandelt werden muss, und die Unvereinbarkeit der Ansprüche, denen sich die Handelnden Mitarbeiter:innen je situativ ausgesetzt sehen, machen es erforderlich, das eigene Handeln immer wieder aufs Neue begründet auszurichten und zu reflektieren.

5.4 Pädagogisches Handeln und Kritik

Pädagogisches Handeln als krisenhaftes, ambivalentes Handeln zu denken, bringt gleichzeitig mit sich, pädagogisches Handeln als kritische Praxis zu verstehen. In je konkreten Rahmenbedingungen pädagogisch zu handeln, bedeutet zwar immer zwangsläufig, dass ebenjene Rahmenbedingungen zu einem gewissen Grad reproduziert werden, jedoch liegt in ebendieser Reproduktion, wie schon in Kapitel 2 dargelegt, auch das Potenzial zum Aufbruch bzw. zur Implementierung von Veränderung. Durch diese Möglichkeit, eine gegenläufige Kraft zu ambivalenten Vereinnahmungen herzustellen bzw. sich diesen zumindest punktuell zu entziehen, erhält pädagogisches Handeln ein Moment der Widerständigkeit (vgl. Thompson/Weiss 2008, S. 8). Im Zuge dessen ist pädagogisches Handeln „auf skeptische Einsätze angewiesen, auf Möglichkeiten, die dogmatischen, weil bislang unbefragten Voraussetzungen transparent zu machen, und damit die Relativität der Gültigkeit dessen, was bisher für selbstverständlich gehalten wurde, ausdrücklich zu machen“ (Thompson/Weiss 2008, S. 12; vgl. Fischer 1996, 23 f). Dabei ist es gerade der oben benannte reflexive Zugang, die eine solche Skepsis in der eigenen Praxis erzeugen kann und „die Möglichkeit einer Veränderung der Denk- und Handlungsmuster“ (Riegel 2016, S. 289) in sich trägt. „*Pädagogisches Handeln heißt reflexives Handeln und reflexives Handeln heißt auch dialektisches Verstehen beziehungsweise Denken und Handeln in Ambivalenzen*“ (Trescher 2018a, S. 62; Hervorhebung im Orig.).

5.5 Reziprozität pädagogischen Handelns

Ausgehend von der im Arbeitsbündnis angelegten Asymmetrie pädagogischen Handelns ist ein weiteres zentrales Merkmal pädagogischen Handelns hervorzuheben. Dieses besteht darin, dass pädagogisches Handeln nicht einseitig ‚wirkt‘. Die Adressat:innen pädagogischen Handelns sind „Akteure in den durch

Wechselwirkung erschaffenen sozialen Feldern der pädagogischen Beziehungspraxis […], die aktiv und produktiv an Bildungs- beziehungsweise Lerngemeinschaften partizipieren und diese mitgestalten“ (Liegle 2017, S. 237). Pädagogisch Handelnde sowie deren Adressat:innen sind in diesem Sinne „engaged in a relationship in which they are mutually creating meaning, reason, and value“ (Gergen 2009, S. 245) und sie sind darüber hinaus jeweils Teil weitreichender, verzweigter Beziehungsgefüge, die ihr Handeln (mit) beeinflussen (vgl. Gergen 2009, S. 245). Das hiesige Verständnis pädagogischen Handelns kann vor diesem Hintergrund zu einer „Partizipation in einer reziproken Beziehungspraxis“ (Liegle 2017, S. 144) zusammengeführt werden. Reziprozität bedeutet hierbei, dass selbst pädagogisch Handelnde in ihrem Selbstverständnis als pädagogisch Handelnde durch die Ausführung ihrer Praxis beeinflusst werden können – und zwar nicht zuletzt durch die Adressat:innen, auf die das pädagogische Handeln ausgerichtet ist. In Bezug auf das hier relevante Handlungsfeld entspricht dies einem Verständnis der Kinder als handlungsmächtige Akteur:innen des pädagogischen Alltags (vgl. Beutin/Flämig 2021; Bollig/Kelle 2012).

6. Erkenntnisinteresse und forschungsleitende Fragestellungen

Im Mittelpunkt der hiesigen Studie steht, wie bereits in Kapitel 1 umrissen, eine breit angelegte Beforschung von integrativen Kindertageseinrichtungen als Vollzugsorte pädagogischen Handelns, kindlicher Entwicklung und (Re-)produktionsorte gesellschaftlicher (Ungleich-)Verhältnisse. Gerade Letzteres beschreibt eine Perspektive, die trotz der bereits seit vielen Jahren sehr intensiv betriebenen Forschung[13] im Handlungsfeld noch immer eine Randposition einnimmt (vgl. König 2021, S. 7; Beutin/Flämig 2021, 43 ff; 2018b, S. 163; Panagiotopoulou 2020; Brunner 2018; Joyce-Finnern 2017, 105 ff; Machold/Diehm 2017, S. 309; Seitz/Finnern 2015, S. 26). Im Rahmen des nun folgenden Kapitels wird genauer auf das Erkenntnisinteresse und die Ausdifferenzierung der forschungsleitenden Fragestellung eingegangen.

Übergeordnete Zielsetzung des Forschungsprojekts ist es, einen möglichst grundlegenden, umfassenden sowie ergebnisoffenen[14] Einblick in integrative Kindertageseinrichtungen und die dortigen Strukturen und Handlungspraxen

13 Als Einrichtungen der frühkindlichen Bildung stehen Kindertageseinrichtungen bereits seit vielen Jahren im Fokus wissenschaftlicher Analysen, wobei über den Lauf der Zeit zahllose Forschungsarbeiten entstanden sind und mannigfaltige methodische sowie theoretische Zugänge und Schwerpunkte gewählt wurden (vgl. Göbel 2018, 56 f). So finden sich beispielsweise viele Forschungsarbeiten, die sich der Erforschung der „Interaktionsprozesse zwischen ErzieherInnen und Kindern“ (König 2009) zum Gegenstand machen (vgl. Sell 2020; Wolstein et al. 2020; Ahnert/Pinquart/Lamb 2006). Verbunden hiermit sind auch die ausführliche Beforschung des Handelns der Fachkräfte sowie professionalisierungstheoretische Fragen häufig gewählte Schwerpunkte (vgl. Cloos 2021; Wolstein et al. 2020; Viernickel 2017; Eßer 2014; Kucharz/Rathgeb-Schnierer 2014; Stamm 2014; Neumann 2014; Viernickel et al. 2013). Gleiches gilt für Fragestellungen in Bezug auf die Aus- und Weiterbildung der Fachkräfte (vgl. Gessler/Hanssen/Peucker 2021; Buschle/Gruber/Hartwich 2021; Leu/Kalicki 2014; Lazzari/Balduzzi 2014; Edelmann 2014; Diller/Rauschenbach 2006). Vielfach wird auch die Vorbereitung auf die Schule (vgl. Roßbach/Sechtig/Freund 2010; Roßbach/Weinert 2008; Strehmel 2007) bzw. den Übergang vom Kindergarten in die Grundschule aufgegriffen (vgl. Lichtblau/Albers 2020; Dunlop 2014; Graßhoff et al. 2013; Hein/Eckerth/Hanke 2012; Walker et al. 2012; Griebel/Niesel 2003; Broström 2003; 2002). Der Spracherwerb bzw. die Sprachförderung in Kindertageseinrichtungen stellt eine weitere Facette der Forschung dar (vgl. Syczewska et al. 2020; Braband 2020; Albers 2017; 2009; Müller 2014; Ulich/Oberhuemer/Soltendieck 2005). Mit Blick auf aktuellere Entwicklungen lässt sich sagen, dass zunehmend die explizite Beforschung der Kinderperspektive bzw. die Frage nach dem Einfluss des Handelns der Kinder auf den Einrichtungsalltag größeren Raum einnimmt (vgl. Nentwig-Gesemann et al. 2021; Beutin/Flämig 2021).

14 Siehe hierzu die Ausführungen zum gewählten Auswertungsverfahren in Kapitel 8.5.

zu gewinnen. Das Projekt verfolgt also auf der einen Seite ein eher allgemein gehaltenes Erkenntnisinteresse. Auf der anderen Seite wird dieses jedoch durch einen spezielleren Fokus erweitert. In diesem Sinne geht es der Studie zusätzlich darum, das relationale Verhältnis von Inklusion und Behinderung[15] im Kontext besagter Einrichtungen in den Blick zu nehmen. Als Ausgangspunkt für die Bearbeitung des Erkenntnisinteresses wurden drei integrative Kindertageseinrichtungen entlang des Kriteriums der größtmöglichen Kontrastivität ausgewählt und in den Mittelpunkt der Forschungsarbeit gestellt. Ausgewählt wurden eine Krabbelstube, ein Naturkinderkarten sowie ein sogenannter „Kinderladen". Die übergeordnete Forschungsfrage wurde folgendermaßen formuliert:

Abbildung 1: Fragestellung F0

F0: „Wie gestaltet sich der Alltag in integrativen Kindertageseinrichtungen und wie lässt sich dieser (ggf.) weiterentwickeln?"

Die Breite der Forschungsfrage macht den Rückgriff auf verschiedene Analyseebenen notwendig, um die innerhalb der Fragestellung vereinten Facetten möglichst adäquat erfassen und bearbeiten zu können. Hierzu zählen a) die Frage nach den strukturellen Gegebenheiten der jeweiligen Einrichtungen, b) die Frage nach den Perspektiven der dort tätigen Mitarbeiter:innen sowie c) die Frage nach den sich dort vollziehenden Handlungspraxen zwischen den verschiedenen Akteur:innen. Diese Zugänge bilden wiederum den Ausgangspunkt für die weiterführende Ausdifferenzierung der Fragestellung F0, die sich derart darstellen lässt:

Abbildung 2: Ausdifferenzierung Fragestellung F0

F0: „Wie gestaltet sich der Alltag in integrativen Kindertageseinrichtungen und wie lässt sich dieser (ggf.) weiterentwickeln?"	
	F1 „Wie gestalten sich die strukturellen Gegebenheiten der integrativen Kindertageseinrichtungen?"
	F2 „Wie gestalten sich die subjektiven Perspektiven der Mitarbeiter:innen in Bezug auf ihre Handlungspraxis?"
	F3 „Welche (pädagogischen) Handlungspraxen vollziehen sich in integrativen Kindertageseinrichtungen?"

Die Fragestellungen F1, F2 und F3 beschreiben letztlich das empirische Forschungsprogramm der Studie, wobei jede der Fragestellungen einen anderen forschungspraktischen Zugang einfordert. In den Kapiteln 7 und 8 wird ausführlicher hierauf eingegangen. Erweitert und vervollständigt wird die Ausdifferenzierung der Fragestellung F0 bzw. das damit einhergehende Erkenntnisinteresse durch eine weitere,

15 Verwiesen sei auf die entsprechenden Darlegungen in Kapitel 3.

vierte Forschungsfrage (F4). Diese widmet sich der Bearbeitung des theoretisch-reflexiven Gehalts der Fragestellung F0. Gegenständlich ist hier, die Ergebnisse aus der Bearbeitung der Fragestellungen F1, F2 und F3 aufzugreifen und diese kritisch reflektierend zusammenzuführen. Integriert in die bereits dargestellte Übersicht stellt sich die abschließende Untergliederung der Fragestellung F0 folgendermaßen dar:

Abbildung 3: Weitere Ausdifferenzierung Fragestellung F0

F0: „Wie gestaltet sich der Alltag in integrativen Kindertageseinrichtungen und wie lässt sich dieser (ggf.) weiterentwickeln?“	
	F1 „Wie gestalten sich die strukturellen Gegebenheiten der integrativen Kindertageseinrichtungen?“
	F2 „Wie gestalten sich die subjektiven Perspektiven der Mitarbeiter:innen in Bezug auf ihre Handlungspraxis?“
	F3 „Welche (pädagogischen) Handlungspraxen vollziehen sich in integrativen Kindertageseinrichtungen?“
	F4 „Welche (pädagogischen) Herausforderungen bzw. Weiterentwicklungspotenziale lassen sich feststellen?“

Im Folgenden wird nun näher auf die einzelnen Fragestellungen eingegangen. Hierbei wird zu zeigen sein, dass auch diese – zum Wohle der Operationalisierung – zum Teil noch einer weiteren Ausdifferenzierung bedürfen.

F1: Die Frage nach strukturellen Gegebenheiten[16]

Um die Frage nach dem Alltag in integrativen Kindertageseinrichtungen angemessen bearbeiten zu können, ist es erforderlich, die Ebene der strukturellen Gegebenheiten zu berücksichtigen. Vielfach mehr oder weniger zwangsläufig vorgegeben, sind es insbesondere die strukturellen Gegebenheiten, die ganz wesentlich mit dazu beitragen, den Alltag innerhalb der Einrichtungen hervorzubringen. Dies betrifft zum Beispiel grundlegend die Frage nach der konzeptionellen Ausgestaltung der pädagogischen Handlungspraxis: Welche (pädagogischen) Handlungskonzepte werden den Mitarbeiter:innen von Seiten des jeweiligen Trägers vorgeben und wie sind diese je konkret ausgestaltet? Darüber hinaus stellt sich die Frage nach den Öffnungszeiten oder welche Räume in den Einrichtungen zur Verfügung stehen (oder nicht) und wie diese je konkret ausgestaltet sind – zum Beispiel mit Blick auf deren Größe und Strukturierung. Beispielhaft kann etwa die Frage nach der Verfügbarkeit eines Außengeländes genannt werden. Darüber hinaus ist die Frage nach der internen Strukturierung der Einrichtungen von Interesse: Wird in den Einrichtungen zum Beispiel ein (eher) offenes Konzept oder eine klare Gruppendifferenzierung verfolgt? Wird die Frage nach den strukturellen Gegebenheiten gestellt, rückt auch die Betreuungsstruktur sowie die Zahl und

16 Bearbeitet wird die Fragestellung F1 in den Kapiteln 9 und 10.

Zusammensetzung der zu betreuenden Kinder in den Fokus. Mit Blick auf Letzteres sind etwaige Verteilungsschlüssel (zum Beispiel Mitarbeiter:innen zu Kindern) und Obergrenzen (etwa mit Blick auf die Aufnahme von sogenannten „Integrationskindern") von Interesse. Relevant erscheint zudem die Erfassung und Analyse der Tagesstruktur: Wie sind die Alltagsstrukturen bzw. Alltagsabläufe der Einrichtungen ausgestaltet? Welche Pläne, internen Regelungen und bürokratischen Praxen (zum Beispiel Dokumentationen) sind vorgesehen? Inwiefern unterscheiden sich die Tagesabläufe der einzelnen Wochentage und wie eng sind diese vorstrukturiert bzw. welches Maß an Flexibilität und Spontaneität lassen sie zu? Bei all diesen Aspekten handelt es sich um Fragen, die sich der Analyse der strukturellen Gegebenheiten von integrativen Kindertageseinrichtungen im Allgemeinen widmen. Übertragen in die Übersicht lässt sich die Ausdifferenzierung der Fragestellung F1 folgendermaßen darstellen:

Abbildung 4: Ausdifferenzierung Fragestellung F1.1

F1: „Wie gestalten sich die strukturellen Gegebenheiten der integrativen Kindertageseinrichtungen?"		
	F1.1 „Wie gestalten sich die strukturellen Gegebenheiten der integrativen Kindertageseinrichtungen im Allgemeinen?"	
		F1.1.1 „Wie sind bereitgestellte (pädagogische) Handlungskonzepte ausgestaltet?"
		F1.1.2 „Welche tagesstrukturellen Vorgaben bzw. Abläufe gibt es und wie sind diese ausgestaltet?"
		F1.1.3 „Wie sind die räumlichen Strukturen der Einrichtungen ausgestaltet?"

Wie im Kontext der Ausdifferenzierung der Fragestellung F0 bereits dargelegt wurde, geht es der Studie nicht nur um eine allgemeine Beforschung von Kindertageseinrichtungen, sondern gerade auch um die explizite Fokussierung der Frage nach dem Verhältnis von Inklusion und Behinderung. Aufgegriffen wird hiermit die Herausforderung, dass sich Einrichtungen und Akteur:innen der frühkindlichen Bildung spätestens seit der Ratifizierung der UN-Konvention über die Rechte von Menschen mit Behinderungen im Jahr 2009 von unterschiedlicher Seite mit der Forderung konfrontiert sehen, Inklusion im eigenen Handlungsfeld umsetzen zu müssen (vgl. Budde et al. 2019). Hierzu gehören beispielsweise entsprechende Vorgaben durch Träger oder Geldgeber, aber auch Erwartungshaltungen von Dritten – beispielsweise den Eltern, deren Kinder die Einrichtungen besuchen. Dieser gesonderte Fokus wiederum bringt in Anlehnung an die oben aufgeworfenen Fragen neue Aspekte ins Spiel, die ebenfalls betrachtet werden. In diesem Sinne stellt sich zum Beispiel mit Blick auf die Ausgestaltung der durch die Einrichtungen bereitgestellten Handlungskonzepte die Frage, welcher Stellenwert Inklusion und Behinderung dort beigemessen wird. Inwiefern finden beide Begriffe Einzug in die Konzepte und welche theoretischen Zugänge werden gewählt bzw. vorgegeben? Hinsichtlich alltagsstruktureller Abläufe in den Einrichtungen stellt sich die Frage nach möglichen Behinderungspraxen, die ggf. bereits in der strukturellen Ausgestaltung selbst angelegt sind. Exemplarisch hierfür wäre zum Beispiel an Punkte auf der Tagesordnung zu denken, die sich ggf. nur an einzelne Kinder richten (etwa behinderungsspezifische Therapieangebote) und denen damit eine gewisse Ambivalenz innewohnt. Dies liegt darin begründet, dass derartige Angebote einerseits darauf abzielen, speziell gelagerten Bedürfnissen gerecht zu werden und so ggf. Behinderung abzubauen, sie andererseits aber auch zwangsläufig selbst mit dazu beitragen, Formen von Andersartigkeit innerhalb der Einrichtungen zu (re-)produzieren, indem sie die betreffenden Kinder als besonders markieren und in entsprechender Art und Weise im innerorganisationalen Diskurs der Einrichtungen hervorbringen.[17] Auf der Ebene der räumlichen Gestaltung rücken im Kontext von Inklusion und Behinderung unter anderem Fragen nach der Zugänglichkeit in den Fokus (zum Beispiel Treppenstufen oder beengte Durchgänge). Ausgehend hiervon lässt sich die Übersicht zur Fragestellung F1 abschließend wie folgt vervollständigen:

Abbildung 5: Ausdifferenzierung Fragestellung F1.2

F1: „Wie gestalten sich die strukturellen Gegebenheiten der integrativen Kindertageseinrichtungen?“		
	F1.1 „Wie gestalten sich die strukturellen Gegebenheiten der integrativen Kindertageseinrichtungen im Allgemeinen?“	
		F1.1.1 „Wie sind bereitgestellte (pädagogische) Handlungskonzepte ausgestaltet?“
		F1.1.2 „Welche tagesstrukturellen Vorgaben bzw. Abläufe gibt es und wie sind diese ausgestaltet?“
		F1.1.3 „Wie sind die räumlichen Strukturen der Einrichtungen ausgestaltet?“
	F1.2 „Wie gestalten sich die strukturellen Gegebenheiten der integrativen Kindertageseinrichtungen in Bezug auf Inklusion und Behinderung?“	
		F1.2.1 „Welches Inklusions- bzw. Behinderungsverständnis kommt in den bereitgestellten (pädagogischen) Handlungskonzepten zum Ausdruck?“
		F1.2.2 „Welche Teilhabebarrieren reproduzieren sich in tagesstrukturellen Vorgaben und Abläufen?“
		F1.2.3 „Welche Teilhabebarrieren reproduzieren sich auf räumlicher Ebene?“

F2: Die Frage nach subjektiven Perspektiven der Mitarbeiter:innen[18]

Neben der Erfassung der strukturellen Gegebenheiten ist auch die Analyse der subjektiven Perspektiven jener Personen von zentraler Bedeutung, die in den Kindertageseinrichtungen tätig sind. Dies liegt nicht zuletzt darin begründet, dass die dortigen Angestellten als aushandelnde Instanzen zwischen strukturellen

17 Berührt wird hier die Frage nach Subjektivierungspraxen bzw. der Zuweisung von Subjektpositionen. Siehe hierfür die theoretischen Ausführungen in Kapitel 2.

18 Bearbeitet wird die Frage F2 in Kapitel 11.

Vorgaben einerseits und der faktischen Realisierung je situativer Handlungspraxen andererseits zu betrachten sind. Sie sind es, denen – zu einem gewissen Grad immer geleitet durch die strukturellen Gegebenheiten – mehr oder weniger direkt die Ausgestaltung des Alltags obliegt. So konstatieren Breitenbach et al.: „Wie auch immer die Konstituierung und Ausgestaltung der frühpädagogischen Institutionen als Bildungsinstitutionen sich verwirklichen soll, getragen werden wird dieser Prozess ganz wesentlich von den PädagogInnen vor Ort" (Breitenbach/Bürmann/Thünemann 2012, S. 95; vgl. Brunner 2018, S. 3; Viernickel 2017, S. 39). Vor diesem Hintergrund ergeben sich verschiedene Fragestellungen, die das Erkenntnisinteresse weiter ausdifferenzieren. Wie konstruieren sich die Mitarbeiter:innen selbst als pädagogisch Handelnde und wie konstruieren sie – hiervon ausgehend – ihre Handlungspraxis? Woran richten sie ihr Handeln im Alltag aus und welche Ziele verfolgen sie? Welche Rolle spielen in diesem Zusammenhang Vorgaben und Konzepte des Trägers? Hiermit einhergehend stellt sich zudem die Frage, wie die jeweiligen Mitarbeiter:innen die Kinder konstruieren, die innerhalb der Kindertageseinrichtungen betreut werden. Welches Verständnis von ‚Kindheit' haben die Mitarbeiter:innen und welche Rolle bzw. welche Position weisen sie Kindern innerhalb ihrer Handlungspraxis zu? Übertragen in die Übersicht ergibt sich folgendes Bild:

Abbildung 6: Ausdifferenzierung Fragestellung F2.1

F2: „Wie gestalten sich die subjektiven Perspektiven der Mitarbeiter:innen in Bezug auf ihre Handlungspraxis?"		
	F2.1 „Wie gestalten sich die subjektiven Perspektiven der Mitarbeiter:innen in Bezug auf ihre Handlungspraxis im Allgemeinen?"	
		F2.1.1 „Wie konstruieren die Mitarbeiter:innen das (pädagogische) Handeln in den Einrichtungen und sich selbst als (pädagogisch) Handelnde?"
		F2.1.2 „Wie konstruieren die Mitarbeiter:innen die Kinder, die innerhalb der integrativen Kindertageseinrichtung betreut werden?"

Wie bereits auf der Ebene der strukturellen Gegebenheiten stellt sich auch auf der Ebene der Beforschung der Mitarbeiter:innenperspektive die Frage nach Inklusion und Behinderung. Konkret betrifft dies die Frage, welches Inklusions- und Behinderungsverständnis die Mitarbeiter:innen haben. Aufgeworfen wird damit zugleich die Frage, ob und – wenn ja – inwiefern aktuelle Entwicklungen auf gesellschaftspolitischer Ebene Einzug in ihre Handlungspraxis finden. Welche Rolle spielen Inklusion und Behinderung für die Ausgestaltung der alltäglichen Handlungspraxis der Mitarbeiter:innen? Wie gehen sie mit dem von außen auferlegten Auftrag um, Inklusion in ihrem alltäglichen Handeln umsetzen zu müssen? Erkennen sie Inklusion als persönliche Aufgabe an oder verorten sie Inklusion im Zuständigkeitsbereich anderer? Hinsichtlich der weiterführenden

Ausdifferenzierung der Fragestellung F2 ergibt sich hieraus die folgende Darstellung:

Abbildung 7: Ausdifferenzierung Fragestellung F2.2

F2: **„Wie gestalten sich die subjektiven Perspektiven der Mitarbeiter:innen in Bezug auf ihre Handlungspraxis?“**		
	F2.1 „Wie gestalten sich die subjektiven Perspektiven der Mitarbeiter:innen in Bezug auf ihre Handlungspraxis im Allgemeinen?“	
		F2.1.1 „Wie konstruieren die Mitarbeiter:innen das (pädagogische) Handeln in den Einrichtungen und sich selbst als (pädagogisch) Handelnde?“
		F2.1.2 „Wie konstruieren die Mitarbeiter:innen die Kinder, die innerhalb der integrativen Kindertageseinrichtung betreut werden?“
	F2.2 „Wie gestalten sich die subjektiven Perspektiven der Mitarbeiter:innen in Bezug auf Inklusion und Behinderung?“	

F3: Die Frage nach Handlungspraxen[19]

Um dem Anspruch einer möglichst umfassenden Analyse gerecht zu werden, ist es erforderlich, über die Ebene der strukturellen Gegebenheiten und individuellen Sinnkonstruktionen hinauszugehen und die Ebene der faktisch gelebten Handlungspraxis in den Blick zu nehmen – nicht zuletzt als Kontrastfolie für die Reflexion der zuerst genannten Ebenen. Im Mittelpunkt der Fragestellung F3 steht somit die Frage, wie sich Handlungs- bzw. Interaktionspraxen in den integrativen Kindertageseinrichtungen faktisch (und ggf. in Differenz zu den subjektiv-intentional erhobenen Ansprüchen) vollziehen. Wie gestaltet sich der Alltag in den integrativen Kindertageseinrichtungen? Wie agieren die Mitarbeiter:innen und Kinder mit- und untereinander? Wie die letzte Frage bereits verdeutlicht, ist im Kontext der Fragestellung F3 einerseits die Ausgestaltung pädagogischer Handlungspraxen von Interesse, d. h. die Frage, wie das Handeln der Mitarbeiter:innen in Bezug auf die Kinder ausgestaltet ist bzw. wie sich Betreuungspraxen je konkret vollziehen. Andererseits geht es aber auch darum, das Handeln der Mitarbeiter:innen in seiner Komplexität zu erfassen, d. h. auch in jenen Dimensionen, die nicht oder (im gegebenen Kontext) nicht unbedingt als ‚pädagogisch' zu fassen sind – beispielsweise mit Blick auf bürokratische Tätigkeiten oder das Handeln der Mitarbeiter:innen untereinander im hierarchischen Gefüge der Organisation. Ergänzend zu dem Bisherigen stellt sich aber auch die Frage nach dem Handeln der Kinder: Wie reagieren die Kinder auf das Handeln der Mitarbeiter:innen? Wie agieren sie untereinander und wie nutzen sie (ggf. auch je für sich) den Handlungsrahmen, den die Einrichtungen ihnen bieten? Ausgehend von diesen Überlegungen lässt sich die Fragestellung F3 wie folgt ausdifferenzieren:

19 Bearbeitet wird die Frage F3 in Kapitel 12.

Abbildung 8: Ausdifferenzierung Fragestellung F3

F3: „Welche (pädagogischen) Handlungspraxen vollziehen sich in integrativen Kindertageseinrichtungen?“	
	F3.1 „Wie vollziehen sich welche (pädagogischen) Praxen zwischen den verschiedenen Akteur:innen?“

Wie bereits im Rahmen der vorangegangenen Fragestellungen, so wird auch das eher allgemein gehaltene Erkenntnisinteresse der Fragestellung F3.1 durch den Fokus Inklusion und Behinderung erweitert. In diesem Sinne stellt sich die Frage, wo und in welcher Form sich in der gelebten Praxis der Kindertageseinrichtungen inklusive bzw. behindernde Praxen vollziehen. Aufgeworfen wird hier auf der einen Seite die Frage nach der lebenspraktischen Manifestation von (zum Beispiel) räumlichen oder tagesstrukturell angelegten Teilhabebarrieren. Wie wirken sich diese auf die Lebenspraxis in den Einrichtungen aus? Auf der anderen Seite stellt sich die Frage nach Praxen des Ein- und Ausschlusses, resultierend aus dem Handeln einzelner Akteur:innen. Dies betrifft zum Beispiel die Frage nach dem Stellenwert der Statuszuschreibung ‚Behinderung‘ bzw. ‚Integrationskind‘ oder anderen Differenzzuschreibungen. Lassen sich Differenzen in der Ausgestaltung pädagogischer Handlungspraxen zwischen Kindern verschiedener Statusgruppen feststellen? Und wenn ja, inwiefern? Von Interesse ist zudem, wie das Thema „Behinderung“ von den Mitarbeiter:innen und Kindern im Alltag aufgegriffen und thematisiert wird. Wie wird zum Beispiel mit sogenannten „herausfordernden Verhaltensweisen“ umgegangen und wie werden entsprechende Vorkommnisse sowohl durch die Kinder als auch die Mitarbeiter:innen aufgegriffen und vor dem Rest der Gruppe kommuniziert bzw. ausgehandelt? Ausgehend hiervon ist die Fragestellung F3 um eine zusätzliche Unterfragestellung zu erweitern.

Abbildung 9: Weitere Ausdifferenzierung Fragestellung F3

F3: „Welche (pädagogischen) Handlungspraxen vollziehen sich in integrativen Kindertageseinrichtungen?“	
	F3.1 „Wie vollziehen sich welche (pädagogischen) Praxen zwischen den verschiedenen Akteur:innen?“
	F3.2 „Wie und wo vollziehen sich inklusive bzw. behindernde Praxen und wie werden die Themen ‚Inklusion‘ und ‚Behinderung‘ im Alltag verhandelt?“

F4: Die Frage nach pädagogischen Herausforderungen[20]

Die Fragestellung F4 baut unmittelbar auf den vorangegangenen Fragestellungen auf und führt deren Ergebnisse zusammen. Aufgeworfen wird hier die Frage nach Herausforderungen und Handlungsperspektiven für die untersuchte

20 Bearbeitet wird die Frage F4 in den Kapiteln 13 und 15.

Handlungspraxis. Im Gegensatz zu den vorangegangenen Fragestellungen bedarf die Fragestellung F4 keiner weiteren Ausdifferenzierung:

F4: „Welche (pädagogischen) Herausforderungen bzw. Weiterentwicklungspotenziale lassen sich feststellen?“

Werden die nun weiter ausdifferenzierten Unterfragestellungen zusammengeführt, ergibt sich das folgende Grundgerüst für die hiesige Studie:

Abbildung 10: Gesamtüberblick Forschungsfragen

F1: „Wie gestalten sich die strukturellen Gegebenheiten der integrativen Kindertageseinrichtungen?“		
	F1.1 „Wie gestalten sich die strukturellen Gegebenheiten der integrativen Kindertageseinrichtungen im Allgemeinen?“	
		F1.1.1 „Wie sind bereitgestellte (pädagogische) Handlungskonzepte ausgestaltet?“
		F1.1.2 „Welche tagesstrukturellen Vorgaben bzw. Abläufe gibt es und wie sind diese ausgestaltet?“
		F1.1.3 „Wie sind die räumlichen Strukturen der Einrichtungen ausgestaltet?“
	F1.2 „Wie gestalten sich die strukturellen Gegebenheiten der integrativen Kindertageseinrichtungen in Bezug auf Inklusion und Behinderung?“	
		F1.2.1 „Welches Inklusions- bzw. Behinderungsverständnis kommt in den bereitgestellten (pädagogischen) Handlungskonzepten zum Ausdruck?“
		F1.2.2 „Welche Teilhabebarrieren reproduzieren sich in tagesstrukturellen Vorgaben und Abläufen?“
		F1.2.3 „Welche Teilhabebarrieren reproduzieren sich auf räumlicher Ebene?“
F2: „Wie gestalten sich die subjektiven Perspektiven der Mitarbeiter:innen in Bezug auf ihre Handlungspraxis?“		
	F2.1 „Wie gestalten sich die subjektiven Perspektiven der Mitarbeiter:innen in Bezug auf ihre Handlungspraxis im Allgemeinen?“	
		F2.1.1 „Wie konstruieren die Mitarbeiter:innen das (pädagogische) Handeln in den Einrichtungen und sich selbst als (pädagogisch) Handelnde?“
		F2.1.2 „Wie konstruieren die Mitarbeiter:innen die Kinder, die innerhalb der integrativen Kindertageseinrichtung betreut werden?“
	F2.2 „Wie gestalten sich die subjektiven Perspektiven der Mitarbeiter:innen in Bezug auf Inklusion und Behinderung?“	
F3: „Welche (pädagogischen) Handlungspraxen vollziehen sich in integrativen Kindertageseinrichtungen?“		
	F3.1 „Wie vollziehen sich welche (pädagogischen) Praxen zwischen den verschiedenen Akteur:innen?“	
	F3.2 „Wie und wo vollziehen sich inklusive bzw. behindernde Praxen und wie werden die Themen ‚Inklusion‘ und ‚Behinderung‘ im Alltag verhandelt?“	
F4: „Welche (pädagogischen) Herausforderungen bzw. Weiterentwicklungspotenziale lassen sich feststellen?“		

7. Operationalisierung des Erkenntnisinteresses

Wie dargelegt, beschreiben die Fragestellungen F1, F2 und F3 das empirische Forschungsprogramm der Studie, während die Fragestellung F4 als zusammenführende, resümierende Fragestellung betrachtet werden kann. Die unterschiedlich gelagerten Schwerpunkte der empirischen Fragestellungen – also die Fokussierung der strukturellen Gegebenheiten (F1), der Perspektive der Mitarbeiter:innen (F2) und der Handlungs- bzw. Interaktionspraxen (F3) – machen wiederum einen Rückgriff auf je unterschiedliches Datenmaterial notwendig. Auf die Operationalisierung des Erkenntnisinteresses wird im nun folgenden Kapitel näher eingegangen. Orientiert wird sich dabei an der Abfolge der vorgestellten Forschungsfragen, die in ihrer Bearbeitung zugleich auch die weitere Struktur des Buches bestimmen.

Zur Operationalisierung der Fragestellung F1: Strukturanalyse
Gegenstand der Fragestellung F1 und der zugehörigen Unterfragestellungen ist die Analyse der strukturellen Gegebenheiten der ausgewählten Kindertageseinrichtungen. Die Besonderheit einer solchen Strukturanalyse besteht darin, dass diese nicht über die Arbeit mit einem einzigen Materialtypus erfolgen kann, wie es zum Beispiel im Rahmen der Fragestellungen F2 und F3 der Fall ist. Strukturanalysen, welche die im vorangegangenen Unterkapitel aufgezeigten Facetten aufgreifen bzw. einen entsprechenden Einblick bieten, werden erst über die Kombination verschiedener Materialtypen ermöglicht (vgl. Trescher 2017f, S. 74). Je komplexer bzw. umfangreicher die Strukturen, die der Analyse zugeführt werden sollen, desto breiter ist der hierfür benötigte Materialpool. Im Falle der hiesigen Studie wurde die Strukturanalyse aufgeteilt und in zwei Schritten durchgeführt. Zunächst wurden die pädagogischen Konzepte, die von Seiten des Trägers als Broschüren angeboten werden, als Datengrundlage herangezogen und analysiert.[21] Hieran anschließend wurden die Konzepte sowie die Datenmaterialien, die zur Bearbeitung der Fragestellungen F2 (Interviews mit den Mitarbeiter:innen) und F3 (Beobachtungsprotokolle aus dem Einrichtungsalltag) erhoben wurden, nach darin enthaltenen objektiven Daten durchsucht (zum Beispiel Hinweise auf Ablaufpläne, räumliche Ausgestaltung der Einrichtungen usw.). Diese Daten wurden extrahiert und in einer Strukturbeschreibung zusammengetragen. Es handelt sich also um ein künstliches Protokoll, das extra durch

21 Siehe hierzu: Kapitel 9.

den bzw. die Forscher:in erstellt wird. Die Strukturbeschreibungen wurden in der Folge ihrerseits analysiert.[22]

Abbildung 11: Operationalisierung Fragestellung F1

F1: „Wie gestalten sich die strukturellen Gegebenheiten der integrativen Kindertageseinrichtungen?“	
F1.1 „Wie gestalten sich die strukturellen Gegebenheiten der integrativen Kindertageseinrichtungen im Allgemeinen?“	
F1.1.1 „Wie sind bereitgestellte (pädagogische) Handlungskonzepte ausgestaltet?“	Konzeptanalyse
F1.1.2 „Welche tagesstrukturellen Vorgaben bzw. Abläufe gibt es und wie sind diese ausgestaltet?“	Strukturbeschreibung
F1.1.3 „Wie sind die räumlichen Strukturen der Einrichtungen ausgestaltet?“	
F1.2 „Wie gestalten sich die strukturellen Gegebenheiten der integrativen Kindertageseinrichtungen in Bezug auf Inklusion und Behinderung?“	
F1.2.1 „Welches Inklusions- bzw. Behinderungsverständnis kommt in den bereitgestellten (pädagogischen) Handlungskonzepten zum Ausdruck?“	Konzeptanalyse
F1.2.2 „Welche Teilhabebarrieren reproduzieren sich in tagesstrukturellen Vorgaben und Abläufen?“	Strukturbeschreibung
F1.2.3 „Welche Teilhabebarrieren reproduzieren sich auf räumlicher Ebene?“	

Mit Blick auf das gewählte Auswertungsverfahren lässt sich sagen, dass sich sowohl im Kontext der Konzeptanalyse als auch der Analyse der Strukturbeschreibung für die Arbeit mit den sequenzanalytisch operierenden Verfahren der objektiven Hermeneutik entschieden wurde (vgl. Oevermann et al. 1979; Oevermann 2000).[23] Dies ist vor allem auf die Offenheit des Erkenntnisinteresses bzw. den explorativen Charakter der Studie zurückzuführen. In diesem Sinne hält Ulrich Oevermann, der als maßgeblicher Begründer der Verfahren gilt, fest, dass sich die Arbeit mit der objektiven Hermeneutik gerade für die Anwendung „auf wenig erforschten Gebieten und bei neuen, noch wenig bekannten Entwicklungen und Phänomenen“ (Oevermann 2002a, S. 1) anbietet, um „die typischen, charakteristischen Strukturen dieser Erscheinungen zu entschlüsseln und die hinter den Erscheinungen operierenden Gesetzmäßigkeiten ans Licht zu bringen“ (Oevermann 2002a, S. 1). Ebendieser offene Blick sollte für den hiesigen Zusammenhang nutzbar gemacht werden, um sich dem Einrichtungstypus ‚integrative Kindertageseinrichtung‘ – hier auf struktureller Ebene – in grundlegender Art und Weise zu nähern und Verstehenszugänge zu öffnen.

22 Siehe hierzu: Kapitel 10.

23 Siehe hierzu die Ausführungen in Kapitel 8.5.

Zur Operationalisierung der Fragestellung F2: Analyse der Mitarbeiterperspektive

Im Mittelpunkt der Fragestellung F2 steht das Interesse an den subjektiven (Selbst-)Darstellungen der Mitarbeiter:innen.[24] Dieses Erkenntnisinteresse bringt die Notwendigkeit mit sich, auf die Erhebung von Interviews zurückzugreifen. Nach einiger Abwägung wurde sich für die Durchführung von sogenannten „Topic-Interviews“ (Trescher 2015, 175 f)[25] entschieden. Hierbei handelt es sich um eine eher offen gestaltete Form des Leitfadeninterviews. Begründet liegt diese Entscheidung zum einen darin, dass das Erkenntnisinteresse zwar sehr breit angelegt und offen, zugleich jedoch auch relativ klar vorstrukturiert war, was für die Verwendung eines Leitfadens sprach. Zum anderen sollte den interviewten Mitarbeiter:innen der notwendige Raum zur (mehr oder weniger) freien Entfaltung ihrer Erzählungen geboten werden.

Abbildung 12: Operationalisierung Fragestellung F2

<table>
<tr><td colspan="4">F2: „Wie gestalten sich die subjektiven Perspektiven der Mitarbeiter:innen in Bezug auf ihre Handlungspraxis?“</td></tr>
<tr><td></td><td colspan="3">F2.1 „Wie gestalten sich die subjektiven Perspektiven der Mitarbeiter:innen in Bezug auf ihre Handlungspraxis im Allgemeinen?“</td></tr>
<tr><td rowspan="3"></td><td rowspan="2"></td><td>F2.1.1 „Wie konstruieren die Mitarbeiter:innen das (pädagogische) Handeln in den Einrichtungen und sich selbst als (pädagogisch) Handelnde?“</td><td rowspan="3">Interviews</td></tr>
<tr><td>F2.1.2 „Wie konstruieren die Mitarbeiter:innen die Kinder, die innerhalb der integrativen Kindertageseinrichtung betreut werden?“</td></tr>
<tr><td colspan="2">F2.2 „Wie gestalten sich die subjektiven Perspektiven der Mitarbeiter:innen in Bezug auf Inklusion und Behinderung?“</td></tr>
</table>

Als Auswertungsverfahren wurde sich – wie bereits im Kontext der Fragestellung F1 – für die sequenzanalytischen Verfahren der objektiven Hermeneutik entschieden, wobei auch hier der explorative Charakter der Studie ausschlaggebend war. Darüber hinaus ist die Wahl der Methode darauf zurückzuführen, dass sie es erlaubt, „bei der Interpretation über die Ebene intentionaler Äußerungen – im Extremfall: strategischer Selbstdarstellung – hinauszugehen“ (Przyborski/Wohlrab-Sahr 2021, S. 320). Konkret erfolgt dies über die analytische Unterscheidung zwischen dem subjektiv-intentionalen und objektiven Sinn – also die Beleuchtung der Differenz zwischen dem, was die jeweiligen Interviewpartner:innen mit ihren Aussagen sagen wollen bzw. *meinen* (subjektiv-intentionaler Sinn), und dem, was die Interviewpartner:innen mit ihren Aussagen faktisch sagen (objektiver Sinn). Ebendiese Diskrepanzen genauer in den Blick zu nehmen,

24 Die entsprechende Ergebnisdarstellung findet sich in Kapitel 11.

25 Siehe die Ausführungen in Kapitel 8.2.

erschien angesichts der formulierten Zielsetzung der Analyse von besonderer Bedeutung – zum einen deshalb, da hierdurch Formen idealisierter Selbst- bzw. Außendarstellungen analytisch greifbar und thematisierbar werden, zum anderen vor dem Hintergrund, dass sich potenzielle Herausforderungen und Krisen der pädagogischen Handlungspraxis mitunter auch der direkten Wahrnehmung der Mitarbeiter:innen entziehen können, woraus wiederum resultiert, dass diese ggf. nicht explizit von diesen benannt werden (können). Hierin ist schlussendlich eine der zentralen Stärken rekonstruktionslogischer Forschungsansätze zu sehen. Sie gehen „über das explizite Wissen der Akteure hinaus, weil diese in ihrer Lebenspraxis zwar Strukturen folgen, sie aber nicht ohne Weiteres beschreiben und erkennen können bzw. den individuellen limitierenden Bedingungen ihrer Selbstbeschreibungen unterliegen. Ebenso wie im Miteinander-Sprechen die Grammatik der eigenen Sprache lebensweltlich verborgen bleibt, so sind die eigenen biographischen Strukturen im Handeln und in biographischen lebensweltlichen Praxen präsent, ohne im Vollzug als bestimmte Struktur erkannt werden zu müssen“ (Fischer 2019, S. 28; vgl. Jost 2019, 63 ff).

Zur Operationalisierung der Fragestellung F3: Analyse der Handlungs- bzw. Interaktionspraxen

Die Fragestellung F3 sowie die zugehörigen Unterfragestellungen formulieren das Interesse an Handlungs- bzw. Interaktionspraxen in den gewählten Kindertageseinrichtungen.[26] Es geht hier folglich um die Dokumentation und anschließende Analyse des Vollzugs von je situativen Praxen, was den Rückgriff auf ein entsprechendes Verfahren der Datenerhebung erforderlich macht. Vor allem aus Gründen der Flexibilität während der Erhebungssituation wurde sich für die Durchführung von nicht-maskierten, passiven Beobachtungen[27] und gegen videobasierte Erhebungsverfahren entschieden. Nicht-maskierte Beobachtungen bergen „den Vorteil, dass der Beobachter Eindrücke in Gänze wahrnimmt, in etwa wenn in zwei Räumen verschiedene, relevante Dinge geschehen und der Beobachter diese beide wahrnehmen und anschließend zeitlich orientiert wiedergeben kann“ (Trescher 2013, S. 23). Auch die Möglichkeit, flexibel auf unvorhergesehene Ereignisse im Feld reagieren und ggf. spontan den Beobachtungsfokus verlagern zu können – beispielsweise durch einen spontanen Positions- oder Raumwechsel – sprach für die Durchführung von Beobachtungen. Gegen die Durchführung von teilnehmenden Beobachtungen sprach die Zielsetzung, möglichst wenig in das Feld einzugreifen und hierdurch möglichst unverfälschte Einblicke in die Lebenspraxis in den Einrichtungen zu erhalten.[28]

---

26 Dargestellt werden die entsprechenden Ergebnisse in Kapitel 12.

27 Zur Vorstellung der Erhebungsmethode siehe Kapitel 8.3.

28 Dass bereits die Anwesenheit einer beobachtenden Person eine gewisse Beeinflussung des Feldes darstellt, ist ein Problem, welches zwangsläufig mit Beobachtungen einhergeht.

Abbildung 13: Operationalisierung Fragestellung F3

F3: „Welche (pädagogischen) Handlungspraxen vollziehen sich in integrativen Kindertageseinrichtungen?“		
	F3.1 „Wie vollziehen sich welche (pädagogischen) Praxen zwischen den verschiedenen Akteur:innen?“	Beobachtungen
	F3.2 „Wie und wo vollziehen sich inklusive bzw. behindernde Praxen und wie werden die Themen ‚Inklusion‘ und ‚Behinderung‘ im Alltag verhandelt?“	

Für die Auswertung wurde sich auch hier für die Arbeit mit den Verfahren der objektiven Hermeneutik entschieden. Ausschlaggebend war abermals der explorative Charakter der Studie sowie die Zielsetzung, über die Auswertung eine „Rekonstruktion der Sichtweisen, Deutungsmuster und Handlungsorientierungen der individuellen Akteure“ (Felden 2003, S. 130) zu leisten.

Zur Operationalisierung der Fragestellungen F4: Herausforderungen und Potenziale

Die Fragestellung F4 fragt nach Herausforderungen und Weiterentwicklungspotenzialen der untersuchten pädagogischen Handlungspraxis und ihre Bearbeitung stellt den Abschluss der hiesigen Studie dar. Beantwortet wird sie auf Grundlage der Gesamtergebnisse, die im Zuge der vorangegangenen Auswertungsschritte erarbeitet wurden. Sie ist untergliedert in eine zusammenführende Ergebnisdiskussion[29] sowie einen hiervon ausgehenden handlungspraktischen Ausblick.[30]

Abbildung 14: Operationalisierung Fragestellung F4

F4: „Welche (pädagogischen) Herausforderungen bzw. Weiterentwicklungspotenziale lassen sich feststellen?“	Gesamtergebnisse F1, F2 & F3

29 Diese findet sich in Kapitel 13.

30 Siehe hierzu die Ausführungen in Kapitel 15.

8. Darstellung der Methoden und forschungspraktisches Vorgehen

Das Forschungsprojekt „Inklusion als Herausforderung für integrative Kindertageseinrichtungen“ wurde als Lehrforschungsprojekt geplant und durchgeführt. Konkret bedeutet das, dass Studierende – in diesem Fall der Erziehungswissenschaften – unmittelbar an allen Planungs- und Arbeitsprozessen des Projekts aktiv beteiligt waren. Sämtliche Interviews und Beobachtungsprotokolle wurden über einen Zeitraum von zwei Semestern im Rahmen von Bachelor- und Master-Veranstaltungen erhoben und größtenteils auch in diesen ausgewertet. In vielen Fällen wurden die Materialien ergänzend hierzu im Rahmen von Haus- und Abschlussarbeiten bearbeitet, wobei mitunter eigene Schwerpunkte verfolgt und das Gesamtprojekt um wertvolle Perspektiven erweitert werden konnte. Ohne die engagierte Mitarbeit der zahlreichen Studierenden hätte das Projekt in diesem Umfang nicht realisiert werden können, sodass allen Beteiligten an dieser Stelle nochmal explizit gedankt sei.

Im Folgenden werden nun die verschiedenen Methoden sowie das hieran geknüpfte forschungspraktische Vorgehen dargelegt. Begonnen wird mit der Darstellung der Erhebungsmethoden bzw. dem zugehörigen Material: den pädagogischen Konzepten (Kapitel 8.1), der Strukturbeschreibung (Kapitel 8.2), dem Topic-Interview (Kapitel 8.3) und der passiven, nicht-maskierten Beobachtung (Kapitel 8.4). Geschlossen wird das Methodenkapitel mit einer Vorstellung der Auswertungsmethode – den Verfahren der objektiven Hermeneutik (Kapitel 8.5).

8.1 Pädagogische Konzepte

Die pädagogischen Konzepte der Einrichtungen mussten nicht durch die Forscher:innen erhoben werden, sondern wurden durch die kooperierende Trägerorganisation bereitgestellt. Es handelt sich um farbenfroh gestaltete Informationsbroschüren. Für jede Einrichtung existiert eine eigene Broschüre. Diese haben jeweils je einen Umfang von ca. 25 Seiten.

Zur inneren Gestaltung der Broschüren ist zu sagen, dass diese jeweils exakt gleich gegliedert sind. Eröffnet werden sie jeweils mit einem (bzw. dem identischen) Vorwort der Trägerorganisation, verbunden mit einem Spendenaufruf, um ebendiese zu unterstützen. An nächster Stelle der Gliederung steht das *„Leitbild Inklusion“*, welches in fünf kurzen Absätzen skizziert wird. Es folgt eine kurze Darstellung der Trägerorganisation und im Anschluss daran eine mehrseitige Darstellung der Ziele der Einrichtung sowie eine Präsentation der Ausrichtung bzw. der „*pädagogischen Haltung*". Auch diese Ausführungen sind in den Broschüren komplett identisch. Erste Unterschiede offenbaren sich erst, wenn es in der Folge um die Vorstellung der konkreten Einrichtung sowie die Schilderung der jeweiligen Tagesabläufe geht. Auch diese Schilderungen erfolgen über mehrere Seiten. Hervorzuheben ist, dass die Abweichungen zwischen den Einrichtungen insgesamt als gering zu bezeichnen sind. Unterschiede manifestieren sich hinsichtlich der Belegungszahlen und den Gruppenstrukturen. Weitere Differenzen finden sich in einer mitunter geringfügig anderen zeitlichen Strukturierung des Alltags (zum Beispiel in unterschiedlichen Bring- und Essenszeiten) sowie in speziellen Programmpunkten. Letzteres ist es, was den wesentlichen Teil der Differenzen ausmacht. So werden in einer Einrichtung beispielsweise der „*Märchenkreis*" und der „*Ausflugtag*" als besondere Angebote beschrieben, die sich in den Broschüren der anderen Einrichtungen nicht finden lassen. Dafür werden in diesen jeweils andere ‚exklusive' Programmpunkte vorgestellt, so zum Beispiel der „*Turntag*" oder der Programmpunkt „*Unterwegs in der Natur*". Im Wesentlichen sind die Inhalte und Abläufe jedoch – vor allem was die Beschreibung von konkreten pädagogischen Handlungspraxen anbelangt – weitgehend identisch. Teilweise unterscheidet sich nur die Formulierung der Überschriften oder einzelne Textbausteine sind an eine andere Stelle bzw. unter eine andere Überschrift verschoben. Die stärksten inhaltlichen Abweichungen sind in der Broschüre des Naturkindergartens vorzufinden. Hier nehmen vor allem Beschreibungen des Alltags einen größeren Stellenwert ein (etwa im Unterpunkt „*Unterwegs in der Natur*", „*Materialien*" oder „*Umgang mit Risiken*"). Diese Ausführungen stehen anstelle der Beschreibung von (Funktions-)Räumen oder spezieller Programmpunkte, wie sie in den Broschüren der anderen Einrichtungen vorzufinden sind. Die Schlusssegmente der Broschüren sind wieder nahezu identisch gestaltet und weisen nur punktuelle Differenzen auf. Hier wird unter anderem auf die Kooperation mit anderen Organisationen, die „*therapeutische Versorgung*", das Anforderungs- und Beschäftigungsprofil der Mitarbeiter:innen, die Zusammenarbeit mit den Eltern und das innerorganisationale Qualitätsmanagement eingegangen. Abgeschlossen werden die Broschüren mit einem exemplarischen Tagesablauf, Literaturangaben, wobei bei jedem Heft die gleichen zwei Quellen angeführt sind, sowie dem Organigramm der Trägerorganisation. Auch dies bestätigt, dass die Broschüren im Kern aus ‚einer Feder' stammen.

8.2 Strukturbeschreibung

Unter Strukturbeschreibungen werden künstlich erzeugte Protokolle verstanden. Es handelt sich also um etwas, das nicht direkt als solches im Forschungsfeld erfasst bzw. erhoben werden kann, sondern das eigens für das Forschungsvorhaben angefertigt werden muss. Im Grunde können Strukturbeschreibungen als

Zusammenstellung objektiver Daten des jeweiligen Untersuchungsgegenstands verstanden werden, die nach ihrer Erstellung einer eingehenden (rekonstruktiven) Analyse unterzogen werden. Hierfür können theoretisch alle erdenklichen Informationsquellen herangezogen werden. Die Strukturbeschreibungen, die im Falle der hiesigen Studie angefertigt wurden, wurden auf Grundlage der erhobenen Beobachtungsprotokolle und Interviewtranskripte, den Konzepten des Trägers sowie anderweitigen bereitgestellten Kurzinformationen erstellt und hatten eine Beschreibung der drei gewählten Einrichtungen zum Gegenstand. Die verschiedenen Materialien wurden auf ihre strukturellen Daten hin gefiltert und diese sukzessive zusammengetragen und zur Strukturbeschreibung verdichtet. Zur weiteren Organisation wurde die Strukturbeschreibung in drei Teilbereiche unterteilt: (a) räumliche Struktur, (b) Personal- bzw. Betreuungsstruktur und (c) Tagesstruktur. Ausgewertet wurde die Strukturbeschreibung mittels der Verfahren der objektiven Hermeneutik. Anzumerken ist, dass das analytische Vorgehen dabei von der üblichen objektiv-hermeneutischen Analysepraxis abweicht.[31] Zurückzuführen ist dies darauf, dass die Strukturbeschreibungen – anders als es etwa bei Interviewprotokollen der Fall ist – „keine ausdrucksgestalthaften Protokolle der Wirklichkeit dar[stellen]" (Wenzl/Wernet 2015, S. 86), sondern eben künstlich erzeugt wurden. Für die Analyse bedeutet das, dass diese rein faktisch erfolgen muss und nicht die komplette Ausdrucksgestalt des Protokolls erfassen kann – ist diese doch das Werk des Forschers bzw. der Forscherin und nicht der zu analysierenden sozialen Wirklichkeit (vgl. Trescher 2016b; Wenzl/Wernet 2015). Um es an einem kurzen Beispiel zu veranschaulichen: Wenn in der Strukturbeschreibung festgehalten ist, dass Kinder um eine je konkrete Uhrzeit in die Einrichtungen „kommen", kann dies nicht in Abgrenzung zur alternativen sprachlichen Rahmung betrachtet und interpretiert werden, dass die Kinder um eine je konkrete Uhrzeit in die Einrichtungen „gebracht werden". Die Entscheidung über die Wortwahl hat an dieser Stelle nicht die Lebenspraxis gefällt, die für die Fallrekonstruktion von Interesse ist (zum Beispiel das interviewte Personal), sondern der bzw. die ausführende Forscher:in im Zuge der Erstellung der Strukturbeschreibung. Analysiert wird daher nur der Fakt, dass es so etwas wie festgelegte ‚Bringzeiten' überhaupt gibt und was dies im Einzelnen für den Organisationsrahmen ‚Kindertageseinrichtung' sowie die involvierten Personengruppen bedeutet. Aussagen über etwaige Autonomiezuschreibungen („kommen" vs. „gebracht werden") können demnach auf Grundlage der Strukturbeschreibung nicht getroffen werden.

Strukturbeschreibungen eignen sich hervorragend dazu, Organisationen zu beforschen und über eine rekonstruktive Analyse Verstehenszugänge zu organisationalen Abläufen und (Funktions-)Logiken zu generieren. Es handelt sich um ein Vorgehen, dass bereits in früheren Forschungsprojekten erfolgreich

31 Siehe hierzu auch die Ausführungen in Kapitel 8.5.

angewandt wurde –etwa in Bezug auf Altenheime (vgl. Trescher 2013) oder Wohneinrichtungen der sogenannten „Behindertenhilfe“ (vgl. Trescher 2018a; 2017f).

8.3 Topic-Interviews

Das Erhebungsverfahren des Topic-Interviews stellt eine Form des halbstandardisierten Leitfadeninterviews dar, da es strukturierende und offene Elemente miteinander vereint. Trotz der Verwendung eines Leitfadens zielt es explizit darauf ab, offene Erzählpassagen zu generieren (vgl. Trescher 2017a, 68 f; Helfferich 2005, 179 ff). Das Vorgehen gestaltet sich dabei derart, dass im Vorfeld sogenannten „Topics“ entwickelt werden, die gewissermaßen die zentralen Eckpunkte des Erkenntnisinteresses darstellen. Zusätzlich hierzu werden zu jedem Topic Leitfragen, Stichworte und Erzählanstöße formuliert. Beide Elemente – sowohl die Topics als auch die zugehörigen Leitfragen, Stichpunkte und Erzählanstöße – dienen einerseits der Orientierungshilfe für den bzw. die ausführenden Forscher:in und sollen dabei unterstützen, alle relevanten Themenbereiche im Interview aufzugreifen und zu thematisieren. Andererseits geht es allerdings auch darum, eine Form der thematischen Eingrenzung vorzunehmen, indem das Interview durch die Topics auf die für das Erkenntnisinteresse relevanten Themenbereiche fokussiert wird. Es manifestiert sich an dieser Stelle das (eher) geschlossene Moment von Topic-Interviews, das zwangsläufig mit der Verwendung eines Leitfadens einhergeht. Zentral ist jedoch, dass die Reihenfolge der vorformulierten Topics flexibel gehandhabt und gemäß dem Gesprächsverlauf angepasst werden kann. Die Auswahl eines Topics orientiert sich insofern primär am inneren Verlauf des Interviews und ist nicht strikt vorgegeben. Topics werden erst dann aufgegriffen und thematisiert, sobald es thematisch passt und/ oder das Gespräch ins Stocken gerät. In dieser flexiblen Gestaltung, die trotz der im Vorfeld erfolgten Strukturierung gegeben ist, wird der Vorteil gesehen, dass auch Themenbereiche in das Interview integriert und thematisiert werden können, die vorher ggf. nicht gesehen und berücksichtigt wurden. Das Topic-Interview vermeidet insofern bewusst eine „Leitfadenbürokratie“ (Hopf 2010, S. 358) und sucht – im Gegensatz zu stärker standardisierten Varianten – eine gewisse Offenheit zu gewährleisten, die für eine angemessene Bearbeitung der formulierten Fragestellungen als elementar eingestuft wird und einen weitgehend ergebnisoffenen Zugang ermöglicht. Letztlich werden also durch die Verknüpfung von strukturierten Leitfragen und freien Erzählpassagen die Stärken von sowohl narrativen als auch Leitfrageninterviews genutzt und im Erhebungsprozess fruchtbar gemacht (vgl. Flick 2011, S. 244).

Nachfolgend wird auf die forschungspraktische Gestaltung der Interviews (Kapitel 8.3.1), den Feldzugang, die Fallauswahl sowie den Prozess der Erhebung selbst eingegangen (Kapitel 8.3.2).

8.3.1 Gestaltung der Interviews

In der hier relevanten Studie wurden die Interviews mit verschiedenen Mitarbeiter:innen der gewählten Kindertageseinrichtungen geführt. Der Einstieg in das Interview wurde jeweils über einen offenen Erzählimpuls gestaltet, der folgendermaßen formuliert wurde: „*Als erstes würde ich Sie bitten, mir in ihren eigenen Worten einen typischen Alltag hier in der Kindertageseinrichtung zu beschreiben*". Daraufhin wurde sich, je nach Verlauf, den vorformulierten Topics zugewandt. Folgende Topics und Unterpunkte wurden formuliert:

Abbildung 15: Überblick Interviewtopics

Topic: Einrichtung als Handlungsrahmen – Beschreibung der Alltagsabläufe – Beschreibung der Räumlichkeiten – Beschreibung von Handlungskonzepten – Beschreibung von Personalstruktur und innerorganisationalen Zuständigkeiten
Topic: Selbstverständnis/ pädagogisches Handeln – Beschreibung der eigenen Tätigkeit bzw. der eigenen Aufgaben – Beschreibung der persönlichen Handlungsmotivation und -ziele – Beschreibung des Verhältnisses zum Kollegium – Beschreibung des Verhältnisses zu den Kindern – Beschreibung des Verhältnisses zu den Eltern
Topic: Kinder – Beschreibung der Rolle bzw. Stellung der (Integrations-)Kinder in der Organisation – Beschreibung des Umgangs der Kinder untereinander
Topic: Inklusion – Beschreibung des (persönlichen und organisationalen) Inklusionsverständnisses – Beschreibung der Bedeutung von Inklusion für den Alltag – Beschreibung der Differenz zwischen Integration und Inklusion
Topic: Behinderung – Beschreibung des (persönlichen und organisationalen) Behinderungsverständnisses – Beschreibung der Bedeutung von Behinderung für den Alltag

Nachdem alle Topics erschöpfend thematisiert wurden, wurde jedes Interview mit einem offenen Frageteil geschlossen. Hier ging es darum, den Interviewpartner:innen explizit den Raum zur Äußerung von Wünschen und Verbesserungsvorschlägen in Bezug auf die eigene Handlungspraxis zu geben. Nach Abschluss der Interviews wurde noch ein standardisierter Fragebogen bearbeitet, in dem einige personenbezogene Daten der betreffenden Mitarbeiter:innen abgefragt wurden (Alter, Ausbildungshintergrund, beruflicher Werdegang und Position/ Aufgabenbereich in der Einrichtung). In der Regel wurden diese Informationen bereits in den Interviews selbst thematisiert, jedoch sollten sie zur Absicherung nochmal separat erfasst werden.

8.3.2 Feldzugang, Fallauswahl und Erhebung der Interviews

Der Feldzugang wurde durch den Kooperationspartner bereitet, der in den gewählten Einrichtungen anfragte, welche Mitarbeiter:innen Interesse daran hätten, an einem Interview zu ihrem Alltag und ihrer pädagogischen Handlungspraxis teilzunehmen. Es entstand so eine Liste, die durch das Forscher:innen-Team zur näheren Auswahl der Interviewpartner:innen genutzt wurde. Bei der Auswahl wurde sich am Kriterium der größtmöglichen Kontrastivität orientiert. Relevante Größen waren die Kategorien Geschlecht, Alter, beruflicher Ausbildungshintergrund und organisationsinterner Status. Je Einrichtung wurden drei Personen ausgewählt. Hierbei erwiesen sich vor allem die Kategorien Alter und – wie zu erwarten war – Geschlecht als Herausforderung, denn die Teams der drei Einrichtungen setzen sich vor allem aus Frauen im Alter zwischen 20 und 30 Jahren zusammen. Lediglich eine männliche Person konnte interviewt werden, die mit 44 Jahren zugleich auch die älteste Person der Erhebung ist. Bezugnehmend auf die Ausbildungshintergründe und innerorganisationalen Funktionen der Personen lässt sich sagen, dass ein heterogener Personenkreis interviewt wurde. In diesem Sinne konnten nicht nur zwei der zuständigen Leitungskräfte, eine stellvertretende Leitung, eine Auszubildende und eine Person, die zum Zeitpunkt der Erhebung einen Bundesfreiwilligendienst absolvierte, interviewt werden, sondern ebenfalls Personen mit unterschiedlichen berufsbiografischen Hintergründen (abgeschlossene Erzieher:innenausbildung, Studium der sozialen Arbeit, Diplompädagogik, Erzieher:innen, Heilerziehungspfleger:in, Heilpraktiker:in).

Mit Blick auf die Erhebung der Interviews selbst ist zu sagen, dass sich alle Involvierten als sehr kooperativ erwiesen haben. Gate-Keeping-Praxen, wie sie im Rahmen früherer Forschungsprojekte durchaus vorkamen (vgl. Trescher 2017a, 78 f; 2015, 188 f), konnten nicht festgestellt werden. Als gewinnbringend erwies sich hierfür vor allem der regelmäßige Austausch mit dem Kooperationspartner sowie die Vorstellungsrunden der Forscher:innen in den Einrichtungen, die im Rahmen erster Begehungen stattfanden.

Die Interviews wurden ausnahmslos in den Einrichtungen durchgeführt – entweder in separaten Besprechungsräumen oder den Büros der Leitungskräfte. Die Dauer variierte zwischen dreißig und sechzig Minuten. Sie wurden mithilfe eines digitalen Aufnahmegeräte mitgeschnitten und im Anschluss an die Erhebung transkribiert. Da sich mit der objektiven Hermeneutik für die Arbeit mit einem Auswertungsverfahren entschieden wurde, für das eine wortgetreue Niederschrift des Interviews unerlässlich ist, wurde dabei auf eine akribische Transkription geachtet.

8.4 Nicht-maskierte, passive Beobachtungen

Die Erhebung von Beobachtungsprotokollen war ein zentraler Grundpfeiler des hiesigen Forschungsprojekts. Durchgeführt wurden sie in passiver, nicht-maskierter Form. Ziel war es, den Alltag in den Kindertageseinrichtungen zu dokumentieren und herauszufinden, wie sich dortige Alltagsabläufe gestalten und je situative Handlungspraxen vollziehen (vgl. Flick 2011, S. 281). Es handelt sich um einen methodischen Zugang, der im Kontext der Beforschung von Kindertageseinrichtungen vielfach angewandt wurde und wird und damit über eine längere Tradition verfügt (vgl. Schoyerer et al. 2020; Göbel 2018, S. 57; Machold 2018; 2015; Beutin/Flämig 2018b; Flämig 2017; Weltzien 2014b).

Bei der Durchführung von Beobachtungen wird sich an ethnografischen Forschungs- und Feldzugängen orientiert (vgl. Tervooren et al. 2014; Breidenstein et al. 2013; Huf/Friebertshäuser 2012). Dies betrifft insbesondere die Maxime, „das alltägliche Leben zu beobachten und durch die Untersuchung möglichst wenig einzugreifen oder zu verändern" (Friebertshäuser 1997, S. 504). Im Fokus der Beobachtung steht folglich die „Erkundung der Eigenschaften eines speziellen sozialen Phänomens" (Flick 2011, S. 297) sowie die „Beschreibung sozialer Wirklichkeiten und ihrer Herstellung" (Flick 2011, S. 301). Es geht darum, eine größtmögliche Distanz zum Feld einzunehmen und eben nicht aktiv an dem zu beobachtenden Geschehen teilzunehmen. Hierin liegt der zentrale Unterschied zur sogenannten „teilnehmenden Beobachtung". Es muss jedoch klar hervorgehoben werden, dass diese Passivität in der forschungspraktischen Ausgestaltung häufig nur eingeschränkt gelingt, da das Feld durch die Anwesenheit einer fremden Person bereits zwangsläufig verändert wird. Immer wieder kann es vorkommen, dass die Personen, die eigentlich beobachtet werden sollen, die als passiv geplante Beobachtungssituation nicht aufrechterhalten und diese durchbrechen. Dies ist beispielsweise dann der Fall, wenn ebenjene Personen auf die Beobachter:innen zugehen, diese direkt ansprechen und sie damit – noch stärker als sie es ohnehin schon sind – zum Teil des Feldes machen (vgl. Trescher 2013, S. 24). Im Rahmen des hiesigen Forschungsprojekts ist ein solcher Bruch in jedem einzelnen der Beobachtungsprotokolle mindestens einmal dokumentiert. Um dies zu umgehen, wäre es nötig gewesen, die Durchführung der Beobachtung zu verschleiern. Gegen ein solches Vorgehen sprechen allerdings nicht nur die schwierige Frage der praktischen Umsetzung, sondern insbesondere auch forschungsethische Gründe. Alternativ hätte auch ein Rückgriff auf eine videobasierte Erhebung erfolgen können, die ebenfalls vielfach im Forschungsfeld angewandt wird (vgl. Nentwig-Gesemann/Nicolai 2017; Wadepohl 2017; Weltzien et al. 2017, S. 25; Wadepohl et al. 2014; König 2009). Ein solches Vorgehen wurde jedoch aus Flexibilitätsgründen nicht weiterverfolgt. Dass mit der Anwesenheit einer Beobachterin bzw. eines Beobachters bereits eine Veränderung des Feldes herbeigeführt wird, musste insofern als forschungspraktische Einschränkung zwangsläufig in Kauf genommen werden.

8.4.1 Gestaltung der Beobachtungen

Zur Planung der Beobachtungen lässt sich sagen, dass ein Spagat zwischen der Definierung eines konkreten Beobachtungsfokus und einer offenen Gestaltung der Beobachtung geleistet werden musste. So erschien es trotz des offen gehaltenen Erkenntnisinteresses, das alle Akteursebenen gleichermaßen einschließt, erforderlich, den übergeordneten Beobachtungsfokus auf die sogenannten „Integrationskinder“ zu legen – insofern diese überhaupt als solche identifizierbar waren.[32] Diese sollten im hektischen und schnelllebigen Alltag der Einrichtungen eine Art ‚Anker‘ für die Beobachter:innen bilden. Trotz dieser recht unscharfen (da nicht immer erfüllbaren) Orientierungsrichtlinie sollte die Beobachtungssituation möglichst offen und flexibel gestaltet werden, d. h. es ging nicht notwendigerweise darum, einzelnen Kindern über den gesamten Beobachtungszeitraum zu folgen, sondern vor allem auch jene Praxen in den Blick zu nehmen, die sich um die Kinder herum vollziehen. Insofern war es den Beobachter:innen auch explizit gestattet, situativ den Beobachtungsschwerpunkt zu verlagern, sollte es das jeweilige Geschehen nahelegen. Flexibel auf das Alltagsgeschehen reagieren zu können, wurde als sehr bedeutsam eingestuft, um die Alltagsvollzüge möglichst angemessen erfassen zu können.

8.4.2 Feldzugang und Erhebung der Beobachtungen

Wie bereits bei den Interviews, so war auch im Kontext der Erhebung der Beobachtungsprotokolle das Erreichen eines möglichst heterogenen Materialpools handlungsleitend. Ziel war es, in den drei ausgewählten Einrichtungen möglichst kontrastive Beobachtungen zu erhalten, um den Alltag möglichst umfassend abbilden und in der Auswertung berücksichtigen zu können. Die Beobachtungen wurden deshalb an je unterschiedlichen Tagen und zu je verschiedenen Zeitfenstern durchgeführt. Die Zeiten wurden gemeinsam mit dem Kooperationspartner auf Grundlage der wöchentlichen Ablaufpläne ausgewählt. Ziel war es, zu jedem Programmpunkt der Tagesstruktur mindestens ein Beobachtungsprotokoll zu erheben, was schlussendlich auch gelungen ist. Je Einrichtung wurden 20 Beobachtungen durchgeführt, sodass in der Summe 60 Beobachtungsprotokolle entstanden. Jedes der Protokolle dokumentiert einen zeitlichen Rahmen von etwa einer Stunde.

Erstellt wurden die Beobachtungsprotokolle direkt im Anschluss an die Beobachtung. Die Verschriftlichung erfolgte primär in deskriptiver Form. Ergänzend

32 Es wurden vorher keine näheren Informationen zu den Kindern eingeholt, sodass für die Beobachter:innen nicht klar war, welche Kinder nun als Integrationskinder gelten und welche nicht.

hierzu wurden die Beobachter:innen jedoch ebenfalls angehalten, – falls relevant – affektive Eindrücke zu dokumentieren und so den Informationsgehalt der protokollierten Lebenspraxis zu steigern. Derartige Einschübe wurden im Text speziell hervorgehoben, um sie direkt als solche kenntlich zu machen. Ausgewertet wurden die Beobachtungen ebenfalls mittels der Verfahren der objektiven Hermeneutik. Da es sich auch bei Beobachtungen um künstliche Protokolle handelt, galten hier die gleichen Einschränkungen, wie sie bereits im Kontext der Analyse der Strukturbeschreibungen thematisiert wurden.[33]

8.5 Objektive Hermeneutik

In diesem Unterkapitel werden die Verfahren der objektiven Hermeneutik kompakt[34] vorgestellt. In den Blick genommen wird hierfür zunächst der methodologische Hintergrund der Analyseverfahren (Kapitel 8.5.1). Im Anschluss daran wird der analytische Gegenstand beschrieben (Kapitel 8.5.2) und die Prinzipien einer objektiv-hermeneutischen Analyse vorgestellt (Kapitel 8.5.3).

8.5.1 Methodologischer Hintergrund

Die objektive Hermeneutik ist ein anerkanntes und je nach Forschungsfeld mal mehr, mal weniger verbreitetes[35] rekonstruktives Analyseverfahren, das in den 1970er Jahren durch Ulrich Oevermann und dessen Mitarbeiter:innen im Rahmen eines familiensoziologischen Forschungsprojekts entwickelt wurde (vgl. Oevermann 2002a; Oevermann et al. 1979). Als rekonstruktives Verfahren der Sozialforschung geht es der objektiven Hermeneutik um Praxen der „Strukturerschließung“ (Jost 2019, S. 63), womit sie zum Beispiel hypothesentestenden Auswertungsverfahren – Oevermann spricht in diesem Zusammenhang von „einer *subsumtionslogisch* […] *verfahrenden Erfahrungswissenschaft*“ (Oevermann 2000, S. 61; Hervorhebung im Orig.) – diametral gegenübersteht. Im Prinzip bedeutet das, dass es der objektiven Hermeneutik darum geht, mit größtmöglicher Unvoreingenommenheit – also eben ohne im Voraus formulierte Modelle, Kategorien und Hypothesen, die „in der ‚Sprache‘ der empirischen Sozialforschung“ (Wenzl/Wernet 2015, S. 87) verfasst sind – an den jeweiligen Einzelfall, der für die Forschung von Interesse ist, heranzutreten. Es geht darum, sich auf die Besonderheit des Einzelfalls einzulassen und dessen eigenwillig-kreative

33 Siehe Kapitel 8.1.

34 Für ausführliche Darstellungen zur Methode siehe Oevermann (2000) sowie zur Einführung Wernet (2009).

35 Für einen Überblick zu den Anwendungsbereichen der objektiven Hermeneutik siehe etwa Becker-Lenz (2016).

Äußerungen in den Blick zu nehmen und die „‚Sprache des Falls'" (Wenzl/Wernet 2015, S. 87) zu sprechen. Der Einzelfall wird insofern nicht unter einer oder mehreren Merkmalsausprägungen subsummiert, „nicht nur beschrieben und deskriptiv bearbeitet" (Jost 2019, S. 63). Stattdessen geht es um eine hermeneutische Operation des *Verstehens* bzw. darum, den Einzelfall in seiner Besonderheit zu erfassen, diesen „von ‚innen' aufzuschließen" (Kraimer 2000, S. 49) und somit zum Ausgangspunkt wissenschaftlicher Erkenntnis zu machen. Zentraler methodologischer Gegenstand der objektiven Hermeneutik sind dabei die objektiven Bedeutungs- und latenten Sinnstrukturen von protokollierten Äußerungen[36] (vgl. Oevermann 2002a, S. 4; Garz/Raven 2015, 138 f). Hiermit ist die Erfassung jener Sinnebene gemeint, die ‚hinter' dem intentional ausgedrückten Sinn liegt (vgl. Trescher 2016a; 2016b; 2013, S. 29). Gegenständlich wird hier die Differenz zwischen objektiven und subjektiv-intentionalen Sinninhalten einer Äußerung. So sagt ein Mensch zumeist „mehr als er zu sagen meint" (Bude 1994, S. 118). Es ist vor allen Dingen dieses ‚Mehr', für das sich die objektiv-hermeneutische Analysepraxis als rekonstruktiv operierendes Verfahren interessiert. Entsprechend schreibt Oevermann: „Die objektive Hermeneutik ist nicht eine Methode des Verstehens im Sinne eines Nachvollzugs subjektiver Dispositionen oder der Übernahme von subjektiven Perspektiven des Untersuchungsgegenstandes, erst recht nicht eine Methode des Sich-Einfühlens, sondern eine strikt analytische, in sich objektive Methode der lückenlosen Erschließung und Rekonstruktion von objektiven Sinn- und Bedeutungsstrukturen" (Oevermann 2002a, S. 6). Zur Unterscheidung objektiver Bedeutungsstrukturen und latenter Sinnstrukturen halten Garz und Raven fest: „Oevermann bezeichnet den ‚objektiven Sinn einzelner Äußerungen oder Sätze' als ‚objektive Bedeutungsstruktur'; für den ‚objektiven Sinn ganzer Äußerungsketten' steht der Begriff der latenten Sinnstruktur" (Garz/Raven 2015, S. 169). Latente Sinnstrukturen meinen insofern eine Art in sich konsistenten Zusammenhang, eine sich über den Verlauf der Analyse objektiver Bedeutungsstrukturen abzeichnende Systematik der konkret realisierten Äußerungen. In jedem protokollierten Auszug menschlicher Lebenspraxis (sei es nun in einem Interview oder einem Beobachtungsprotokoll) zeigen sich – so eine wesentliche Annahme – latente Sinnstrukturen, die als solche nicht direkt greifbar sind, sondern erst durch die Analyse der objektiven Bedeutungsstrukturen offengelegt werden müssen (vgl. Trescher 2013, S. 38; Garz/Raven 2015, S. 143). Orientiert wird dabei einem Verständnis von Handlungsverläufen – gedacht als eine Abfolge von Entscheidungsprozessen[37] –, wonach das menschliche Handeln als ein *sequenzielles* Handlungsgeschehen begriffen werden kann (vgl.

36 „Äußerung" ist hier nicht auf verbalsprachliche Äußerungen beschränkt, sondern meint jegliche menschlichen Ausdrucksformen.

37 Es schließt sich hier der Kreis zu den grundlagentheoretischen Ausführungen in Kapitel 5 und dem dort dargelegten Oevermann'schen Begriffsverständnis von Krise und Routine.

Oevermann 2000, S. 64). Wird Oevermann gefolgt, sind „alle Erscheinungsformen von humaner Praxis durch Sequenziertheit strukturiert bzw. konstituiert [...]. Darunter wird hier nicht die triviale Form von Temporalisierung im Sinne eines zeitlichen Nacheinanders verstanden, sondern der nicht-triviale Umstand, daß jegliches Handeln und seine kulturellen Objektivierungen qua Regelerzeugtheit soziales Handeln sind. [...] Jedes scheinbare Einzel-Handeln ist sequentiell im Sinne wohlgeformter, regelhafter Verknüpfung an ein vorausgehendes Handeln angeschlossen worden und eröffnet seinerseits einen Spielraum für wohlgeformte, regelgemäße Anschlüsse" (Oevermann 2000, S. 64). Menschliche Lebenspraxis ist insofern etwas, was sich in einer „*Grund-Folge-Beziehung*" (Oevermann 2000, S. 64; Hervorhebung im Orig.) vollzieht. Das bedeutet, dass eine Handlung immer auf der vorherigen aufbaut und sich zugleich in ihrem Kern aus dieser ableitet.

Abschließend soll nun noch auf die Annahme der „*Regelgeleitetheit sozialen Handelns*" (Wernet 2009, S. 13; Hervorhebung im Orig.) eingegangen werden. Im Kontext der objektiven Hermeneutik wird grundsätzlich davon ausgegangen, dass soziales Handeln regelgeleitet ist. Damit ist gemeint, dass auf der Basis bedeutungsgenerierender Regeln die Sinnstrukturiertheit sozialer Handlungen und damit deren objektiver Sinn erzeugt werden (vgl. Oevermann et al. 1979, S. 380).[38] Jeder Sprechakt ist regelgeleitet, weshalb die Regel Voraussetzung für jegliche Art der Kommunikation und somit letztendlich auch für das soziale Handeln insgesamt ist: „Der Geltungsanspruch, den die objektiv-hermeneutische Bedeutungsexplikation erhebt, stützt sich auf die Inanspruchnahme geltender Regeln. Soziales Handeln konstituiert sich entlang dieser Regeln und die Interpretation der Protokolle dieses Handelns erfolgt unter Rückgriff auf unser Regelwissen" (Wernet 2009, S. 13).

Die Interpret:innen sind durch ihre Sozialisation mit den Regeln sozialen Handelns vertraut bzw. handeln implizit danach. Hierin offenbart sich die Geltung der Regeln, welche von den Interpret:innen „methodologisch in Anspruch genommen werden können" (Oevermann 1986, S. 22).

Im Folgenden werden nun noch weitere Grundbegriffe der objektiven Hermeneutik erläutert, die für die spätere Analysepraxis von zentraler Bedeutung sind. Die Reihenfolge der Begriffe erfolgt dabei anhand ihrer Bedeutung für einen (idealtypischen) Forschungsprozess.

38 Zum Begriff der Regel siehe Trescher (2013, 31 ff) sowie grundlegend: Popper 1980; Öhlschläger 1974; Searle 1971; Wittgenstein 1967).

8.5.2 Zentrale Begriffe der objektiv-hermeneutischen Analysepraxis

Der Text

Die objektive Hermeneutik geht von einem Verständnis der sozialen Wirklichkeit aus, welches diese als textförmig begreift. Text ist alles, was sozial vermittelt wird bzw. vermittelbar ist (vgl. Leber/Oevermann 1994, S. 385; Oevermann 1986, S. 47). Ein Zugang zum Text kann nur konkret-situativ und in Momentaufnahmen – über Protokolle – erfolgen.

Das Protokoll

Protokolle werden als Dokumentationen des Textes verstanden (vgl. Oevermann 1986, S. 47). Sie bieten einen Zugang zum Text und sind damit „Übermittlungs- beziehungsweise die Verdinglichungsinstanz des Textes" (Trescher 2015, S. 147). „Soziale Wirklichkeit außerhalb von Protokollen ist methodologisch nicht greifbar" (Oevermann 1986, S. 47). Protokolle können alle erdenklichen Niederschläge menschlicher Lebenspraxis sein – seien es mitgeschnittene Äußerungen im Rahmen eines Interviews, erstellte Beobachtungsprotkolle oder auch Gemälde, Fotografien und Ähnliches mehr. Wernet und Wenzl sprechen in diesem Zusammenhang von einem „‚Konservierungsaspekt' von Protokollen" (Wenzl/Wernet 2015, S. 93). Sie dokumentieren menschliches Handeln und ermöglichen damit dessen Analyse. Oevermann differenziert dabei „zwischen *aufgezeichneten und beschreibenden bzw. gestalteten Protokollen*" (Oevermann 2000, S. 84; Hervorhebung im Orig.). Die in Kapitel 8.1 thematisierte Strukturbeschreibung sowie die in Kapitel 8.3 adressierten Beobachtungsprotokolle stellen jeweils Beispiele für gestaltete Protokolle dar. Sie sind dadurch gekennzeichnet, dass sie – anders als Aufnahmen eines Interviews – noch nicht „in eine Wirklichkeit des Protokollierenden verwandelt" (Oevermann 2000, S. 84) wurden (vgl. Oevermann 2000, 87 f). Um soziale Wirklichkeit möglichst genau erfassen zu können, ist es wichtig, dass das Protokoll den Text möglichst exakt erfasst und dokumentiert. So oder so ist jedoch bereits das Protokoll selbst interpretativ, da es immer nur eine Beschreibung des Textes ist. „Ein direkter Zugang zur protokollierten Wirklichkeit selbst ist methodologisch prinzipiell nicht möglich, sondern vielmehr dem Hier und Jetzt der Lebenspraxis vorbehalten" (Oevermann 1993, S. 132).

Der Fall

In der objektiven Hermeneutik wird unter dem Begriff „Fall" die Fragestellung verstanden, unter der ein Protokoll analysiert wird. Insofern ist ein „Beobachtungsprotokoll oder ein Interview [...] (noch) kein Fall – sondern ein Protokoll. Ein Fall wird erst daraus, wenn geklärt wird, wie dieses ausgewertet werden soll [...]. So kann ein Beobachtungsprotokoll aus einem Altenheim beispielsweise unter dem Fokus der Arbeitsbedingungen des Personals ausgewertet werden, es kann aber auch hinsichtlich der Lebenssituation der dortigen Bewohner analysiert werden" (Trescher 2013, S. 37; vgl. Oevermann 2000, S. 106; Wernet 2009, S. 54). Zu Beginn einer jeden objektiv-hermeneutischen Analyse muss also vorher festgelegt werden, welcher Fall es denn nun ist, der konkret bearbeitet werden soll. Dies ist es, was unter ‚Fallbestimmung' verstanden wird. Im Fall der hier konkreten Studie ist zum Beispiel die Selbstkonstruktion der Mitarbeiter:innen einer der Fälle, unter dem die Interviews mit den Mitarbeiter:innen analysiert wird.

Fallstruktur(-rekonstruktion)

Den Fall zu bearbeiten, heißt, die „Fallstruktur" (Oevermann 2000, S. 79) offenzulegen. Der Begriff der Fallstruktur schließt wiederum an das an, was weiter oben der Sequenzialität und Entscheidungsförmigkeit menschlicher Lebenspraxis aufgegriffen wurde. Die Fallstruktur offenzulegen, heißt, die „Charakteristik der gewählten Handlungsoptionen" (Trescher 2015, S. 148) offenzulegen. Vereinfacht ausgedrückt kann dies folgendermaßen erläutert werden: Die Individualität eines jeden Menschen äußert sich im Sinne der objektiven Hermeneutik dahingehend, dass dieser in bestimmten Situationen (ggf. vielfach auch unbewusst bzw. ‚aus dem Bauch heraus') bestimmte Entscheidungen trifft und damit andere Entscheidungen, die er theoretisch hätte treffen können, nicht trifft. Im Zuge dieses sequenziell angelegten Handlungsverlaufs hinterlässt die betreffende Person nun eine mehr oder weniger einzigartige Spur. Wernet schreibt hierzu: Die je konkrete Handlungsinstanz wählt bestimmte Optionen und in dem Maße, in dem diese Wahl einer spezifischen Systematik folgt, in dem Maße also, in dem wir einen Fall an der Charakteristik seiner Optionenrealisierung wiedererkennen, sprechen wir von dem Vorliegen einer *Fallstruktur*" (Wernet 2009, S. 15; Hervorhebung im Orig.). Wichtig anzuerkennen ist dabei, dass die rekonstruierte Fallstruktur dynamisch ist, was darauf zurückzuführen ist, dass menschliche Lebenspraxis dynamisch ist. Mit jeder neu zu analysierenden Sequenz ist es zumindest theoretisch denkbar, dass sie sich transformiert.

Fallstrukturhypothesen

Die Fallstrukturhypothesen beschreiben eine Art Zwischenfazit in der objektiv-hermeneutischen Analyse. Sie werden erstellt, um die Charakteristik der (bisherigen) Fallstruktur festhalten zu können und „dienen der Operationalisierung der Offenlegung der Fallstruktur" (Trescher 2015, S. 148). Konkret heißt das, dass hier die bisherigen Ergebnisse der Analyse in Bezug auf den jeweils gewählten Fall dokumentiert werden.

Fallstrukturgeneralisierung

Wie dargelegt, wird das Protokoll bzw. der Ausschnitt der sozialen Wirklichkeit, der dort dokumentiert ist, mittels der Formulierung von Fallstrukturhypothesen erschlossen. Die Fallstrukturgeneralisierung stellt demgegenüber ein empirisches Fazit der Offenlegung der Fallstruktur dar. Eine auf diese Art analysierte Lebenspraxis kann als „allgemein und besonders zugleich" (Wernet 2009, S. 19) betrachtet werden, „[d]enn in jedem Protokoll sozialer Wirklichkeit ist das Allgemeine ebenso mitprotokolliert wie das Besondere im Sinne der Besonderheit des Falls" (Wernet 2009, S. 19). Allgemein ist der Fall schon deshalb, da er sich unter den allgemein gültigen (bedeutungserzeugenden) Regeln gebildet hat und das Konkrete ist immer besonders, da es die Entscheidung der (als autonom gedachten) Lebenspraxis beinhaltet (vgl. Trescher 2013, S. 39).

Die Methode der Fallstrukturgeneralisierung ist einem Allgemeinheitsbegriff verpflichtet (vgl. Oevermann 2000, 116ff). Eine Aussage zur Häufigkeit des Auftretens einer Merkmalsausprägung im Sinne einer statistischen Generalisierbarkeit wird jedoch nicht getroffen. Die Ergebnisse der Fallrekonstruktionen werden im Rahmen der Fallstrukturgeneralisierung gebündelt. Hierbei handelt es sich um eine Theorie, welche als empirisch gesättigt betrachtet werden kann (vgl. Wernet 2009, 19f).

8.5.3 Prinzipien der objektiv-hermeneutischen Analyse

Eine objektiv-hermeneutische Analyse erfolgt vor allem durch das Aufstellen von Lesarten. Dafür ist im Anschluss an Wernet (2009) entlang der fünf Prinzipien vorzugehen: Kontextfreiheit, Wörtlichkeit, Sequenzialität, Extensivität und Sparsamkeit, welche im Folgenden erläutert werden.

Kontextfreiheit

Zunächst muss zwischen innerem und äußerem Kontext unterschieden werden. Der äußere Kontext bezeichnet all das, was außerhalb des durch das Protokoll vermittelten Textes liegt. Dies ist zum Beispiel all das, was vor dem Start der Aufnahme des Diktiergeräts gesagt wurde. Auch der Ort des Interviews und die Art und Weise der Kontaktaufnahme usw. zählen zum äußeren Kontext. In Differenz dazu steht der innere Kontext. Dieser besteht aus den bereits analysierten Passagen, also der zum jeweiligen Zeitpunkt der Analyse herausgearbeiteten Einsichten in die Fallstruktur. Zu Beginn der Analyse nicht vorhanden, baut sich der innere Kontext damit erst im Zuge der Analyse auf (vgl. Oevermann 2000, S. 95).

Wenn in der objektiven Hermeneutik von „Kontextfreiheit" gesprochen wird, bezieht sich das auf den äußeren Kontext – wenngleich das nicht heißt, dass dieser gar nicht berücksichtigt wird. Die Kontextfreiheit adressiert eher eine Haltung, die im Zuge der Analyse eingenommen wird. Wernet spricht in diesem Zusammenhang von einer Haltung „künstlicher Naivität" (Wernet 2009, S. 23). Gemeint ist die bewusste Nichtberücksichtigung des äußeren Kontextes, um die Analyse möglichst nur auf das Protokoll selbst zu fokussieren und nicht vorschnell bestimmte Interpretationen auszuschließen oder anzunehmen – beispielsweise entlang eines möglichen Vorwissens hinsichtlich des Interviewverlaufs o. Ä. (vgl. Ley 2010, S. 15; Garz 1997, S. 539; Oevermann 1993, S. 142). „Die Rekonstruktion der Bedeutung eines Textes durch den Kontext läuft nämlich Gefahr, den Text ausschließlich durch den Kontext zu verstehen" (Wernet 2009, S. 22; vgl. Oevermann 1986, S. 52). Erst nach dem Abschluss der Analyse erfolgt eine Einbettung in den äußeren Kontext. Zu betonen ist dabei, dass der Rückbezug auf den inneren Kontext mit fortlaufender Analyse keineswegs verboten, sondern sogar notwendig ist, da sonst der sequenzielle Charakter des Analysegegenstands verloren gehen würde (vgl. Oevermann 2016b, S. 101). „Deshalb ist immer das erste und nur das erste Sequenzelement eines, das ohne Einbeziehung eines Kontextwissens, das heißt kontextfrei zu interpretieren ist" (Oevermann 2000, S. 93).

Wörtlichkeit

Das Prinzip der Wörtlichkeit meint, dass das Protokoll in seiner Wirklichkeitsgestalt analysiert werden muss (vgl. Oevermann 2000, S. 103). Im Grunde meint das, dass das Protokoll in seiner protokollierten Eigentlichkeit absolut und präzise ausgewertet werden muss. Wort für Wort wird das protokollierte analysiert. Im Fall einer direkten Rede betrifft dies dann auch jede besondere Betonung, jeden Versprecher und dergleichen mehr. Für die Analyse des objektiven Sinns ist das Prinzip der Wörtlichkeit zwingend erforderlich.

Sequenzialität

Das Prinzip der Sequenzialität schließt an die oben angeführte Annahme der Sequenzialität menschlicher Lebenspraxis an und richtet sich an dieser aus. Es folgt der Logik, dass es notwendig ist, dem faktisch protokollierten Entscheidungsverlauf so zu folgen, wie er dokumentiert ist, um die dahinterliegende Fallstruktur offenlegen zu können. Heruntergebrochen heißt das zunächst einmal, dass die Analyse am Anfang des Protokolls einsetzt und sich von dort aus bis nach hinten fortsetzt. Wernet schreibt hierzu: „Man wandert nicht im Text auf der Suche nach brauchbaren Stellen, sondern folgt dem Textprotokoll Schritt für Schritt" (Wernet 2009, S. 28). Um soziale Wirklichkeit verstehen zu können, ist es – so eine Grundannahme der objektiven Hermeneutik – erforderlich, dieser möglichst eng zu folgen. „Die Sequenzanalyse schmiegt sich dem realen humansozialen Geschehen in seiner Grundstruktur an und ist deshalb nicht, wie die sonst üblichen Meß- und Klassifikationsverfahren, eine dem Gegenstand äußerliche Methode, sondern eine der Sache selbst korrespondierende und ihr gemäße" (Oevermann 2002a, S. 9). Für die Analysepraxis heißt das weiterhin, dass stets Sequenzen analysiert werden. Eine solche ist „die kleinstmögliche Sinneinheit eines Textes. Bei einer Rede könnte dies beispielsweise (nur) ein ‚Ehm' sein, welches der Sprecher vor Beginn der Verlesung eines Textes ausspricht" (Trescher 2013, S. 42). Wie groß eine Sequenz während der Analyse gebildet wird, ist abhängig von den jeweiligen Interpreten und dem bisher erschlossenen inneren Kontext (vgl. Trescher 2013, S. 42).

Wie oben bereits angeführt, ist ein zentraler Bestandteil der Fallstrukturrekonstruktion die Bildung von Lesarten. Sie zeigen die verschiedenen potenziell möglichen Handlungsoptionen und Entscheidungen der Lebenspraxis auf. Für die Analyse einer Sequenz müssen alle potenziell möglichen Lesarten gebildet werden, von denen „gewöhnlich nur ein Teil subjektiv intentional realisiert worden ist" (Oevermann et al. 1979, S. 380). Im Verlauf der Analyse der einzelnen Sequenzen wird dann herausgearbeitet, welche Optionen realisiert wurden und welche nicht. Dabei ermöglicht jede weitere Sequenz die Bildung von neuen Lesarten. Parallel dazu werden dadurch aber unter Umständen auch vorher getroffene (bis dahin noch) mögliche Lesarten verworfen (vgl. Ley 2010, S. 11).

Extensivität

Das Prinzip der Extensivität beschreibt, dass die Analyse in Qualität und Quantität erschöpfend zu erfolgen hat. Auf der einen Seite muss sie sich also über das gesamte Protokoll erstrecken (Quantität) (vgl. Oevermann 2000, 100 ff; Pilz 2007, S. 590). „Es verbietet also die willkürliche Auswahl und Auslassung von Textelementen" (Wernet 2009, S. 33).[39] Auf der anderen Seite verlangt das Extensivitätsprinzip Vollständigkeit im Sinne der Lesartenbildung. Der Anspruch der

39 Hervorzuheben ist dabei allerdings, dass hiermit nicht gemeint ist, dass faktisch das gesamte Protokoll einer Feinanalyse unterzogen werden muss. Methodologisch begründet liegt dies darin, dass die Fallstruktur, auf welche die Rekonstruktion ausgerichtet ist, sich theoretisch an jeder Stelle des Datenmaterials manifestiert. In der Folge heißt das, dass „die Sequenzanalyse unbesorgt auch an jeder Sequenzstelle einsetzen [kann], ohne dadurch die Fallstruktur systematisch zu verfehlen" (Oevermann 2000, S. 89). Oevermann schlägt ausgehend hiervon vor, lediglich einzelne Passagen einer Feinanalyse zu unterziehen, wobei er als Richtlinie vier Passagen nennt. Eine dieser vier Passagen sollte zwingend die Eröffnungssequenz sein – im Falle eines Interviews also die Intervieweröffnung bzw. der Einstieg in eine Erzählung (vgl. Oevermann 2000, S. 97): „Nach Möglichkeit sollte natürlich die Sequenzanalyse immer mit der Eröffnung der von ihr untersuchten Praxis beginnen [...]. Nicht nur, weil die Eröffnungsform als solche besonders aufschlußreich ist, sondern vor allem auch deswegen, weil die initiale Füllung einer gerade eröffneten Praxis besonders charakteristisch ist: Welche Weichen hier gestellt werden, ist besonders folgenreich. Der ‚erste Eindruck' läßt sich nur mit großen Anstrengungen wieder tilgen bzw. korrigieren" (Oevermann 2000, 75 f). Weitere Passagen werden entlang einer vorausgegangenen Segmentierung des Protokolls ausgewählt. Die Auswahl einzelner Passagen erfolgt dabei nicht willkürlich, sondern folgt den bisherigen Analyseergebnissen (vgl. Oevermann 2000, S. 98). Es werden also vier Passagen so lange einer sequenzanalytischen Feinanalyse unterzogen werden, bis die Fallstruktur hinreichend offengelegt und in Form einer Fallstrukturhypothese dokumentiert wurde. Die Analyse wird jeweils dann beendet, wenn sich die Fallstruktur mindestens einmal reproduziert hat (vgl. Oevermann 2000, S. 95). In der Analysepraxis zeigt sich dies darin, dass durch die weitere Feinanalyse nichts Neues mehr hinzutritt und die weitere Analyse im Grunde nur noch dazu führt, das bereits herausgearbeitete zu wiederholen.

Interpretation ist es, sinnlogisch erschöpfend zu sein (vgl. Wernet 2009, S. 33), weshalb immer alle möglichen Lesarten zu bilden sind, weil auch nur so alle theoretisch denkbaren Entscheidungsmöglichkeiten der Lebenspraxis einbezogen werden können.

Sparsamkeit

Das Sparsamkeitsprinzip knüpft unmittelbar und einschränkend an das Extensivitätsprinzip an. Es besagt, dass zwar alle Lesarten zu bilden sind, jedoch nur dann, wenn diese auch faktisch am Text überprüfbar sind bzw. zwingend aus dem Protokoll hervorgehen. Es geht bei der der Analysepraxis also um „Zurückhaltung bezüglich textlich nicht zwingend indizierter Mutmaßungen“ (Wernet 2009, S. 38). Vorrang haben deshalb jene Lesarten, welche „mit den wenigsten fallspezifischen Zusatzannahmen“ (Ley 2010, S. 21; vgl. Leber/Oevermann 1994, S. 383 ff) zurechtkommen.

9. Empirische Phase I: Konzeptanalyse

Abbildung 16: Überblick Konzeptanalyse

F1: „Wie gestalten sich die strukturellen Gegebenheiten der integrativen Kindertageseinrichtungen?“	
F1.1 „Wie gestalten sich die strukturellen Gegebenheiten der integrativen Kindertageseinrichtungen im Allgemeinen?“	
F1.1.1 „Wie sind bereitgestellte (pädagogische) Handlungskonzepte ausgestaltet?“	Konzeptanalyse
F1.1.2 „Welche tagesstrukturellen Vorgaben bzw. Abläufe gibt es und wie sind diese ausgestaltet?“	Strukturbeschreibung
F1.1.3 „Wie sind die räumlichen Strukturen der Einrichtungen ausgestaltet?“	
F1.2 „Wie gestalten sich die strukturellen Gegebenheiten der integrativen Kindertageseinrichtungen in Bezug auf Inklusion und Behinderung?“	
F1.2.1 „Welches Inklusions- bzw. Behinderungsverständnis kommt in den bereitgestellten (pädagogischen) Handlungskonzepten zum Ausdruck?“	Konzeptanalyse
F1.2.2 „Welche Teilhabebarrieren reproduzieren sich in tagesstrukturellen Vorgaben und Abläufen?“	Strukturbeschreibung
F1.2.3 „Welche Teilhabebarrieren reproduzieren sich auf räumlicher Ebene?“	

In diesem Kapitel wird sich der teilweisen Bearbeitung der ersten empirischen Fragestellung (F1) gewidmet. Konkret geht es um die Unterfragestellungen F1.1.1 und F1.2.1. Im Mittelpunkt steht die Auswertung der pädagogischen Konzepte der Einrichtungen. Es handelt sich hierbei, wie in den Kapitel 6 und 7 beschrieben, nur um den ersten Schritt der strukturellen Analyse, die in Kapitel 10 fortgeführt und vervollständigt wird.

Zur Strukturierung des Kapitels: Zunächst werden die Ergebnisse der Analyse vorgestellt (Kapitel 9.1). Im Anschluss daran werden diese nochmal in Kürze zusammengefasst, um hiervon ausgehend die formulierten Forschungsfragen zu beantworten (Kapitel 9.2). Anzumerken ist, dass die Ergebnisse dabei nicht nach Einrichtungen getrennt, sondern aufgrund der in Kapitel 8.1 thematisierten beinahe identischen Ausgestaltung der Konzepte in einem dargestellt werden, um unnötige Redundanzen zu vermeiden.

9.1 Problemzentrierte Ergebnisdarstellung der Konzeptanalyse

Werbebroschüren statt Handlungskonzepte

Als zentrales Ergebnis der Analyse ist festzuhalten, dass die Broschüren, die als pädagogische Konzepte herausgegeben werden und als solche analysiert wurden, wenn überhaupt nur bedingt als solche zu bezeichnen sind. Es handelt sich mehr um eine Form von Werbebroschüren. Deutlich wurde dies bereits daran, dass weder die Mitarbeiter:innen als Adressat:innen angesprochen werden noch das pädagogische Handeln selbst im Fokus steht. Es geht stattdessen um die Präsentation und Bewerbung der Einrichtung und deren Angebote. Adressat:innen der Hefte sind die Menschen der Allgemeingesellschaft bzw. Eltern, die als potenzielle Kunden:innen angesprochen werden. Die Broschüren sind insofern Ausdruck einer dienstleistungsbezogenen Idee von Marketing. Diesem Werbecharakter entspricht ebenfalls, dass bereits im Vorwort der Konzepte – mit der Akquirierung von Spenden – monetäre Gesichtspunkte aufgegriffen werden.

Unscharfe Begriffe

Das Ergebnis, wonach die Konzepte eher als Werbebroschüren und weniger als konkrete pädagogische Konzepte zu betrachten sind, spiegelt sich auch auf inhaltlicher bzw. sprachlicher Ebene wider. Vorherrschend ist ein eher ‚eventisierender' Sprachstil, der einer speziellen Idee von Selbstinszenierung folgt. Kernelement ist eine Selbstdarstellung als fortschrittlich, modern und (multi-)professionell, was zum Beispiel über den häufigen Rekurs auf bestimmte Begriffe und Konzepte erreicht wird (zum Beispiel: Inklusion, Diversität, Vielfalt, Bildung oder geschlechterbewusste Erziehung u. v. m.). Bei genauerer Betrachtung zeigte sich allerdings, dass diese Begriffe und Konzepte faktisch unscharf bleiben. Vage Formulierungen dominieren und stehen anstelle klarer Definitionen und Positionierungen. Begriffe, mittels derer die pädagogische Handlungspraxis gerahmt wird, werden nicht theoretisch ausgearbeitet und nicht immer konsistent verwendet. Grenzen zwischen Begriffen und Konzepten verschwimmen, womit diese in letzter Konsequenz eher einen Schlagwortcharakter haben. Beim Lesen der Broschüren werden so auf Seiten der Leser:innen Suggestivräume geöffnet und mögliche Angriffsflächen reduziert. Eine Orientierungshilfe für das pädagogische Handeln der Mitarbeiter:innen wird jedoch nicht gegeben. Exemplarisch veranschaulichen lässt sich dies unter anderem an den Ausführungen zur „*Wertschätzung von Vielfalt*". In diesem Unterpunkt wird die multikulturelle Zusammensetzung der betreuten Kindergruppen aufgegriffen und als gewinnbringendes Merkmal für den Alltag in den Einrichtungen angeführt. Es heißt dort: „*Diese Vielfalt ist hier Lebensqualität*". In der Folge bleibt allerdings offen, worin genau der erhobene Qualitätsanspruch eigentlich besteht und wo bzw. inwiefern kulturelle Vielfalt ‚qualitätsfördernd' in den Alltag der Einrichtung eingebunden wird. Ein weiteres Beispiel ist die Thematisierung von Inklusion. Zwar wird Inklusion in vielen

Unterpunkten mal mehr, mal weniger explizit aufgegriffen und als Grundpfeiler der eigenen Handlungspraxis proklamiert, die Konzepte schaffen es jedoch nicht, über im Inklusionsdiskurs verbreitete ‚Floskeln' hinauszugehen und Inklusion theoretisch fundiert zu bestimmen. So bleibt es bei Umschreibungen wie: „*Inklusion als Menschenrecht*", „*Diversität [...] als Bereicherung*", „*Es ist normal, verschieden zu sein*" oder „*umfassende Teilhabe für alle Individuen*". Trotz mehrerer Unterpunkte, in denen Inklusion aufgegriffen und thematisiert wird, wird nicht genau geklärt, was genau Inklusion eigentlich konkret bedeutet – einerseits für sich genommen, andererseits aber auch für den Alltag der Kindertageseinrichtungen. Hieran geknüpft ist ebenfalls die Herausforderung, dass Inklusion inhaltlich nicht von anderen bzw. früheren Leitbildern abgegrenzt wird. So wird zwar angeführt, dass Inklusion eine Weiterentwicklung von Integration sei, unklar bleibt allerdings, wo etwaige Unterschiede liegen und welche Konsequenzen sich hieraus für die pädagogische Handlungspraxis in den Einrichtungen ergeben.

Negation der Krisenhaftigkeit pädagogischen Handelns

Weiterführend getragen werden die bisherigen Darstellungen dadurch, dass sich in den pädagogischen Konzepten eine Verneinung von Ambivalenzen und Herausforderungen – und damit der Krisenhaftigkeit pädagogischen Handelns[40] – feststellen lässt. Beispiele hierfür finden sich an vielen Stellen – unter anderem im Kontext des bereits dargelegten Auszugs zur kulturellen Vielfalt. Im betreffenden Abschnitt findet sich keine kritische Würdigung von kultureller Vielfalt als zumindest potenzielle Herausforderung für das Handeln der Mitarbeiter:innen und Kinder. Demnach wird auch nicht thematisiert, wie die Mitarbeiter:innen mit ggf. auftretenden Herausforderungen umgehen. Es vollzieht sich stattdessen eine Thematisierung von kultureller Vielfalt, die diese einseitig als (unscharf bleibendes) Qualitätsmerkmal der Einrichtungen beansprucht. Ähnliches zeigt sich in Bezug auf die Adressierung von Inklusion. In den Konzepten wird Inklusion in keiner Weise kritisch aufgegriffen und als Herausforderung für die jeweils involvierten Personen gewürdigt. Stattdessen wird Inklusion als primäres (letztlich jedoch unklar bleibendes) Handlungsziel benannt, das im Alltag der Einrichtungen scheinbar problemlos umgesetzt wird. Beispielhaft hierfür kann etwa die folgende Passage herangezogen werden: „*Wir gestalten den Tagesablauf inhaltlich so, dass alle Kinder an allen Aktivitäten teilnehmen können. [...] In unserer pädagogischen Arbeit wird Inklusion umgesetzt und gelebt*". Die Negierung möglicher Herausforderungen, die mit der Erhebung von Inklusion als pädagogisches Handlungsziel geradezu zwangsläufig verbunden sind[41], scheint nicht unproblematisch, geht hiermit doch auch eine gewisse ‚Trivialisierung von Inklusion' einher. Die Tatsache, dass es ggf. auch Aktivitäten gibt (und womöglich auch geben

40 Siehe hierzu die theoretischen Ausführungen in Kapitel 5.

41 Verwiesen sei an dieser Stelle auf die entsprechenden Darlegungen in Kapitel 3.

muss), an denen nicht alle Kinder in gleichem Maße teilnehmen können, wird durch derartige Aussagen ebenso untergraben, wie die Tatsache, dass eine Teilnahme an einer Aktivität allein noch kein Gradmesser für Inklusion ist. So zeigen die Ergebnisse dieses Forschungsprojekts[42], jedoch auch die anderer Forschungsprojekte (auch, jedoch nicht nur im hier relevanten Handlungsfeld), dass insbesondere die Art und Weise der Teilnahme an einer Aktivität von Relevanz ist bzw. sein kann – beispielsweise hinsichtlich der Frage, wie einzelne Personen durch andere Personen adressiert bzw. welche Subjektpositionen ihnen zugeschrieben werden (vgl. Trescher/Hauck 2020b; Trescher 2018c, 183 ff; Beutin/Flämig 2018a; 2018b; Seitz/Finnern 2015).[43]

In der Summe lässt sich also sagen, dass pädagogisches Handeln in den Broschüren als scheinbar umstandslos gelingendes Handeln konstruiert wird. Alle Ansprüche und Anforderungen (zum Beispiel hinsichtlich der Umsetzung von Inklusion) werden – so scheint es – erfüllt. Das Handeln der Mitarbeiter:innen stößt an keine Grenzen und verstrickt sich nicht in unauflösbare Widersprüche. Diese (Selbst-)Darstellungen stehen der in Kapitel 1 ausführlich hergeleiteten Begründungslogik der hiesigen Forschungsarbeit diametral gegenüber.

Inklusion als ‚heiliger Gral'

Es wurde bereits in den vorangegangenen Unterpunkten darauf hingewiesen, dass die Art und Weise, in der Inklusion in den Konzepten aufgegriffen und thematisiert wird, durch eine gewisse Ambivalenz gekennzeichnet ist. Einerseits wird Inklusion als zentrale Leitkategorie für die pädagogische Handlungspraxis in den Einrichtungen benannt, andererseits bleibt aber unklar, was genau darunter gefasst wird. Inklusion ist damit auf der einen Seite omnipräsent, auf der anderen Seite aber nicht konkret zu greifen. Es vollzieht sich an dieser Stelle etwas, was sich auch als eine gewisse ‚Mystifizierung von Inklusion' lesen lässt, denn Inklusion wird ein geradezu sakraler Status zuteil. Inklusion ist die Grundlage des Handelns in den Einrichtungen und etwas, was – scheinbar – nicht mal in Ansätzen ambivalent diskutiert werden darf. Inklusion ist damit gewisser Hinsicht unhinterfragbar und unantastbar. Die Ergebnisse lassen an dieser Stelle sehr gut greifbar werden, wie sich der aktuelle gesellschaftspolitische Diskurs um Inklusion in der Außendarstellung der Trägerorganisation niederschlägt. Der normative Stellenwert von Inklusion sowie die Delegation der Umsetzung von Inklusion an die Kindertageseinrichtungen führt im Falle der hier analysierten Konzepte zu einer verklärenden Adressierung von Inklusion und wird zum Ausgangspunkt eines Kritikverbots. Inklusion ist, so scheint es, zu einer zustimmungspflichtigen Größe für die Trägerorganisation geworden (vgl. Dederich 2020, S. 5).

---

42 Siehe hierzu insbesondere die Ergebnisdiskussionen in Kapitel 11 und 12.

43 Siehe hierzu auch die theoretischen Ausführungen in Kapitel 2.

Vermeidung differenzbezogener Begriffe

Wird der Blick von der Konstruktion von Inklusion auf die Konstruktion von Behinderung verlagert, ist das Ergebnis hervorzuheben, dass sich der Begriff kaum in den Broschüren findet. Es zeigt sich, dass Behinderung im Gegensatz zu Inklusion etwas ist, was nach Möglichkeit nicht häufiger aufgegriffen und thematisiert werden soll. Eine explizite Bezugnahme auf Behinderung oder andere Differenzkategorien wird beinahe durchgehend vermieden und mithilfe alternativer Begrifflichkeiten gelöst, wobei insbesondere dem Überbegriff „*Vielfalt*" eine wesentliche Rolle zuteilwird. Wird der Begriff Behinderung verwendet, so steht dies meist mit der Geschichte der Trägerorganisation im Zusammenhang oder Behinderung wird als eine exemplarische Ausprägung von Vielfalt adressiert. Es zeigt sich folglich eine Lesart von Behinderung, die diese zwar als objektive Wirklichkeit fasst, jedoch nicht als besondere Herausforderung des Alltags erscheinen lässt, die eingehender zu thematisieren wäre. Auch hierin zeigt sich die bereits oben benannte Negation von Krisenhaftigkeit.

Pädagogisches Handeln als angebotsförmiges Handeln

Neben der Negation der Krisenhaftigkeit pädagogischen Handelns findet sich in den Konzepten noch eine weitere Konstante hinsichtlich der Art und Weise, wie pädagogisches Handeln konstruiert wird. Die Auswertung hat deutlich gemacht, dass pädagogisches Handeln vor allem als planendes, bereitstellendes und beobachtendes Handeln entworfen wird. Veranschaulichen lässt sich dies unter anderem an der folgenden Passage: „*Pädagogische Fachkräfte mit besonderem Auftrag und besonderer Qualifikation bieten für Kinder in Einzel-, Klein- und Gesamtgruppen Bewegungsangebote an*". Es zeigt sich, hier exemplarisch, das Ergebnis, wonach pädagogisches Handeln als angebotsförmiges Handeln konzipiert wird. Die Mitarbeiter:innen in den Einrichtungen werden vornehmlich als Personen konstruiert, die im Alltag Angebote planen und bereitstellen, abgesehen hiervon jedoch nicht aktiv in das Geschehen eingreifen. Die planende und beobachtende Rolle steht klar im Fokus, wie auch im folgenden Ausschnitt deutlich wird: „*Wir schaffen eine fördernde Lernumgebung, in der unterschiedliche Sinne durch Material- und Spielerfahrung angeregt werden*". Teilweise werden sich vollziehende Handlungsvollzüge auch gänzlich von den Mitarbeiter:innen abgekoppelt. Adressierungen pädagogischen Handelns, die dieses (zumindest auch) als ein situatives Eingreifen oder Anleiten der Kinder fasst, finden sich in den Konzepten nicht. Greifbar wird hier, dass die Facetten Autorität, Anleitung und Führung als Bestandteile pädagogischer Handlungspraxis negiert werden. An dieser Stelle setzt sich somit die bereits hervorgehobene Negation der Krisenhaftigkeit pädagogischen Handelns fort. Die in Kapitel 5.3 adressierte Ambivalenz von Freiheit und Zwang wird zugunsten von Freiheit bzw. Gewährenlassen aufgelöst.

Kinder als Akteur:innen

Der beanspruchten Angebotsförmigkeit pädagogischen Handelns entspricht zugleich eine Adressierung der Kinder, die diese als mehr oder weniger autonome Akteur:innen des Einrichtungsalltags fasst. In den analysierten Konzepten wird den Kindern die Rolle von selbstständigen, handlungs- und entscheidungsfähigen Wesen zugeschrieben, die sich – so scheint es – frei von Zwang und einer direkten Regulierung durch die Mitarbeiter:innen im Alltag der Einrichtungen bewegen und handeln. Es manifestiert sich hierin eine Selbstdarstellung, die sich eng an dem sogenannten „Agency-Konzept“ (Betz/Eßer 2016, S. 301) ausrichtet, welches, wie in Kapitel 4 skizziert, die Handlungsfähigkeit von Kindern in den Fokus rückt. Es zeigt sich somit wiederholt, wie sich gesellschaftspolitische Diskurse um pädagogisches Handeln und Kindheit in den hier erfassten Selbst- bzw. Außendarstellungen der Trägerorganisation niederschlagen.

9.2 Zusammenfassung der Ergebnisse

Abbildung 17: Überblick Konzeptanalyse

F1: „Wie gestalten sich die strukturellen Gegebenheiten der integrativen Kindertageseinrichtungen?“	
F1.1 „Wie gestalten sich die strukturellen Gegebenheiten der integrativen Kindertageseinrichtungen im Allgemeinen?“	
F1.1.1 „Wie sind bereitgestellte (pädagogische) Handlungskonzepte ausgestaltet?“	Konzeptanalyse
F1.1.2 „Welche tagesstrukturellen Vorgaben bzw. Abläufe gibt es und wie sind diese ausgestaltet?“	Strukturbeschreibung
F1.1.3 „Wie sind die räumlichen Strukturen der Einrichtungen ausgestaltet?“	
F1.2 „Wie gestalten sich die strukturellen Gegebenheiten der integrativen Kindertageseinrichtungen in Bezug auf Inklusion und Behinderung?“	
F1.2.1 „Welches Inklusions- bzw. Behinderungsverständnis kommt in den bereitgestellten (pädagogischen) Handlungskonzepten zum Ausdruck?“	Konzeptanalyse
F1.2.2 „Welche Teilhabebarrieren reproduzieren sich in tagesstrukturellen Vorgaben und Abläufen?“	Strukturbeschreibung
F1.2.3 „Welche Teilhabebarrieren reproduzieren sich auf räumlicher Ebene?“	

F1.1.1: „Wie sind bereitgestellte (pädagogische) Handlungskonzepte ausgestaltet?“

Die Auswertung hat gezeigt, dass die von Seiten der Trägerorganisation bereitgestellten Konzepte eher als Werbebroschüren und nicht als pädagogische Konzepte zu fassen sind – jedenfalls dann, wenn unter pädagogischen Konzepten etwas verstanden wird, was sich an die Mitarbeiter:innen richtet und von diesen als Orientierungshilfe und Stütze bei der Reflexion und Ausführung ihres pädagogischen Handelns genutzt werden kann. Auf Grundlage dessen ist zu konstatieren, dass es in den Einrichtungen an klar ausformulierten handlungsleitenden Richtlinien zu fehlen scheint, was zumindest potenziell zur Herausforderung für die dort tätigen Mitarbeiter:innen werden kann.[44] Ob und, wenn ja, inwiefern sich diese Problematik in der Handlungspraxis der Mitarbeiter:innen zeigt, wird in den Kapiteln 11 und 12 ausführlicher betrachtet.

Grundsätzlich ist jedoch anzumerken, dass die Konzepte ungeachtet der obigen Einschränkungen Ausdruck einer modernen bzw. zeitgemäßen Ausrichtung pädagogischen Handelns sind. Sie greifen aktuelle Aushandlungen rund um die Themen ‚Kindheit' und ‚pädagogisches Handeln' auf, transportieren entsprechende Inhalte und tragen zu deren diskursiven Fortschreibung bei – selbst dann, wenn die verwendeten Begriffe und Konzepte nicht theoretisch ausgearbeitet werden und in der Folge unscharf bleiben. Angesichts der adressierten Zielgruppe wäre alles andere allerdings auch verwunderlich gewesen, richten sich die Konzepte doch nicht an die Mitarbeiter:innen, sondern an interessierte Eltern, um diesen einen Einblick in innerorganisationale Abläufe zu bieten bzw. die Einrichtungen selbst vorzustellen. Theoretische Positionierungen oder ausführlichere Abhandlungen zur pädagogischen Handlungspraxis sind hier nicht zu erwarten. Die Broschüren sind Ausdruck einer engagierten Kund:innenorientierung und einer entsprechenden Selbstdarstellung.

F1.2.1: „Welches Inklusions- bzw. Behinderungsverständnis kommt in den bereitgestellten (pädagogischen) Handlungskonzepten zum Ausdruck?"

Den pädagogischen Konzepten liegt kein klar konturiertes Inklusions- oder Behinderungsverständnis zugrunde. Dies zu leisten ist aber auch schlicht nicht das Ziel der Hefte. Ungeachtet dessen konnten anhand der Analyse Einblicke bezüglich des Stellenwerts beider Begriffe gewonnen werden. So wurde deutlich, dass Inklusion in den Konzepten nahezu allgegenwärtig ist und als zentrale Begründungsgrundlage für das pädagogische Handeln in den Einrichtungen herangezogen wird. Weiterhin wurde klar, dass Inklusion etwas zu sein scheint, was nicht als mögliche Herausforderung betrachtet oder ambivalent diskutiert werden darf. Inklusion lässt sich insofern als zustimmungspflichtige Größe und „machtvolle Setzung" (Hummrich 2019, S. 13) in aktuellen Aushandlungen rund um pädagogisches Handeln fassen. ‚Gelingende Inklusion' ist das primäre Aushängeschild der in den Broschüren präsentierten pädagogischen Handlungspraxis. Im Gegensatz hierzu zeigte sich eine gewisse Verschwiegenheit in Bezug auf differenzspezifische Begriffe (wie zum Beispiel den Begriff ‚Behinderung') bzw. die Adressierung von Differenz insgesamt.

44 Verwiesen sei an dieser Stelle auf die spätere Ergebnisdiskussion in Kapitel 13.3.

10. Empirische Phase II: Strukturanalyse

Abbildung 18: Überblick Strukturanalyse

F1: „Wie gestalten sich die strukturellen Gegebenheiten der integrativen Kindertageseinrichtungen?“	
F1.1 „Wie gestalten sich die strukturellen Gegebenheiten der integrativen Kindertageseinrichtungen im Allgemeinen?“	
F1.1.1 „Wie sind bereitgestellte (pädagogische) Handlungskonzepte ausgestaltet?“	Konzeptanalyse
F1.1.2 „Welche tagesstrukturellen Vorgaben bzw. Abläufe gibt es und wie sind diese ausgestaltet?“	Strukturbeschreibung
F1.1.3 „Wie sind die räumlichen Strukturen der Einrichtungen ausgestaltet?“	
F1.2 „Wie gestalten sich die strukturellen Gegebenheiten der integrativen Kindertageseinrichtungen in Bezug auf Inklusion und Behinderung?“	
F1.2.1 „Welches Inklusions- bzw. Behinderungsverständnis kommt in den bereitgestellten (pädagogischen) Handlungskonzepten zum Ausdruck?“	Konzeptanalyse
F1.2.2 „Welche Teilhabebarrieren reproduzieren sich in tagesstrukturellen Vorgaben und Abläufen?“	Strukturbeschreibung
F1.2.3 „Welche Teilhabebarrieren reproduzieren sich auf räumlicher Ebene?“	

Im Folgenden wird sich der abschließenden Bearbeitung der Fragestellung F1 gewidmet. Fokussiert werden hierfür die Unterfragestellungen F1.1.2, F1.1.3, F1.2.2 und F1.2.3. Wie unter anderem in Kapitel 7 dargelegt, erfolgte die Bearbeitung der Fragestellungen mittels der Analyse einer Strukturbeschreibung, die auf Grundlage der pädagogischen Konzepte sowie der für die Fragestellungen F2 und F3 erhobenen Materialien erstellt wurde.[45] Die Strukturierung des Kapitels folgt der aus Kapitel 9: Erst folgt eine problemzentrierte Ergebnisdarstellung der Strukturanalyse (Kapitel 10.1), die immer wieder mit Auszügen aus den Materialien veranschaulicht wird. Im Anschluss daran werden die Ergebnisse nochmal verdichtet zusammengefasst und die Forschungsfragen beantwortet (Kapitel 10.2).

45 Siehe hierzu die Ausführungen in Kapitel 8.2.

10.1 Problemzentrierte Ergebnisdarstellung der Strukturanalyse

Geschlossenheit

Die Strukturbeschreibung hat deutlich gemacht, dass die erfassten Kindertageseinrichtungen jeweils für sich geschlossene Handlungsräume darstellen. Veranschaulichen lässt sich dies unter anderem daran, dass der Zugang zu den Einrichtungen einer lückenlosen Kontrolle und Regulierung unterliegt. Personen, die die Einrichtungen betreten möchten, müssen zunächst klingeln und werden dann von den Mitarbeiter:innen in Empfang genommen und in die Einrichtung begleitet. Ein eigenständiges Öffnen der Tür von außen ist ohne den erforderlichen Schlüssel nicht möglich. Komplementär hierzu ist auch ein Verlassen der Einrichtungen nicht einfach so möglich, sondern kann nur über die Betätigung eines speziellen Türöffners erfolgen, der sich außerhalb der Greifreichweite der Kinder befindet. Der Faktor der Geschlossenheit manifestiert sich insofern nicht für alle Personen in gleichem Maße, sondern betrifft insbesondere die Kinder.

Einrichtungen als schützende Räume

Durch ihre Geschlossenheit treten die Einrichtungen als gesicherte, schützende Räume in Erscheinung. Dies geht mit einer Konstruktion der Kinder als ‚schutzbedürftig' einher. Konstruktionen, die die Einrichtungen als Schutzraum identifizieren, beschränken sich allerdings nicht nur auf räumliche Praxen der Abschirmung, sondern weiten sich auch auf sozial-emotionale Aspekte aus. So werden die Einrichtungen durch die Mitarbeiter:innen auch in dieser Hinsicht als Rückzugsraum für die Kinder konstruiert – nicht zuletzt für die Kinder, die aus eher schwierigen bzw. belasteten Familienverhältnissen kommen. Die Einrichtungen bieten, so geben einzelne Mitarbeiter:innen in den Interviews an, einen positiven Erfahrungs- bzw. Lebensraum. So berichtet eine Person: „*Wir haben hier ein Mädchen, die benötigt des einfach, dass sie den Tag über jemanden hat, wo sie dann auch bei einem sein kann und sich geborgen fühlt*" (MA7, Z. 367–369). Deutlich wird an dieser Stelle, dass die Konstruktion der Einrichtung als Schutzraum ebenfalls mit einem speziellen Selbstverständnis der Mitarbeiter:innen mit Blick auf ihre eigene Handlungspraxis einhergeht. Dies wird in Kapitel 11 eingehender aufgegriffen.

Aufsicht und Regulierung

Wie oben angedeutet, sind Praxen der Aufsicht und Regulierung in den untersuchten Einrichtungen bereits strukturell angelegt. Regulierende Praxen beginnen (für Erwachsene) bereits an der Grenzlinie des Geländes. So heißt es in einem Beobachtungsprotokoll: „*Schon beim Einfahren auf das Gelände wird mit vielen Schildern auf die Anwesenheit von Kindern und das Langsamfahr-Gebot (‚Schrittgeschwindigkeit') hingewiesen*" (B26, Z. 1–3). In der Regulierung der

Geschwindigkeit, welche mit dem steten Hinweis auf die Anwesenheit von Kindern begründet wird, zeigt sich erneut die oben benannte Wahrung der Schutzbedürftigkeit. Regulierungspraxen setzen sich – wie bereits angeführt – an der Eingangstür des Einrichtungsgebäudes fort.

Strukturell angelegte Formen von Aufsicht und Regulierung spiegeln sich auch in der inneren Ausgestaltung der Einrichtungen wider. Die drei Einrichtungen weisen eine klare räumliche Strukturierung auf. Beispielhaft sei der folgende Auszug aus einem der Protokolle angeführt: „*Der Vorraum ist klein und stellt die Garderobe für die Kinder dar. Jedes Kind hat seinen eigenen Platz, an welchem es seine Jacke aufhängen und die Schuhe abstellen kann. Die unterschiedlichen Plätze sind mit verschiedenen Motiven (Tieren und Gegenständen) markiert, sodass die Kinder ihre Plätze leicht wiedererkennen können*" (B25, Z. 21–25). Die Motive, die den Kindern verdeutlichen, wo sich ihr persönlicher Garderobenplatz befindet, finden sich auch in den weiteren Räumen wieder: „*Zurück im Raum zögere ich kurz, als ich sehe, dass alle Plätze am runden Tisch markiert sind mit Tiersymbolen. Ich schaue MA1 fragend an. MA1 sitzt dort und isst. MA1 lacht und sagt, ich hätte freie Platzwahl, feste Plätze hätten die Kinder nur beim Mittagessen*" (B14, Z. 85–88). Durch die klare Strukturierung der Räume und die fest zugeordneten Plätze der Kinder werden die Mechanismen Aufsicht und Regulierung gefördert. Mit Foucault kann hier eine gouvernementale Regierungsspraxis auf räumlicher Ebene festgestellt werden (vgl. Foucault 2013, 181 ff):[46] Auf der einen Seiten wird die Gruppe der Kinder durch die Zuweisung von ‚Raum' zu Kind leichter für die Mitarbeiter:innen kontrollier- und steuerbar, auf der anderen Seite wird allerdings auch ein selbstregulierendes Verhalten der Kinder gefordert und gefördert. Die Kinder wissen selbst, welche Teilbereiche des Raums ihnen zugeteilt sind und ordnen sich damit der ihnen auferlegten Ordnung unter. Sie lernen hierdurch – so eine pädagogische Lesart – sich an die Regeln der Einrichtung zu halten bzw. sich diesen zu ‚fügen'. Die Verwendung der Tiersymbolik steht hierbei für eine Komplexitätsreduktion der Zuordnung, die die angeführten Lern- und Aneigungsprozesse durch die Kinder begünstigt. Diese Praxis der Steuerung kindlichen Verhaltens setzt sich auch in anderen Teilbereichen der Einrichtungen fort: „*Das Badezimmer ist komplett hell gefliest. Zwei niedrige Waschbecken mit Spiegel befinden sich neben dem Eingang. An der anderen Wand befinden sich Hacken, an denen kleinen Handtücher hängen, und Halterungen für Becher, in denen Zahnbürsten stecken. Jedes Kind hat einen eignen Platz für Hygieneartikel*" (B29, Z. 69–74).

Aufsichts- und Regulierungspraxen spiegeln sich noch in anderer Art und Weise in der baulichen Gestaltung der Einrichtungen wider. Beispielsweise sind die Räumlichkeiten derart eingerichtet, dass möglichst keine Blockaden des Sichtfelds der Mitarbeiter:innen entstehen. Zusätzlich unterstützt wird dies dadurch, dass Spiegel mitunter in einer Art und Weise angebracht sind, dass das

46 Siehe hierzu auch die theoretischen Ausführungen in den Kapiteln 2 und 3.

Sichtfeld der Mitarbeiter:innen gezielt in Räume erweitert wird, die sonst nicht einsehbar wären. Auf subtile Art und Weise entfalten die Einrichtungen so einen panoptischen Charakter (vgl. Foucault 2013, S. 192), der den Kindern einen sicheren Handlungsraum ermöglichen soll. Verdeutlicht werden kann dies etwa am folgenden Auszug: „*Im Flur hört man K1, K2 und K3 spielen. Durch den Spiegel im Gruppenraum kann ich sie im Flur beobachten und sehe sie ein Rollenspiel spielen*“ (B25, Z. 250–251).

Als weitere Beispiele für strukturelle Aufsichts- und Regulierungsmechanismen lassen sich Anwesenheits- und Abhollisten nennen, die von Mitarbeiter:innen im Alltag genutzt werden. Auch hierdurch werden die Unübersichtlichkeiten des Einrichtungsalltags reduziert und dieser leichter kontrollier- und regulierbar. Als ein Beispiel hierfür kann darüber hinaus eine Tafel angeführt werden, die in einer der Einrichtungen genutzt wird. Der folgende Auszug aus einem Beobachtungsprotokoll gibt einen Einblick: „*MA1 fragt ‚Was spielt ihr denn?‘ ‚Babymäuse‘ antwortet K1. ‚Das sind aber sehr wilde Babymäuse, etwas zu wild für den Platz hier unten. Wollt ihr nicht vielleicht in den Flur gehen zum Spielen?‘ Beide Kinder rufen ‚Ja!‘ und rennen zum Flur. MA1 sagt zu mir gewandt ‚Es dürfen auch bis zu drei Kindern im Flur spielen‘. K2 kommt zu MA1 gelaufen und fragt, ob sie auch in den Flur darf. MA1 nickt und sagt ‚Ja, dann seid ihr zu dritt. Kannst du das an der Tafel eintragen?‘ K2 geht zur Tafel und schiebt ihr Bild neben das Flursymbol*“ (B14, Z. 328–334). Die im Beispiel genannte Tafel wird wie eine Art Lageplan genutzt. Symbole für die Räume der Einrichtung und Marker für jedes einzelne Kind ermöglichen es, die Position der Kinder in der Einrichtung zu dokumentieren. Zu jedem Zeitpunkt ist sowohl für die Mitarbeiter:innen als auch die Kinder ersichtlich, in welchem Raum der Einrichtung sich welche Kinder aufhalten. Unübersichtlichkeiten werden reduziert, Kontroll- und Regulierungspraxen verstärkt. Zur alltagspraktischen Verwendung der Magnettafel sei noch folgendes Beispiel aufgeführt: „*MA1 geht auf K1 zu, tippt ihr auf die Schulter. MA1 zeigt auf die Magnettafel und führt K1 dort hin. Gemeinsam verändern sie die Position eines Magneten. Mir wird klar, dass die Kinder dadurch anzeigen, wo sie sich gerade befinden*“ (B25, Z. 216–218). Dass die Kinder mitunter ihre Magneten selbst auf der Tafel umherbewegen und damit für alle Anwesenden ihre Position erkenntbar machen, lässt sich ebenfalls als gouvernementale Regierungspraxis lesen. Die Kinder werden zu Formen der Selbstkontrolle und Selbstregulation angehalten. Es bedarf ab einem gewissen Zeitpunkt keiner direkten Intervention durch die Mitarbeiter:innen mehr, damit sie die bereitgestellten Ordnungsmechanismen auf sich selbst anwenden.

Zusammenfassend ist festzuhalten, dass Kontroll- und Regulierungspraxen in den untersuchten Einrichtungen omnipräsent sind. Dies erscheint letztlich zwangsläufig, kommt den Einrichtungen doch ein Schutzauftrag zu. Kinder müssen zunächst lernen, sich zu orientieren und an die Ordnung der Organisationen anzupassen. Auf allen Ebenen der räumlich-strukturellen Gestaltung finden sich strategische Vorkehrungen, die bestimmte Formen kindlichen Handelns fördern und andere verhindern. So ist zum Beispiel jeder Raum in einer Art und Weise gestaltet, dass Unfälle der Kinder bestmöglich vermieden werden. Beispielhaft veranschaulichen lässt sich dies daran, dass sich Schubladen von Schränken, die so platziert sind, dass die Kinder mit ihnen interagieren können, nicht zur Gänze herausziehen lassen, sodass sie nicht herausfallen und die Kinder verletzen können. Die Kinder bewegen sich in einem eigens für sie geschaffenen und entlang bestimmter strategischer Überlegungen vorbereiteten Handlungsraum. Hiervon nicht ausgeschlossen ist das Außengelände. All das, mit dem die Kinder überhaupt interagieren können, ist vor einem bestimmten Hintergrund dort explizit für sie platziert worden. Die Kinder sollen „spielen, ihrer Kreativität freien *Lauf* lassen, toben, streiten, raufen [...]. Zu diesem Zweck werden im doppelten Sinne Beweg-*Gründe* geschaffen, die bestimmte Prozesse entfalten und Handlungen wahrscheinlicher machen sollen; Anreize, die dem Kind nahelegen, sich in Bewegung zu halten und das auf möglichst sichere Art und Weise“ (Schreiber 2020, S. 257; Hervorhebung im Orig.). Durch die spezielle räumliche Gestaltung der Einrichtungen wird „die Bedrohlichkeit des kontingenten Spiels in ein kalkulierbares Risiko überführt“ (Schreiber 2020, S. 257). Die persönliche Handlungsökonomie der Kinder ist damit immer als eine schon begrenzte bzw. gewährte Handlungsökonomie zu verstehen, die über eine Vielzahl von Wirkmechanismen beeinflusst und gesteuert wird. Es zeichnet sich hier eine – mal mehr, mal weniger subtile – Form der Anleitung der Kinder ab. Weiterführende Kontroll- und Aufsichtspraxen, die direkt durch die Mitarbeiter:innen ausgeführt werden – etwa eine direkte körperliche Intervention und Regulierung des Verhaltens – sind den oben beschriebenen Formen der Steuerung nachgeordnet.

Räume der Kinder

In Anlehnung an die Ausführungen im vorangegangenen Unterpunkt ist anzuführen, dass die offene Gestaltung der Räumlichkeiten nicht nur als ein strukturell angelegter Mechanismus der Aufsicht und Steuerung gesehen werden kann. Sie ist ebenso Teil des Ergebnisses, wonach den Räumlichkeiten eine freundliche bzw. einladende Erscheinung zugeschrieben werden kann. Dies wird auch durch die weitere Ausgestaltung der Räume getragen. Alle Räume sind bunt gestaltet und oftmals mit Kunstwerken (in Form von Gemälden oder Ergebnissen von Bastelaktivitäten) der Kinder verziert. Exemplarisch der folgende Auszug aus einem Beobachtungsprotokoll: „*Das große, auffällige Fenster gegenüber von mir, welches sich direkt neben der Küchenzeile befindet, ist bunt dekoriert mit selbstgebastelten Sachen der Kinder, wie zum Beispiel Wolken oder einer Blumenwiese. Unter dem Fenster befindet sich die Kuschelecke, bestehend aus einer Matratze und vielen Kissen*“ (B24, Z 42–45). Hierdurch werden die Räume als – entlang einer bestimmten Idee von Kindheit – als Räume der Kinder markiert. Auch die Bereitstellung speziell gestalteter Möbel und sanitärer Anlagen tragen dazu bei, die Räume als Räume der bzw. von Kindern zu markieren. Analytisch-theoretisierend gesprochen, lässt sich diese Gestaltungspraxis auf räumlicher Ebene als Versuch der Transformation verstehen – eine Transformation, die durch Praxen der unterstützten Aneignung von Raum vorangetrieben wird. Räume, die wie im vorangegangenen Unterpunkt herausgearbeitet, sehr weitreichend durch (unter anderem) die strategische Positionierung von Gegenständen gekennzeichnet sind und damit als Räume der Aufsicht- und Regulierung (und damit als Räume der Mitarbeiter:innen) zu begreifen sind, werden sukzessive so verändert, dass sie zu Räumen der Kinder werden (können) – oder zumindest in entsprechender Art und Weise erscheinen. Die Präsentation der ‚Kunstwerke' der Kinder oder – um ein anderes Beispiel zu nennen – auch die Präsentation von Portraitfotografien der Kinder (verwiesen sei etwa auf Geburtstagskalender o. Ä.) stellen eine Form der unterstützen Raumaneignung dar. Die Mitarbeiter:innen geben den Kindern die Möglichkeit, den Raum der Einrichtung zu dem ihren zu machen, wenngleich die bereits herausgearbeiteten Regulierungspraxen hiervon freilich unberührt bleiben. Auch die Allgegenwart von Spielmöglichkeiten lässt sich in entsprechender Art und Weise verstehen. Den Kindern wird hiermit – in einem kontrollierten und einer Vorauswahl unterliegenden Rahmen – die Möglichkeit geboten, „sich gemäß ihrer Neigungen und Bedürfnisse eigensinnig mit unterschiedlichen Materialien und Formen der Welterkundung zu beschäftigen" (Bollig 2019, S. 163) und sich parallel hierzu den Raum, in dem sie agieren, spielerisch anzueignen und diesen – zumindest zum Teil – mit hervorzubringen.

Manifeste Alltagsstruktur

Im Unterpunkt „Aufsicht und Regulierung" wurde dargelegt, dass die untersuchten Einrichtungen als klar durchstrukturierte Handlungsrahmen zu betrachten sind. Dieses hohe Maß an Struktur und Ordnung spiegelt sich auch auf zeitlicher Ebene wider. So zeigt die Auswertung, dass der Alltag in den untersuchten Einrichtungen durch ein eng gestricktes Ablaufprogramm gekennzeichnet ist. Jeder Tag ist vom Morgen bis zum späten Nachmittag klar vorstrukturiert. Veranschaulicht werden kann dies etwa anhand des folgenden Interviewausschnitts: *„Also, bis neun Uhr ist Bringzeit. Um viertel nach neun is dann Morgenkreis, da sitzen wir dann bis halb zehn mit den Kindern […]. Um zehn gibt's dann Frühstück und dann haben wir entweder basteln oder gehen in den Turnraum oder ham Freispielzeit. […] Um halb zwölf machen wir noch Singkreis bis um zwölf. […] Dann von zwölf bis zwanzig vor eins gibt's Mittagessen. Dann machen wir Ruhephase bis viertel nach eins und dann gehen wir so um halb zwei bis um kurz vor drei raus"* (MA2, Z. 36–44).

Hervorzuheben ist, dass die enge zeitliche Strukturierung des Ablaufprogramms nicht so zu sehen ist, dass ein Tag vollends dem anderen gleicht. Konstant bestehen bleibt immer nur die Grundstruktur des Tages (feste Bring-, Abhol- und Essenszeiten). Die Zeitfenster dazwischen sind von Tag zu Tag unterschiedlich gestaltet, wenngleich sich in allen Einrichtungen eine feste Ritualisierung der Wochentage zeigt. Konkret heißt das: Jeder Wochentag hat einen eigenen speziellen Ablauf, der sich von Woche zu Woche wiederholt. So beschreibt eine interviewte Person: „*Ja, es gibt nen Wochenplan letztendlich auch. Es gibt für jeden Tag irgendwas, was den auszeichnet*" (MA3, Z. 109–110). Der Wochenplan gibt sowohl den Mitarbeiter:innen als auch den Kindern Orientierung und Struktur, womit er einerseits Sicherheit verleiht. Andererseits birgt er aber auch ein beschränktes Moment, denn durch ihn wird das Handeln aller Personen vorstrukturiert und – zumindest theoretisch – mit Blick auf seine Flexibilität begrenzt. In den untersuchten Einrichtungen gibt es nur geringfügige Unterschiede hinsichtlich des Tagesablaufs. Verwiesen sei auf die entsprechenden Ausführungen in Kapitel 8.1.

Kindertageseinrichtungen als bedeutender Lebensraum
Die untersuchten Einrichtungen stellen einen zentralen Lebensraum für die Kinder dar. Erkenntlich wird dies bereits daran, dass sie hier einen Großteil ihrer Wachzeit unter der Woche verbringen – häufig von früh morgens (teilweise werden die Kinder bereits um 7.30 Uhr gebracht) bis zum späten Nachmittag (Abholzeiten sind auf spätestens 17 Uhr angelegt). Innerhalb der Einrichtungen knüpfen und führen sie Sozialbeziehungen und erledigen wesentliche Praktiken des alltäglichen Lebens. Für die Mitarbeiter:innen erwächst hieraus die große Herausforderung, entsprechend angepasste, ‚positive' Erfahrungsräume zu bieten, was ihnen zugleich eine kritische Reflexionsfähigkeit in Bezug auf die Abläufe in den Einrichtungen sowie das eigene Handeln abverlangt. Aus strukturtheoretischer Sicht offenbart sich hier die Komplexität pädagogischen Handelns in Kindertageseinrichtungen.

Vergemeinschaftungspraxen
Die strukturanalytische Auswertung hat gezeigt, dass die Alltagspraxen in den untersuchten Einrichtungen sehr stark auf eine Vergemeinschaftung der dort agierenden Personen abzielen (vgl. Göbel 2018, S. 71). Hierin kann letztlich eine Würdigung der oben benannten sozialen sowie emotionalen Bedeutung der Kindertageseinrichtungen als Lebensraum gesehen werden. Die Personen, die unter dem Dach der Einrichtungen auf mehr oder weniger engem Raum ihren Alltag verbringen, sollen als Gemeinschaft adressiert und hervorgebracht werden. Eine besondere Bedeutung kommt hierbei der Ritualisierung des Alltags zu – beispielsweise (wie bereits angeführt) in Form der gemeinsamen Einnahme von Mahlzeiten, die wiederum bestimmten ritualisierten Abläufen folgt. Ein weiteres Beispiel findet sich in dem täglich stattfindenden Morgenkreis oder ähnlichen wiederkehrenden Angeboten, deren räumliche Ausdrucksform bereits für sich genommen Geschlossenheit und Zusammenhalt impliziert (vgl. Beutin/Flämig 2021, 50 ff; Heinzel 2019, S. 247). Hinzu kommen weitere Aktivitäten, die, wenngleich in

loserer Form gehandhabt (d. h. beispielsweise nicht durch eine vorgegebene Anordnung der Personen im Raum gekennzeichnet sind), dennoch geschlossen als Gruppe durchgeführt werden. Hier können etwa gemeinsame Ausflüge oder das gemeinsame Basteln und Spielen innerhalb der Einrichtungen angeführt werden.

Ein weiterer entscheidender Faktor, mittels dessen auf eine Vergemeinschaftung in der Gruppe hingewirkt wird, findet sich darin, dass einzelne Programmpunkte darauf abzielen, Formen von Vertrautheit herzustellen. Die Ausgestaltung des Alltags zielt, so zeigt sich, mitunter darauf, spezifische Rollenanteile unter den Personen zurückzubauen und diese durch ein erhöhtes Maß an Diffusität zu ersetzen.[47] Exemplarisch hierfür kann erneut der Morgenkreis genannt werden: Im Morgenkreis werden die Kinder dazu ermutigt, zu berichten, wie es ihnen geht und was sich außerhalb der Einrichtungen (zum Beispiel am Wochenende) ereignet hat. Was sich in diesen Momenten vollzieht, ist eine Erfassung und Eingliederung privater Lebensbereiche in die Einrichtungen. Durch solche und ähnliche Praxen werden auch jene Lebensinhalte, die sich jenseits der Einrichtungen vollziehen, in den innerorganisationalen Diskurs der Einrichtungen eingebracht. Die verschiedenen Akteur:innen bringen sich hierdurch verstärkt als ganze Personen in den Alltag sowie die Gruppe ein und berichten von privaten Belangen, die sonst ggf. nicht thematisiert werden würden. Es lässt sich so auf verschiedenen Ebenen der strukturell angelegte Versuch identifizieren, zwischen den einzelnen Personen Formen von Offenheit und Vertrautheit zu schaffen. Das Interesse der Mitarbeiter:innen an den verschiedenen Lebensräumen der Kinder bietet auch die Möglichkeit dazu, Strukturen aufzudecken, in denen sich die Kinder unwohl fühlen oder in denen die Kinder möglicherweise Unterstützung benötigen.

Differenzkategorie „Integrationskinder"

Mit Blick auf die strukturell angelegte Ausdifferenzierung der Gruppe der Kinder lässt sich sagen, dass sich diese unter anderem auf Basis der Unterscheidung zwischen der Gruppe der (Regel-)Kinder und der Gruppe der Integrationskinder vollzieht. Die Zuweisung der Kinder zu einer der beiden Statusgruppen vollzieht sich im Zuge der Anmeldung in der jeweiligen Einrichtung und ist durch eine Unüberwindbarkeit bzw. Permanenz gekennzeichnet. Einmal als Integrationskinder erfasste Kinder bleiben – zumindest strukturell gesehen – über ihre gesamte Zeit in der Einrichtung mit ebendiesem Status versehen. Relevant für die Frage nach der Hierarchisierung beider Kindergruppen ist, dass die Statuszuweisung als Integrationskind mit einer Markierung des betreffenden Kindes als ‚besonders betreuungsaufwändig' einhergeht. Deutlich wird dies daran, dass für jede Teilgruppe der Kindertageseinrichtungen (und damit zugleich auch für

47 Zur Differenz von spezifischen und diffusen Sozialbeziehungen siehe die Darlegungen in Kapitel 5.2.

die Gesamtgruppe) eine maximale Obergrenze für die Aufnahme von Integrationskindern gesetzt ist. So berichtet ein/e Mitarbeiter/in beispielsweise: „*Nee, also es ist so: Wir haben zehn Kinder in jeder Gruppe. Und davon gibt's zwei Integrativplätze*" (MA9, Z. 172–174). Mit dieser auf struktureller Ebene bestehenden Konstruktion der Integrationskinder als Herausforderung bzw. Belastung geht wiederum eine entsprechende Lesart von Behinderung bzw. Abweichung einher. Behinderung wird – so muss festgehalten werden – auf struktureller Ebene als Herausforderung des Alltags markiert und entsprechende Deutungsmuster werden in den inner- und außerorganisationalen Diskurs der Einrichtung eingespeist.

Hierarchische Strukturen auf der Ebene der Mitarbeiter:innen

Alle untersuchten Einrichtungen sind durch hierarchische Strukturen gekennzeichnet. Auf der Ebene der Mitarbeiter:innen offenbart sich dies darin, dass die angestellten pädagogischen Fachkräfte der zuständigen Einrichtungsleitung bzw. der stellvertretenden Einrichtungsleitung unterstellt sind. Weiterführend untergliedert ist die Gruppe der Mitarbeiter:innen durch die Differenzierung nach internen und externen Angestellten, wobei letztere lediglich punktuell im Alltag aktiv werden – beispielsweise über spezielle Therapieangebote. Das unterste Glied der Mitarbeiter:innenhierarchie sind Mitarbeiter:innen, die ein Freiwilliges Soziales Jahr, einen Bundefreiwilligendienst oder ein Praktikum in den Einrichtungen absolvieren. Die Zugehörigkeit zu den Statusgruppen bestimmt den persönlichen Zuständigkeitsbereich sowie die Handlungsökonomie im Alltag. In diesem Sinne werden die Praktikant:innen beispielsweise nur bedingt im Kontext der Eingewöhnung von Kindern eingesetzt, wie der folgende Ausschnitt verdeutlicht: „*Die Praktikanten können das auch eigentlich noch nicht. Grad wenn die dann im September anfangen, wenn es Berufspraktikanten sind, und dann kommt schon gleich die Eingewöhnung, die so n bisschen unsere Königsdisziplin ist vielleicht und wo es auch nicht immer so leicht ist*" (MA8, Z. 188–192). Bei alledem ist allerdings anzumerken, dass es sich bei diesen hierarchischen Strukturen eher um flache Hierarchien handelt (vgl. Schreyögg/Koch 2014, S. 222). Deutlich wird dies zum Beispiel daran, dass sich Tätigkeitsbereiche zwischen der Leitungsebene und den übrigen Mitarbeiter:innen vielfach überschneiden. Hierarchische Strukturen sind somit gegeben, nehmen im Alltag der Einrichtungen jedoch nur verhältnismäßig wenig Raum ein, was sich – dies sei an dieser Stelle vorweggenommen – maßgeblich auf die hohe Zufriedenheit der Mitarbeiter:innen auswirkt. Die flache Hierarchie begünstigt, dass sich alle Mitarbeiter:innen für die Einrichtungen und die dortigen Vorgänge verantwortlich fühlen.

Barrieren auf räumlicher Ebene

Barrieren auf räumlicher Ebene, im Sinne mobilitätsbezogener Einschränkungen, konnten anhand der Datenmaterialien nur in Bezug auf eine Einrichtung festgestellt werden. Zum Problem wird hier, dass die Einrichtung – anders als die beiden anderen – über eher beengte Räumlichkeiten verfügt, wie sich an folgendem Beispiel veranschaulichen lässt: „*MA1 schiebt den speziellen Stuhl von der Matte zu einem Raum der mit einem weißen Vorhang abgeschottet ist hin. MA2 muss auf dem Weg dahin einige Stühle aus dem Weg räumen und sagt, dass das ewige Platzproblem nervt*" (B23, Z. 103–105). Auch der folgende Auszug verweist darauf: „*Draußen fährt ein Auto vor und MA1 sagt, dass K1 kommt. Der Fahrer klappt eine Rampe aus und fährt ein Kind im Rollstuhl aus dem Auto heraus. [...] Vor dem Eingang ist eine Stufe und auf dieser befindet sich ein Gitter, in dem der Rollstuhl sich ein wenig beim Hineinschieben verhakt. Ich stelle fest, dass der Raum insgesamt sehr klein ist, um einen Rollstuhl unterzubringen und die Gegebenheiten nicht wirklich barrierefrei sind*" (B24, Z. 84–90).

10.2 Zusammenfassung der Ergebnisse

Abbildung 19: Überblick Strukturanalyse

F1: „Wie gestalten sich die strukturellen Gegebenheiten der integrativen Kindertageseinrichtungen?"	
F1.1 „Wie gestalten sich die strukturellen Gegebenheiten der integrativen Kindertageseinrichtungen im Allgemeinen?"	
F1.1.1 „Wie sind bereitgestellte (pädagogische) Handlungskonzepte ausgestaltet?"	Konzeptanalyse
F1.1.2 „Welche tagesstrukturellen Vorgaben bzw. Abläufe gibt es und wie sind diese ausgestaltet?"	Strukturbeschreibung
F1.1.3 „Wie sind die räumlichen Strukturen der Einrichtungen ausgestaltet?"	
F1.2 „Wie gestalten sich die strukturellen Gegebenheiten der integrativen Kindertageseinrichtungen in Bezug auf Inklusion und Behinderung?"	
F1.2.1 „Welches Inklusions- bzw. Behinderungsverständnis kommt in den bereitgestellten (pädagogischen) Handlungskonzepten zum Ausdruck?"	Konzeptanalyse
F1.2.2 „Welche Teilhabebarrieren reproduzieren sich in tagesstrukturellen Vorgaben und Abläufen?"	Strukturbeschreibung
F1.2.3 „Welche Teilhabebarrieren reproduzieren sich auf räumlicher Ebene?"	

F1.1.2 „Welche tagesstrukturellen Vorgaben bzw. Abläufe gibt es und wie sind diese ausgestaltet?"

Die Strukturanalyse hat deutlich gemacht, dass es sich bei den untersuchten Einrichtungen um vollends durchgeplante Einrichtungen handelt. Jede Nuance des Alltags ist vor- bzw. durchstrukturiert. Den Räumen sind bestimmte Funktionen zugewiesen, Kindern bestimmte Plätze, es existieren Regeln, wann sich wie viele Kinder in welchen Räumen aufhalten dürfen und alle Tage – sowie auch die einzelnen Programmpunkte selbst – folgen einem mehr oder weniger festen Ablaufprogramm. Ritualisierungen und klare Abläufe bzw. Zuteilungen stehen anstelle spontaner bzw. flexibel gestalteter Handlungsabläufe. Dies verleiht den Kindern – aber letztlich auch den Mitarbeiter:innen in der Ausführung ihrer Tätigkeit – auf der einen Seite Orientierung und Sicherheit. Auf der anderen Seite ist aber anzumerken, dass dem pädagogischen Handeln der Mitarbeiter:innen hierdurch eine Planbarkeit zugeschrieben wird, die nur bedingt mit dem krisenhaften Charakter pädagogischen Handelns vereinbar scheint.[48] Allerdings bleibt an dieser Stelle offen, wie strikt sich im Alltag faktisch an diesen vorgegebenen Rahmungen orientiert wird oder nicht. Dies genauer in den Blick zu nehmen, ist Gegenstand der Kapitel 11 und 12.

F1.1.3 „Wie sind die räumlichen Strukturen der Einrichtungen ausgestaltet?"
Die räumlichen Strukturen der Einrichtungen sind – insbesondere für die Kinder – durch ein hohes Maß an Geschlossenheit gekennzeichnet. Die Einrichtungen sind umzäunt und die Zu- und Ausgänge zum Gelände bzw. den Einrichtungen unterliegen der Aufsicht und Regulierung durch die Mitarbeiter:innen. Letzteres spiegelt sich auch in der einrichtungsinternen Strukturierung und Gestaltung der Räume wider. Allen Einrichtungen kann ein panoptischer Charakter zugeschrieben werden. Sie lassen sich sehr gut überblicken und gestatten es den Mitarbeiter:innen, das Geschehen in den Räumen zu jedwedem Zeitpunkt zu erfassen. Es sind (auch) Räume der Kontrolle und der gouvernementalen Steuerung, wobei dies zum Teil ‚verschleiert' wird – beispielsweise durch die gezielte Platzierung von Spiegeln oder durch die unterstützte Aneignung der Räume durch die Kinder (bunte Gestaltung, Ausstellung von Kunstwerken der Kinder usw.). Sowohl die Geschlossenheit als auch die strukturell-architektonische Omnipräsenz von Aufsicht und Regulierung manifestiert den schützenden bzw. bewahrenden Charakter der Einrichtungen. Dieser ist allen Einrichtungen gemeinsam und entspricht dem Schutzauftrag, der diesen in Bezug auf die dort betreuten Kinder zukommt.

Es lassen sich jedoch durchaus Abweichungen zwischen den Einrichtungen feststellen. Jede der Einrichtungen unterscheidet sich hinsichtlich der innerorganisationalen Strukturierung von den jeweils anderen – beispielweise mit Blick auf die Frage nach der Verfügbarkeit und Größe des Außengeländes, der Größe der jeweiligen Teilgruppen oder der Verfügbarkeit und Art der jeweils vorhandenen Funktionsräume. Die Analyse der Strukturbeschreibung hat deutlich gemacht, dass die räumliche Gestaltung Einfluss darauf hat, wie und in welcher Form sich das Handeln der dort agierenden Personen vollziehen kann. Räume und deren Ausgestaltung bringen das Handeln der Personen unmittelbar mit hervor. Dies zeigt sich zum Beispiel daran, dass einzelne Programmpunkte des Alltags in

48 Siehe hierzu Kapitel 5.2.

Relation zu den Funktionsräumen formuliert werden. Diese ‚Steuerung' des Alltags durch die Räume betrifft damit sowohl die Mitarbeiter:innen als auch die Kinder.

F1.2.2 „Welche Teilhabebarrieren reproduzieren sich in tagesstrukturellen Vorgaben und Abläufen?"
Hinweise auf mögliche Teilhabebarrieren in tagesstrukturellen Vorgaben und Abläufen finden sich in der oben benannten eingeschränkten Spontaneität. Aus strukturanalytischer Perspektive scheint vor allem das Arbeiten nach (Zeit-)Plan und das Arbeiten bzw. Leben in festen Strukturen und Abläufen im Vordergrund zu stehen. Es stellt sich die Frage, inwiefern es im Rahmen eines solchen Settings möglich ist, flexibel auf unvorhergesehene Ereignisse respektive Störungen reagieren zu können. Dies scheint besonders für jene Kinder von Nachteil, die ggf. – je situativ – einen besonderen bzw. erhöhten Unterstützungsbedarf haben. Wie sich die engen Ablaufpläne auf die faktische Ausführung des pädagogischen Handelns der Mitarbeiter:innen auswirken, wird in den Kapiteln 11 und 12 beleuchtet.

Mit Blick auf „ungleichheitsrelevante Positionierungspraktik[en]" (Machold/Diehm 2017, S. 316) erweist sich auf struktureller Ebene auch die Differenzkategorie ‚Integrationskind' als relevant, geht diese doch – wie im entsprechenden Unterpunkt aufgezeigt – mit defizitorientierten Zuschreibungen einher, die einzelnen Kindern zumindest aus Perspektive der Mitarbeiter:innen anhaften. Offen bleibt an dieser Stelle allerdings, ob bzw. inwiefern sich diese Zuschreibungen auf das Handeln der Mitarbeiter:innen auswirkt. Auch dies wird in den Kapiteln 11 und 12 ausführlicher in den Blick genommen.

F1.2.3 „Welche Teilhabebarrieren reproduzieren sich auf räumlicher Ebene?"
Als Teilhabebarriere auf räumlicher Ebene wurden die beengten Räumlichkeiten einer Einrichtung identifiziert. Beengte Räume erschweren ein freies Bewegen durch den Raum (zum Beispiel mit Blick auf einen Rollstuhl oder mögliche Sinnesbeeinträchtigungen) und können so als Teilhabebarrieren im Alltag wirkmächtig werden. Im Falle der konkret anvisierten Teilgruppe führt dies dazu, dass Kinder mit Rollstuhl nicht in der entsprechenden Teilgruppe aufgenommen werden können. Die andere Gruppe der Einrichtung sowie die beiden anderen Einrichtungen sind hiervon nicht betroffen. Dies ist darauf zurückzuführen, dass die Gebäude eigens als Kindertageseinrichtungen gebaut wurden und zudem eher ländlich bzw. am Stadtrand gelegen sind. Es zeigt sich hier, dass eine eher beengte, innerstädtische Lage und die Etablierung von Kindertageseinrichtungen in bereits bestehenden (und ggf. durch Denkmalschutz erfassten) Gebäuden zur Herausforderung hinsichtlich Fragen von Barrierefreiheit werden kann (vgl. Trescher 2018g).

11. Empirische Phase III: Mitarbeiter:innen-Interviews

Abbildung 20: Überblick Mitarbeiter:innen-Interviews

<table>
<tr><td colspan="4">F2: „Wie gestalten sich die subjektiven Perspektiven der Mitarbeiter:innen in Bezug auf ihre Handlungspraxis?“</td></tr>
<tr><td rowspan="4"></td><td colspan="3">F2.1 „Wie gestalten sich die subjektiven Perspektiven der Mitarbeiter:innen in Bezug auf ihre Handlungspraxis im Allgemeinen?“</td></tr>
<tr><td rowspan="2"></td><td>F2.1.1 „Wie konstruieren die Mitarbeiter:innen das (pädagogische) Handeln in den Einrichtungen und sich selbst als (pädagogisch) Handelnde?“</td><td rowspan="3">Interviews</td></tr>
<tr><td>F2.1.2 „Wie konstruieren die Mitarbeiter:innen die Kinder, die innerhalb der integrativen Kindertageseinrichtung betreut werden?“</td></tr>
<tr><td colspan="2">F2.2 „Wie gestalten sich die subjektiven Perspektiven der Mitarbeiter:innen in Bezug auf Inklusion und Behinderung?“</td></tr>
</table>

In diesem Kapitel wird sich der Bearbeitung der Fragestellung F2 gewidmet, die wiederum in die Unterfragestellungen F2.1 und F2.2 untergliedert ist. Im Mittelpunkt steht somit die Darstellung und Diskussion der Ergebnisse, die aus der Auswertung der Interviews mit den Mitarbeiter:innen der drei untersuchten Kindertageseinrichtungen gewonnen werden konnten.[49] Wie bereits in den Kapiteln zuvor, werden die Ergebnisse auch hier zunächst problemzentriert dargestellt (Kapitel 11.1), bevor sie im Anschluss daran nochmal prägnant zusammengefasst werden, um die Ausgangsfragestellungen zu beantworten (Kapitel 11.2).

11.1 Problemzentrierte Ergebnisdarstellung der Interviewauswertung

Bevor auf die Darstellung der Ergebnisse eingegangen wird, ist anzumerken, dass die Ergebnisse im Folgenden – anders als in Kapitel 9 und 10 gehandhabt – nicht in einem, sondern entlang der jeweiligen Unterfragestellungen präsentiert werden. Dies ist dem Umfang der Ergebnisse geschuldet und soll einen gezielteren Rückgriff auf einzelne Teilergebnisse ermöglichen. Weiterhin ist anzuführen, dass sich zwischen den Mitarbeiter:innen der einzelnen Einrichtungen keine Unterschiede ausmachen ließen, die eine zusätzliche Untergliederung der Ergebnisse nach Einrichtung gerechtfertigt hätte. Stattdessen wurde klar, dass es sich bei den offengelegten Ergebnissen eher um allgemeine Herausforderungen handelt,

49 Siehe hierzu die Ausführungen in Kapitel 8.3.

die – wenn auch in teils unterschiedlicher Ausprägung – in allen Einrichtungen von Relevanz waren.

Zur Strukturierung des Kapitels: Kapitel 11.1.1 widmet sich der Frage nach den subjektiven Perspektiven der Mitarbeiter:innen auf das (pädagogische) Handeln in den Einrichtungen sowie ihr Selbstverständnis als (pädagogisch) Handelnde. In Kapitel 11.1.2 wird die Konstruktion der Kinder beleuchtet, die in den (Selbst-)Darstellungen der Mitarbeiter:innen zum Ausdruck kam. Da Konstruktionen des (pädagogischen) Handelns letztlich zwangsläufig mit Konstruktionen der Zielgruppe einhergehen, ergeben sich zwischen beiden Kapiteln unweigerlich Überschneidungen. Um unnötige Redundanzen zu vermeiden, werden daher immer wieder Querverweise zwischen beiden Kapiteln eingebaut. In Kapitel 11.1.3 wird die von Seiten der Mitarbeiter:innen hervorgebrachte Konstruktion von Inklusion und Behinderung sowie die Relation zwischen beidem in den Blick genommen. Die Ergebnisse werden – wie auch in den anderen Auswertungskapiteln zuvor – dabei immer wieder mit Beispielaussagen aus den Interviews veranschaulicht, wobei diese zum Wohle der Lesbarkeit sprachlich geglättet wurden.

11.1.1 Konstruktion (pädagogischen) Handelns und Selbstverständnis der Mitarbeiter:innen

Abbildung 21: Bearbeitung Fragestellung F2.1.1

F2: „Wie gestalten sich die subjektiven Perspektiven der Mitarbeiter:innen in Bezug auf ihre Handlungspraxis?“	
F2.1 „Wie gestalten sich die subjektiven Perspektiven der Mitarbeiter:innen in Bezug auf ihre Handlungspraxis im Allgemeinen?“	
F2.1.1 „Wie konstruieren die Mitarbeiter:innen das (pädagogische) Handeln in den Einrichtungen und sich selbst als (pädagogisch) Handelnde?“	Interviews
F2.1.2 „Wie konstruieren die Mitarbeiter:innen die Kinder, die innerhalb der integrativen Kindertageseinrichtung betreut werden?“	
F2.2 „Wie gestalten sich die subjektiven Perspektiven der Mitarbeiter:innen in Bezug auf Inklusion und Behinderung?“	

Relativierung der pädagogischen Konzepte als Handlungsrichtlinie

In der Analyse der pädagogischen Konzepte[50] wurde dargelegt, dass diese eher nicht als solche zu betrachten sind – jedenfalls dann, wenn unter einem ‚pädagogischen Konzept‘ etwas verstanden wird, was die Mitarbeiter:innen der Einrichtungen adressiert und von diesen als Richtlinie und Orientierung hinsichtlich der Ausgestaltung ihres pädagogischen Handelns genutzt werden kann. Die Auswertung der Interviews hat dieses Ergebnis bestätigt und nachhaltig

50 Siehe hierzu Kapitel 9.

untermauert. So zeigte sich, dass die Mitarbeiter:innen die pädagogischen Konzepte als etwas konstruieren, was außenstehenden Personen (vor allem interessierten Eltern) einen Einblick in den Alltag der Einrichtungen gibt. Hervorgehoben werden beispielsweise die Darstellungen zu den Alltagsabläufen sowie den je verfügbaren Räumlichkeiten. Exemplarisch sei der folgende Interviewauszug angeführt: „*Viele Eltern schauen sich ja auch 'n Konzept vorher an. Würde ich als Elternteil auch so tun, um dann zu wissen, wo gebe ich mein Kind hin und so. Und da kann man ja dann auch sagen: ‚Naja, Sie haben sich das vorher angeguckt. Sie wussten bei uns gibt es kein Bio.' So, oder: ‚Bei uns ist es vegetarisch*' (MA7, Z. 434–439). Bezugnahmen der Mitarbeiter:innen auf die pädagogischen Konzepte, in denen diese als theoretisch-reflexive Hilfestellung für die Ausgestaltung ihrer Handlungspraxis herangezogen werden, findet sich hingegen in keinem einzigen der geführten Interviews. Dies spiegelt sich auch in der folgenden Aussage wider: „*Wir ham ja diese Broschüre, wo dieses Konzept so schön ausgearbeitet steht. Ich glaub, das hab ich mir am Anfang ma einmal durchgelesen*" (MA3, Z. 376–379). Anhand der Beispielaussagen lässt sich veranschaulichen, dass es auch dann möglich ist, als pädagogische Fachkraft in den Einrichtungen zu arbeiten, wenn das jeweilige pädagogische Konzept nicht (detailliert) bekannt bzw. abrufbar ist.

Pädagogisches Handeln als ‚frei gestaltbares' Handeln

Die Relativierung der pädagogischen Konzepte als Orientierungshilfe für das eigene pädagogische Handeln führt zu einem weiteren Ergebnis der Interviewauswertung: Eine einheitliche Linie, entlang derer die Mitarbeiter:innen ihr pädagogisches Handeln konstruieren, konnte nur bedingt herausgearbeitet werden.[51] Das pädagogische Handeln wird stattdessen eher als eine Art ‚frei gestaltbares' Handeln greifbar. Konkret meint das, dass Schwerpunkte des Handelns zum Teil selbstbestimmt durch die einzelnen Mitarbeiter:innen gesetzt werden können. Die Frage also, wie das pädagogische Handeln in den Einrichtungen konkret angelegt ist und welche Ziele hiermit verfolgt werden, ist durchaus auch davon abhängig, welcher Mitarbeiter bzw. welche Mitarbeiterin gefragt wird. So hat die Analyse gezeigt, dass die Mitarbeiter:innen mitunter unterschiedliche Vorstellungen davon formulieren, was zentrale Motive ihres Handelns sind und was ihnen im Kontext ihrer Handlungspraxis wichtig ist.[52] Von einer Person wird beispielsweise die Vorbereitung der Kinder auf den späteren Schulbesuch als spannender Teilbereich des eigenen Tätigkeitsfeldes hervorgehoben, wohingegen sich einige andere Personen explizit hiervon distanzieren. Sie konstruieren Kindertageseinrichtungen eher als eine Art Schutz- und Schonraum, der weitgehend losgelöst von der Schule zu denken ist. Als weiteres Beispiel kann die Aushandlung

51 Siehe hierzu den Unterpunkt „Latentes Handlungskonzept".

52 Im weiteren Verlauf des Kapitels werden die verschiedenen Konstruktionen pädagogischen Handelns ausführlicher beschrieben.

der Ambivalenz von Nähe und Distanz angeführt werden: Während einzelne Mitarbeiter:innen sich als eine Art Ersatzelternteil konstruieren, deren Aufgabe durchaus auch darin bestehen kann, Defizite des Elternhauses zu kompensieren und den Kindern Liebe und Geborgenheit zuteilwerden zu lassen, heben andere Mitarbeiter:innen gerade die Bedeutung von Distanz hervor und distanzieren sich von der Einnahme einer elternähnlichen Rolle im pädagogischen Alltag.

Abgesehen davon, dass die Mitarbeiter:innen unterschiedliche – und mitunter gegensätzliche – Ansprüche an ihr Handeln formulieren, offenbarte sich die Konstruktion pädagogischen Handelns als ‚frei' gestaltbares Handeln auch darin, dass die Mitarbeiter:innen bei Erzählungen zum pädagogischen Handeln in den Einrichtungen nur selten auf Wir-Konstruktionen zurückgreifen. Wird über pädagogisches Handeln gesprochen, wird primär in der Ich-Form berichtet. Beispielhaft verwiesen sei auf den folgenden Interviewauszug: „*Nähe Distanz so Geschichten find ich sehr wichtig*" (MA5, Z. 394). Eine andere Person gibt an: „*Ja ist es mir sehr wichtig, den Kindern erstmal nen eigenen Freiraum zu geben, also die Kinder erstmal selbst ausprobieren zu lassen und sich selbst zu testen*" (MA3, Z. 511–512). Als letztes Beispiel noch eine dritte Aussage: „*Ich will, dass se gut miteinander umgehen*" (MA2, Z. 405).

Zur Problematik des Fehlens eines Handlungskonzepts und Delegation von Verantwortung

Die Konstruktion pädagogischen Handelns als ‚frei gestaltbares' Handeln ist eng mit dem Ergebnis der Relativierung der pädagogischen Konzepte der Einrichtungen verbunden. Es wurde deutlich, dass es den Mitarbeiter:innen an einer gemeinsamen Richtlinie und Reflexionsgrundlage fehlt, an der sie ihr Handeln begründet ausrichten können oder ggf. auch müssen. Das Handeln der Mitarbeiter:innen wird in der Folge auf die Orientierung an persönlichen Präferenzen zurückgeworfen. Die normative Ordnung, entlang derer im Alltag Entscheidungen getroffen werden, ist vornehmlich eine individuelle. Während sich dies positiv wenden lässt, da den Mitarbeiter:innen Freiraum zur flexiblen und kreativen Ausgestaltung ihres Handelns gegeben und pädagogisches Handeln als komplexes, nicht-standardisierbares Phänomen gewürdigt wird[53], scheint das Fehlen eines gemeinsamen Konzepts dennoch nicht unproblematisch. So wird zum Beispiel das ‚Ziehen an einem Strang' im Alltag erschwert, wenn nicht klar ist, was genau eigentlich die Linie ist, entlang derer Entscheidungen getroffen werden.

Zur Herausforderung wird darüber hinaus, dass das Fehlen eines Handlungskonzepts mit einer Delegation von Verantwortung einhergeht. Es obliegt dem Verantwortungsbereich der Mitarbeiter:innen, sich theoretische Begriffe anzueignen, diese handlungspraktisch zu durchdenken und ggf. mit den anderen Mitarbeiter:innen abzustimmen. Dies betrifft – neben vielen Begriffen (Inklusion,

53 Siehe hierzu ausführlich die theoretischen Ausführungen in Kapitel 5.

Bildung, Erziehung etc.) – vor allem auch die Frage nach dem pädagogischen Handeln selbst. Das Fehlen eines pädagogischen Konzepts wird an dieser Stelle zum handlungspraktischen Problem der Mitarbeiter:innen.

Latentes Handlungskonzept

Das Fehlen eines pädagogischen Handlungskonzepts meint nicht, dass keinerlei Vorgaben oder Orientierungspunkte existieren, an denen sich die Mitarbeiter:innen in ihrem Handeln ausrichten. Ihr Handeln ist keinesfalls vollends willkürlich. Auch wenn Mitarbeiter:innen eigene Schwerpunkte setzen und ihre Handlungsziele mitunter gegenläufig zu denen anderer Mitarbeiter:innen entwerfen, ist festzuhalten, dass gewisse Grundpfeiler gesetzt sind, die für alle Mitarbeiter:innen gelten. Anstelle eines manifesten pädagogischen Konzepts, an dem sich alle Mitarbeiter:innen ausrichten, existiert somit eher etwas, was sich als eine Art ‚latentes Konzept' beschreiben lässt. Zu diesem latenten Konzept gehört beispielsweise die Wahrung des Schutzbedarfs und die Versorgung und Begleitung der Kinder im Alltag. Darüber hinaus wird ein liebevoller, aufmerksamer Umgang mit den Kindern von allen Mitarbeiter:innen als unumgängliches ‚Herzstück' des eigenen Handelns eingestuft. Als einende Elemente können weiterhin die Orientierung an den Wünschen und Belangen der Eltern sowie die Wahrung und Ausrichtung am vorgegebenen Tagesprogramm benannt werden. Es finden sich also durchaus Gemeinsamkeiten in der Art und Weise, wie das eigene pädagogische Handeln gedacht und worauf geachtet wird. Die Frage aber, was konkret durch das Handeln bewirkt bzw. hervorgebracht werden soll, ist eine, die bei genauerer Betrachtung unscharf bleibt – etwa in Bezug auf die Frage, was es im Detail heißt, die Kinder „zu begleiten" oder ihnen „liebevoll" zu begegnen. Im weiteren Verlauf des Kapitels werden einige jener Punkte nochmal ausführlicher aufgegriffen und veranschaulicht.

Pädagogisches Handeln als Dienstleistung

Die Orientierung an den Wünschen und Belangen der Eltern, die – wie dargestellt – als einende Facette des Handelns der Mitarbeiter:innen begriffen werden kann, beschreibt zugleich ein Element, welches eine fremdbestimmende, begrenzende Wirkmächtigkeit auf das pädagogische Handeln entfaltet und hiervon ausgehend zur Herausforderung werden kann. Es zeigte sich, dass die Mitarbeiter:innen in ihrem Handeln stets zu einem gewissen Grad auf die Kooperation der Eltern angewiesen und diesen gegenüber nur bedingt handlungs- bzw. durchsetzungsfähig sind. So wurde von verschiedenen Mitarbeiter:innen zum Beispiel die Einhaltung der Bringzeiten durch die Eltern als immer wiederkehrendes Problem und Ärgernis des Alltags formuliert. Exemplarisch sei auf die folgende Aussage verwiesen: „*Die Kinder sollten alle bis neun Uhr gebracht werden. Das klappt meistens weniger gut. Es kommen auch viele Kinder später*" (MA2, Z. 33). Werden die Kinder zu spät gebracht oder außerplanmäßig früh aus den Einrichtungen abgeholt, nimmt dies Einfluss darauf, wie das pädagogische Handeln am jeweiligen Tag gestaltet werden kann. Ebenfalls relevant sind spezielle Wünsche und Vorlieben der Eltern, die an die Mitarbeiter:innen herangetragen werden. Dies betrifft zum Beispiel bestimmte Umgangsformen mit den Kindern oder auch die Bereitstellung spezieller Ernährungsangebote, wie das Anbieten vegetarischer bzw. veganer Nahrung oder der ausschließliche Rückgriff auf Zutaten aus ökologisch-nachhaltiger Landwirtschaft sowie das Bereitstellen entsprechender Informationsangebote. So berichtet ein/e Mitarbeiter/in: „*Und jetzt gab's eine Umstellung, weil der Fisch kein Fisch war, der irgendwie direkt gefangen wurde, sondern das war so ein Zuchtfisch. Und das wollten die Eltern nicht. [...] Da musste der Speiseplan nochmal geändert werden und dann musste das mit dem Caterer natürlich besprochen werden und dann musste der dann anders einkaufen und so*" (MA7, Z. 423–441). Immer wieder zeigt die Auswertung, dass die Eltern der Kinder zu einem gewissen Grad in die Ausgestaltung des Alltags in den Einrichtungen ‚hineinregieren' und damit Einfluss auf die Mitarbeiter:innen und deren Handeln nehmen. Der Dienstleistungscharakter des Handlungsfelds wird in diesem Zusammenhang zur Herausforderung, denn die Ausrichtung an den Wünschen der Kund:innen kann mit dem eigenen professionellen Selbstanspruch der Mitarbeiter:innen in Konflikt geraten – insbesondere dann, wenn persönliche Überzeugungen nicht mit denen der Eltern vereinbar sind. Die Mitarbeiter:innen sehen sich hier zum Teil in einem Rollenkonflikt, der die Krisenhaftigkeit pädagogischen Handelns unterstreicht.[54]

Zur Wirkmächtigkeit der Alltagsstruktur

Ein weiterer Faktor, der als wirkmächtige Rahmung des pädagogischen Handelns in den Einrichtungen betrachtet werden muss, ist die bereits in Kapitel 10 ausführlicher thematisierte Alltagsstruktur. Dort wurde dargelegt, dass jeder Tageszeit ist ein fester Programmpunkt zugeordnet ist, der bestimmt, was in den Einrichtungen zum gegebenen Zeitpunkt passiert. Die einzelnen Programmpunkte wiederum sind in ein eng gestricktes Ablaufprogramm eingeflochten und an inner- und außerorganisationale Absprachen geknüpft – beispielsweise mit Blick auf zeitliche Absprachen zwischen den Einzelgruppen der Einrichtungen oder mit externen Mitarbeiter:innen, die zu festgelegten Zeitfenstern in die Einrichtungen kommen, um dort spezielle Therapieangebote auszurichten. Die eng getaktete Alltagsstruktur hat zur Folge, dass das Handeln der Mitarbeiter:innen stets zu einem gewissen Grad vorgegeben ist. Demnach obliegt es zwar den je situativen Aushandlungspraxen der Mitarbeiter:innen, in welcher Form die Programmpunkte „Singkreis" oder „Freispiel" am jeweiligen Tag durchgeführt werden, nicht aber, ob die Programmpunkte überhaupt angeboten werden und wie viel Zeit diesen im Einzelnen eingeräumt wird. Das, was der Tagesplan zur

54 Zur Krisenhaftigkeit pädagogischen Handelns siehe Kapitel 5.

jeweiligen Zeit vorgibt, ist das, was von den Mitarbeiter:innen umgesetzt wird. Das Befolgen der Alltagsstruktur ist als zentraler Teil des oben benannten latenten Handlungskonzepts der Mitarbeiter:innen zu begreifen. Veranschaulichen lässt sich dies etwa an der folgenden Aussage: „*Ja, also jeden Tag machen wir das genauso. Und allerhöchstens verschiebt sich das ma' um fünf Minuten*" (MA7, Z. 87–88). Zum Ausdruck kommt hier eine Konstruktion pädagogischen Handelns, wonach dieses eher als ausführendes bzw. befolgendes Handeln gefasst wird.

Der besondere Stellenwert des alltäglichen Ablaufprogramms lässt sich weiterhin daran veranschaulichen, dass etwaige Verstöße gegen den vorgesehenen Ablauf als äußerst krisenhaft erlebt werden. Störungen der Alltagsabläufe sind das von den Mitarbeiter:innen am häufigsten benannte Ärgernis und werden vor allem mit dem Handeln der Eltern in Verbindung gebracht – beispielsweise dann, wenn diese ihre Kinder am Morgen zu spät in die Einrichtungen bringen. Das Ablaufprogramm selbst hingegen wurde jedoch nur selten Gegenstand von Kritik, was deutlich unterstreicht, dass dieses in der Breite eher nicht als einschränkendes Moment der eigenen Handlungspraxis erfahren wird. Wenn Kritikpunkte offen formuliert wurden, dann stehen diese insbesondere mit einem Zeitdruck im Zusammenhang, der durch das manifeste Alltagsgerüst erzeugt wird. Wird ein Programmpunkt durch ein unvorhergesehenes Ereignis überzogen, führt dies zwangsläufig zu Verschiebungen im Restprogramm, sodass zeitliche Einsparungen an anderer Stelle vorgenommen werden müssen. Der vorgegebene Ablaufplan verlangt von den Mitarbeiter:innen ein dauerhaftes Zeitmanagement und birgt hiermit einen gewissen Stressfaktor, da bei der Ausführung einzelner Programmpunkte stets der Gesamtablauf berücksichtigt und ‚die Uhr im Blick' gehalten werden muss.

Pädagogisches Handeln als versorgendes Handeln

Es wurde dargelegt, dass die Auswertung der Interviews unterschiedliche und mitunter gegensätzliche Konstruktionen pädagogischen Handelns zum Vorschein gebracht hat. Eine Konstruktion des Handelns, die von allen Mitarbeiter:innen als Teil ihrer pädagogischen Handlungspraxis angeführt wird (und somit ihrerseits Teil des latenten Konzepts ist), ist die, wonach pädagogisches Handeln als ein versorgendes Handeln gedacht wird. Die Konstruktion gründet darin, dass die Mitarbeiter:innen die physische und emotionale Sorge um die Kinder als elementaren Gegenstand ihrer Tätigkeit begreifen. Beispielhaft hierfür kann die folgende Aussage angeführt werden: „*Wichtig ist, dass die Grundbedürfnisse von den Kindern gedeckt sind. Also sei es von Essen und Trinken und Wickeln und Schlafen bis hin zu diesen emotionalen Sachen*" (MA7, Z. 371–373).

Auch wenn alle Mitarbeiter:innen die Versorgung der Kinder als festen Bestandteil des eigenen Handelns anführen, zeigen sich jedoch durchaus Differenzen, inwieweit und in welcher Form dies der Fall ist. Während die physische

Versorgung der Kinder noch von allen Mitarbeiter:innen als Teil des eigenen Aufgabenbereichs gesehen wird, ließen sich mit Blick auf die Frage nach der sozial-emotionalen Versorgung Differenzen feststellen. Beispielhaft sei hier auf das Erfüllen eines (zugeschriebenen) Bedürfnisses nach körperlicher Nähe und Geborgenheit verwiesen, welches von einzelnen Mitarbeiter:innen als Teil des eigenen Aufgabenbereichs markiert, von anderen allerdings eher abgelehnt wird. Das Ambivalenzverhältnis von Nähe und Distanz – so kann konstatiert werden – wird durch die einzelnen Mitarbeiter:innen unterschiedlich ausgehandelt und damit je anders in das eigene Selbstverständnis sowie den je selbstgewählten Handlungsauftrag integriert.

In einigen Interviews wurde ebenfalls deutlich, dass vor allem körperliche Versorgungspraxen eher im Sinne eines notwendigen Übels konstruiert und nicht als Bestandteil eines pädagogischen Handelns gesehen werden. Bei anderen Mitarbeiter:innen hingegen wurden Versorgungspraxen unmittelbar mit edukatorischen Elementen verbunden und als zentrales Moment pädagogischen Handelns adressiert – beispielsweise in der Form, dass Sittlichkeitsnormen eingeübt bzw. vermittelt werden.

Pädagogisches Handeln als schützendes Handeln

Eine weitere Konstruktion pädagogischen Handelns, die sich bei allen Mitarbeiter:innen vorgefunden wurde, schließt zum Teil unmittelbar an die oben dargestellte Versorgungskonstruktion an. Adressiert wird hier eine Dimension des Handelns, wonach dieses als schützendes Handeln gefasst wird. Die Auswertung hat gezeigt, dass sich einige der Mitarbeiter:innen als Beschützer:innen der Kinder konstruieren, was wiederum mit einer Konstruktion der Kinder zusammenfällt, die diese als hilfe- und schutzbedürftige Wesen erfasst. Schützende Handlungen beziehen sich unter anderem auf Gefahrenquellen von außen und zeigen sich zum Beispiel in der Regulierung des Zugangs zu den Einrichtungen. Jede Person, die eine der hier untersuchten Einrichtungen betreten möchte, kann dies nur dann, wenn ihr durch die Angestellten Zugang gewährt wird. Schützende Handlungen offenbaren sich aber auch im Kontext des Straßenverkehrs, wobei sich der Schutz insbesondere in einer Aufsicht der Kinder und der vorausgegangenen Vermittlung von Verhaltensregeln im Straßenverkehr ausdrückt. Letzteres macht deutlich, dass sich auch hier Überschneidungen zu anderen Handlungskonstruktionen ergeben. Konkret betrifft dies die Verbindung des schützenden Handlungsauftrags mit edukatorischen Elementen pädagogischer Praxis. Ziel des schützenden Handelns ist es, mögliche Gefahrenquellen, denen die Kinder in ihrem alltäglichen Leben ausgesetzt sind, auszuschließen bzw. bestmöglich zu minimieren. Aufgegriffen werden zudem Schutzmaßnahmen in Bezug auf den Umgang der Kinder untereinander. Beispielhaft sei der folgende Auszug angeführt: „*Manchmal muss man auch wirklich Aufsicht führen, um manchmal so das Kind ein bisschen zu beschützen, was sich dann nicht selber so schützen kann*“

(MA8, Z. 131–133). Es zeigt sich hier ebenso wie im Kontext des Straßenverkehrs, dass Konstruktionen pädagogischen Handelns, die dieses unter anderem als beschützendes Handeln fassen, zwangsläufig mit gewissen Formen von Aufsicht einhergehen. Interessant ist, dass es diese Facetten des Handelns sind, die – wie im weiteren Verlauf explizit aufgegriffen wird – in der Breite der Interviews entweder verneint oder als etwas konstruiert werden, was im Alltag bestmöglich vermieden und nur im äußersten Notfall angewandt wird.

Abschließend bleibt noch anzuführen, dass die Selbstkonstruktion der Mitarbeiter:innen als Beschützer:innen nicht nur die Vorgänge im Alltag der Einrichtungen erfasst, sondern sich mitunter auch auf die Lebensbereiche jenseits der Einrichtungen ausweitet – beispielhaft das Elternhaus der Kinder. Dies ist dann der Fall, wenn Konflikte im Elternhaus unter den Mitarbeiter:innen bekannt sind und diese durch die Mitarbeiter:innen in ihrem Handeln aufgefangen und entschärft werden sollen. In diesem Sinne konstruieren sich einzelne Mitarbeiter:innen als Personen, deren Aufgabe unter anderem darin besteht, jenen Kindern, die aus belasteten Familienverhältnissen kommen, im Alltag Sicherheit und Schutz zu gewähren. Es stellt sich hier die Frage nach den Grenzen des eigenen Handlungsfeldes und damit zugleich die nach der eigenen Professionalität (vgl. Schäfer 2016a, S. 129).

Pädagogisches Handeln als unterstützendes, begleitendes Handeln

Ergänzend zu den bisher dargestellten Konstruktionen pädagogischen Handelns wurde in der Auswertung noch eine offengelegt, die pädagogisches Handeln als eine Form von Unterstützung bzw. Begleitung fasst. Auch hier handelt es sich um eine Konstruktion, die von allen interviewten Personen in Bezug auf das eigene Handeln hervorgebracht wurde. Der Fokus jener Handlungskonstruktion besteht darin, dass sich die Mitarbeiter:innen als Personen markieren, die primär im Hintergrund des Alltagsgeschehens agieren und lediglich dann aktiv eingreifen, wenn die Kinder an eine Grenze ihrer Handlungsfähigkeit stoßen bzw. es zu (anderweitigen) Konflikten (zum Beispiel zwischen den Kindern) kommt. Exemplarisch hierfür die folgende Aussage: „*Ich bin einfach für die Kinder da, sobald sie meine Hilfe brauchen*“ (MA1, Z.273–274).

Unterstützende bzw. begleitende Handlungen nehmen dabei eine eher vermittelnde Ausprägung an, wie sich beispielsweise anhand der folgenden Aussage veranschaulichen lässt: „*Bei gehörlosen Kindern, da sind wir dann auch so'n bisschen Dolmetscher*“ (MA8, Z. 137–138). Im Gegensatz zur oben genannten Schutzkonstruktion steht hier eher im Vordergrund, den Kindern die wie auch immer ausgestaltete Krise nicht abzunehmen, sondern – im Sinne einer stellvertretenden Krisenbewältigung[55] – gemeinsam mit den Kindern eine Problemlösung zu suchen und herbeiführen. Exemplarisch hierfür kann die folgende

55 Siehe hierzu die Ausführungen in Kapitel 5.

Aussage angeführt werden „*Ich bin als begleitende Stütze mit dabei also immer an der Seite des Kindes, aber nicht im Vordergrund, weil das Kind ganz klar im Vordergrund steht, das heißt eher Hand in Hand gehend oder im Hintergrund gehend, um dem Kind halt den geschützten Rahmen zu bieten, sich frei entwickeln zu können und auch frei ausprobieren zu können und halt immer begleitend dabei zu sein und auch unterstützend dabei zu sein*" (MA3, Z. 527–533). Grundsätzlich erkennbar wird, dass im Kontext der hier dargestellten Handlungskonstruktion eine andere Haltung gegenüber dem Kind und zugleich ein anderes Selbstverständnis der Mitarbeiter:innen zum Ausdruck kommt als es noch im Kontext des Versorgungshandelns der Fall war. Anstelle einer aktiv-intervenierenden Haltung steht hier eher eine passive, abwartende Haltung im Vordergrund. Analog hierzu wird auch die Konstruktion des Kindes, die diese als hilflose, versorgungsbedürftige Wesen fasst, durch eine Konstruktion erweitert, nach der den Kindern eher eine Akteursrolle zugeschrieben wird.

Pädagogisches Handeln als Angebot

Eine Konstruktion pädagogischen Handelns, die immer wieder von Seiten der interviewten Mitarbeiter:innen hervorgebracht wurde und sich in ähnlicher Art und Weise wie die zuvor dargestellte manifestiert, besteht darin, dass das Handeln der Mitarbeiter:innen als eine Form von Angebot konstruiert wird. Pädagogisches Handeln vollzieht sich – so der im subjektiven Sinn der Darstellungen erhobene Anspruch – nicht über ein aktives Eingreifen der Mitarbeiter:innen in das Handeln der Kinder, sondern ist dadurch gekennzeichnet, dass den Kindern im Alltag Angebote unterbreitet werden, an denen sie teilnehmen können oder nicht. Pädagogisches Handeln ist hier durch eine Zurücknahme der pädagogischen Fachkräfte gekennzeichnet, wobei diese stärker ausfällt als im Kontext des unterstützenden bzw. begleitenden Handelns. Analog hierzu verschiebt sich auch die Konstruktion der Kinder verstärkt zugunsten einer Adressierung als selbstständig handelnde Akteur:innen des Alltags. Kindliches Handeln soll sich frei und ohne direkte äußere Einflussnahmen vollziehen können. Beispielhaft veranschaulichen lässt sich dies etwa an der folgenden Passage: „*Ich sehe mich als jemand, der den Kindern Möglichkeiten, Angebote, Reize bereitstellt, aber bloß nicht aufzwingt. Ähm, als jemanden, der, ja, als Vertrauensperson für die Kinder agiert*" (MA7, Z. 364–366). Ähnlich auch eine andere Person: „*Man ist natürlich auch immer Ansprechpartner oder macht Angebote, wenn der Bedarf da ist*" (MA6, Z. 39–41).

Festzuhalten ist, dass in den Interviews unter anderem auch deutliche Widersprüche zu dieser Konstruktion des Handelns ausgemacht werden konnten. So wird der Anspruch der ‚Angebotsförmigkeit des eigenen Handelns' mitunter auch selbst durch einige Mitarbeiter:innen relativiert bzw. infrage gestellt, wie sich anhand der folgenden Aussage veranschaulichen lässt: „*Es ist bei uns so, dass jedes Kind alle Angebote mitmacht. Das funktioniert auch. […] Also da machen wir keine Extrawürstchen, sag ich mal*" (MA9, Z. 125–130). Vor dem Hintergrund dieser Aussage muss die Frage aufgeworfen werden, inwiefern es zulässig ist, von einer ‚Angebotsförmigkeit' pädagogischen Handelns zu sprechen, wenn jedes Kind jedes Angebot mitmachen muss und es keine Ausnahmen bzw. Alternativmöglichkeiten gibt.

Pädagogisches Handeln als edukatorische Praxis

Eine weitere Konstruktion pädagogischen Handelns, die von vielen Mitarbeiter:innen für sich beansprucht wurde, fasst pädagogisches Handeln als (ein unter anderem auch) edukatorisches Handeln. Im Mittelpunkt dieser Handlungsdimension steht das Ziel der Vermittlung von Wissen bzw. von Fähigkeiten im Rahmen der Bewältigung der alltäglichen Handlungspraxis. Dies umfasst beispielsweise – wie weiter oben bereits angeführt – die Vermittlung alltagsrelevanter Rituale oder konkreter Verhaltensregeln (etwa: Verhalten im Straßenverkehr, Sittlichkeitsnormen bei Mahlzeiten, Verhalten in Konfliktsituationen oder Formen der Körperhygiene), um die Kinder „*son bisschen auf das Leben vorzubereiten*" (MA1, Z. 274). Beispielhaft veranschaulichen lässt sich dies anhand der folgenden Beispielaussage: „*Ja also hier arbeiten wir ja also klar tagtäglich pädagogisch, sind halt eher so die kleinen Sachen, die einem vielleicht manchmal net so auffallen, wie zum Beispiel, dass die Kinder eben lernen Konflikte untereinander zu lösen, ohne dass wir jetzt da immer einschreiten müssen. […] Joa Regeln einhalten so'n paar, beim Essen sitzen bleiben oder auch, wo wir auch ziemlich hinterher sind, so die Selbstständigkeit, dass die Kinder lernen, sich alleine anzuziehen und nen Teller abräumen*" (MA9, Z. 377–385). Teilweise steht aber auch die Vermittlung von Informationen bzw. Wissen im Vordergrund, wobei unterschiedliche Schwerpunkte zum Tragen kommen können. So wurden edukatorische Angebote identifiziert, die sich zwischen der Bereitstellung von Informationen zu speziellen Themen (etwa: Ernährungsformen, Behinderung bzw. Unterstützungsbedarfe und Diversität) und einer Vorbereitung auf den anschließenden Schulbesuch bewegen – wenngleich, wie weiter oben bereits dargelegt, die Vorbereitung auf den späteren Schulbesuch der Kinder von einzelnen Mitarbeiter:innen auch explizit nicht als Teil des eigenen Aufgabebereichs markiert wird. Letzteres zumindest in der Form, dass keine Grundlagen des Lesens, Schreibens oder Rechnens vermitteln werden sollen. So gibt ein/e Mitarbeiter/in an: „*Wir lesen nicht, wir rechnen nicht, wir schreiben auch nicht, weil das werden die Kinder lange genug ihr Leben lang machen*" (MA1, Z. 186–189). Die Bereitstellung von Informationsangeboten lässt sich beispielhaft am folgenden Interviewauszug verdeutlichen: „*Meine Aufgabe ist halt, also ich seh es als meine Aufgabe, schon zu vermitteln, dass das Kind zwar zum Beispiel nicht laufen kann oder auch nicht sprechen kann. Und auch das essen. Also es wird über eine Sonde ernährt. Das ist natürlich auch nochmal so eine Sache. Das finden die anderen Kinder super interessant und ich sehe das so als meine Aufgabe, ihnen zu vermitteln, dass jeder verschieden ist*" (MA5, Z. 224–231).

Pädagogisches Handeln als förderndes Handeln

Eine weitere Konstruktion, die von einzelnen Mitarbeiter:innen im Rahmen der Interviews für sich bzw. das eigene Handeln beansprucht wurde, ist die der Förderung. Im Gegensatz zur oben geschilderten edukatorischen Praxis zielt diese nicht darauf, allgemein Informations- bzw. Bildungsangebote für alle Kinder der Gruppe bereitzustellen, sondern verfolgt einen eher individuumszentrierten Fokus. Ziel jenes Handlungstypus ist es, gezielt an zuvor identifizierten Unterstützungsbedarfen der Kinder anzusetzen und diese durch spezielle Gegenmaßnahmen zu bearbeiten bzw. zu beseitigen. So zum Beispiel die folgende Aussage: *„Also es ist nicht nur Aufbewahrung, was so einem ja immer oft unterstellt wird, wenn man sagt ‚Ich bin Erzieherin'. Dann heißt es oft: ‚Achja, ihr passt ja nur auf die Kinder auf.' Sondern es ist ja auch diese ganze Einzelförderung, die das ausmacht"* (MA6, Z. 200–202). Anhand des Beispiels wird darüber hinaus das Ergebnis deutlich, wonach Praxen der Förderung nicht ausschließlich in Bezug auf Kinder mit Behinderung bzw. die sogenannten „Integrationskinder", sondern auch auf Kinder ohne Behinderung gedacht werden. In diesem Sinne berichtet auch eine weitere Person: *„Es gibt auch ma' Kinder, wo man sagt, die brauchen vielleicht mal was einz-zu-eins. Dann können das I-Kinder sein, aber es können auch Kinder sein, die keine Beeinträchtigung haben"* (MA7, Z.193–195). Greifbar wird an dieser Stelle, dass die Differenzkategorie ‚Behinderung' nicht als zentraler Ausgangspunkt für Praxen der Förderung betrachtet wird, sondern vielmehr die Frage, ob bzw. inwiefern ein Kind dazu in der Lage ist, sich selbstständig in den Alltag der Einrichtung zu integrieren. Hierin ist, wie an späterer Stelle ausführlicher aufgegriffen wird, eine gewisse Relativierung von Behinderung angelegt.

Pädagogisches Handeln als bürokratische Praxis

Es wurde bereits darauf hingewiesen, dass das Handeln der Mitarbeiter:innen stark durch die vorgegebenen Ablaufpläne gerahmt ist bzw. entscheidend durch diese (mit) hervorgebracht wird, wodurch ein durch Spontaneität und Flexibilität gekennzeichnetes Handeln in den Hintergrund rückt. Pädagogisches Handeln wird hier zu einer Art ‚Handeln nach Plan', was sich als Bürokratisierung lesen lässt. Ein weiteres bürokratisches Element konnte in dem Anfertigen von Berichten und Dokumentationen identifiziert werden, was von den Mitarbeiter:innen als eine Art Gegenpart zu ihrer Arbeit in den Kindergruppen konstruiert wird. So differenzieren die Mitarbeiter:innen zwischen der Arbeit mit den Kindern, dem sogenannten „Kinderdienst" (MA4, Z.10), und der Arbeit am Schreibtisch. Eine Person berichtet: *„Also, wir dokumentieren sehr viel, für alle Kinder. Wir können jederzeit einen Entwicklungsbogen für jedes Kind ausfüllen. Wir können alles dokumentieren und festhalten und das machen wir auch"* (MA7, Z. 445–447). Beobachtungen des Verhaltens der Kinder werden in einer sogenannten *„Kinderakte"* (MA1, Z. 126) festgehalten, welche ihrerseits als Grundlage für die regelmäßigen Elterngespräche dient. Verwiesen sei auf den folgenden Auszug: *„In der Akte sind* *auch Entwicklungen dokumentiert, aber vor allen Dingen Fotos, die dann auch betextet werden, sodass man sieht, also das Kind und auch die Eltern sehen, was hier passiert in unserem Alltag, was das Kind hier macht und was das Kind auch für Fortschritte macht über die Zeit. Und ja, das ist also so ne Entwicklungsdokumentation. Das ist aber auch einfach ein schönes Ding für die Kinder, um sich selber hier auch mal zu sehen*" (MA8, Z. 204–209).

Dokumentationspraxen, wie die skizzierten, erfassen dabei prinzipiell jedes Kind, unabhängig von speziellen Statuszuschreibungen. Deutlich wurde allerdings, dass Dokumentationspraxen in Bezug auf Kinder der Statusgruppe ‚Integrationskinder' enger und ausführlicher ausfallen, was mit Fragen der Kostenübernahme begründet wird. So berichtet ein/e Mitarbeiter/in: „*Und das einzige, wofür ein Bericht unbedingt geschrieben werden muss, der nur für die Integrativkinder geschrieben wird, das ist der, der dann von den Eltern unterschrieben werden muss, der dann an das Stadtschulamt geht, damit die Fördermittel bezahlt werden*" (MA7, Z. 448–451).

Grundsätzlich muss allerdings das Ergebnis festgehalten werden, dass derartige Tätigkeiten für die pädagogischen Fachkräfte nur in vergleichsweise geringem Maße anfallen. In keinem der Interviews wurde herausgearbeitet, dass Dokumentationspflichten dazu führen, dass die Arbeit im „*Kinderdienst*" (MA4, Z.10) in den Hintergrund rückt.[56]

Negation der Handlungsdimension des Führens

Werden die bisherigen Ergebnisse in Bezug auf die Konstruktion pädagogischen Handelns zusammengefasst, lassen sich – wie dargestellt – zwar vielfältige Differenzen feststellen, jedoch auch Gemeinsamkeiten. Eine dieser Gemeinsamkeiten ist darin zu sehen, dass sich die Mitarbeiter:innen im subjektiven Sinn ihrer Darstellungen mal mehr mal weniger vehement von Praxen der Führung und Anleitung zu distanzieren suchen. Verdeutlicht werden kann dies unter anderem anhand der folgenden Passage: „*Ich sehe mich als jemand, der den Kindern Möglichkeiten, Angebote, Reize bereitstellt, aber bloß nicht aufzwingt*" (MA7, Z. 364–365). Führung und Anleitung, als unmittelbar steuernde Eingriffe der Mitarbeiter:innen, werden durch diese meist verneint oder als etwas konstruiert, auf was eher in besonderen Ausnahmesituationen zurückgegriffen wird – beispielsweise zur Gewährleistung des Schutzbedarfs der Kinder oder um in Einzelfällen gezielte Fördermaßnahmen durchzuführen. Komplementär hierzu ist es dann auch die Konstruktion der Kinder, die diese als selbstständige Akteur:innen des Alltags fasst, die von den Mitarbeiter:innen besonders hervorgehoben und in

56 Im Kontrast hierzu stehen Ergebnisse früherer Forschungsprojekte, die im Kontext von Wohneinrichtungen der sogenannte „Behindertenhilfe" durchgeführt wurden. Hier wurde immer wieder eine bürokratische Überformung des pädagogischen Handelns der Mitarbeiter:innen deutlich (vgl. Trescher 2018a; 2018h; 2017f; 2017g).

den Fokus ihrer Darstellungen gerückt wird. Es findet sich hierin eine deutliche Überschneidung zu den Ergebnissen der Konzeptanalyse, sodass auf die dortigen Ausführungen bzw. Einordnungen verwiesen wird.[57]

Der Anspruch der Gleichbehandlung

Eine weitere Konstante in den Darstellungen der Mitarbeiter:innen ist das Gebot der Gleichbehandlung aller Kinder. ‚Gleichbehandlung' meint, dass der vorgegebene Alltagsablauf als für alle Kinder bindend gesehen wird und – mit Ausnahme von speziellen Förderangeboten – keine statusspezifischen Angebote unterbreitet werden. Ziel pädagogischen Handelns ist es, die Teilhabe aller Kinder an den Punkten der Tagesordnung zu realisieren. Darüber hinaus geht es darum, ‚Praxen der Besonderung' einzelner Kinder bestmöglich zu umgehen bzw. zu vermeiden. An dem folgenden Auszug kann dies veranschaulicht werden: *„Also besondere Angebote haben wir hier selbst net. Also wir schauen natürlich oder es ist bei uns so, dass jedes Kind alle Angebote mitmacht. Das funktioniert auch. Das heißt auch die Integrativkinder gehen turnen, machen auch das Musikangebot und auch den Therapiehund mit. Die gehen auch mit auf die Ausflüge […] also da machen wir keine Extrawürstchen sag ich mal"* (MA9, Z. 125–130). Ähnlich auch die folgende Aussage: *„Also alles wurde als Gruppe gemacht, da wurde keiner, sag ich jetzt mal, aus der Gruppe entzogen und keiner hat mit dem alleine was gemacht, nein. Das war dann immer komplett die Gruppe"* (MA1, Z. 205–207). Immer wieder zeigt sich, dass Sonderbehandlungen einzelner Kinder – etwa aufgrund statusbezogener Zuschreibungen – durch die Mitarbeiter:innen als etwas eher Negatives konstruiert und für die eigene Handlungspraxis möglichst ausgeschlossen werden. Dies erscheint nicht unproblematisch, handelt es sich hierbei doch letztlich um eine Form der Entindividualisierung, die mit Blick auf die Ausrichtung der eigenen Tätigkeit an Inklusion infrage zu stellen ist. Allerdings wird der Anspruch der Gleichbehandlung auch deshalb zum Problem, da bereits auf Grundlage der Mitarbeiter:innen-Interviews festgestellt werden kann, dass die beanspruchte Gleichbehandlung im Alltag faktisch nicht realisiert werden kann. Hierauf wird im weiteren Verlauf der Ergebnisdarstellung ausführlicher eingegangen.

Negation der Krisenhaftigkeit pädagogischen Handelns

Ein weiteres Ergebnis der Auswertung besteht darin, dass die Mitarbeiter:innen ihre Handlungspraxis als eine weitgehend konflikt- und problembefreite Handlungspraxis präsentieren. Pädagogisches Handeln in Kindertageseinrichtungen wird – zumindest im subjektiven Sinn der Darstellungen – einseitig als ein mehr oder weniger problemlos gelingendes Handeln konstruiert. Auch hierin findet sich eine Überschneidung zu den Ergebnissen der Konzeptanalyse.[58] Handlungs-

---

57 Es sei in diesem Zusammenhang auf die Ausführungen in Kapitel 9 verwiesen.

58 Siehe hierzu: Kapitel 9.

probleme oder Konflikte werden nicht oder nur selten benannt und für den Fall, dass sie benannt werden, werden sie in ihrer Bedeutung für den Alltag relativiert. Vorgebrachte Kritikpunkte beziehen sich meist auf die Gestaltung der räumlichen Gegebenheiten und damit etwas, was sich außerhalb des je eigenen Handlungs- bzw. Zuständigkeitsbereichs befindet. Im Falle einer der untersuchten Einrichtungen wird zum Beispiel Kritik am Fehlen eines Außengeländes geäußert, was zu einer besonderen Ausgestaltung des Alltags zwingt und Möglichkeiten der Alltagsgestaltung erschwert oder einschränkt. Beispielhaft hierfür sei der folgende Auszug angeführt: *„Ja die Räumlichkeiten, ich find's schade, dass wir keinen eigenen Spielplatz am Haus haben, das wär schon praktisch, weil die Kinder dann einfach raus gehen könnten, wann se wollen, ne? Also es wär schon stressfreier, wenn wir den hätten*" (MA2, Z. 616–620).

Die in der Breite der Interviews zu verzeichnende Vermeidung von Kritik und der offenen Benennung von Herausforderungen in Bezug auf die eigene Handlungspraxis ist sicherlich auch Ausdruck der Herausforderung, sich selbst bzw. das eigene Handlungsfeld nach außen präsentieren und vertreten zu müssen. Problematisch ist allerdings, dass sich bereits in den Erzählungen der Mitarbeiter:innen vielfältige Hinweise auf Ambivalenzen und Herausforderungen finden lassen, die von diesen jedoch – bis auf wenige Ausnahmen – nicht als solche erfasst und reflektiert werden. Die Ergebnisse zeigen, dass es den interviewten Mitarbeiter:innen vielfach nicht gelingt, zentrale Herausforderungen ihres Handlungsfelds als solche zu erfassen und die eigene Handlungspraxis kritisch zu hinterfragen, sodass an dieser Stelle ein gewisses Reflexionsdefizit in Erscheinung tritt. Es muss klar hervorgehoben werden: Die subjektiven Sinnkonstruktionen der Mitarbeiter:innen, die das eigene Handeln als etwas markieren, was sich scheinbar problem- bzw. konfliktlos vollzieht, lassen sich nicht aufrechterhalten. Dies soll anhand eines Beispiels veranschaulicht werden: In den Interviews konnte – wie oben dargestellt – herausgearbeitet werden, dass einige Mitarbeiter:innen die Gleichbehandlung aller Kinder als elementaren Grundpfeiler ihres Handelns benennen. Alle Kinder, die in der jeweiligen Einrichtung betreut werden, müssen – so die selbstauferlegte Zielsetzung – an allen Aktivitäten des Tagesablaufs teilnehmen. Hieran geknüpft ist ebenfalls, dass statusbezogene Differenzierungen zwischen den Kindern und hieran geknüpfte ‚Praxen der Besonderung' eher abgelehnt und in ihrer Relevanz für den Arbeitsalltag negiert werden. Die Interviews zeigen jedoch, dass sich trotz dieses erhobenen Anspruchs vielfach ‚Praxen der Besonderung' vollziehen. ‚Praxen der Besonderung' finden bereits dann statt, wenn für die sogenannten „Integrationskinder" in regelmäßigeren Abständen Sprechstunden mit den Eltern vereinbart und Dokumentationspraxen enger geführt werden als bei den übrigen Kindern. Dies setzt sich auch auf der Ebene des direkten Umgangs mit den Kindern fort – verwiesen sei etwa auf die oben benannte Konstruktion pädagogischen Handelns als Förderung. Weiterhin zeigt sich, dass sich auch dann ‚Praxen der Besonderung' vollziehen können, wenn alle Kinder gemeinsam am Alltagsgeschehen der Einrichtung teilnehmen. Greifbar wird dies unter anderem an diesem Auszug: „*Also wir haben die vier Mädels, die so ungefähr im gleichen Alter sind. […] Das ist unsere Mädelsgang, die hängen immer son bisschen zusammen und zicken auch manchmal rum, bestimmen auch viel was gemacht wird so unter den Kindern. Dann haben wir haben wir auch ein Kind, die will gar net mit den anderen Kindern spielen, die hängt nur bei den Erwachsenen oder is alleine. Da sind wir dran, dass wir immer also eigentlich immer fünf Mal am Tag sagen ‚Geh doch mal bitte mit den Kindern spielen'. Aber dann steht sie abseits und hat da irgendwie gar keine Lust drauf.*" (MA2, Z. 126–133). Anhand der Beispielpassage lässt sich veranschaulichen, dass die Tatsache, dass Kinder an einer Tagesaktivität – hier dem sogenannten „Freispiel" – gemeinsam teilnehmen, nicht automatisch heißen muss, dass sich keine Form von Ausschluss vollzieht. Weiterhin zeigt sich, dass das Gebot der Gleichbehandlung und eine Vermeidung von Sonderbehandlung für einzelne Kinder sogar zum manifesten Problem werden kann – etwa dann, wenn es einzelnen Kindern nicht gelingt, selbstständig einen Zugang zur Gesamtgruppe zu finden. Vielmehr zeigt sich, dass eine explizite Sonderbehandlung ggf. erforderlich sein kann, um den je konkreten Bedarfen eines Kindes gerecht zu werden. In diesem Zusammenhang wäre dann auch eine einseitige Orientierung an einer Konstruktion der Kinder kritisch zu hinterfragen, die diese einseitig als eigenständige Akteur:innen des Alltags fasst.

Identifikation mit dem Handlungsfeld und den Einrichtungen

Ein Stück weit angelegt in den vorangegangenen Darstellungen ist das weiterführende Ergebnis, wonach alle interviewten Mitarbeiter:innen gerne in den untersuchten Einrichtungen arbeiten und ihre Arbeitstätigkeit als erfüllend erleben. Exemplarisch hierfür kann etwa die folgende Aussage angeführt werden: „*Ja, ich mag es total. Also, ich liebe meine Arbeit. Ich mach das total gerne*" (MA1, Z. 268–269). Ein Faktor, der hierbei eine zentrale Rolle spielt, ist in dem eingangs herausgearbeiteten Fehlen eines Handlungskonzepts zu sehen. Da die normative Ordnung, entlang derer Entscheidungen im Alltag der Einrichtungen getroffen werden, je situativ durch die Mitarbeiter:innen selbst entschieden bzw. im Rahmen des jeweiligen Mitarbeiter:innenteams ausgehandelt wird, bietet sich für die einzelnen Mitarbeiter:innen die Möglichkeit, sich selbst verstärkt in den Alltag einzubringen und diesen – zumindest mit Blick auf je situative Praxen – entlang ihrer persönlichen Überzeugungen und Interessen mitzugestalten. In diesem Sinne berichtet eine Person: „*Wir können uns selber viel einbringen mit Ideen. Es ist schon 'ne Struktur vorgegeben, die ich ja gerade schon genannt hab', aber innerhalb dieser Angebotszeiten können wir auch immer überlegen, was man vielleicht mal gerne machen möchte*" (MA7, Z. 44–48). Dem Fehlen eines pädagogischen Handlungskonzepts kann insofern eine ambivalente Rolle beigemessen werden. Einerseits wird es zum Beispiel dann zum Problem, wenn es darum geht, dass sich ‚neue' theoretische

Begriffe angeeignet und in Relation zur bisherigen Handlungspraxis gesetzt werden müssen. Andererseits ermöglicht es jedoch auch ein vergleichsweise offenes, ‚freies' Arbeiten, welches – begrenzt durch das latente Konzept und den Alltagsablauf – Raum zur Selbstentfaltung bietet. Ausdruck dessen ist auch das Ergebnis, dass zwar alle Mitarbeiter:innen das Handlungsfeld als ein Positives erfahren, die jeweiligen Konstruktionen des Handlungsfelds, die als erfüllend wahrgenommen werden, jedoch zum Teil sehr unterschiedlich ausfallen. Die Ergebnisse zeigen: Die Mitarbeiter:innen findet je für sich eigene kleine ‚Nischen', in denen sie sich selbst verorten und in denen sie sich selbst verwirklichen.

Neben den zahlreichen wertschätzenden Bezugnahmen auf das eigene Handlungsfeld kann ebenfalls das Ergebnis festgehalten werden, wonach auch Rekurse auf die Einrichtungen selbst insgesamt positiv bzw. wertschätzend ausfallen. Dies meint im Wesentlichen, dass sich alle interviewten Mitarbeiter:innen mit den Einrichtungen, in denen sie tätig sind, identifizieren und sich als Vertreter:innen dergleichen konstruieren. Deutlich wird dies unter anderem auch daran, dass andere Einrichtungen, in denen die betreffenden Mitarbeiter:innen vorher gearbeitet haben, als Kontrastfolie herangezogen werden, vor deren Hintergrund die derzeitige Einrichtung als ‚besser' bewertet wird. Verwiesen sei zum Beispiel auf die folgende Aussage: „*Ich hoffe, dass es weiter so geht wie jetzt. Also ich find's toll, was hier gemacht wird für die Kinder und mit den Kindern*" (MA2, Z. 692–694).

Weiterbildung als persönliche Aufgabe

Die durch das Fehlen eines Handlungskonzepts eröffneten Handlungs- und Entscheidungsspielräume setzen sich auch auf der Ebene der Fort- bzw. Weiterbildungsmaßnahmen fort. Im Zuge der Auswertung wurde deutlich, dass nicht nur die Ausgestaltung des je situativen Handelns, sondern auch die Frage nach der grundsätzlichen Wahrnehmung sowie der inhaltlichen Ausgestaltung von Weiterbildungsmaßnahmen dem Ermessensspielraum der Mitarbeiter:innen überlassen wird. So berichtet eine Person: „*Joa, da hat ne Zeit lang ne Broschüre gelegen oder mehrere. Dann durfte sich jeder ne eigene Fortbildung aussuchen, die er gern machen wollte*" (MA2, Z. 572–574). Eine andere Person hält fest: „*Wenn ich persönlich meinen Bedarf in der Richtung sehe, dann beantrage ich eine Fortbildung*" (MA4, Z. 540–541). Es konnte lediglich eine Weiterbildung identifiziert werden, die für alle Mitarbeiter:innen verpflichtend ist, wobei es sich um eine Weiterbildung handelt, die vor allem die Eltern in ihrem Umgang mit den Kindern unterstützend in den Fokus nimmt. Fragen der Weiterbildung werden auf die individuellen Präferenzen der Mitarbeiter:innen zurückgeworfen. Dies erscheint nicht unproblematisch, sind es doch gerade Fort- und Weiterbildungen, die den Mitarbeiter:innen dabei helfen, sich theoretische Begriffe – wie zum Beispiel den der Inklusion – anzueignen und handlungspraktisch zu erschließen. Der Aspekt der Freiwilligkeit bringt darüber hinaus die Herausforderung mit sich, dass ein faktisch bestehender Fort- und Weiterbildungsbedarf von einzelnen Mitarbeiter:innen ggf. nicht gesehen wird, sodass entsprechende Angebote schlicht nicht wahrgenommen werden. Problematisch erscheint des Weiteren, dass Weiterbildungsangebote auf individueller Ebene eher nicht zur Hervorbringung einer gemeinsamen Handlungspraxis innerhalb der Einrichtungen beitragen, was unter anderem auch daran liegt, dass ein informiert-kritischer Austausch zwischen den Kolleg:innen nur bedingt stattfinden kann. Gleichzeitig geht damit auch die Problematik einher, dass die handlungspraktische Anwendung der Fort- bzw. Weiterbildungsinhalte durch einzelne Mitarbeiter:innen mehr oder weniger ungerahmt bzw. ‚frei' erfolgt.

11.1.2 Konstruktion der Kinder

Abbildung 22: Bearbeitung Fragestellung F2.1.2

F2: „Wie gestalten sich die subjektiven Perspektiven der Mitarbeiter:innen in Bezug auf ihre Handlungspraxis?"	
F2.1 „Wie gestalten sich die subjektiven Perspektiven der Mitarbeiter:innen in Bezug auf ihre Handlungspraxis im Allgemeinen?"	
F2.1.1 „Wie konstruieren die Mitarbeiter:innen das (pädagogische) Handeln in den Einrichtungen und sich selbst als (pädagogisch) Handelnde?"	Interviews
F2.1.2 „Wie konstruieren die Mitarbeiter:innen die Kinder, die innerhalb der integrativen Kindertageseinrichtung betreut werden?"	
F2.2 „Wie gestalten sich die subjektiven Perspektiven der Mitarbeiter:innen in Bezug auf Inklusion und Behinderung?"	

Zwischen Selbstständigkeits- und Abhängigkeitskonstruktion

Im vorangegangenen Unterkapitel wurde dargelegt, dass im Zuge der Auswertung keine einheitliche Konstruktion pädagogischen Handelns herausgearbeitet werden konnte. Je nach interviewter Person wurden mitunter unterschiedliche Konstruktionen erfasst, denen wiederum je verschiedene und teils konträre Selbst- und Fremdkonstruktionen inhärent sind. Unmittelbar mit diesem Ergebnis einher geht, dass sich auch in Bezug auf die Frage nach der Konstruktion der Kinder keine einheitliche Antwort gegeben lässt. Konstruktionen der Kinder sind zwangsläufig an Konstruktionen des pädagogischen Handelns geknüpft. Wenn durch die Mitarbeiter:innen Facetten des Handelns angeführt werden, die sich als ein schützendes oder versorgendes Handeln begreifen lassen – beispielsweise im Kontext der Beaufsichtigung der Kinder im Straßenverkehr –, geht dies zwangsläufig mit einer Konstruktion der Kinder einher, wonach diese eher als abhängige, unselbstständige Wesen gefasst werden. Werden hingegen Handlungskonstruktionen hervorgebracht, die pädagogisches Handeln eher als ein unterstützendes, begleitendes Handeln fassen, werden Konstruktionen der Kinder gegenständlich, wonach diese als (zunächst) selbstständig handelnde Akteur:innen des Alltags gefasst werden. Konstruktionen der Kinder verschieben sich insofern parallel zu

Konstruktionen des Handelns und sind ebenso ambivalent. Insgesamt werden die Kinder werden sowohl entlang einer Selbstständigkeits- als auch einer Abhängigkeitskonstruktion erfasst, wobei beides in einem Verhältnis ambivalenter Gleichzeitigkeit zu sehen ist. So, wie sich in jedem Interview sowohl schützende als auch begleitende Dimensionen pädagogischen Handelns feststellen lassen, lassen sich in jedem Interview auch Selbstständigkeits- und Abhängigkeitskonstruktionen der Kinder identifizieren. Beide Konstruktionen beanspruchen für die Lebenspraxis der Kinder Gültigkeit. Gleichzeitig manifestiert sich allerdings auch an dieser Stelle das Ergebnis, wonach es vor allem Selbstständigkeitskonstruktionen der Kinder sind, die von den meisten Mitarbeiter:innen im subjektiven Sinn ihrer Darstellungen besonders stark hervorgehoben werden. Dies überschneidet sich mit dem dargelegten Ergebnis der Negation anleitender bzw. ‚führender' Dimensionen pädagogischen Handelns, die sich hier in einer Relativierung oder mitunter Zurückweisung von Abhängigkeitskonstruktion der Kinder manifestiert.

Kindliches Handeln als vorstrukturiertes Handeln

Die ambivalente Adressierung der Kinder zwischen Selbstständigkeits- und Abhängigkeits-konstruktionen spiegelt sich ebenfalls in dem Ergebnis wider, dass kindliches Handeln in Kindertageseinrichtungen immer als ein gerahmtes Handeln gesehen werden muss. Zurückzuführen ist dies darauf, dass bereits die Einrichtungen selbst – wie in Kapitel 10 herausgearbeitet – als vollständig vor- und durchgeplante Handlungsrahmen verstanden werden müssen. Die Kinder bewegen sich in einem speziell für sie geschaffenen (Schutz-)Raum und erleben einen Alltag, der einerseits durch den Träger, andererseits durch das Handeln der dort tätigen Mitarbeiter:innen vorstrukturiert ist. Sehr gut lässt sich dies anhand des sogenannten „Freispiels" veranschaulichen. Es handelt sich hierbei um einen immer wiederkehrenden Punkt auf der Tagesordnung, bei dem den Kindern keine direkten Vorgaben bezüglich der Art und Weise ihrer Beschäftigung gemacht werden. Bereits die Existenz eines solchen Programmpunkts verweist auf die sonst enger gefasste Vorstrukturierung des Handelns der Kinder, wenngleich zu beachten ist, dass auch das Freispiel nicht frei von steuernden Einflüssen ist, denn es vollzieht sich in der Regel zu einem im Vorfeld festgelegten Zeitpunkt und an einem explizit hierfür vorgesehenen und eingerichteten Ort. Die persönliche Handlungsökonomie der Kinder ist damit auch in diesem Kontext eher als gewährte – und damit letztlich auch beschränkte – Handlungsökonomie zu fassen. Ihnen wird ein geschützter Rahmen geboten, in dem sie bestimmte Handlungen ausführen und erproben können.

Alltagswirksame Differenzkategorien und Spielräume persönlicher Handlungsökonomie

Die Ergebnisse zeigen, dass Spielräume persönlicher Handlungsökonomie, die den Kindern im Alltag zuteilwerden, von Kind zu Kind variieren können, wobei sich verschiedene Differenzkategorien als wirkmächtig erweisen. Als zentraler Differenzmarker fungiert hierbei das Alter der Kinder. Älteren Kindern wird in der Regel ein größeres Maß an Handlungsmächtigkeit sowie die Fähigkeit zu verantwortungsbewusstem Handeln zugeschrieben, was in der Konsequenz dazu führt, dass ihnen im Alltag größere Spielräume persönlicher Handlungsökonomie zuteilwerden. Jüngere Kinder hingegen werden von den Mitarbeiter:innen stärker über eine Abhängigkeitskonstruktion gefasst. Veranschaulicht werden kann dies an dem folgenden Auszug, in dem die interviewte Person auf die Frage nach den zentralen Aufgabenbereichen des Alltags antwortet: „*Das ist die Betreuung der kleinen Kinder, wo es sehr – anders jetzt als im Kindergarten – um die Beziehung geht. Die brauchen sehr noch die Aufmerksamkeit. Dass man mit den Kindern spielt, vorliest oder Anregungen gibt. Es ist doch sehr enger als jetzt im Kindergarten, wo die Kinder weniger Anregungen oder Begleitung brauchen*" (MA 8, Z. 49–54). Unterschiedliche Spielräume persönlicher Handlungsökonomie offenbaren sich auch darin, dass die älteren Kinder im Alltag mitunter zum ‚verlängerten Arm' der Mitarbeiter:innen werden, indem sie beispielsweise als Unterstützer:innen der jüngeren Kinder agieren bzw. von den Mitarbeiter:innen dazu ermutigt werden. Exemplarisch hierfür die folgende Beispielaussage: „*Die Älteren gehen dann auch mal mit dem [Vorname eines Kindes] Hände waschen und unterstützen die anderen Kinder halt auch sehr, das find ich immer schön mitanzusehen. Die wollen auch dann, wenn wir zum Spielplatz gehen, dann sagt immer ein großes Mädel: ‚Ei, ich geh dann mit dem [Vorname eines Kindes]!'. Weil die weiß das gut: Wenn ein älteres Kind mitgeht, klappt das besser. Die helfen sich viel untereinander*" (MA2, Z. 153–158).

Eine weitere alltagswirksame Differenzlinie, die Einfluss darauf hat, wie großzügig Spielräume persönlicher Handlungsökonomie der Kinder gefasst sind, ist die Zuweisung eines Integrationsstatus. Immer wieder zeigt die Auswertung, dass die Kinder, die der Gruppe der Integrationskinder zugeordnet werden, von den Mitarbeiter:innen eher über Abhängigkeitskonstruktionen gefasst werden. Hervorzuheben ist hierbei allerdings, dass sich auch hier Differenzen feststellen lassen. So gibt es Integrationskinder, die stärker als andere als selbstermächtigt handelnd erfasst werden. Exemplarisch der folgende Auszug: „*Die Kleine, die taubstumm ist, die gebärdet ja sowieso schon sehr viel. Und die bringt den andern Kindern das auch bei. Die zeigt auf was und zeigt die Gebärde und die anderen Kinder lernen das von ihr*" (MA2, Z. 212–214). Insgesamt muss konstatiert werden, dass die aufgezeigten Differenzkategorien ‚Alter' und ‚Integrationsstatus' zwar wirkmächtige Größen des Alltags darstellen, beide jedoch nicht zwangsläufig Einfluss auf das Handeln der Mitarbeiter:innen nehmen. Relevanter als die Zuordnung zu einer oder beiden jener Differenzkategorien ist eher die Frage nach dem (zugeschriebenen) alltagspraktischen Unterstützungsbedarf bzw. den alltagspraktischen Fähigkeiten respektive der Selbständigkeit der Kinder.

11.1.3 Konstruktionen von Inklusion und Behinderung

Abbildung 23: Bearbeitung Fragestellung F2.2

Fragestellung	Methode
F2: „Wie gestalten sich die subjektiven Perspektiven der Mitarbeiter:innen in Bezug auf ihre Handlungspraxis?“	
F2.1 „Wie gestalten sich die subjektiven Perspektiven der Mitarbeiter:innen in Bezug auf ihre Handlungspraxis im Allgemeinen?“	
F2.1.1 „Wie konstruieren die Mitarbeiter:innen das (pädagogische) Handeln in den Einrichtungen und sich selbst als (pädagogisch) Handelnde?“	Interviews
F2.1.2 „Wie konstruieren die Mitarbeiter:innen die Kinder, die innerhalb der integrativen Kindertageseinrichtung betreut werden?“	Interviews
F2.2 „Wie gestalten sich die subjektiven Perspektiven der Mitarbeiter:innen in Bezug auf Inklusion und Behinderung?“	Interviews

Inklusion zwischen Handlungsauftrag, persönlichem Anliegen und Unschärfe
Die Auswertung der Interviews hat gezeigt, dass Inklusion durch alle Interviewten als etwas konstruiert wird, was ihnen von außen auferlegt wird. Inklusion wird als ein an sie gerichteter Handlungsauftrag gefasst, der sie – so der im subjektiven Sinn ihrer Darlegungen erhobene Anspruch – wesentlich in ihrer alltäglichen Handlungspraxis betrifft und in einigen Fällen sogar als grundlegend für die eigene Handlungspraxis benannt wird. Vielfach überschneidet sich dies mit einer Adressierung, wonach Inklusion zugleich als persönliches Anliegen adressiert wird – also etwas, was mit der intrinsischen Handlungsmotivation bzw. dem eigenen professionellen Selbstverständnis vereinbar ist. Die Berufung auf Inklusion ist als zentraler Bestandteil des in Kapitel 11.1.1 adressierten ‚latenten Konzepts‘ der Mitarbeiter:innen zu sehen.

Den oben benannten Adressierungen steht nun jedoch das weiterführende Ergebnis gegenüber, wonach auf Seiten der Mitarbeiter:innen kein klar konturiertes Inklusionsverständnis festgestellt werden konnte. Definitionsversuche von Inklusion fallen mitunter (sehr) unterschiedlich aus. Eine einheitliche Linie in Bezug darauf, was genau unter Inklusion verstanden wird und was Inklusion für die eigene Handlungspraxis bedeutet, konnte nicht festgestellt werden. Diese Ambivalenz in der Adressierung erscheint nicht unproblematisch, denn sie verweist unter anderem auf ein handlungspraktisches Dilemma: Dem subjektiv erfassten Auftrag, Inklusion umzusetzen, steht die Problematik gegenüber, dass unklar bleibt, was dieser Handlungsauftrag eigentlich genau beinhaltet und wie ihm (ggf. in Differenz zu früheren Leitbildern) entsprochen werden kann. Greifbar wird an dieser Stelle die Herausforderung, die bereits in Kapitel 9 und Kapitel 11.1.1 diskutiert wurde: Das Fehlen eines pädagogischen Handlungskonzepts – hier: eines Konzepts, welches einen ausgearbeiteten Inklusionsbegriff beinhaltet und diesen in Relation zur konkreten Handlungspraxis setzt – wird zur individuellen Herausforderung für die Mitarbeiter:innen. Es ist an ihnen, die begrifflich-theoretische Auseinandersetzung mit dem Inklusionsbegriff zu leisten, diesen praktisch handhabbar zu machen und zugleich eine einheitliche Linie für die tagtägliche Arbeit im Team auszuhandeln. Auch hier zeigt sich die bereits benannte Delegation der Verantwortung zulasten der Mitarbeiter:innen. Diese Delegation mündet – wie im weiteren Verlauf zu zeigen sein wird – in einer inklusionsbezogenen Begriffspluralität und bringt unscharfe und mitunter inkonsistente Inklusionsverständnisse hervor. Es muss klar hervorgehoben werden: Ebenso wenig, wie auf Grundlage der geführten Interviews eine einheitliche Konstruktion pädagogischen Handelns herausgearbeitet werden konnte, konnte eine einheitliche Konstruktion von Inklusion offengelegt werden.

Inklusion zwischen gesamtgesellschaftlicher und personengruppenspezifischer Adressierung

In den Interviews wird Inklusion von einigen Personen als etwas adressiert, was einen gesamtgesellschaftlichen Anspruch birgt, sich einem personengruppenspezifischen Blick verschließt und alle Menschen in gleichem Maße erfasst. So gibt eine Person in Bezug auf die Differenz von Integration und Inklusion beispielsweise an: „*Das heißt, dass die Integration diese Gruppe wahrnimmt und die Inklusion eben diese Gruppe nicht wahrnimmt, sondern eigentlich eher auf die Heterogenität guckt*" (MA3, Z. 226–228). Durch einzelne Mitarbeiter:innen wird dies noch insofern erweitert, als Inklusion nicht nur auf Menschen bezogen sei, sondern in gleichem Maße die Ausgestaltung der gesellschaftlichen Lebenswelt beträfe. Beispielsweise wird von einer interviewten Person das Thema „Barrierefreiheit im öffentlichen Raum" angesprochen, indem sie unter anderem den Wunsch äußert, „*dass es ein bisschen barrierefreier wird, […] mit den fehlenden Aufzügen und so, is manchmal schon n' bisschen schwierig*" (MA9, Z. 672–676). Von Bedeutung ist nun, dass diese Bezugnahmen auf Inklusion, die Inklusion als gesamtgesellschaftliche Herausforderung fassen, in vielen Fällen nicht aufrechterhalten werden können. Immer wieder zeigt sich, dass Inklusion von den Mitarbeiter:innen in letzter Konsequenz doch primär als personengruppenspezifische Herausforderung gedacht wird, die sich eben nicht an alle Menschen, sondern nur an spezielle Personen bzw. Personengruppen richtet. Sehr deutlich trat dies etwa im Kontext der Adressierung der Eltern der sogenannten „Integrationskinder" als „*Inklusionseltern*" (MA6, Z. 187) zutage. Wird Inklusion nicht auf rein allgemein-begrifflicher Ebene adressiert, sondern als konkrete Praxis thematisiert, zeigt sich, dass Inklusion vor allem als Herausforderung für Menschen (bzw. im Kontext des eigenen Handlungsfelds: Kinder) mit Behinderung beschrieben wird oder – umgekehrt – Menschen bzw. Kinder mit Behinderung als Herausforderung für Inklusion konstruiert werden.[59] Dies lässt sich an dem

59 Dies wiederum korrespondiert mit einer Lesart von Behinderung, die Behinderung als individuelles Schicksal einzelner Kinder und handlungspraktisches Problem der Mitarbeiter:innen fasst. Dies wird weiter unten ausführlicher aufgegriffen.

folgenden Auszug veranschaulichen: „*Inklusion bedeutet, dass man den Unterschied gar nicht mehr sieht. Bei manchen Kindern funktioniert das gut, wirklich, die laufen überall mit und wir haben auch Kinder, da fällt das kaum auf, dass sie behindert sind. Dann merkt man, ja, ok, Inklusion kann auch funktionieren*" (M4, 288–292). Sowohl Behinderung als auch Inklusion können meist nur über ein scheinbar manifest behindertes Individuum gedacht werden. Dies hat zur Folge, dass soziale Dimensionen von Behinderung, die Behinderung entlang eines Behindert-Werdens fassen und sich kritisch an gesellschaftliche Strukturen und Praktiken richten, aus dem Blick geraten bzw. von den Mitarbeiter:innen nur eingeschränkt oder nicht erfasst werden. Ebenfalls hiermit einher geht, dass Inklusion und pädagogisches Handeln im Zeichen von Inklusion in letzter Konsequenz eher innerhalb der gegebenen Strukturen gedacht und die Strukturen selbst nicht infrage gestellt werden.

Inklusion als Gebot der Gleichbehandlung

Ein Zugang zu Inklusion, der in beinahe jedem Interview vorgefunden wurde, fasst Inklusion als Gebot der Gleichbehandlung und Verbot der Besonderung. Greifbar wurde diese Perspektive vor allem dann, wenn durch die Mitarbeiter:innen der Versuch unternommen wurde, sich von einer allgemeinen begrifflichen Ebene zu lösen und Inklusion als Bestandteil ihrer Handlungspraxis zu fassen. Entlang dieser Perspektive wird Inklusion als Handlungsauftrag beschrieben, alle Kinder innerhalb der Einrichtungen auf die gleiche Art und Weise zu behandeln und Formen von Sonderbehandlung zu vermeiden. Die angestrebte Gleichbehandlung bezieht sich dabei zum Beispiel auf die Gestaltung des Alltags. Inklusion im Alltag der jeweiligen Einrichtungen umzusetzen, heißt für viele Mitarbeiter:innen, dass alle Kinder an allen Programmpunkten bzw. ‚Angeboten' des Alltags teilnehmen und keine speziellen Aktivitäten stattfinden, die sich ggf. nur an einzelne Kinder(-gruppen) richten. Teilweise wird das Gebot der Gleichbehandlung aber auch auf den direkten Umgang mit den Kindern übertragen. So gibt eine Person an: „*Integration ist: Man versucht die Kinder wirklich mit rein zu bringen in die Gruppe. Und Inklusion ist für mich eher schon in so in Richtung: Die kriegen das auch alleine hin und man sieht den Unterschied nicht*" (MA5, Z. 311–314).

Wenngleich es sich bei dem Gebot der Gleichbehandlung um den Zugang zu Inklusion handelt, der am häufigsten in den Interviews identifiziert wurde, muss festgehalten werden, dass die subjektiven Bezugnahmen hierauf unterschiedlich ausfallen. So zeigte sich zum Beispiel, dass das Gebot der Gleichbehandlung von einigen Mitarbeiter:innen konfliktlos angenommen und – so der im subjektiven Sinn ihrer Darstellungen erhobene Anspruch – im Alltag scheinbar problemlos umgesetzt wird. Inklusion im Sinne eines allgemeinverbindlichen Alltags und einer darin angelegten konsequenten Nicht-Besonderung der Kinder erhält damit den Charakter der scheinbaren Selbstläufigkeit. So konstatiert ein/e Mitarbeiter/

in zum Beispiel: *„Und das find' ich schon besonders hier, dass auch alle Mitarbeiter einfach gar keinen Unterschied sehen, es macht kein Mitarbeiter einen Unterschied“* (MA7, Z. 252–254). Eine andere Person gibt an: *„Für uns ist das Alltag, also für uns ist das normal, dass die Kinder überall mitmachen“* (MA7, Z. 150–151). Zentral ist nun, dass sich sowohl der Anspruch der ‚Negation von Besonderung' als auch die adressierte Selbstläufigkeit eines gemeinsamen Alltags nicht einlösen lässt. So zeigten bereits die Konzepte der Einrichtungen, dass durchaus spezielle Therapieangebote für einzelne Kinder stattfinden, die allerdings von externen Mitarbeiter:innen durchgeführt werden, die speziell hierfür in die Einrichtungen kommen. Die alltagspraktische Besonderung einzelner Kinder wird damit – zumindest in dieser Hinsicht – eher in den Verantwortungsbereich anderer Personen verlagert, bleibt allerdings ungeachtet dessen bestehen. Darüber hinaus wurde in Kapitel 11.1.2 bereits dargelegt, dass in der Handlungspraxis der Mitarbeiter:innen verschiedene Differenzkategorien und damit letztlich auch ‚Praxen der Besonderung' manifest werden, welche der hier beanspruchten Gleichbehandlung der Kinder kontrastiv gegenüberstehen. Das Handeln der Mitarbeiter:innen vollzieht sich, so lässt sich konstatieren, im Schatten des Dilemmas zwischen Ablehnung und Negation von Besonderung einerseits und faktischer Besonderung andererseits, wobei dieses Dilemma durch einige der interviewten Personen nicht erfasst und reflektiert wird. Dies gilt allerdings nicht für alle interviewten Personen. So wurde deutlich, dass die Lesart, die Inklusion im Sinne eines Gebots der Gleichbehandlung fasst, zwar vielfach vertreten wird, für einzelne Mitarbeiter:innen aber durchaus als handlungspraktisches Problem erfasst wird. Dabei ist es gerade das oben adressierte Dilemma, an welches die Mitarbeiter:innen stoßen: Einerseits verstehen sie Inklusion als Gebot der Gleichbehandlung und Verbot von Besonderung, andererseits aber werden sie in ihrem Alltag mit den je individuellen Bedürfnissen der Kinder konfrontiert, welche eine Umsetzung jener Forderung verunmöglichen. Anhand des folgenden Auszugs kann dieser Konflikt veranschaulicht werden: *„Aber bei mir stellt sich noch so die Frage, wie funktioniert das eben bei dem einen Kind, das jetzt zum Beispiel im Reha-Buggy sitzt, das wirklich ne krasse 1:1 Betreuung braucht, irgendwie sondiert wird. Ja, ich kann den draußen sondieren, aber da ist ja schon der Unterschied, ne? Ich kann den nicht einfach alleine stehen lassen und sagen ‚Der wird schon nachkommen in den Morgenkreis'. Da muss immer jemand dran sein, da muss immer jemand den Buggy schieben, da muss immer jemand das Essen anreichen, da muss muss muss und das ist für mich weniger Inklusion, weil ich eben Inklusion als das beigebracht bekommen hab, dass man wirklich den Unterschied gar nicht mehr sieht […]. Und ich finde man sieht bei manchen einfach den Unterschied. […] Da stellt sich mir die Frage, wie soll ich das machen?“* (MA 5, Z. 287–309). Ausgehend von solchen und ähnlichen Überlegungen entfaltet sich eine Bezugnahme auf Inklusion, die diese als zumindest zu Teilen unrealistisch charakterisiert. Eine konsequente Gleichbehandlung der Kinder ist nicht immer möglich, sodass Inklusion nicht bzw. nur bedingt realisierbar ist. Inklusion wird im Zuge dessen ebenfalls als etwas gerahmt, was mal mehr und mal weniger stark gegeben sein kann. Greifbar wird an dieser Stelle das Ergebnis, wonach Inklusion zur scheinbar unüberwindbaren Krise wird. Reflexionsdefizite in Form eines kritischen Hinterfragens der eigenen Handlungspraxen werden ebenso offengelegt wie eine insgesamt eher verkürzte Auseinandersetzung mit Inklusion. Differenzlinien werden durch die Mitarbeiter:innen nicht als relational, sondern als manifest konstruiert und wo Differenzen nicht negiert werden, stecken die Mitarbeiter:innen in der „Sackgasse der Polarität von Gleichheit und Differenz" (van Dyk 2020, S. 158), aus der sie sich nicht zu lösen vermögen. Auch hier zeigt sich die Problematik des Fehlens eines theoretisch fundierten Handlungskonzepts, welches letztlich auch einen theoretisch fundierten Inklusionsbegriff beinhaltet.

Inklusion als Chancengleichheit

Ein weiterer Zugang zu Inklusion, der verschiedenfach durch die Mitarbeiter:innen hervorgebracht wurde, besteht darin, dass Inklusion als Auftrag verstanden wird, Chancengleichheit – im Sinne einer gleichberechtigten Teilnahme am Alltag der Einrichtung – herzustellen. Diese Lesart steht der oben dargelegten Auslegung zumindest in ihren Grundzügen unvereinbar gegenüber, denn hier steht nicht der Versuch im Fokus, Differenz einzuebnen bzw. zu negieren. Vielmehr wird die Differenz der Kinder zum Kernfokus eines Handelns deklariert, welches sich an Inklusion ausrichtet. Chancengleichheit muss im Alltag mitunter erst für jedes Kind selbst hergestellt werden, um diesem eine Teilnahme an den Aktivitäten der Einrichtung zu ermöglichen. Allerdings stoßen die betreffenden Mitarbeiter:innen – ähnlich wie im oben dargelegten Zugang zu Inklusion – an das Dilemma, dass dieses Ziel ggf. nicht vollends eingelöst werden kann. In diesem Sinne berichtet eine Person: *„Inwiefern das umsetzbar ist, in manchen Fällen geht's halt einfach net, ne? Das eine Kind sitzt im Rollstuhl, das andere läuft, ne? Und man kann halt das andere Kind net's Klettergerüst hochtragen, ne?"* (MA2, Z. 222–226). Greifbar wird an dieser Stelle erneut das Ergebnis, wonach Inklusion vor allem als personengruppenspezifisches Konzept konstruiert und von einem manifesten Behinderungsbegriff ausgegangen wird. Behinderung tritt auch hier als Gefährdung bzw. Grenze von Inklusion in Erscheinung – das Scheitern von Inklusion liegt in der scheinbar konstitutiven Andersartigkeit des Kindes mit Behinderung begründet.

Inklusion ist das, was passiert

Ein weiterer Zugang zu Inklusion, der ebenfalls in den Interviews festgestellt wurde, fasst Inklusion schlicht als täglich gelebte Praxis. Kernmerkmal dieser Lesart ist, dass Inklusion nicht näher bestimmt bzw. als Ziel pädagogisches Handeln adressiert, sondern als das deklariert wird, was sich in den Einrichtungen scheinbar selbstläufig vollzieht. So sei Inklusion beispielsweise das *„Vorleben von*

Vielfalt, was wir hier machen, was uns auszeichnet" (MA3, Z. 237–242). Ähnlich konstatiert eine andere Person: „*Ich wollte lernen, Inklusion zu leben und ich finde das machen wir hier wirklich sehr gut, weil wir das jetzt nicht immer benennen, sondern einfach so ausleben*" (MA1, Z. 94–96). Inklusion wird entlang dieser Lesart als etwas konstruiert, das keiner besonderen Abwägung bedarf oder auch nicht krisenhaft sein kann. Auch in diesem Kontext werden das bereits adressierte Reflexionsdefizit und das Fehlen eines Inklusionsbegriffs greifbar.

Inklusion als moralischer Wert

Die Auswertungen zeigen, dass Inklusion durch die Mitarbeiter:innen uneingeschränkt als etwas Gutes, Wünschenswertes adressiert wird. Sehr deutlich tritt dies vor allem in jenen Darlegungen zutage, in denen das scheinbar problemlose Gelingen von Inklusion im Alltag der Einrichtungen hervorgehoben wird. Beispielhaft sei etwa auf die folgende Aussage verwiesen: „*Ich find's total super, dass bei uns die Kinder mit dem Integrationsbedarf nicht ausgegrenzt werden*" (MA4, Z. 235–237). Ähnlich auch die Fortführung der zu Beginn des Kapitels angeführten Aussage: „*Ja, auf jeden Fall, also, wir sind hier ziemlich bemüht, das alles umzusetzen. Bisher haben wir auch immer alles umgesetzt bekommen*" (MA 9, Z. 231–232). Kritikpunkte im Kontext von Inklusion werden selten benannt und stehen dabei ausschließlich im Zusammenhang mit einer scheinbar erschwerten ggf. auch unmöglichen Umsetzbarkeit von Inklusion – etwa im Kontext des Scheiterns des Anspruchs der Gleichbehandlung. Hierbei ist es allerdings nicht die je konkrete Auslegung von Inklusion, die zum Gegenstand von Kritik wird, sondern vielmehr das, was ein Einlösen von Inklusion verhindert, was in den meisten Fällen eine kritische Adressierung von Behinderung zum Gegenstand hat. Verwiesen sei etwa auf die folgende Aussage: „*Also ich denke schon, dass wir langsame Fortschritte machen, jedoch dauert es noch lange, bis wirklich alle inkludiert sind. Ich weiß auch gar nicht, ob man das überhaupt jemals so schaffen wird, je nachdem so nach Behinderungsgrad is es ja natürlich auch net so einfach, sag ich mal*" (MA9, Z. 258–261). Inklusion selbst ist für die Mitarbeiter:innen etwas, was nicht angegriffen und nicht kritisch hinterfragt werden darf. Inklusion tritt damit – trotz inhaltlicher Unbestimmtheit und teilweise als unüberwindbar eingestufter Dilemmata – wiederholt als zustimmungspflichtige Größe in Erscheinung.

Behinderung als individuelles Schicksal und handlungspraktische Herausforderung

Behinderung wird durch die Mitarbeiter:innen vor allem als Subjektstatus und manifeste Größe konstruiert. Konkret meint das, dass Behinderung als lebenspraktische Einschränkung einer Person gesehen bzw. über ein Fehlen von Fähigkeit(en) und einen hieran geknüpften Unterstützungsbedarf definiert wird. Exemplarisch veranschaulichen lässt sich dies zum Beispiel anhand des folgenden

Auszugs, indem ein/e Mitarbeiter/in auf die Frage nach der persönlichen Vorstellung von Behinderung antwortet: *„Ja, dass das Kind nicht genau die Sachen machen kann, die ein anderes Kind vielleicht einfach kann"* (MA2, Z. 192–193). Diese personenzentrierte Lesart von Behinderung zeigt sich auch dann, wenn Mitarbeiter:innen von *„umfassend behinderten"* (MA4, Z. 216–217) oder *„umfassend beeinträchtigten Kindern"* (MA8, Z. 121) sprechen. In den letztgenannten Beispielen avanciert Behinderung von einer subjektgebundenen Eigenschaft gar zu einem allumfassenden Wesensmerkmal. Die hiermit einhergehende Verortung von Behinderung im Kind geht zwangsläufig mit einer mehr oder weniger weitgehenden Ausblendung von sozialen Dimensionen von Behinderung einher, die Behinderung als relationale Größe und Resultat eines Prozesses des Behindert-Werdens fasst. Räumlich-soziale Wirkfaktoren – etwa räumlich-manifeste Barrieren in der Einrichtung oder auf dem Spielplatz – werden lediglich als sekundäre Einflussfaktoren erfasst.

Relativierung von Behinderung als Differenzkategorie

Hervorzuheben ist, dass Behinderung durch die Mitarbeiter:innen zwar primär entlang eines medizinisch-naturwissenschaftlichen Verständnisses konstruiert wird, sich in einigen Fällen aber auch eine gewisse Relativierung der Bedeutung von Behinderung feststellen lässt. Konkret meint das, dass Behinderung zwar einerseits als manifeste Differenzkategorie des Alltags in Erscheinung tritt, dabei jedoch durchaus als eine, die nicht zwangsläufig zum Problem werden muss. Sehr gut lässt sich dies anhand der bereits weiter oben herangezogenen Aussage veranschaulichen: *„Inklusion bedeutet, dass man den Unterschied gar nicht mehr sieht. Bei manchen Kindern funktioniert das gut, wirklich, die laufen überall mit und wir haben auch Kinder, da fällt das kaum auf, dass sie behindert sind. Dann merkt man, ja, ok, Inklusion kann auch funktionieren"* (MA4, Z. 288–292). Es zeigt sich hieran, dass Behinderung lediglich dann als handlungspraktisches Problem der Mitarbeiter:innen manifest wird, sobald diese zur Folge hat, dass sich die Kinder nicht mehr oder weniger problemlos in die bestehenden Strukturen und Abläufe einfügen können. Es zeigt sich auch hier das Ergebnis, das bereits in Kapitel 11.1.1 herausgearbeitet wurde: Behinderung wird durch die Mitarbeiter:innen zwar als manifeste Differenzkategorie konstruiert, zum Teil jedoch als eine, die für den Alltag in den Einrichtungen nur bedingt von Relevanz ist. Zentraler als die Frage nach der Zugehörigkeit zur Gruppe der Integrationskinder ist stattdessen die Frage, inwiefern die Kinder im Alltag selbstständig handlungsfähig sind.

Behinderung als spezieller Zuständigkeitsbereich

Eine weitere Konstruktion von Behinderung erfasst Behinderung als Feld spezieller Zuständigkeit. Es handelt sich um eine Konstruktion, die ausschließlich von jenen Mitarbeiter:innen hervorgebracht wurde, die einen behinderungsspezifischen Ausbildungshintergrund haben. Das Expert:innenwissen in Bezug auf Behinderung avanciert dabei unter anderem zum innerkollegialen Distinktionsmerkmal und Statussymbol, wie sie sich etwa anhand der folgenden Aussage veranschaulichen lässt: „*Ja also auf jeden Fall trag ich auch zum Pädagogenalltag auch viel dazu bei, bei den Integrativkindern, weil ich dafür ja ausgebildet wurde, kenn ich mich zum Beispiel mit manchen Sachen schon n' bisschen, sag ich mal jetzt, besser aus als die Kollegen, die die Erzieherausbildung gemacht haben*" (MA9, Z. 441–444). Die Konstruktion von Behinderung als spezieller Zuständigkeitsbereich und Gegenstand einer besonderen Form von Expertise geht unmittelbar mit einer Konstruktion von Andersartigkeit einher und manifestiert Behinderung als Differenzkategorie. Behinderung wird – dies zeigt sich auch in dieser Adressierung – als Abweichung gefasst – als etwas, dem auf besondere Art und Weise begegnet werden muss bzw. für das ein besonderes Wissen erforderlich ist.

11.2 Zusammenfassung der Ergebnisse

Abbildung 24: Überblick Mitarbeiter:innen-Interviews

<table>
<tr><td colspan="4">**F2: „Wie gestalten sich die subjektiven Perspektiven der Mitarbeiter:innen in Bezug auf ihre Handlungspraxis?"**</td></tr>
<tr><td rowspan="4"></td><td colspan="3">F2.1 „Wie gestalten sich die subjektiven Perspektiven der Mitarbeiter:innen in Bezug auf ihre Handlungspraxis im Allgemeinen?"</td></tr>
<tr><td rowspan="2"></td><td>*F2.1.1 „Wie konstruieren die Mitarbeiter:innen das (pädagogische) Handeln in den Einrichtungen und sich selbst als (pädagogisch) Handelnde?"*</td><td rowspan="3">Interviews</td></tr>
<tr><td>*F2.1.2 „Wie konstruieren die Mitarbeiter:innen die Kinder, die innerhalb der integrativen Kindertageseinrichtung betreut werden?"*</td></tr>
<tr><td colspan="2">F2.2 „Wie gestalten sich die subjektiven Perspektiven der Mitarbeiter:innen in Bezug auf Inklusion und Behinderung?"</td></tr>
</table>

F2.1.1 „Wie konstruieren die Mitarbeiter:innen das (pädagogische) Handeln in den Einrichtungen und sich selbst als (pädagogisch) Handelnde?"

In Bezug auf die Fragestellung F2.1.1 lässt sich zunächst einmal festhalten, dass auf Grundlage der Interviewauswertung keine einheitliche Konstruktion des (pädagogischen) Handelns herausgearbeitet werden konnte. Die von Seiten der Mitarbeiter:innen hervorgebrachten Selbst- und Fremdkonstruktionen legen das Handeln in den Einrichtungen vielmehr als etwas offen, was zu einem gewissen Grad individuell ausgehandelt wird bzw. ausgehandelt werden muss, sodass sich die jeweils hervorgebrachten Handlungskonstruktionen mitunter von Mitarbeiter:in zu Mitarbeiter:in unterscheiden. Weiterhin wurde deutlich, dass diese Variabilität der Selbst- und Handlungskonstruktion in unmittelbarem Zusammenhang mit dem Ergebnis gesehen werden kann, wonach den Mitarbeiter:innen kein Handlungskonzept vorgegeben wird, an dem sie sich in der Ausrichtung ihres Handelns orientieren können. Die Auswertungen machen klar: Die durch die Trägerorganisation bereitgestellten pädagogischen Konzepte, welche in Kapitel 9 ausführlicher betrachtet wurden, werden von den Mitarbeiter:innen nicht als handlungsleitende bzw. handlungsbegründende Stütze im Alltag genutzt. Schwerpunkte des eigenen Handelns können bzw. müssen daher (mehr oder weniger) frei gewählt werden. Dies wiederum bringt eine Ambivalenz hervor: Einerseits ist es ebendieses Fehlen von Handlungsvorgaben, das den Mitarbeiter:innen ein verstärktes Einbringen der eigenen Person und ein Handeln entlang persönlicher Präferenzen ermöglicht. Hierin ist ein wesentlicher Grund für die festgestellte hohe Zufriedenheit der Mitarbeiter:innen und die wertschätzende Adressierung des Tätigkeitsfeldes in den untersuchten Einrichtungen zu sehen. Auf der anderen Seite scheint es allerdings auch nicht unproblematisch, da das pädagogische Handeln der Mitarbeiter:innen damit letztlich unbestimmt bleibt und zu einem gewissen Grad ‚willkürlich' wird. Greifbar wird hier die Problematik eines Theoriedefizits, welches zur Bedrohung für ein professionelles pädagogischen Handeln wird – das meint hier vor allem ein pädagogisches Handeln, das theoriegeleitetet und begründet erfolgt.

Wichtig anzumerken ist bei alledem jedoch, dass das Handeln der Mitarbeiter:innen keinesfalls vollkommen willkürlich bzw. ‚frei' gewählt ist. Die Auswertungen der Interviews zeigen, dass es gewisse Grundpfeiler in der Art und Weise der Konstruktion des eigenen Handelns gibt, an denen sich alle Mitarbeiter:innen orientieren. Hierzu zählen zum Beispiel die Gewährleistung von Schutz für die Kinder sowie ein liebe- bzw. hinwendungsvoller Umgang mit diesen. Weiterhin ist die Orientierung an den Wünschen und Bedürfnissen der Eltern, die Wahrung bzw. Realisierung der vorgegebenen Alltagsabläufe, die Berufung auf Inklusion als Handlungsauftrag sowie die Negation bzw. Zurückweisung anleitender respektive ‚führender' Dimensionen pädagogischen Handelns und eine damit einhergehende Berufung auf Akteurskonstruktionen der Kinder zu nennen. Anstelle eines manifesten pädagogischen Konzepts steht somit eher ein ‚latentes Konzept', an dem sich zwar alle Mitarbeiter:innen orientieren, welches jedoch viele Fragen – insbesondere nach der je situativen Ausgestaltung und Orientierung des Handelns selbst – unbeantwortet lässt. Es sind diese Fragen, die durch die Mitarbeiter:innen selbst ausgehandelt werden müssen. Das Fehlen eines manifesten Handlungskonzepts beinhaltet insofern eine gewisse Delegation der Verantwortung vom Träger in den individuellen Verantwortungsbereich der Mitarbeiter:innen.

Ein weiteres Ergebnis der Interviewauswertung ist darin zu sehen, dass die Mitarbeiter:innen das eigene (pädagogische) Handeln vielfach als ein scheinbar problemlos gelingendes Handeln konstruieren. Eine kritische Bezugnahme auf die eigene Handlungspraxis bzw. eine kritische Würdigung dergleichen (zum Beispiel in Form einer Adressierung von Herausforderungen oder Dilemmata) findet sich nicht oder nur selten, was angesichts der vielen Herausforderungen des Handlungsfelds, die sich im objektiven Sinn der Darlegungen immer wieder gezeigt haben, problematisch erscheint und auf ein Reflexionsdefizit im untersuchten Handlungsfeld verweist. Es ist den Mitarbeiter:innen vielfach nicht möglich, eine kritische Distanz zum eigenen Handlungsfeld einzunehmen. Greifbar wird an dieser Stelle die Notwendigkeit eines entsprechend gelagerten Unterstützungsbedarfs.

F2.1.2 „Wie konstruieren die Mitarbeiter:innen die Kinder, die innerhalb der integrativen Kindertageseinrichtung betreut werden?"

Auf die Frage nach der Konstruktion der Kinder lässt sich – ebenso wenig wie auf die nach der Konstruktion des (pädagogischen) Handelns – keine einheitliche Antwort geben. Konstruktionen der Kinder verschieben sich in Relation dazu, welche Konstruktionen pädagogischen Handelns die jeweiligen Mitarbeiter:innen für sich in Anspruch nehmen oder nicht. So lassen sich in jedem Interview sowohl Abhängigkeits- als auch Selbstständigkeitskonstruktionen der Kinder finden, wobei diese – wie auch im Kontext des (pädagogischen) Handelns – nicht in Form eines wechselseitigen Ausschlusses, sondern eher in Form einer ambivalenten Gleichzeitigkeit zu denken sind. Dabei ist relevant hervorzuheben, dass die ambivalente Konstruktion der Kinder – ebenso wie die ambivalente Konstruktion pädagogischer Praxis – wenig verwunderlich erscheint. Sie entspricht zwangsläufig der Heterogenität kindlicher Lebenspraxis sowie auch der ambivalenten Eigenart dergleichen, die sich in dem Dilemma zwischen (vorübergehender) Abhängigkeit und (zu entwickelnder) Selbstständigkeit manifestiert. Relevanter als die Feststellung der ambivalenten Konstruktion der Kinder ist insofern eher die Frage nach dem Umgang der Mitarbeiter:innen mit den jeweiligen Konstruktionen sowie die Frage, welche Kinder (verstärkt) über welche dieser Konstruktionen adressiert und damit in entsprechender Art und Weise (mit) hervorgebracht werden. In Bezug auf Ersteres lässt sich – komplementär zur oben angeführten Zurückweisung von führenden bzw. anleitenden Dimensionen pädagogischen Handelns – konstatieren, dass es vor allem Selbstständigkeitskonstruktionen der Kinder sind, die im subjektiven Sinn der Mitarbeiter:innen hervorgehoben werden. In Bezug auf Letzteres konnten im Material Hinweise auf verschiedene Differenzkategorien herausgearbeitet werden, die sich in den Zuschreibungen der Mitarbeiter:innen als wirkmächtig erweisen und darüber entscheiden, wie ein Kind durch die Mitarbeiter:innen adressiert wird. Als wirkmächtig erweist sich hier auf der einen Seite die Differenzierung der Kinder nach ihrem Alter. Ältere Kinder erhalten im hierarchischen Gefüge der Einrichtungen insofern eine Sonderstellung, als ihnen ein größeres Maß an persönlicher Handlungsökonomie zugewiesen wird. Ältere Kinder werden verstärkt über eine Selbstständigkeitskonstruktion erfasst. Eine weitere Differenzkategorie, der entgegen den subjektiven Darstellungen der Mitarbeiter:innen durchaus eine Alltagswirksamkeit zugeschrieben werden muss, ist in der Differenzierung zwischen Integrations- und Regelkindern zu sehen. Es zeigt sich hier, dass Integrationskinder eher über

Abhängigkeitskonstruktionen gefasst werden. Einschränkend muss allerdings angemerkt werden, dass dies nicht zu generalisieren ist, da es immer wieder Ausnahmen gibt. Diese Ausnahmen zeigen, dass es nicht ausschließlich der Status als Integrationskind ist, der über die Zuweisung einer Abhängigkeitskonstruktion entscheidet oder nicht, sondern vielmehr die Frage, inwiefern es einem Kind möglich ist, sich im Alltag der Einrichtungen selbstständig zu bewegen und sich selbstständig an vorgegebene Abläufe anzupassen. Die Zugehörigkeit zur Gruppe der jüngeren Kinder oder der Integrationskinder kann insofern durch ein erhöhtes Maß an Adaptionsfähigkeit und Selbstständigkeit kompensiert bzw. relativiert werden. Die Zuordnung ist keinesfalls manifest. Dies lässt sich letztlich als eine Form von gelebter Dekonstruktion der Differenzkategorie ‚Behinderung' verstehen.

F2.2 „Wie gestalten sich die subjektiven Perspektiven der Mitarbeiter:innen in Bezug auf Inklusion und Behinderung?"

Mit Blick auf die Frage nach der Konstruktion von Inklusion muss zunächst einmal festgehalten werden, dass auch Inklusion durch die Mitarbeiter:innen eine ambivalente Adressierung erfährt. So zeigte sich, dass Inklusion auf der einen Seite vielfach als konstitutiver Handlungsauftrag, scheinbar allgegenwärtige Größe des Alltags und immer wieder als persönliches Anliegen der Mitarbeiter:innen konstruiert wird. Dies geht darüber hinaus mit dem Ergebnis einher, wonach Inklusion durch die Mitarbeiter:innen ein moralischer Wert zugewiesen wird. Inklusion wird in jedem Interview ausschließlich als etwas Positives bzw. ‚Gutes' konstruiert. Es ist etwas, was nicht offen infrage gestellt werden kann bzw. darf. Dieser Form der Adressierung steht nun jedoch gegenüber, dass es in keinem der Interviews möglich war, ein in sich konsistentes Inklusionsverständnis herauszuarbeiten. Die Inklusionsverständnisse der Mitarbeiter:innen sind, so muss auf Grundlage der Interviewauswertung konstatiert werden, als unscharfe und zum Teil in sich widersprüchliche Konstrukte zu fassen. Es tritt an dieser Stelle erneut das Ergebnis zutage, wonach sich auf Seiten der Mitarbeiter:innen ein Theorie- und Reflexionsdefizit feststellen lässt – ein Theorie- und Reflexionsdefizit, welches für die Mitarbeiter:innen in ihrem alltäglichen Handeln und Selbstverständnis allerdings nicht zum subjektiv erfassten Problem wird. Die Auswertung zeigt auf, dass es für die Mitarbeiter:innen scheinbar problem- und konfliktlos möglich ist, einer Handlungspraxis nachzugehen, die sich dem eigenen Anspruch nach grundlegend auf Inklusion beruft, ohne über ein konsistentes bzw. klar abgestecktes Inklusionsverständnis zu verfügen. An dieser Stelle offenbart sich eine weitere Herausforderung: Da das Fehlen eines Inklusionsbegriffs nicht zum subjektiv empfundenen Problem wird, wird es auch nicht zum Ausgangspunkt der Nutzung von entsprechenden Fort- und Weiterbildungsangeboten, sodass es hier zu einer stetigen Reproduktion des Theoriedefizits kommt. Inklusion ist insofern einerseits omnipräsent, auf der anderen Seite aber auch scheinbar belanglos für den konkreten Alltagsvollzug der Mitarbeiter:innen. Es finden sich hier deutliche Überschneidungen zu den Ergebnissen, die bereits im Kontext der Konzeptanalyse diskutiert wurden.[60]

Wird der Blick auf die Frage nach den Perspektiven der Mitarbeiter:innen auf Behinderung gerichtet, kann konstatiert werden, dass in den Ergebnissen ein Behinderungsverständnis als vorherrschend erfasst wurde, welches Behinderung als subjektgebundene Eigenschaft und als manifeste Größe fasst. Behinderung wird durch die Mitarbeiter:innen insbesondere entlang medizinisch-naturwissenschaftlicher Definitionsansätze erfasst. Soziale Dimensionen von Behinderung, die Behinderung als eine Praxis des Behindert-Werdens fassen und den Blick von dem je konkreten Einzelsubjekt auf gesellschaftliche Strukturen und Praktiken richtet, werden durch die interviewten Mitarbeiter:innen nicht oder lediglich in Form sekundärer Einschränkungen erfasst. Relevant hervorzuheben ist allerdings, dass Behinderung zwar als manifeste Differenzkategorie des Alltags offengelegt wurde, damit aber nicht zwangsläufig eine alltagspraktische Problemkonstruktion verbunden war. Behinderung als manifeste Form der Andersartigkeit entfaltet für die Mitarbeiter:innen lediglich dann eine alltagspraktische Relevanz, wenn es den Kindern nicht möglich ist, die aus ihrer Behinderung resultierenden Einschränkungen selbst zu relativieren bzw. keine ‚besondernden' Handlungen im Alltag hervorzurufen. Es zeigt sich hieran das bereits oben hervorgehobene Ergebnis, wonach Behinderung zwar als manifeste Differenzkategorie gedacht wird, die Frage nach einem ‚angepassten' bzw. ‚unauffälligen' Verhalten allerdings zur entscheidenden Differenzkategorie des Alltags wird.

60 Siehe hierzu: Kapitel 9.

12. Empirische Phase IV: Beobachtungsprotokolle

Abbildung 25: Überblick Beobachtungen

F3: „Welche (pädagogischen) Handlungspraxen vollziehen sich in integrativen Kindertageseinrichtungen?“		
	F3.1 „Wie vollziehen sich welche (pädagogischen) Praxen zwischen den verschiedenen Akteur:innen?“	Beobachtungen
	F3.2 „Wie und wo vollziehen sich inklusive bzw. behindernde Praxen und wie werden die Themen ‚Inklusion‘ und ‚Behinderung‘ im Alltag verhandelt?“	

In diesem Kapitel wird der Fokus auf die Ebene der Interaktion und damit die Auswertung der Beobachtungsprotokolle gerichtet, die im Zuge des Projekts erhoben wurden. Bearbeitet wird damit die Fragegestellung F3 bzw. die beiden Unterfragestellungen F3.1 und F3.2. Auch in diesem Kapitel wird zunächst eine problemzentrierte Darstellung der Ergebnisse vorgenommen (Kapitel 12.1). Im Anschluss daran werden die Ergebnisse – unter Rückbezug auf die formulierten Forschungsfragen – zusammengefasst (Kapitel 12.2).

12.1 Problemzentrierte Ergebnisdarstellung der Beobachtungsauswertung

Ähnlich wie in der Auswertung der geführten Interviews zeigte sich, dass die identifizierten Ergebnisse nur in Einzelfällen einrichtungsspezifisch angelegt waren. In der Regel ließen sich die Ergebnisse in der Breite des Datensatzes finden und traten damit in der ein oder anderen Art und Weise in allen drei Einrichtungen in Erscheinung. Aus diesem Grund erfolgt die Ergebnisdarstellung auch an dieser Stelle nicht getrennt nach Einrichtungen, sondern wird unter zentralen Kernpunkten der Auswertung zusammengeführt. Strukturiert ist die Ergebnisdarstellung dabei ebenfalls entlang der Fragestellungen bzw. des formulierten Erkenntnisinteresses.

12.1.1 Ausgestaltung von (pädagogischen) Handlungspraxen zwischen den Akteur:innen

Abbildung 26: Bearbeitung Fragestellung F3.1

<table>
<tr><td colspan="3">F3: „Welche (pädagogischen) Handlungspraxen vollziehen sich in integrativen Kindertageseinrichtungen?"</td></tr>
<tr><td rowspan="2"></td><td>F3.1 „Wie vollziehen sich welche (pädagogischen) Praxen zwischen den verschiedenen Akteur:innen?"</td><td rowspan="2">Beobachtungen</td></tr>
<tr><td>F3.2 „Wie und wo vollziehen sich inklusive bzw. behindernde Praxen und wie werden die Themen ‚Inklusion' und ‚Behinderung' im Alltag verhandelt?"</td></tr>
</table>

Praxen der Aufsicht

Die Analyse der Beobachtungsprotokolle hat deutlich gemacht, dass Praxen der Aufsicht als eine der Haupttätigkeiten der Mitarbeiter:innen zu sehen ist.[61] Im Alltag der Einrichtungen stehen die Kinder unter steter Beobachtung. Beispielhaft hierfür der folgende Auszug aus einem der Beobachtungsprotokolle: „*K1 ruft den Namen von MA1. MA1, der bzw. die am anderen Ende des Raumes steht, zum Raum und dem Geschehen gewandt, sagt: ‚Ich bin hier, K1.' Mir fällt auf, dass MA1 sich seit meiner Ankunft noch nicht wegbewegt hat, aber scheinbar alles im Raum mitbekommt und im Blick hat. Er/ Sie wirkt wie ein Ruhepol, an dem sich die Kinder ausrichten. Die anderen zwei Erzieher:innen, MA2 und MA3, bewegen sich mehr im Raum, sprechen die Kinder direkt an oder nehmen sie auf den Schoß*" (B15, Z. 208–213). Mit ihrem Eintritt in die Einrichtungen am Morgen bewegen sich die Kinder konstant im Blickfeld der Mitarbeiter:innen, wobei Praxen der Aufsicht auch über die direkten Handlungen der Kinder hinausgehen: „*MA1 gibt schnüffelnde Laute von sich und fragt K1: ‚Hast du Kacka gemacht?' K1 verneint. Er/ Sie fragt nun K2, ob sie Kacka gemacht habe. Auch K2 verneint. MA1 nähert sich K1, der ein Püppchen im Puppenhaus hin und her bewegt, von oben, riecht an ihm und fragt: ‚Hast du vielleicht gepupst?' Auch das verneint K1. MA1 sagt: ‚Oder bist du noch nicht fertig?' K1 sagt nichts und guckt nur. MA1 wartet eine Minute, dann hebt er/ sie K1 hoch und riecht an seinem Hinterteil. Er/ Sie zieht K1 Leggings samt Windel etwas zur Seite und guckt von oben hinein. Dann konstatiert er/ sie: ‚Doch Kacka*'" (B26, Z. 243–249). Die Kinder verlassen das Aufsichtsfeld

61 An dieser Stelle offenbart sich bereits eine wesentliche Diskrepanz zu den Selbstkonstruktionen der Mitarbeiter:innen im Rahmen der Interviews: Während sich die Mitarbeiter:innen in den Interviews – wie in Kapitel 11.1.1 dargelegt – mal mehr mal weniger stark von kontrollierenden und regulierenden Handlungspraxen abzugrenzen suchen, zeigen die Beobachtungsprotokolle, dass beides als zentraler und geradezu omnipräsenter Bestandteil ihres Handelns zu sehen ist. Die in den Interviews beanspruchte Negierung von Führung und Zwang als Bestandteile pädagogischen Handelns lässt sich, ausgehend von den vielfältigen Einblicken, die die Beobachtungsprotokolle gewähren, nicht aufrechterhalten.

der Mitarbeiter:innen erst dann wieder, wenn sie von ihren Eltern abgeholt werden. Die Mitarbeiter:innen treten dabei – etwas überspitzt formuliert – in Sachen Aufsichts- und Kontrollpraxen in Komplizenschaft zu den Eltern, wobei sich gerade der wechselseitige Austausch zwischen beiden Seiten als relevant erweist, der in der Regel zu den Abhol- und Bringzeiten stattfindet: Beobachtungen werden ausgetauscht, wodurch der beaufsichtigende Blick, der auf den Kindern ruht, wechselseitig aktualisiert, ergänzt und geschärft wird. Die Mitarbeiter:innen vervollständigen die Kontroll- und Aufsichtspraxen der Eltern und umgekehrt. Beispielhaft hierfür sei der folgende Auszug angeführt: *„MA1 beobachtet K1 und fragt: ‚Juckt dich da was auf dem Rücken?'. K1 beugt sich vor und MA1 kratzt ihn am Rücken. ‚Wir müssen deiner Mama schreiben, dass dich etwas am Rücken juckt'"* (B20, Z. 170–173). Zwischen Eltern und Mitarbeiter:innen entsteht so ein dichtgewobenes Netz der Aufsicht, welches die Kinder eng umschließt. Hervorgerbacht wird damit auch auf handlungspraktischer Ebene eine Konstruktion der Kinder, die diese als aufsichts- und schutzbedürftig markiert. Es ist vor allem und an erster Stelle diese Konstruktion, die im Handeln der Mitarbeiter:innen handlungsleitend ist. Erleichtert – und zum Teil erst ermöglicht – wird dies zudem durch die verschiedenen Kontroll- und Aufsichtsmechanismen, die zum Beispiel auf räumlicher Ebene in die Einrichtungen integriert sind. Verwiesen sei hier auf die Ergebnisse der strukturanalytischen Auswertung in Kapitel 10.

Abschließend sei noch darauf eingegangen, dass Praxen der Aufsicht, die durch die Mitarbeiter:innen in den Einrichtungen ausgeführt werden, durch jene erweitert bzw. ergänzt werden, die durch die Kinder selbst erfolgen. In den Beobachtungsprotokollen konnten viele Szenen dokumentiert werden, in denen sich die Kinder gegenseitig beaufsichtigen und ihre jeweiligen Beobachtungen an die Mitarbeiter:innen rückbinden. In der Summe tragen die Kinder also unmittelbar selbst zum Entstehen und der Aufrechterhaltung der (scheinbar) lückenlosen Aufsicht bei.

Praxen der Regulierung

Praxen der Aufsicht gehen zwangsläufig mit Praxen der Regulierung einher (vgl. Trescher 2013, S. 280). Sehr gut kann dies am oben angeführten Beispiel der Windelkontrolle veranschaulicht werden. Ausgehend von der Omnipräsenz von Praxen der Aufsicht muss also festgehalten werden, dass auch regulative Handlungen durch die Mitarbeiter:innen als omnipräsent zu bezeichnen sind. In jedem einzelnen Beobachtungsprotokoll findet sich eine Vielzahl an Beispielen, in denen Mitarbeiter:innen regulierend in kindliches Handeln eingreifen. Exemplarisch sei der folgende Auszug angeführt: *„MA1 fordert K1 auf, weiter zu essen. MA2 sagt währenddessen zu K2, die neben MA1 sitzt, wenn sie fertig sei, könne sie ihren Teller wegräumen. […] Mir scheint es, dass die Kinder unruhiger werden. Ich höre vermehrt Aufforderungen der Erzieherinnen, dies oder jenes zu tun oder zu lassen"* (B31, Z. 79–89).

Mit Blick auf die Art und Weise, in der Regulierungen kindlichen Handelns erfolgen, lässt sich sagen, dass zwischen direkten und indirekten Regulierungsmaßnahmen zu unterscheiden ist. Die benannte Windelkontrolle wäre ein Beispiel für einen direkten regulativen Eingriff. Die Aufsichtspraxis Windelkontrolle und die hieran geknüpfte Feststellung ‚volle Windel' führt im weiteren Verlauf der Szene – und auch in allen anderen Situationen, die in diesem Zusammenhang beobachtet werden konnten – zur Ausführung der Regulierungspraxis ‚Windelwechsel'. Demgegenüber offenbaren sich indirekte Formen der Regulierung dann, wenn die Mitarbeiter:innen nicht unmittelbar selbst in das Handeln der Kinder eingreifen, sondern dies über Umwege geschieht. Dies ist beispielsweise dann der Fall, wenn Räume der Einrichtungen abgeschlossen oder Zugangsmöglichkeiten zu bestimmten Teilbereichen der Räume blockiert werden. Beispielhaft sei auf den folgenden Auszug verwiesen: *„MA1 fragt: ‚MA2, kannst du mit mir die Matte hochmachen?'. MA1 und MA2 laufen zu der blauen, dreieckigen Matratze am Fenster, jeder packt an einer Seite an und sie tragen sie zur Treppe, auf der sie sie ablegen, sodass sie den Aufgang zur Hochebene versperrt"* (B19, Z. 92–94).

Ausgehend von den vorangegangenen Darstellungen lässt sich veranschaulichen, dass zwischen Mitarbeiter:innen und Kindern eine Art vormundschaftliche Beziehung besteht, wobei den Mitarbeiter:innen eine besondere Wirkmächtigkeit auf die Kinder zuteilwird. Die Mitarbeiter:innen fungieren als zentrale Entscheidungsinstanzen im Alltag und haben wesentlichen Einfluss darauf, wie sich kindliches Handeln vollziehen kann. Die Beziehungspraxis ist durch eine Asymmetrie und ein einseitiges Abhängigkeitsverhältnis gekennzeichnet. Möchten die Kinder bestimmte Handlungen ausführen – zum Beispiel den Raum, in dem sich die Gruppe gerade befindet, verlassen – müssen sie zunächst die Erlaubnis der Mitarbeiter:innen einholen. Das Handeln der Mitarbeiter:innen determiniert die Spielräume der persönlichen Handlungsökonomie der Kinder und wird dabei zum Teil auch zur primären Gelingensbedingung kindlichen Handelns. Beispielhaft hierfür sei der folgende Auszug aus einem Beobachtungsprotokoll eingefügt: *„K1 versucht die Tür zur Hochebene zu öffnen. Da diese von innen verriegelt ist und sie sie nicht aufbekommt, klopft sie an die Tür und fragt: ‚Darf ich rein?'. Da K1 keine Antwort bekommen hat, versucht sie es nochmal lauter: ‚Darf ich rein?' und klopft heftiger an die Tür. […] Ich sehe, wie MA1 zur Tür der Hochebene geht, sie entriegelt und nach außen drückt, um sie zu öffnen. K1 macht einen Schritt zurück und MA1 öffnet die Tür so weit, dass K1 die Hochebene betreten kann"* (B2, Z. 666–675). Es muss klar hervorgehoben werden: Kindliches Handeln in den untersuchten Eirichtungen erweist sich immer als ein vorstrukturiertes, reglementiertes Handeln – dies auch dann, wenn es sich dem Anschein nach ‚frei' vollzieht (etwa im Rahmen des sogenannten „Freispiels"). Die Kinder handeln stets in speziell hierfür geschaffenen Räumen und zu festgelegten Zeitfenstern. Dabei können die je gewährten Spielräume persönlicher Handlungsökonomie von Kind zu Kind, von Mitarbeiter:in zu Mitarbeiter:in und von Programmpunkt zu Programmpunkt differieren.[62] Zum Beispiel wird den Kindern im Rahmen des Freispiels – im Vergleich zu den übrigen Programmpunkten des Alltags – durchaus ein höheres Maß an persönlicher Handlungsökonomie zuteil – jedenfalls in der Hinsicht, als sich direkte Interventionen durch die Mitarbeiter:innen hier seltener vollziehen. Beispielhaft der folgende Auszug: „*Die Kinder laufen allein oder in kleinen Gruppen auf dem Gelände hin und her, wobei sie sich manchmal kurz an einem Platz niederlassen, wobei sie mich kaum beachten. […] Da die Kinder ohne erkennbare Anleitung der Erzieher:innen über das ganze Gelände herumlaufen, kann ich mich auf keines von ihnen näher konzentrieren, ohne ihm zu folgen*“ (B45, Z. 93–101). Ähnlich die folgende Passage: „*Es ist nun sehr voll. Alle Erzieher:innen und alle Kinder befinden sich nun in dem Gruppenraum. Während alle Erzieher:innen nun gemeinsam an einem Tisch sitzen und sich unterhalten, beschäftigen die Kinder sich selbst*“ (B25, Z. 159–161). Ungeachtet dieser vergrößerten Spielräume persönlicher Handlungsökonomie sind die Kinder aber auch im Freispiel regulativen bzw. steuernden Eingriffen ausgesetzt. Dies beginnt bereits – wie schon in Kapitel 10 thematisiert – auf struktureller Ebene, handelt es sich beim Freispiel doch – wie bei allen anderen Programmpunkten des Alltags auch – um ein im Voraus strategisch geplantes Angebot. Das hierfür vorgesehene Zeitfenster ist abgesteckt und es vollzieht sich an einem eigens hierfür eingerichteten bzw. vorbereiten Raum. Während des Freispiels können die Kinder nur mit dem interagieren, was sie zum gegebenen Zeitpunkt dort vorfinden bzw. was dort explizit für sie und ihr Spiel platziert wurde. Es handelt sich hierbei um eine latentere Form der Einflussnahme und (Selbst-)Steuerung, die sich auf räumlicher Ebene vollzieht und keiner direkten Intervention der Mitarbeiter:innen (mehr) bedarf. Spielerische Aushandlungsformen der Kinder werden antizipiert und durch die Bereitstellung bestimmter (Spiel-)Gegenstände – sei es eine Schaukel, ein Spielzeugauto, eine Wippe oder ein Blumenbeet – gezielt befördert bzw. angestoßen. Das Freispiel der Kinder erfährt hierdurch eine strategische Rahmung und lässt sich als Ausdruck gouvernementaler Regierungspraxen[63] lesen (vgl. Schreiber 2020, S. 257). Greifbar wird hier die grundlegende Ambivalenz zwischen Führung und Gewährenlassen.[64]

Orientierungspunkte regulativer Eingriffe

Auf Grundlage der Beobachtungsprotokolle konnten einige Orientierungspunkte identifiziert werden, die sich als zentral für die Frage danach erweisen, wann Mitarbeiter:innen in kindliches Handeln eingreifen. Als relevant hat sich hierbei zum Beispiel der Faktor ‚Schutz‘ erwiesen. Regulative Eingriffe erfolgen vielfach dann, wenn eine Gefährdung der Kinder vermutet wird. Dies betrifft zum

62 Hierauf wird in den folgenden Unterpunkten ausführlicher eingegangen.

63 Siehe hierzu auch die Ausführungen in den Kapitel 2 und 3.

64 Verwiesen sei hier auf die grundlagentheoretischen Ausführungen in Kapitel 5.3.

Beispiel den Schutz der Kinder vor äußeren Umwelteinflüssen – zum Beispiel den Schutz vor der Sonne, in Form des regelmäßigen Auftragens von Sonnencreme, der Kontrolle des Tragens einer Kopfbedeckung oder die Regulierung der Flüssigkeitseinnahme. Letzteres zeigt sich beispielsweise im folgenden Auszug: „*MA1 wendet sich an K1 und sagt: ‚K1, ich hätte gerne, dass du jetzt was trinkst'. Er/ Sie greift nach einer Flasche auf dem Tisch und sagt: ‚Die Flasche ist voll, also trinkst du jetzt'. MA1 führt die Flasche zu K1 Mund, der sie ebenfalls festhält, und kippt sie so, dass K1 trinkt. Nach kurzer Zeit drückt K1 die Flasche von sich weg, woraufhin MA1 sagt: ‚Mehr. Es ist so heiß heute'. MA1 setzt K1 die Flasche wieder an den Mund*" (B44, Z. 191–195). Die schützende Funktion steuernder Eingriffe manifestiert sich zudem immer wieder dann, wenn die Gruppen die Einrichtungen verlassen und sich den Gefährdungen des Straßenverkehrs aussetzen. Beschriftete Warnwesten, neonfarbige Kopfbedeckungen, Vorgabe von bestimmten Laufarrangements (Laufen in Zweierreihen, ältere Kinder nehmen jüngere Kinder an die Hand, Vorgabe einer einheitlichen Laufgeschwindigkeit etc.) und die enge Begleitung durch die Mitarbeiter:innen können hier als Beispiele für Schutzmaßnahmen genannt werden. Weiterhin erfolgen regulative Eingriffe in kindliches Handeln immer dann, wenn Kinder auf aggressive Handlungen zurückgreifen – seien es aggressive Akte gegen sich selbst, andere Kinder oder die Mitarbeiter:innen. Auch im Kontext von Regulierungsmaßnahmen zeigt sich damit die Hoheit einer Konstruktion der Kinder, die diese als schutz- und aufsichtsbedürftige Wesen fasst. Eine Konstruktion der Kinder, die diese „als aktive, soziale, kompetente Akteure" (Brunner 2018, S. 201) markiert, ist dem klar nachgeordnet.

Mit Blick auf regulative Eingriffe erweist sich weiterhin die Alltagsstruktur bzw. der Tagesplan der jeweiligen Einrichtungen als relevant. Wie in Kapitel 10 bereits eingehend thematisiert, gibt dieser sehr detailliert vor, was zum jeweiligen Zeitpunkt in der Einrichtung passiert. Entlang dieser Vorgaben ist das Handeln der Mitarbeiter:innen immer wieder stark darauf ausgerichtet, die jeweils vorgesehen Programmpunkte zu begleiten und deren Durchführung sicherzustellen. Regulierungen kindlichen Handelns erfolgen insofern entlang der jeweiligen Programmpunkte des Alltags und der Einhaltung entsprechender Verhaltensstandards und Rituale. Hierzu zählt etwa, dass die Mitarbeiter:innen dafür Sorge tragen, dass die Kinder im Morgenkreis oder während des Bastelns sitzen bleiben und ein gewisser Geräuschpegel eingehalten wird oder bestimmte Räume zu bestimmten Zeiten eben nicht für die Kinder zugänglich sind. Beispielhaft der folgende Auszug: „*K1 ist sehr unruhig, wackelt auf seinem Platz umher. Er ruft etwas zu K2. MA1 sagt: ‚K1, hast du vergessen, dass wir leise sind, wenn wir hier sind? Gleich gehen wir raus, dann darfst du toben!'*" (B43, Z. 96–99).

Von besonderer Bedeutung ist nun, dass diese Orientierungspunkte eher als grobe Richtlinien zu sehen sind. Sie sind Teil des in Kapitel 11 adressierten latenten Konzepts, an dem sich die Mitarbeiter:innen in ihrem Handeln ausrichten. Auf die Frage allerdings, wann und wie je konkret regulative Eingriffe durch die

Mitarbeiter:innen erfolgen oder nicht, lässt sich keine einheitliche Antwort geben. Ausgehend von der Auswertung der Beobachtungsprotokolle findet stattdessen das Ergebnis Bestätigung, das ebenfalls bereits im Kontext der Interviewauswertung eingehend dargestellt und diskutiert wurde: Das pädagogische Handeln der Mitarbeiter:innen ist eher als ein ‚freies' Handeln zu begreifen. Hierauf wird im nächsten Unterpunkt ausführlicher eingegangen.

Pädagogisches Handeln als ‚freies' Handeln

Die Ergebnisse der Beobachtungsauswertung zeigen: Wann bzw. wie in kindliches Handeln eingegriffen wird oder nicht, ist eine Frage, die immer je situativ durch die betreffenden Mitarbeiter:innen ausgehandelt wird. Anhand der folgenden Szene aus einem der Beobachtungsprotokolle lässt sich dies veranschaulichen: „*K1 zieht, nach einigen Versuchen, die ausziehbare Treppe unter dem Wickeltisch hervor. Sie öffnet die Schubladen und schaut hinein. Sie legt die Puppe auf den Wickeltisch. Dann nimmt sie einen blauen Handschuh aus Plastik aus der Schublade und zieht ihn sich selbst über die rechte Hand. Daraufhin steigt sie auf die Treppe. Die Treppe wackelt etwas. K1 schaut etwas unsicher auf die Treppenstufen unter sich, steigt dann aber weiter hoch. MA1 kommt in den Raum und fragt: ‚K1, was machst du denn da?'. K1 steigt von der Treppe, dreht sich zu MA1, nimmt die Puppe in die Hand und sagt deutlich: ‚Bebi Windel machen'. MA1 fragt MA2, der/ die das Geschehen die ganze Zeit beobachtet hat, ob K1 das alleine gemacht hätte oder mit Hilfe. MA2 sagt, dass er/ sie K1 mal hat machen lassen und dass sie das alleine gemacht habe. MA1 und MA2 unterhalten sich nun darüber, dass das gar nicht so einfach sei, was K1 da gerade geschafft hat*" (B12, Z.438–448). Anhand des Auszugs wird abermals deutlich, dass das Handeln der Kinder im Rahmen der Einrichtung einer steten Aufsicht durch die Mitarbeiter:innen unterliegt. Auch wenn MA1 erst später hinzukommt und nur noch bedingt in das Handeln von K1 eingreifen kann, war MA2 bereits die gesamte Zeit zugegen und hatte K1 und dessen Handeln im Blick. Ebenfalls deutlich wird, dass mit der Aufsicht der Kinder immer eine Form der Bewertung einhergeht – und zwar eine Bewertung dahingehend, ob, ausgehend von der je konkreten Beobachtung, ein verhaltensregulierender Eingriff durch den bzw. die betreffende Mitarbeiter:in eingeleitet wird oder nicht. Im hiesigen Fall hat MA2 für sich die Entscheidung getroffen, K1 in ihrem Handeln nicht zu unterbrechen – weder verbal (zum Beispiel über eine Ermahnung, wie sie durch MA1 beim Betreten des Raumes erfolgt) noch durch eine direkte körperliche Intervention (zum Beispiel das Wegtragen vom Wickeltisch). MA2 hat sich stattdessen dafür entschieden, K1 gewähren zu lassen, was für K1 wiederum von großer Bedeutung war, denn hierdurch war es ihr möglich, die tendenziell defizitäre Wahrnehmung von MA1 und MA2 zu irritieren: Die Mitarbeiter:innen MA1 und MA2 sind verblüfft über das, was K1 – ein Kind mit Integrationsstatus – erreicht hat. In den Beobachtungen wurden noch viele ähnliche Szenen dokumentiert, in denen sich die Mitarbeiter:innen eben nicht dafür entschieden, die Kinder in ihrem Handeln gewähren zu lassen. Im Kontext dieser Aushandlungen offenbaren sich unterschiedliche normative Maßstäbe und Handlungsmotivationen der Mitarbeiter:innen – beispielweise hinsichtlich der Bewertung einer möglichen Gefährdungssituation, welche Sittlichkeitsnormen (etwa beim Essen) einzuhalten sind, wann welche Form von Nähe gewährt wird oder wann Kinder wie auf ein selbstständiges Handeln verwiesen werden oder ihnen dies abgenommen wird. Immer wieder zeigt sich, dass Mitarbeiter:innen auf ähnliche Situationen zum Teil sehr unterschiedlich reagieren, dabei nicht immer konsistent bleiben und mitunter gegensätzliche Motivationen bzw. Ziele zu realisieren versuchen. Aus einer Außenperspektive betrachtet wird hier oft die Frage nach dem Ziel des Handelns aufgeworfen: Was soll durch das Handeln der Mitarbeiter:innen erreicht bzw. was soll auf Seiten der Kinder hervorgebracht werden und wie kann dies gelingen? Nicht verkannt werden soll dabei freilich, dass Differenzen im Handeln der Mitarbeiter:innen – beispielsweise mit Blick auf eine ambivalente Adressierung der Kinder – zwangsläufig sind, lassen sich kindliche Bedürfnisse doch nicht pauschalisieren. Sie verändern sich je situativ und können sich von Kind zu Kind unterscheiden. Weiterhin können die Bedingungen einer je konkreten Situation dazu führen, dass bestimmte Handlungen, die unter anderen Umständen ggf. ausgeführt werden würden, nicht umsetzbar sind. Die Handlungspraxis der Mitarbeiter:innen muss zwangsläufig variabel sein, um ein kindgerechtes Handeln zu ermöglichen.

Scheitern pädagogischen Handelns

Die Auswertung der Beobachtungen hat immer wieder gezeigt, dass das Handeln der Mitarbeiter:innen durchaus auch scheitern[65] kann – was unter anderem, allerdings nicht immer, im Zusammenhang mit den angeschnittenen Inkonsistenzen gesehen werden kann. Inkonsistenzen des Handelns offenbarten sich zum Beispiel darin, dass die Mitarbeiter:innen in ein und derselben Situation mit ihrem Handeln unterschiedliche Ziele verfolgten oder auch darin, dass die einer pädagogischen Handlung inhärente Absicht mitunter nicht konsequent zu Ende verfolgt wurde, sodass die eingeleitete Intervention ihr Ziel nicht erfüllte. Beispielhaft hierfür kann etwa die folgende Szene herangezogen werden: *„K1 will nun auch Wasser trinken. Er sagt zu MA1, bei dem/ der der Wasserkrug steht: ‚Ich will auch Vielfraß!'. MA2 ermahnt daraufhin: ‚K1, sowas sagt man nicht!'. MA1 hingegen möchte die Aufforderung nochmal ‚in nett' von K1 hören. Dieser wiederholt allerdings: ‚Vielfraß, ich brauch das Wasser!'. MA1 sagt daraufhin: ‚Das kann man auch nett sagen! Mit dem magischen Wort bitte'. ‚Akrakadabra!' sagt K1 lachend. ‚Ich dachte da eher an: Kannst du mir bitte das Wasser geben?' bietet MA1 als Vorschlag an und reicht K1 den Wasserkrug*" (B10, Z. 327–333). In der Szene vollziehen sich zwei ‚Regelverstöße', die durch K1 ‚begangen' werden und

65 Zum Begriff des Scheiterns siehe: Kapitel 5.2.

die zumindest im Ansatz zum Ausgangspunkt verhaltensregulierender respektive erzieherischer Eingriffe der Mitarbeiter:innen werden. Einerseits betrifft dies die Verweigerung der Ehrerbietung von MA1, indem K1 MA1 nicht beim Namen, sondern mittels der Bezeichnung „*Vielfraß*" adressiert. Andererseits betrifft es die Weigerung, die gestellte Bitte nicht in der gewünschten Form vorgebracht zu haben. MA1 und MA2 reagieren zwar auf beide Verstöße, eine konsequente Aushandlung bleibt in beiden Fällen aber aus. K1 wird zwar darauf hingewiesen, dass er soeben gegen die Sittlichkeitsnorm hinsichtlich des höflichen Stellens einer Frage verstoßen hat, der Verstoß selbst bleibt allerdings folgenlos – auf eine strenge Einhaltung der Sittlichkeitsnorm wird verzichtet. MA1 und MA2 unterwandern damit zu einem gewissen Grad die eigene Zielsetzung, durch ihr Handeln Sittlichkeitsnormen zu vermitteln und auf den Wert der Einhaltung dergleichen hinzuweisen. Damit einhergehend wird ihr Handeln zu einem gewissen Grad inkonsistent und ist für die (anderen) Kinder ggf. nicht mehr nachvollziehbar, was wiederum einen möglichen Vertrauens- bzw. Autoritätsverlust mit sich bringt – in der hier konkreten Situation, aber auch darüber hinaus.

Eine ähnlich gelagerte Problematik findet sich in der folgenden Szene, in der der Weg einer Gruppe von der Einrichtung zu einem nahegelegenen Spielplatz dokumentiert wurde: „*MA1 sagt so laut, dass alle Kinder ihn bzw. sie hören, dass es nun losgeht. Die Gruppe setzt sich in Bewegung. Nach ca. zwei Minuten sehe ich, dass K1 auf dem Boden sitzt. Er hat sich hingesetzt. Der vordere Teil der Gruppe (ca. zwölf Kinder plus MA2 und MA3), setzt ihren Weg fort, bis MA2 sich umdreht und sie zum Stehen bringt. Alle Personen hinter K1 bleiben stehen. MA1 beugt sich zu K1 herunter und sagt in freundlichem Ton, dass er aufstehen soll, da er bzw. sie ihn sonst tragen müsse. Nach einer Minute steht K1 immer noch nicht. MA1 geht in die Knie und sagt, dass K1 bitte aufstehen solle, er wolle doch bestimmt auch zum Spielplatz. K1 macht keine Anstalten aufzustehen. Nach ein wenig mehr Zureden von MA1 und dem Angebot, er bzw. sie helfe ihm beim Aufstehen, zieht er bzw. sie ihn auf die Beine und die Gruppe setzt ihren Weg fort*" (B21, Z. 33–60). Durch seine Widerständigkeit gegen den geplanten Handlungsablauf behindert K1 den Ablauf und zwingt die Mitarbeiter:innen der Gruppe zur Reaktion, die, wie deutlich wird, vor allem darauf ausgerichtet ist, K1 zum Weiterlaufen zu bewegen. MA1 erprobt hierfür unterschiedliche Zugänge, wird im Zuge dessen jedoch inkonsistent in seinem bzw. ihrem Handeln: Er bzw. sie eröffnet K1, dass er, sollte er nicht aufstehen, getragen werde, womit diesem zumindest theoretisch ein Anreiz geboten wird, weiterhin sitzen zu bleiben. Zugleich verwehrt MA1 jedoch die Einlösung des unterbreiteten Angebots, womit die Lösung des bestehenden Handlungsproblems selbst be- bzw. verhindert wird. Von einer Außenperspektive betrachtet scheint es nicht unbedingt verwunderlich, dass K1 nicht aufsteht – schon allein deshalb, da er augenscheinlich ein Anliegen oder Problem hat, das allerdings nicht in den Blick genommen wird bzw. – etwa aufgrund eines möglichen Zeitdrucks – scheinbar nicht in den Blick genommen werden kann. Die

Krise von K1 bleibt also nicht nur ungeklärt, sondern MA1 riskiert durch die Inkonsistenz des eigenen Handelns auch einen Vertrauensverlust in der Beziehungspraxis zwischen ihm bzw. ihr und den Kindern, wird doch demonstriert, dass angekündigte Handlungen folgenlos bleiben.

Nuancen des Scheiterns pädagogischen Handelns zeigten sich – ähnlich wie im letztgenannten Beispiel – häufig dann, wenn die Belange einzelner Kinder (hier: von K1 und der Gruppe der übrigen Kinder) unmittelbar gegeneinander abgewogen werden mussten. Greifbar wird hier, dass pädagogisches Handeln geradezu zwangsläufig immer ein gewisses Scheitern bedeutet, da es aufgrund der Komplexität der Situationen, in denen gehandelt werden muss, und der Unterschiedlichkeit der Ansprüche, denen sich die handelnden Mitarbeiter:innen je situativ ausgesetzt sehen, nie vollends möglich ist, allen Belangen immer und im gleichen Maße gerecht zu werden. Pädagogisch zu handeln, heißt, dass in komplexen und ambivalenten Situationen krisenhafte Entscheidungen getroffen werden müssen und dabei womöglich auch – wie im letztgenannten Beispiel – in Kauf genommen werden muss, dass pädagogische Aushandlungspraxen nicht in der gewünschten Art und Weise gelingen. Ein Scheitern pädagogischen Handelns ist hier also nicht als Ausdruck eines persönlichen Versagens der MA zu sehen, sondern es ist fester Bestandteil einer Handlungspraxis, die sich im Spannungsfeld von Entscheidungszwang und Nicht-Verfügbarkeit über den Verlauf und Ausgang einer Handlung vollzieht.

Pädagogisches Handeln als organisationales Handeln

Es wurde dargelegt, dass das Handeln der Kinder im Alltag der Einrichtungen einer engen Aufsicht und Regulierung durch die Mitarbeiter:innen unterliegt und daher stets als gerahmtes Handeln zu sehen ist. Ergänzend hierzu kann auf Grundlage der Beobachtungen festgehalten werden, dass auch das Handeln der Mitarbeiter:innen in mehrerlei Hinsicht regulativen Einflüssen ausgesetzt ist und sich damit in einem ambivalenten Verhältnis von Selbst- und Fremdbestimmung vollzieht. Hierzu zählt zum Beispiel die Rahmung ihres Handelns durch die Alltagsstruktur der jeweiligen Einrichtungen. Die Auswertung der Beobachtungsprotokolle hat deutlich gemacht, dass die Alltagsstruktur als eine der primären handlungsleitenden Größen im Alltag zu sehen ist. An dieser Stelle bestätigen sich somit die entsprechenden Ergebnisse aus der Interviewauswertung. Die vorgegebene Struktur des Alltags wird in allen Beobachtungsprotokollen gewahrt und drohende Abweichungen werden – wie in den nächsten Unterpunkten ausführlicher aufgegriffen wird – durch die Mitarbeiter:innen als krisenhaft erlebt. Spontane Handlungs- und Planungsräume der Mitarbeiter:innen gibt es in der Konsequenz nur selten bzw. in beschränkter Form. Planungsgespräche zwischen den Mitarbeiter:innen fallen eher kurz aus und finden oftmals am jeweiligen Morgen oder zwischen den einzelnen Programmpunkten des Tages statt. Beispielhaft hierfür sei der folgende Auszug angeführt:

„Weitere Mitarbeiter:innen betreten den Raum, es findet eine kurze Besprechung statt, welche Kinder schlafen, welche geweckt werden und wie die Gruppen am Nachmittag aufgeteilt werden“ (B28, Z. 69–71). Auch die hiesige Szene gibt einen entsprechenden Einblick: *„Während des Frühstücks sitzen noch vier der Mitarbeiter:innen an einem Tisch und besprechen Dienste und Pausen für den Tag“* (B25, Z. 169–170). Aber auch innerhalb der einzelnen Programmpunkte des Alltags bleibt die Flexibilität und Gestaltungsfreiheit der Mitarbeiter:innen beschränkt, verlaufen diese ihrerseits doch mitunter stark ritualisiert bzw. nach einem festen Ablaufmuster. Festzuhalten ist allerdings, dass sich die manifeste Alltagsstruktur der Einrichtungen nicht nur einseitig als einschränkendes Moment pädagogischen Handelns reflektieren lässt. Die Beobachtungen machen deutlich, dass ihr eine ambivalente Wirkmächtigkeit zuzuschreiben ist, denn sie ist es, die den Alltag für alle involvierten Personengruppen – Mitarbeiter:innen und Kinder – nachvollziehbar werden lässt. Der Tagesplan bietet sowohl Mitarbeiter:innen als auch Kindern einen Orientierungsrahmen und damit eine gewisse Vorhersehbarkeit und Handlungssicherheit.[66]

Orientierung am Ablaufplan vs. Orientierung am Kind

Die starke Orientierung der Mitarbeiter:innen am Ablaufplan hat unweigerlich zur Folge, dass der Alltag nur bedingt entlang der je situativen Belange der Kinder angepasst bzw. verändert werden kann. Veranschaulichen lässt sich diese Herausforderung unter anderem anhand der folgenden Beobachtung: *„MA1 fragt die drei Kinder auf der Hochebene, ob sie nicht auch etwas basteln wollen. K1 und K2 bejahen. K3 möchte lieber etwas später basteln. MA1 erwidert hierauf: ‚Später geht nicht, entweder jetzt oder nächste Woche‘“* (B9, Z. 99–107). Deutlich wird hier, dass die Kinder zwar prinzipiell ‚frei‘ in der Entscheidung sind, im konkreten Moment an der durch MA1 offerierten Bastelaktivität teilzunehmen, es ist ihnen aber nicht möglich, zu einem späteren Zeitpunkt hierauf zurückzukommen. Der Aktivität ‚Basteln‘ wird hier ein klar abgegrenztes Zeitfenster (*„jetzt oder nächste Woche“*) zugewiesen, die sowohl für die Mitarbeiter:innen als auch die Kinder – zumindest in praktischer Hinsicht – manifest sind bzw. manifest bleiben. Es zeigt sich an dieser Stelle ein eher technisiertes bzw. bürokratisiertes Handeln, welches durch die Hoheit der Alltagsstruktur Einzug in das Handeln der Mitarbeiter:innen findet. Eine ähnlich gelagerte Herausforderung offenbart sich in der folgenden Szene, in der die Kinder – im Anschluss an das Mittagessen – der Reihe nach gewickelt werden, bevor sie am Freispiel teilnehmen dürfen: *„K1 möchte wieder ins Bad. MA1 sagt zu ihr, sie müsse noch warten, bis Platz im Bad sei. Er bzw. sie fährt fort und sagt, dass sie sich bis dahin neben K2 auf den Boden neben der Tür zum Badezimmer setzen und dort warten könne, bis sie an*

66 Siehe hierzu unter anderem auch die Ausführungen in Kapitel 10.

der Reihe ist. […] Nun kommt K3 aus dem Bad. Er bleibt kurz in der Tür stehen. Ich höre MA1 rufen: ‚Du bist schon fertig und kannst schon spielen!'" (B31, Z. 119–130). Der Auszug veranschaulicht, wie sich technisierte Handlungsformen in das Handlungsrepertoire der Mitarbeiter:innen einfügen. Der Plan der Einrichtung gibt vor, dass die Kinder nach dem Essen zu wickeln sind, was im hiesigen Fall darin mündet, dass die Kinder der Reihe nach neben das Badezimmer gesetzt und dann gemäß einer Sachlogik der Reihe nach ‚fertig gemacht' werden. Im physischen Anordnen der Kinder in einer Art ‚Warteschlange' wird die in dieser Szene wirkende Strukturhoheit deutlich.

Während die obigen Beispiele exemplarisch für eine gewisse bürokratische Überformung pädagogischen Handelns gesehen werden können, verdeutlicht das nachfolgende Beispiel, dass die Handlungsorientierung am vorgegebenen Tagesplan der Einrichtungen mitunter auch zum konkreten handlungspraktischen Problem der Mitarbeiter:innen und Kinder werden kann. Aufgegriffen werden kann hierfür erneut der Auszug, der im Unterpunkt „Scheitern pädagogischen Handelns" bereits angeführt und diskutiert thematisiert wurde: *„MA1 sagt so laut, dass alle Kinder ihn bzw. sie hören, dass es nun losgeht. Die Gruppe setzt sich in Bewegung. Nach ca. zwei Minuten sehe ich, dass K1 auf dem Boden sitzt. Er hat sich hingesetzt. Der vordere Teil der Gruppe (ca. zwölf Kinder plus MA2 und MA3), setzt ihren Weg fort, bis MA2 sich umdreht und sie zum Stehen bringt. Alle Personen hinter K1 bleiben stehen. MA1 beugt sich zu K1 herunter und sagt in freundlichem Ton, dass er aufstehen soll, da er bzw. sie ihn sonst tragen müsse. Nach einer Minute steht K1 immer noch nicht. MA1 geht in die Knie und sagt, dass K1 bitte aufstehen solle, er wolle doch bestimmt auch zum Spielplatz. K1 macht keine Anstalten aufzustehen. Nach ein wenig mehr Zureden von MA1 und dem Angebot, er bzw. sie helfe ihm beim Aufstehen, zieht er bzw. sie ihn auf die Beine und die Gruppe setzt ihren Weg fort*" (B21, Z. 33–60). Anhand des dokumentierten Weges von der Einrichtung zum nahegelegenen Spielplatz zeigt sich, wie gerade unvorhergesehene Ereignisse angesichts einer eher starren Tagesstruktur zur Herausforderung werden können. Die Weigerung von K1, weiterzulaufen, wird zur Bedrohung des Ablaufplans und konfrontiert insbesondere MA1 mit einem Problem: MA1 muss, um den Ablaufplan zu wahren und zu keiner Störung der anschließenden Programmpunkte zu führen (Rückweg zur Einrichtung, Einhalten der Vereinbarung mit Eltern usw.), K1 zur Kooperation und damit zum Weiterlaufen bringen. Die Umsetzung des Tagesordnungspunkts erzeugt hier einen Zeit- und Handlungsdruck auf Seiten von MA1 und führt dazu, dass er bzw. sie sich nicht bzw. nicht eingehend mit K1 bzw. dessen Anliegen beschäftigen kann. Es ist schlicht nicht der Raum bzw. die Zeit gegeben, die Handlungsmotive von K1 zu er- bzw. bearbeiten, was – wie an späterer Stelle ausführlicher aufgegriffen wird – letztlich noch in einer weiteren Hinsicht zum Problem wird.

Ambivalenz von Nähe und Distanz

Die Ergebnisse zeigen immer wieder, dass sich die – für pädagogisches Handeln konstitutive – Ambivalenz von Nähe und Distanz[67] im hier untersuchten Handlungsfeld sehr deutlich niederschlägt (vgl. Rohrmann/Wanzeck-Sielert 2018, S. 124) – beispielsweise dadurch, dass durch das Handeln der Mitarbeiter:innen eine besonders ausgeprägte (körperliche) Nähe hergestellt wird. Hierzu zählen pflegerische Handlungen (zum Beispiel das Wickeln der Kinder), aber auch andere Formen körperlicher Nähe, wie das Umhertragen von Kindern auf dem Arm, das Heben von Kindern auf den Schoß oder zärtliche Gesten, wie zum Beispiel das Streicheln über den Kopf oder den Rücken. In den Beobachtungsprotokollen offenbart sich ein sehr vertrauter und liebevoller Umgang zwischen den Mitarbeiter:innen und Kindern. Beispielhaft etwa der folgende Auszug: „*K1 lächelt MA1 an, der bzw. die links neben ihr auf einem Stuhl sitzt. MA1 erwidert das Lächeln und beobachtet K1. […] MA1 zwickt K1 lächelnd in die Taille. Diese wendet sich daraufhin zu MA1, fällt ihm bzw. ihr um den Hals […]. Man merkt, dass K1 körperliche Nähe sucht. MA1 wirkt auch nicht überrascht oder irritiert, wenn das Mädchen den engen körperlichen Kontakt zu ihm bzw. ihr sucht, sondern die körperliche Nähe wird selbstverständlich eingefordert und selbstverständlich gegeben*“ (B4, Z. 78–87). Ähnlich die Szene im hiesigen Auszug: „*K1 betritt den Raum und lehnt sich an MA1, der bzw. die am Eingang steht. MA1 lächelt K1 zu und streichelt ihr mit der Hand über den Rücken*“ (B9, Z. 144–145). Immer wieder zeigen die Beobachtungsprotokolle, dass die Mitarbeiter:innen im Alltag der Einrichtungen als enge Vertrauens- und Bezugspersonen der Kinder agieren und wertschätzend auf die Kinder und deren Handeln eingehen. Beispielhaft der folgende Auszug: „*K1 ruft nach MA1, er bzw. sie solle sich mal ansehen, wie schnell K1 rennen könne. MA1 schaut aufmerksam zu und lobt K1 mit der Beschreibung, es sei so schnell wie der Blitz. Andere Kinder beginnen mit derselben Bitte umherzurennen und MA1 lässt sich für jedes Kind eine neue Beschreibung einfallen*“ (B49, Z. 56–59). Vielfach werden die Mitarbeiter:innen dabei in eine Rolle versetzt, die strukturell der einer Elternrolle ähnelt. Es kommt hier zu einer verstärkten Überlappung von diffusen und spezifischen Beziehungsanteilen[68], die für die Mitarbeiter:innen durchaus zur Herausforderung werden kann, geht hiermit doch ein Rollenkonflikt einher, aus dem ambivalente Beziehungsansprüche erwachsen können. Den Mitarbeiter:innen wird zumindest teilweise das Ausagieren einer Rolle abverlangt, die sie lebenspraktisch nicht bzw. nur eingeschränkt ausfüllen können und es obliegt ihnen, die an sie gerichteten sowie die ggf. an sich selbst gerichteten Rollenerwartungen auszutarieren. Die verstärkte Implementierung diffuser Beziehungselemente kann dazu führen, die für ein professionelles Handeln erforderliche Distanz zu verlieren. Eine Schwerpunktsetzung

67 Siehe hierzu die Ausführungen in Kapitel 5.

68 Auch an dieser Stelle auf die theoretische Hinführung in Kapitel 5.2 verwiesen.

der Mitarbeiter:innen auf eine spezifische Beziehungspraxis wiederum wirft die Problematik auf, dass ein rein dienstleistungsbezogenes Betreuungsarrangement nicht die erforderliche emotionale Nähe und Fürsorge zulässt, die Kinder – so geht aus den Beobachtungsprotokollen hervor – immer wieder auch aktiv einfordern. Nicht zu verkennen ist hier zudem, dass es gerade jene emotionale Nähe ist, die Vertrauen schafft und den Kindern ein Gefühl von Sicherheit vermittelt. Es handelt sich um ein ambivalentes Konfliktfeld, welches durch die jeweiligen Mitarbeiter:innen selbst auszuhandeln ist und – wie bereits verschiedenfach aufgegriffen – auch je individuell ausgehandelt wird. Aufgeworfen werden damit grundlegende Fragen des Handlungsfelds: Wie viel Nähe zu den Kindern kann zugelassen werden und welche Form von Distanz ist nötig, um professionell handlungsfähig zu bleiben? In diesem Zusammenhang werden abermals Fragen nach dem professionellen Selbstverständnis und dem Ziel des pädagogischen Handelns aufgeworfen: Inwiefern machen sich die Mitarbeiter:innen selbst und ihre Bedürfnisse zum Teil des Feldes und was soll durch das eigene Handeln bewirkt bzw. auf Seiten der Kinder hervorgebracht werden? Betreuungspraxen, die durch hohes Maß an körperlicher Nähe geprägt sind und die die Kinder immer wieder als Kleinkinder adressieren, führen schlussendlich mit dazu, die Kinder als solche hervorzubringen.

Kindliche Aneignung von Raum

In den bisherigen Punkten der Ergebnisdarstellung wurde schwerpunktmäßig thematisiert, dass die Kinder durch verschiedene Einflüsse erfasst werden, die ihr Handeln rahmen und (an-)leiten – einerseits durch das direkte Handeln der Mitarbeiter:innen, andererseits aber auch durch strukturelle Elemente, wie zum Beispiel die manifesten Alltagsabläufe oder die räumlich-strukturelle Gestaltung der Räumlichkeiten.[69] Im hiesigen Unterpunkt wird nun das Ergebnis in den Blick genommen, wonach sich in den Analysen immer wieder zeigte, dass es die Kinder durchaus auch schaffen, sich jenen steuernden Einflüssen zu entziehen. Veranschaulichen lässt sich dies zum Beispiel im Kontext der kindlichen Aneignung und Hervorbringung von Raum.[70] In Kapitel 10 wurde noch gezeigt, dass sich Kinder in vorstrukturierten Räumen bewegen, die insofern eine steuernde Wirkmächtigkeit entfalten, als sie bestimmte kindliche Verhaltensweisen begünstigen und andere be- bzw. verhindern. In den Beobachtungen wurden allerdings viele Szenen dokumentiert, in denen die Kinder die dargebotenen räumlichen Arrangements umdeuten. Veranschaulichen lässt sich dies etwa anhand des folgenden Auszugs: „*K1 schaut mich nur kurz an, ich lächle ihm zu, ohne etwas zu sagen, und er geht mit seinem ‚Einkauf' zurück ins Spielhaus. Nach nicht einmal einer Minute*

69 Siehe hierzu auch Kapitel 10.

70 Zur Aneignung und Hervorbringung von Raum siehe: Löw 2012; Trescher 2018a, S. 43; Trescher/Hauck 2019.

kommt er wieder heraus und sagt: ‚Ich gehe jetzt ans Meer, ich will schwimmen.‘ Mit diesen Worten stürzt er sich auf eine große dicke blaue Gummimatte, die sich unter der Fensterfront befindet“ (B26, Z. 79–86). Mithilfe ihrer Fantasie kreieren Kinder im Alltag vielfach fiktive Räume und lösen sich im Zuge dessen von den ‚Vorgaben‘, die gemacht werden. Mit dem, was sie vorfinden, erschaffen sie eigene Welten und erfinden hierbei auch die eigene Rolle sowie die hieran geknüpfte Handlungsmächtigkeit immer wieder neu. Diesem Moment der Loslösung, in dem (ggf.) im Vorfeld durch professionelle Seite antizipierte Aushandlungsformen transzendiert werden, wohnt ein Moment der Widerständigkeit inne. Kinder arbeiten mit dem, was sie haben, und machen sich die Welt, in der sie sich im Alltag bewegen, zu eigen. In einer Beobachtung konnte darüber hinaus eine Szene beobachtet werden, die zeigt, dass die Kinder mitunter auch nicht davor zurückschrecken, ‚ihren Raum‘ zu verteidigen. So heißt es dort: „*Rechts von mir ruft K1: ‚Hey du blöde Frau, verschwinde!‘, was mich erschreckt, da ich mich frage, ob ich gemeint bin. K2, die mit dem Rücken zu mir sitzt, fragt an K1 gerichtet: ‚Wer?‘. Dieser antwortet: ‚Die blöde Frau, die da immer sitzt‘. K3, den ich auf etwa 4 Jahre schätzen würde, wirft nun ein kleines Stück Holz in meine Richtung, das aber ungefähr fünf Meter von mir entfernt auf dem Boden landet*“ (B44, Z. 147–151). Anhand des Beispiels lässt sich veranschaulichen, dass sich die Kinder die Einrichtung als ihr Territorium angeeignet haben. Sie differenzieren klar zwischen jenen Personen, die dazu gehören und routinemäßig Teil des räumlichen Arrangements sind, und jenen, für die dies nicht gilt. Die verbale Konfrontation der beobachtenden Person sowie der Wurf des Holzstücks stellen eine klare Zurecht- und Zurückweisung dar.

Kinder als Ko-Konstrukteure des Alltags

Die im vorangegangenen Unterpunkt adressierte Aneignung und Hervorbringung von Raum kann als Ausdruck der Handlungsfähigkeit der Kinder gewertet werden. Sie unterstreicht, dass die Kinder als wirk- und handlungsmächtige Akteur:innen des Alltags und keinesfalls als bloße Objekte eines planenden pädagogischen Handelns zu betrachten sind. Gemeinsam mit den Mitarbeiter:innen bringen sie – in Auseinandersetzung mit den ihnen dargebotenen strukturellen Gegebenheiten – eigene räumliche Arrangements und generell den Alltag der Einrichtungen hervor. Die Ergebnisse zeigen darüber hinaus, dass die Kinder letztlich auch unmittelbar in die Art und Weise eingebunden sind, in der pädagogisches Handeln hervorgebracht wird. Auch hier zeigt sich die Wirkmächtigkeit ihres Handelns. Unter Rückbezug auf die weiter oben thematisierte Ambivalenz zwischen Nähe und Distanz und die dortigen Auszüge aus den Beobachtungsprotokollen lässt sich dies sehr gut veranschaulichen. Nicht selten sind es die Kinder, die die körperliche Nähe zu den Mitarbeiter:innen suchen bzw. entsprechende Handlungen durch die Mitarbeiter:innen initiieren und damit einhergehend bestimmte Aushandlungspraxen pädagogischen Handelns hervorbringen. Veranschaulichen lässt sich hier dann auch, dass sie selbst ganz wesentlichen Einfluss darauf haben, welche Subjektpositionen ihnen im Alltag zugewiesen werden. Fordern sie beispielsweise – mal direkt, mal indirekt – verstärkt fürsorgliche Handlungen der Mitarbeiter:innen ein, reproduzieren sie hierdurch entsprechende Konstruktionen von Kindheit. Pädagogisches Handeln tritt insofern nicht als etwas in Erscheinung, was einzig und allein durch die Mitarbeiter:innen oder die rahmende Einrichtung geprägt wird, sondern als etwas, was zwangsläufig auch durch die Handlungen der Adressat:innen des Handelns mit hervorgebracht wird. Es spiegelt sich hierin das in Kapitel 5 thematisierte Charakteristikum pädagogischen Handelns wider, wonach es sich nicht um ein Handeln mit unilateraler Wirkmächtigkeit handelt – klassisch etwa das Einwirken des Erziehers auf den Zögling. Pädagogisches Handeln – entlang des hier vertretenen Ansatzes – beschreibt vielmehr ein reziprokes Handeln. Trotz asymmetrischer Positionierung wirken beide Statusgruppen in die Aushandlung der Beziehungspraxis hinein und werden durch diese beeinflusst (vgl. Kaul 2018, S. 43).

Abschließend sei angemerkt, dass sich die Wirkmächtigkeit des Handelns von Kindern auch daran aufzeigen lässt, dass es nicht selten ihr Handeln ist, welches ganz wesentlich mit darüber bestimmt, ob und, falls ja, wie sich Praxen des Ein- und Ausschlusses vollziehen. Dies wird im Rahmen des nachfolgenden Unterkapitels immer wieder herausgearbeitet und anhand verschiedener Beispiele exemplifiziert.

12.1.2 Von inklusiven und behindernden Praxen

Abbildung 27: Bearbeitung Fragestellung F3.2

F3: „Welche (pädagogischen) Handlungspraxen vollziehen sich in integrativen Kindertageseinrichtungen?"		
	F3.1 „Wie vollziehen sich welche (pädagogischen) Praxen zwischen den verschiedenen Akteur:innen?"	Beobachtungen
	F3.2 „Wie und wo vollziehen sich inklusive bzw. behindernde Praxen und wie werden die Themen ‚Inklusion' und ‚Behinderung' im Alltag verhandelt?"	

Engere Begleitung und Regulierung

Im vorangegangenen Kapitel wurde dargelegt, dass Praxen der Aufsicht und Regulierung als Kernbestandteile der untersuchten pädagogischen Handlungspraxis zu sehen sind. Hiervon ausgehend kann nun das weiterführende Ergebnis angeführt werden, wonach es im ausgewerteten Material gerade die sogenannte „Integrationskinder" sind, die im Alltag der Einrichtungen in besonderem Maße durch jene Aufsichts- und Regulierungspraxen erfasst werden (vgl. Trescher 2018c, 180ff; Trescher/Hauck 2015, S. 494). Dies gilt dann ebenso für die Konstruktion der betreffenden Kinder als schutz- und aufsichtsbedürftig. Die

Beobachtungsprotokolle bestätigen die Ergebnisse der Interviewauswertung, wonach nicht alle Kinder in gleichem Maße von Aufsichts- und Regulierungspraxen erfasst werden. Spielräume persönlicher Handlungsökonomie der Kinder sind zwar stets zu einem gewissen Grad beschränkt, das Ausmaß der Begrenzung differiert allerdings von Kind zu Kind.

Lebenspraktisch zeigt sich das verstärkte Ausmaß von Aufsichts- und Regulierungspraxen in Bezug auf die Integrationskinder darin, dass sie häufig enger begleitet werden. Exemplarisch veranschaulichen lässt sich dies anhand des folgenden Auszugs, in dem ein Ausflug einer Gruppe zu einem nahegelegenen Spielplatz beobachtet wurde: „*Die Gruppe steht nun draußen vor der Einrichtung. MA1 hat K1 an der Hand. […] MA2 schiebt einen Kinderwagen, mit zwei nebeneinander positionierten Sitzmöglichkeiten in die Reihe, welche die Kinder, mit Hilfe von Anweisungen aller Betreuerinnen, zu formen beginnen. In diesem Kinderwagen sitzen zwei Kinder, K2, aufgrund des runden Gesichts und der markanten Augenform schließe ich auf das Down-Syndrom, und K3*“ (B21, Z. 23–27). Bei K1, K2 und K3 handelt es sich jeweils um – für den bzw. die Beobachter:in als solche identifizierbare – Integrationskinder der Gruppe. Während sich die übrigen Kinder jeweils in Zweierreihen aufstellen und ein anderes Kind an der Hand haben, besteht für K1, K2 und K3 durch das Führen an der Hand eines: einer Mitarbeiter:in sowie das Zusammensetzen in einen Kinderwagen, welcher seinerseits durch eine:n Mitarbeiter:in geschoben wird, eine engere Begleitung und Aufsicht durch die Mitarbeiter:innen. Die engere Begleitung der Integrationskinder, die hier deutlich wird, ist dabei nicht nur zeitlich auf die Bewältigung des Weges von der Einrichtung zum Spielplatz beschränkt, sondern setzt sich auch nach der Ankunft an dem Spielplatz weiter fort. Dies kann sehr gut an der unten eingefügten Abbildung veranschaulicht werden, die auf Grundlage des weiteren Verlaufs der Beobachtung erstellt wurde.

Abbildung 28: Beobachtungsskizze Spielplatz

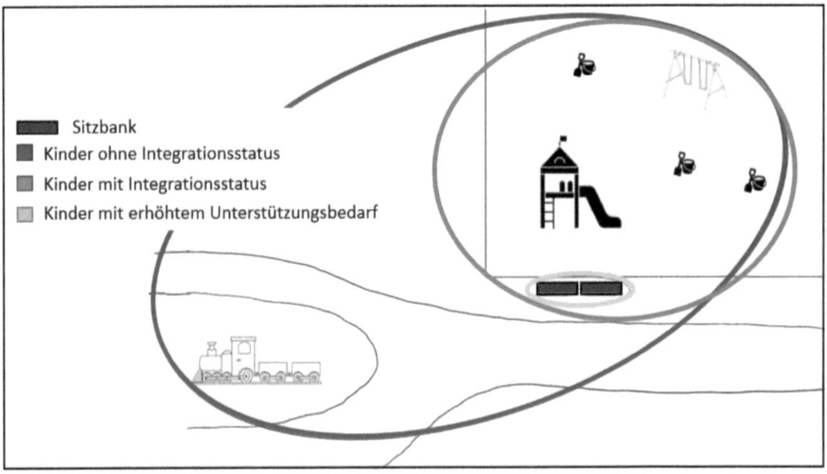

Die Skizze fasst die Aktionsradien der Kinder zusammen, die entstanden sind, nachdem die Gruppe auf dem Spielplatz angekommen ist. Dort bildlich dargestellt ist das Ergebnis der Analyse, wonach sich für die Kinder unterschiedlich weit gefasste Aktionsradien und – damit einhergehend – unterschiedliche Grade der Aufsicht und Regulierung ergeben. In diesem Sinne beläuft sich der Aktionsradius der Kinder, die für die beobachtende Person klar als Kinder mit Integrationsstatus erkennbar gewesen sind (orangener und grüner Aktionsradius), auf einen – im Vergleich zu den übrigen Kindern (blauer Aktionsradius) deutlich enger gefassten Rahmen. Sehr deutlich zeigt sich dabei auch die Differenz zwischen Kindern mit erhöhtem (orangener Radius) und vergleichsweise geringerem (grüner Radius) Unterstützungsbedarf. Der Bewegungsradius Ersterer beschränkt sich mehr oder weniger auf das unmittelbare Umfeld der Bänke, die wiederum den primären Rückzugspunkt der Mitarbeiter:innen darstellen (hier sind über den gesamten Beobachtungszeitraum Mitarbeiter:innen zugegen) und damit auch als zentrale Anlaufstelle der Kinder fungieren. Die oben benannten Kinder K1 und K3 sitzen über den gesamten Beobachtungszeitraum auf bzw. neben der Bank – und damit in unmittelbarer Nähe der dortigen Mitarbeiter:innen. Eine Interaktion der beiden Kinder mit den übrigen Kindern wurde im Rahmen der hiesigen Beobachtung nicht dokumentiert. Für drei andere Integrationskinder erweitert sich der Aktionsradius zwar auf den Sandkasten, der sich direkt im Sichtfeld der Bänke befindet, jedoch nicht auf die Eisenbahn und die umliegenden Bereiche des Spielplatzes, welche sich im Rücken der Bänke befinden und die zumindest im dokumentierten Beobachtungszeitraum mitunter intensiv von den übrigen Kindern genutzt werden. Die beschränkteren Aktionsradien gehen zwangsläufig mit einer engeren Form der Aufsicht und – zwangsläufig damit einhergehend – regulierenden Praxen einher. Innerhalb des Protokolls wird zudem deutlich, dass es sich bei dem Aktionsradius der Integrationskinder weniger um einen von den betreffenden Kindern (direkt) selbst gewählten handelt, sondern vielmehr um einen, der ihnen (auch) durch das Handeln der Mitarbeiter:innen zugewiesen wird. Erkennbar wird dies insbesondere in jenen Passagen, in denen einzelne Kinder mit Integrationsstatus ‚ihren Radius' verlassen und in der Folge wieder in diesen zurückgeführt werden. Konkret heißt das, dass es einzelnen Kindern möglich ist, den gesamten Handlungsrahmen des Spielplatzes zu nutzen, anderen hingegen nicht. Die Begrenzung des Aktionsradius geht dabei nicht nur mit einer Begrenzung des Erfahrungsraums einher, sondern zugleich – dies zeigt sich zum Beispiel anhand des zu Beginn dargestellten Auszugs mit dem Kinderwagen – einer offenen Markierung der betreffenden Kinder als besonders regulierungs- und schutzbedürftig. Die verstärkte Erfassung von Integrationskindern durch Praxen der Aufsicht und Regulierung kann insofern als eine „ungleichheitsrelevante Positionierungspraktik" (Machold/Diehm 2017, S. 316) gesehen werden. Es ist eine ‚Praxis der Besonderung', die dazu führt, Andersartigkeit im Einrichtungsalltag hervorzubringen, was etwa mit Blick auf das sich entwickelnde Selbstverständnis der Kinder oder sich vollziehende Vergemeinschaftungspraxen zwischen den Kindern zur Herausforderung werden kann. Greifbar wird hier jedoch auch das Dilemma der Mitarbeiter:innen, einerseits ihrer Aufsichtspflicht nachkommen zu müssen, andererseits aber auch Handlungs- bzw. Entscheidungsfreiheiten zu gewähren. Es kommt folglich zu einem widerstreitenden bzw. ambivalenten Ineinandergreifen verschiedener Ansprüche – Fragen der Fürsorge und der damit einhergehenden ‚Besonderung' auf der einen und Fragen der Teilhabe auf der anderen Seite –, die sich einer einfachen Lösung entziehen.

Weiterführend verschärft wird das Dilemma der Mitarbeiter:innen dadurch, dass sich die hier thematisierte engere Begleitung und Aufsicht der Integrationskinder mitunter auch als unumgänglich erweisen kann. In allen untersuchten Einrichtungen gibt es Integrationskinder, die nicht eigenständig laufen und essen können, sodass sie durch die Mitarbeiter:innen bewegt und gefüttert werden müssen, um überhaupt am Alltagsgeschehen der Einrichtungen teilnehmen zu können. ‚Praxen der Besonderung', als Ausgangspunkt einer Hervorbringung von Andersartigkeit, erweisen sich in dieser Hinsicht also als zwingend notwendig, um Formen von Teilhabe zu schaffen und wiederum anders gelagerte Differenzlinien aufzuweichen.

Außenseiterstatus

In Anlehnung an die obigen Darstellungen ist das Ergebnis der Auswertung hervorzuheben, wonach Integrationskinder (jedenfalls die, die für die Beobachter:innen als solche identifizierbar waren) im Alltag der Einrichtungen verhältnismäßig häufig einen Außenseiterstatus innehaben. Ausdruck findet dies darin, dass Interaktionen mit anderen Kindern oft vergleichsweise selten stattfinden. Interaktionen beschränken sich häufig auf eher kurze Begegnungen im Alltag und enden vielfach in kleineren Konflikten, die nicht durch die Kinder selbst, sondern beinahe ausschließlich durch die Mitarbeiter:innen ausgehandelt bzw. gelöst werden. Die Beobachtungen zeigen, dass sich Integrationskinder vor allem im Rahmen des sogenannten „Freispiels" oft am Rande des Gruppengeschehens aufhalten und sich entweder mit sich selbst beschäftigen oder Interaktionsangebote an die Mitarbeiter:innen richten. Häufig werden sie in den Protokollen als eher beobachtend beschrieben. Beispielhaft veranschaulichen lässt sich dies etwa am folgenden Auszug: „*K1 steht auf und geht zu den anderen Kindern in den Raum, die miteinander tanzen und spielen. Sie spielt etwas abseits der Gruppe und beobachtet die anderen Kinder*" (B13, Z. 308–309). Hervorzuheben ist, dass diese Distanz zwischen den sogenannten „Integrationskindern" und Regelkindern nicht einseitig von den Integrationskindern ausgeht. Es sind nicht (ausschließlich) die Integrationskinder, die nur bedingt Kontakte zu den übrigen Kindern suchen. Teilweise wurden auch Situationen beobachtet, in denen Kinder bewusst Interaktionen mit Integrationskindern meiden. Exemplarisch hierfür der folgende Auszug: „*In der Spielecke sind drei Kinder mit Bauklötzen beschäftigt. Sie spielen direkt neben K1, der kleine Spielzeugautos in einer Reihe aufstellt. Die Kinder stellen die Klötze auf die Längsseiten, so dass sie aneinander gereiht Mauern bilden. Sie sind über ihr Werk gebückt, wirken sehr konzentriert. Es ist auffällig, dass sie sich bemühen, die Autoreihe von K1 nicht zu berühren. Sie steigen mit großen Schritten über die Autos rüber und bauen die Mauer an den Autos vorbei*" (B15, Z. 153–157). Die beiden Beispiele können darüber hinaus exemplarisch für das Ergebnis gesehen werden, dass die Außenseiterrolle der Integrationskinder im Alltag durch die Kinder beider Statusgruppen in der Regel scheinbar problemlos hingenommen wird. Nur selten konnten Szenen beobachtet werden, in denen ein Kind Anschluss suchte, dieses Anliegen jedoch ignoriert wurde. Die folgende Szene kann als ein Beispiel hierfür gewertet werden: „*K1 ruft, dass jetzt eine Party losgehe. Alle Kinder um ihn tanzen und singen. K2 stößt hinzu und tanzt mit. Er scheint nicht erwünscht zu sein. K1 schlägt ihn und sagt er solle gehen. MA1 greift daraufhin ein und erklärt, dass hier niemand geschlagen werde und K2 doch mitspielen könne, so mache es mehr Spaß. K2 geht weg, ohne etwas zu sagen*" (B41, Z. 129–134).

Überwindung des Außenseiterstatus

Ausgehend von dem oben dargelegten Ergebnis muss nun jedoch hervorgehoben werden, dass es durchaus auch Ausnahmen gibt und nicht alle Integrationskinder zu jedem Zeitpunkt einen Außenseiterstatus innehaben. Fragen von Teilhabe und Ausschluss sind nicht manifest und qua Status vorgegeben. Es handelt sich vielmehr um komplexe, je situative Aushandlungspraxen, die kontingent bzw. wandelbar sind. Praxen von Teilhabe und Ausschluss stehen nicht in einem Verhältnis wechselseitigen Ausschlusses zueinanderstehen, sondern in einem relationalen Verhältnis. Immer wieder finden sich in den Beobachtungen Momente, in denen sonst bestehende ‚Positionen' als Außenseiter zeitweise aufgebrochen werden oder sich erst gar nicht als solche manifestieren. Ebenfalls wurde deutlich, dass verschiedene Kinder hierfür mitunter einer besonderen Unterstützung bedürfen. Dies kann anhand des folgenden Beispiels aufgezeigt werden: „*K1 läuft draußen umher und ahmt Bus-Durchsagen nach: ‚Nächste Haltestelle [Name der Haltestelle], nächste Haltestelle [Name der Haltestelle]'. Neben ihm spielen fünf andere Kinder, die dort schaufeln. Keines der Kinder schenkt ihm Aufmerksamkeit. […] Ich merke, wie K1 mit den Durchsagen immer lauter wird. Er ruft laut: ‚Wer möchte mit mir Bus fahren? Wer möchte mit mir spielen?' Die übrigen Kinder ignorieren ihn und antworten nicht. K1 fragt weiter: ‚Welches Kind will mit mir was spielen?' Er wird dabei immer lauter und ruft: ‚Kinder, kommt bitte zu mir! Kinder, ihr sollt sofort zu mir kommen!!!' Er lässt zwischen den Sätzen immer eine Pause, jedoch kommt keine Reaktion. […] K1 steht noch immer Abseits des Geschehens. K2 läuft auf ihn zu und sagt: ‚Ich spiele mit dir Busfahren. Komm, wir gehen die Oma besuchen!'. Nun guckt auch K3 von seinem Spiel auf und rennt hinter den beiden her. Er ruft ‚Wartet auf mich!‘ K1 ruft ihm zu: ‚Ja, wir halten dir die Tür auf, K3!‘ Alle drei klettern auf den Baumstamm und setzen sich in aneinandergereiht darauf. K2 sitzt vorne und sagt: ‚Die nächste Haltestelle… äh Haltestation ist… macht man das so?‘ K1 nickt und sagt ‚Ja‘*“ (B48, Z. 110–201). Das hier erfasste Kind K1 wird in den Beobachtungen immer wieder als Außenseiter der Gruppe greifbar. Es fällt ihm schwer, spielerische Interaktionen mit anderen Kindern zu initiieren und es kommt in vielen Fällen zu Konflikten mit anderen Kindern. In der hiesigen Situation gelingt es ihm jedoch, mithilfe der Unterstützung von K2 zumindest zeitweise aus der Position des Außenseiters auszubrechen. Innerhalb weniger Sekunden wird er vom Außenseiter zum ‚Anführer‘ einer kleinen Spielgruppe. Es vollzieht sich eine gemeinschaftliche Handlungspraxis, die ohne das aktive Eingehen von K2 auf K1 nicht möglich gewesen wäre. Wie oben bereits hervorgehoben, muss es je situativ aber auch gar nicht erst zur Manifestation eines Außenseiterstatus kommen. Exemplarisch hierfür sei die folgende Szene angeführt: „*K1, mit der zuvor in Gebärdensprache kommuniziert wurde, läuft nun alleine über das Gelände. Sie geht zum Spielhäuschen und zeigt einem anderen Mädchen dort mit gespitzten Fingern eine Geste welche ‚essen‘ bedeuten kann. Das andere Mädchen blickt auf die Sandförmchen und hebt eines hoch, hält es K1 entgegen. Die beiden Mädchen sind zuerst circa eine Minute zusammen im Häuschen am mit Sand ‚backen‘ und ‚kochen‘ und gehen danach zusammen zum Wasserspielplatz*“ (B16, Z. 132–137). Das hier erfasste Kind K1 ist zwar formal gesehen als Integrationskind zu fassen, durch die Fähigkeit, selbstständig Zugänge zu anderen Kindern zu finden, gelingt es ihr aber, nicht zur Außenseiterin der Gruppe zu werden. Dabei gelingt es ihr sogar – ohne die direkte Unterstützung durch die Mitarbeiter:innen – die kommunikative Herausforderung ‚Gehörlosigkeit‘ bzw. Kommunikation mittels Gebärdensprache zu relativeren. In den Beobachtungsprotokollen wird K1 immer wieder als integraler Bestandteil der Gruppe erfasst. Teilhabe am Gruppengeschehen wird folglich, so lässt sich zusammenfassend sagen, erst dann zur Herausforderung, wenn diese nicht ohne Hilfe bzw. nicht hauptsächlich über das eigenmächtige Handeln der Kinder erfolgen kann. Bestätigung findet somit auch das Ergebnis, welches bereits in Kapitel 11 herausgearbeitet wurde: Es ist nicht der Status als Integrationskind per se, der zum Ausschlussrisiko wird. Es ist vielmehr ein möglicher Unterstützungsbedarf, der das eigenständige Einfügen in den Alltag verhindert. Die Beobachtungsprotokolle machen deutlich, dass es insbesondere die sogenannten „Integrationskinder“ sind, die einen solchen Unterstützungsbedarf mitbringen, sodass ihre Teilhabe am Gruppengeschehen zumindest in der Breite durch eine besondere Prekarität gekennzeichnet ist. Nur wenigen Kindern, die direkt als Integrationskinder identifizierbar waren, gelingt es, sich selbst Teilhabemöglichkeiten am Alltagsgeschehen zu verschaffen und hierbei nicht auf die Mitarbeiter:innen oder die anderen Kinder angewiesen zu sein.

Praxen der Vereinnahmung

Können Zugänge zur Gruppe nicht durch die Kinder selbst hergestellt werden, stellt dies wiederum besondere Herausforderungen an das Handeln der Mitarbeiter:innen. Die Beobachtungsprotokolle machen deutlich, dass die Ausgestaltung pädagogischen Handelns wesentlichen Einfluss darauf hat, wie Kinder im Alltag der Einrichtungen adressiert und hervorgebracht werden. Damit einhergehend haben sie auch maßgeblichen Einfluss darauf, ob bzw. inwiefern sich so etwas wie ein Außenseiterstatus manifestiert. Neben der im ersten Unterpunkt thematisierten verstärkten Erfassung von Integrationskindern durch Aufsichts- und Regulierungspraxen und der damit einhergehenden Adressierung der entsprechenden Kinder als besonders schutz- und aufsichtsbedürftig, konnten in den Beobachtungsprotokollen noch weitere Handlungspraxen erfasst werden, die als „ungleichheitsrelevante Positionierungspraktik[en]" (Machold/Diehm 2017, S. 316) wirkmächtig werden. Als relevant erweisen sich zum Beispiel Handlungspraxen, die im Zuge der Analyse unter der Bezeichnung ‚Praxen der Vereinnahmung' zusammengefasst wurden. Diese vollziehen sich dann, wenn das Handeln der Mitarbeiter:innen zur Folge hat, dass sich Interaktionen der Integrationskinder mehr oder weniger nur an die Mitarbeiter:innen richten und keine Zugänge zu den anderen Kindern hergestellt werden. Dies ist unter anderem dann der Fall, wenn Spielaufforderungen, die durch die Integrationskinder an die Mitarbeiter:innen gerichtet werden, nicht an die anderen Kinder weitervermittelt, sondern stets durch die Mitarbeiter:innen selbst ausgeführt werden. Im Falle einzelner Integrationskinder konnte beobachtet werden, dass Mitarbeiter:innen als deren primäre Spielgefährten in Erscheinung treten (vgl. Trescher/Hauck 2015, S. 499). Der nachfolgende Auszug gibt einen exemplarischen Einblick: *„K1 hat sich einen Arztkoffer gegriffen und ist mit diesem zu MA1 gelaufen. Sie deutet an, dass sie nun mit MA1 und dem Koffer spielen möchte. MA1 legt sich neben K1 auf die blaue Matratze und spielt eine kranke Person, da er bzw. sie immer wieder hustet. K1 setzt sich das Stethoskop auf, nimmt das Bruststück und drückt damit auf dem Oberkörper von MA1 herum. K1 nimmt danach das Pulsgerät in die Hand und versucht es um MA1 rechtes Handgelenk zu legen. MA1 hustet immer wieder. K1 setzt das Stethoskop wieder ab und sagt, dass sie jetzt die Kranke ist. Sie legt sich neben MA1. Dieser bzw. diese setzt sich nun das Stethoskop auf und drückt es K1 auf verschiedene Stellen auf ihren Oberkörper*" (B7, Z. 290–297). In den Beobachtungsprotokollen zeigt sich an vielen Stellen, dass das hier beschriebene Kind K1 im Alltag der Einrichtung einen Außenseiterstatus innehat. Meist beschäftigt sie sich mit sich selbst oder fordert – wie im dargelegten Auszug – einzelne Mitarbeiter:innen zum Spiel auf. In keinem Beobachtungsprotokoll konnte eine längere Interaktion zwischen K1 und den übrigen Kindern beobachtet werden. Greifbar wird an dieser Stelle, wie die engere Begleitung durch die Mitarbeiter:innen unter anderem dazu führen kann, dass die Integrationskinder diese eher als Interaktions- und Spielpartner:innen ansehen als die anderen Kinder. Im innerorganisationalen

Diskurs der Einrichtung wird hierdurch etwas erzeugt, was sich als eine ‚Hervorbringung von Zuständigkeit' beschreiben lässt. Während sich das Spiel von MA1 mit K1 zwar auch als eine Form der besonderen Zuwendung zum Kind lesen lässt, muss es vor dem Hintergrund der Forderung nach Inklusion bzw. der Schaffung von Teilhabemöglichkeiten am Alltagsgeschehen aber auch kritisch hinterfragt werden, wird hierdurch doch – insbesondere in der Summe – dazu beigetragen, Formen von Ausschluss zu (re-)produzieren.

Praxen der Mystifizierung

Eine weitere Praxis, die in den Beobachtungen festgestellt werden konnte und die sich mit Blick auf die Frage nach der Hervorbringung von Teilhabe und Ausschluss ebenfalls als relevant erweist, zeigt sich im folgenden Auszug, in dem eine Interaktion zwischen einem Kind mit erhöhtem Unterstützungsbedarf und einem anderen Kind dokumentiert ist: *„K1 bewegt sich um den Tisch und läuft zu K2, der im Rollstuhl sitzt. MA1 sitzt neben K2 und fragt ihn gerade, ob er Hunger hat. K1 stellt sich neben K2 und legt seine Hände auf den Rollstuhl von K2 und wiederholt die Frage, die MA1 kurz zuvor gestellt hat. MA1 blickt daraufhin zu K1 und bittet ihn darum, die Hände vom Rollstuhl zu nehmen, damit er hieran nichts verstellt"* (B37, Z. 134–137). Die Herausforderung, die in dieser Szene zum Vorschein kommt, ist anders gelagert als die, die im oben angeführten Beispiel thematisiert wurde, denn anders als dort kommt es hier zu einem Kontakt zwischen dem Integrationskind und einem anderen Kind. K1 nimmt Kontakt zu K2 auf, der gerade mit MA1 interagiert. MA1 geht allerdings nicht auf diese Kontaktaufnahme ein, sondern unterbindet den Kontakt vielmehr durch die an K1 gerichtete Bitte, die Hände von K2's Rollstuhl zu nehmen, um daran nichts zu verstellen. Der Handlungsvollzug lässt sich im Kern als eine Art Mystifizierung von K2 verstehen: Er – sowie der Rollstuhl – werden als etwas Fremdartiges, ‚Kompliziertes' adressiert und hervorgebracht – etwas, von dem besser die Hände gelassen werden, um nicht – ohne es zu wollen – etwas ‚falsch' zu machen. Perspektivisch gesehen werden hierdurch eher Barrieren bzw. Hemmschwellen aufgebaut als abgebaut. Weiterhin führen derartige Praxen des Umgangs dazu, die im Unterpunkt zuvor adressierte Hervorbringung von Zuständigkeit zu (re-)produzieren.

Thematisierung von und Umgang mit besonderen Bedürfnissen

Eine ähnliche Herausforderung, wie die, die im vorangegangenen Unterpunkt aufgegriffen wurde, gründet in der Frage, wie zum Beispiel Therapieangebote, die von einzelnen Kindern mit Integrationsstatus im Alltag der Einrichtungen wahrgenommen werden, durch das Personal aufgegriffen und vor der Gesamtgruppe thematisiert werden. Beispielhaft hierfür sei die folgende Szene abgebildet: *„K1 wendet sich an MA1 und fragt, ob sie in den Turnraum gehen kann. MA1 antwortet ihr, dass dieser belegt ist, da dort erneut eine Therapiestunde stattfindet. K1 stöhnt daraufhin auf. MA1 stimmt ihr zu und sagt, dass sie weiß, dass es blöd ist, aber* *sei nun mal eben so*" (B7, Z. 299–301). Anhand des Auszugs lässt sich darlegen, dass therapeutische Angebote mitunter zu einer alltagspraktischen ‚Belastung' für Kinder und Mitarbeiter:innen werden können. Räume, die sonst zur Verfügung stehen würden, werden durch die Angebote zeitweise belegt und stehen nicht länger zur freien Verfügung. Dies geht – wie der Auszug zeigt – zumindest potenziell mit einer gewissen negativen Rahmung der Adressat:innen jener Angebote einher. Ihnen wird – wenn auch sicher nicht intendiert – die Rolle einer Belastung bzw. eines Ärgernisses zugeschrieben. Mit Blick auf die Frage nach inklusiven Praxen in den Einrichtungen erscheint es mit Blick auf den dargelegten Ausschnitt nicht unproblematisch, dass die negative Reaktion von K1 nicht durch MA1 aufgegriffen und ausgehandelt wird. Stattdessen vollzieht sich eine Art Solidarisierung zwischen K1 und MA1 gegen das Therapieangebot und damit einhergehend das Kind, welches in diesem Moment an dem Angebot teilnimmt. Diese Problematik offenbart sich hin und wieder auch im Kontext des Umgangs des Personals mit herausfordernden Verhaltensweisen von Kindern mit Integrationsstatus. Beispielhaft hierfür sei ein weiterer Auszug angeführt. Bei der Szene handelt es sich um die Fortführung des Beispiels, das bereits weiter oben diskutiert wurde. Ausgangspunkt ist der Ausflug einer Gruppe von einer Einrichtung zu einem nahegelegenen Spielplatz. Im Folgenden in den Fokus gerückt wird die Aussage eines Mitarbeiters bzw. einer Mitarbeiterin, der bzw. die das Verhalten des Integrationskinds, welches das Vorankommen der Gruppe immer wieder dadurch stört, dass es sich wiederholt auf den Boden setzt, vor den anderen Kindern kommentiert: „*Nach einer Minute steht K1 immer noch nicht. MA1 geht in die Knie und sagt, dass K1 bitte aufstehen solle, er wolle doch bestimmt auch zum Spielplatz. K1 macht keine Anstalten aufzustehen. Nach ein wenig mehr Zureden von MA1 und dem Angebot, er bzw. sie helfe ihm beim Aufstehen, zieht er bzw. sie ihn auf die Beine und die Gruppe setzt ihren Weg fort. Währenddessen hat MA2 auf die anderen Kinder eingeredet, die hinter K1 und MA1 standen, dass es gleich weitergeht und sie sich ein wenig gedulden müssten, sie würden das ja schon kennen*" (B21, Z. 62–64). Die Szene zeigt, dass die widerständigen Verhaltensweisen von K1 nicht nur zur Herausforderung der Mitarbeiter:innen werden, sondern auch zum Ärgernis für die restlichen Kinder. K1 stört den Handlungsablauf und behindert den Weg zum Spielplatz. Er begibt sich in die Rolle des ‚Störers' und löst sich damit aktiv aus dem Kollektiv der übrigen Kinder heraus. Relevant ist nun, dass MA2 durch das eigene Verhalten vor den übrigen Kindern – wenn auch sicher ungewollt – dazu beiträgt, den Außenseiterstatus von K1 zu festigen. Dies geschieht, indem er bzw. sie die Gruppe der übrigen Kinder offen als geschlossene Gemeinschaft adressiert und diese K1 gegenüberstellt, womit er bzw. sie beides im innerinstitutionellen Diskurs der Einrichtung reproduziert. Zugleich manifestiert MA2 den Ausschluss von K1 auch dadurch, dass er bzw. sie ihn vor den übrigen Kindern explizit als kontinuierliches Ärgernis bzw. ihnen bekannte Belastung markiert („*sie würden das ja schon kennen*"), womit er bzw. sie auch eine unmittelbar wertende Haltung gegenüber K1 einnimmt und diese den übrigen Kindern als Interpretationsfolie zur Verfügung stellt. Drastisch formuliert könnte gesagt werden, dass MA2 K1 in der Szene diskreditiert und sich auf eine Stufe mit den anderen Kindern stellt, wodurch er bzw. sie aus einer objektiven Mitarbeiter:innen-Rolle heraustritt und die Einnahme einer Fürsprecher:innen-Rolle für K1 nicht länger möglich scheint. Die Grenze zwischen K1 und dem Rest der Gruppe wird hierdurch weiter reproduziert.

Zur Brückenfunktion der Mitarbeiter:innen

Anhand der Beispiele, die im Vorangegangen dargelegt wurden, lässt sich sehr gut veranschaulichen, wie sich ausschlussreproduzierende Praxen im Alltag durch scheinbare Nebensächlichkeiten und vor allem auch ohne Absicht der jeweils involvierten Personen vollziehen können. Es zeigt sich an dieser Stelle, wie wichtig es für die Mitarbeiter:innen ist, sich selbst bzw. das eigene Handeln immer wieder kritisch zu hinterfragen. An dieser Stelle soll nun hervorgehoben werden, dass sich innerhalb des Materials freilich nicht nur Beispiele finden lassen, in denen sich je situativ Praxen des Ausschlusses vollziehen. Es wurden ebenfalls viele Beispiele dokumentiert, in denen das Handeln der Mitarbeiter:innen dazu geführt hat, gemeinsame Handlungspraxen zwischen Kindern mit und ohne Integrationsstatus zu initiieren und einzelnen Kindern dabei zu helfen, aus ihrem sonst oft wirkmächtigen Außenseiterstatus auszubrechen. Es zeigt sich auch in diesen Passagen, wie zentral das Handeln der Mitarbeiter:innen für das Gelingen inklusiver Praxen in den Einrichtungen ist bzw. sein kann. Die Ergebnisse zeigen, dass ihnen im Alltag immer wieder eine Art ‚Brückenfunktion' zuteilwird (vgl. Trescher/Hauck 2015, S. 494). Sie sind es, die – nicht zuletzt durch ein besonderes Expert:innenwissen über einzelne Kinder – dazu beitragen können, Praxen der Vergemeinschaftung anzustoßen respektive anzuleiten. Exemplarisch hierfür kann etwa der folgende Auszug angeführt werden, in dem ein bzw. eine Mitarbeiter:in dazu beiträgt, eine spielerische Interaktion zwischen einem Kind mit erhöhtem Unterstützungsbedarf und anderen Kindern der Gruppe herzustellen: *„K1 wird von MA1 in den Rollstuhl gesetzt und mit dem Bauchgurt angeschnallt. MA1 schiebt den Rollstuhl neben einen Tisch und setzt sich, mit dem Rücken zu mir, neben den Rollstuhl auf einen Stuhl. Mit der rechten Hand beginnt MA1 leicht auf den Rand der Sitzschale zu trommeln, die hierdurch etwas in Bewegung gerät. Dabei lacht K1 auf und zappelt mit den Armen und Beinen in seinem Wagen. Auch MA1 beginnt nun laut zu lachen. K2 und K3 bewegen sich auf die beiden zu. K2 fragt: ‚Was macht ihr da?'. MA1 antwortet: ‚Wir patschen' und schlägt weiter leicht mit der flachen Hand auf die Seite der Sitzschale. K2 und K3 beugen sich von links über K1 und auch sie fangen an, mit den Händen auf der Polsterung der Sitzschale von K1 zu trommeln. MA1 steht auf und tritt einen Schritt zurück. Er bzw. sie beobachtet das Geschehen. K1 strampelt mit den Beinen und hebt impulsartig seinen Oberkörper und lässt ihn wieder zurücksinken. Dies macht er immer wieder, er* *fängt auch an mit den Armen zu wedeln. Er beginnt laut zu lachen und K2 und K3 fangen ein paar Sekunden später auch an zu lachen und patschen schneller*" (B42, Z. 141–155). Das Beispiel zeigt sehr gut, wie es Mitarbeiter:innen gelingen kann, Interessensäußerungen von Kindern aufzugreifen und zu nutzen, um spielerische Interaktionen herzustellen. MA1 stößt eine gemeinsame Interaktion zwischen K1, K2 und K3 an und zieht sich in der Folge aus der Situation zurück. Er bzw. sie zeigt K2 und K3 damit (auch perspektivisch) einen Zugang zu K1 auf, der im Alltag sonst – aufgrund seines erhöhten Unterstützungsbedarfs – sehr eng durch die Mitarbeiter:innen begleitet wird. In der Szene kommt es zum teilweisen Aufbruch der weiter oben adressierten Reproduktion von Zuständigkeit. Ein weiteres Beispiel für eine gelungene Wahrnehmung der Brückenfunktion findet sich im folgenden Auszug: „*K1 geht auf MA1 zu und teilt ihr bzw. ihm in Gebärdensprache etwas mit. MA1 erklärt K1 wiederum in Gebärdensprache, dass sie jetzt nicht in den Flur gehen darf. Ich kann das verstehen, da er bzw. sie ihre Gebärden lautsprachlich begleitet, obwohl er bzw. sie nur zu K1 spricht*" (B25, Z. 224–227). Durch die gleichzeitige Bedienung verschiedener Sprachkanäle macht es MA1 möglich, dass sowohl K1 als auch die übrigen Kinder und Mitarbeiter:innen, die sich im Umfeld befinden, der Interaktion folgen können. So wird bereits auf rein sprachlicher Ebene eine Form von Gemeinschaftlichkeit hergestellt.

Problematik des Fremdverstehens

Die Auswertung der Beobachtungsprotokolle hat gezeigt, dass eine der zentralen Herausforderung der Mitarbeiter:innen im Kontext des Fremdverstehens angesiedelt ist. Immer wieder wird den Mitarbeiter:innen in ihrer alltäglichen Handlungspraxis die Deutung von Handlungen der Kinder abverlangt, um hiervon ausgehend ihr Handeln gestalten zu können. Konfrontiert werden sie dabei jedoch mit verschiedenen Erschwernissen, die das Gelingen jener Deutungen gefährden. Zum Problem wird beispielsweise, dass im zeitlich eng gestrickten Ablaufplan der Einrichtungen teilweise nur bedingt die Möglichkeit besteht, ausführlicher auf Verhaltensweisen der Kinder einzugehen und sich diesen verstehend zu nähern. Hinzu kommt, dass Auslegungen meist spontan und aus dem Bauch heraus vorgenommen werden müssen und komplexere Reflexionsschleifen im Team oder auch nur zwischen einzelnen Mitarbeiter:innen im schnelllebigen Alltag nur selten möglich sind. Dies wird vor allem für Kinder mit komplexem Unterstützungsbedarf zum Problem, denn oftmals sind es ihre mitunter ‚spezielleren' Belange, die von routinemäßigen Deutungsweisen der Erzieher:innen abweichen und im Alltag nur bedingt bearbeitet oder ggf. gar nicht als solche erfasst werden können. Scheiternde Praxen des Fremdverstehens können in der Folge eine behindernde Wirkmächtigkeit entfalten. Sehr gut lässt sich dies unter anderem an dem Beispiel veranschaulichen, das weiter oben bereits in anderen Zusammenhängen aufgegriffen und diskutiert wurde – das Beispiel mit dem Jungen, der das Vorankommen der Gruppe zum Spielplatz fortwährend dadurch stört, dass er sich immer wieder auf den Boden setzt. Die involvierten Mitarbeiter:innen setzen sich im angeführten Beispiel nicht weiter mit den Gründen für sein Handeln auseinander. Seine Motive werden nicht er- bzw. bearbeitet, was wiederum zur Folge hat, dass sein Handeln nicht nur den Mitarbeiter:innen selbst, sondern auch den anderen Kindern verschlossen bleibt. K1 bringt sich durch sein Handeln in eine prekäre Situation, die durch die Mitarbeiter:innen allerdings nicht relativiert, sondern (unter anderem) durch die ausbleibende Auseinandersetzung mit seinem Handeln verschärft wird.

Im Kontext fremdverstehender Zugänge wird allerdings nicht nur ein eventueller zeit- bzw. ablaufbezogener Handlungsdruck zur Herausforderung. Die Deutung und Bearbeitung kindlicher Verhaltensweisen wird insbesondere dann zum Problem, wenn sich Kinder nicht oder nur stark eingeschränkt verbalsprachlich äußern können. Routinemäßige Kommunikationsprozesse werden erschwert und die Mitarbeiter:innen sind gezwungen, alternative Zugänge zu finden, um Bedürfnisse und Wünsche der betreffenden Kinder erfassen und in ihrem Handeln berücksichtigen zu können. Dies ist als große Herausforderung zu reflektieren, erfordert es doch eine (noch) komplexere Auseinandersetzung mit dem jeweiligen Kind und dessen Handeln. Gleichzeitig ist diese Form der Verhaltensdeutung noch anfälliger für mögliche Fehlinterpretationen, da diese nicht direkt an die Kinder rückgebunden werden können. Beispielhaft kann diese Problematik an folgendem Auszug verdeutlicht werden: *„Alle Kinder beginnen nun zu essen. MA1 schiebt den Teller mit Nudeln vor K1, gibt ihr die kleine Gabel in die Hand, führt diese zum Teller, nimmt ein paar Nudeln auf und führt die Gabel zu ihrem Mund. […] MA1 schenkt ihr auch etwas Wasser in ihren Trinkbecher ein. K1 steckt daraufhin ihre Hand in den Becher und dann in den Mund. MA1 wendet sich an MA2 und fragt: ‚Seit wann macht sie das?‘ MA2 antwortet nicht, sondern blickt verträumt durch den Raum. MA1 sagt daraufhin: ‚Ist das ihre rebellische Phase?‘. MA2 antwortet nur mit einem knappen ‚Jop‘. […] K1 greift nun mit ihrer Hand in den Nudelteller, greift sich eine Handvoll davon und führt die Hand zum Mund. MA1 ruft daraufhin: ‚Nein! Nein! Nein!‘ und schüttelt die Hand mit den Nudeln aus“* (B10, Z. 284–360). Im Beispiel erfahren die Handlungen von K1, die sich verbalsprachlich nicht mitteilen kann, eine Auslegung durch MA1. Die Deutung selbst erfolgt spontan und zieht keine eingehendere Reflexion durch die anwesenden Mitarbeiter:innen nach sich. Zwar stellt MA1 die Interpretation *„rebellische Phase“* zur Diskussion, das Reflexionsangebot wird durch MA2 jedoch nicht weiter aufgegriffen, sodass es diese Auslegung ist, die das weitere Handeln von MA1 prägt. Die Deutung wird zum Ausgangspunkt eines regulierenden Eingriffs und einer Zurechtweisung von K1 vor der Gesamtgruppe. Veranschaulichen lassen sich hieran nun verschiedene Punkte: Einerseits zeigt sich, wie herausfordernd es für die Mitarbeiter:innen ist, im Alltag eine kritische Distanz zum eigenen Handeln einzunehmen und Reflexionsschleifen zu implementieren. Andererseits wird deutlich, wie abhängig K1 aber gerade von einer solchen Reflexionsleistung durch die anwesenden Mitarbeiter:innen ist, denn die Deutungen der Mitarbeiter:innen entscheiden maßgeblich darüber, wie ihr Handeln ausgelegt und vor der gesamten Gruppe thematisiert wird. Damit entscheiden die Mitarbeiter:innen wesentlich über die Subjektposition, die K1 in der Gruppe zugewiesen wird. Im hiesigen Fall werden die Handlungen von K1 als Akt des Ungehorsams bzw. der Widerständigkeit ausgelegt und erfahren damit eine eher negative Rahmung. K1 wird als ‚rebellisch' bzw. ‚widerspenstig' markiert. Andere Deutungsebenen werden ausgeschlossen, was nicht unproblematisch ist, wären doch durchaus alternative Auslegungen denkbar. So ließe sich das Verhalten von K1 beispielsweise als Versuch der Selbstermächtigung begreifen. Statt weiter durch MA1 gefüttert zu werden und zum Vollzugsobjekt infantilisierender Handlungen zu werden, bedient sie sich ihrer individuellen Handlungsmöglichkeiten, um sich eigenständig zu versorgen, auch wenn sie dabei gegen (im hiesigen Kulturkreis) bestehende Sittlichkeitsnormen (zum Beispiel das Essen mit Messer und Gabel) verstößt. Sie versucht, insoweit es ihr eben möglich ist, wie die anderen Kinder selbstständig zu essen und zu trinken, wird daran jedoch durch den regulierenden Eingriff der beiden Mitarbeiter:innen gehindert. Es scheint, als wäre es K1 im gegebenen Setting schlicht nicht möglich, sich von der Handlungspraxis des Fütterns zu lösen, obwohl sie theoretisch nicht darauf angewiesen wäre. Dies wiederum wirft die Frage danach auf, was im Kontext des hiesigen Beispiels eigentlich als ‚Behinderung' zu verstehen ist: Sind es die verbalsprachlichen und feinmotorischen Einschränkungen von K1 oder die situativ realisierte Deutung von MA1 sowie die über allem schwebende Sittlichkeitsnorm, die bestimmte Techniken der Nahrungsaufnahme als zulässig markiert und andere wiederum nicht. Handlungspraktisch könnte hier im Sinne von Inklusion die Frage nach dem höheren Gut gestellt werden: Geht es im Alltag der Einrichtungen darum, auf die Einhaltung von Sittlichkeitsnormen zu bestehen, und damit möglicherweise – wie in diesem Beispiel – Spielräume persönlicher Handlungsökonomie zu begrenzen und Behinderung hervorzubringen, oder geht es darum, Kindern ein möglichst selbstbestimmtes Handeln in ihrem möglichen Handlungsspektrum zu ermöglichen, was wiederum bedeuten könnte, dass Sittlichkeitsnormen ggf. punktuell in ihrer Geltung aufgeweicht werden müssten.

Im Zuge der Auswertung konnten viele Szenen wie die oben dargestellten identifiziert werden. Immer wieder wird dabei greifbar, wie bedeutsam im Kontext des Fremdverstehens ein (selbst-)kritischer Blick der Mitarbeiter:innen und damit einhergehend eine kritische Distanz zur eigenen Handlungspraxis ist. Ist dies nicht oder nur eingeschränkt gegeben, drohen Bedürfnisse und Krisen, aber schlussendlich auch Handlungspotenziale der Kinder – insbesondere jener mit erhöhtem Unterstützungsbedarf – unbemerkt und unbewältigt bzw. ungenutzt zu bleiben. Ausgehend hiervon kann ein Bedarf an entsprechenden Unterstützungsangeboten der Mitarbeiter:innen hergeleitet werden – beispielsweise in Form von Supervisionen, in denen Situationen des Alltags, wie die oben abgebildeten, gemeinsam im Team betrachtet und die Frage nach alternativen Deutungen sowie Wirkungen des Handelns aufgeworfen und reflektiert werden.

Verbalsprachliche Einschränkungen und Gebärdensprache

Im Vorangegangenen wurde thematisiert, dass verbalsprachliche Einschränkungen der Kinder mit besonderen Herausforderungen für die Mitarbeiter:innen verbunden sind. Die betroffenen Kinder können ihre Bedürfnisse und Wünsche nicht direkt an das Personal herantragen und sind daher darauf angewiesen, dass die Mitarbeiter:innen alternative Zugänge suchen, finden und ihr Handeln während dessen permanent kritisch hinterfragen. Im hiesigen Unterpunkt wird der Fokus nun darauf gerichtet, dass verbalsprachliche Einschränkungen auch auf anderen Ebenen zur Herausforderung werden können. Hervorzuheben ist zum Beispiel das Ergebnis, wonach alltagspraktische Aushandlungspraxen zwischen den Kindern erschwert werden, was mitunter – wie im Beispiel weiter unten deutlich wird – zum Ausgangspunkt von Konflikten zwischen Kindern werden kann. Darüber hinaus gehen verbalsprachliche Einschränkungen mit der Herausforderung einher, dass Möglichkeitsräume der Selbstvertretung für die je betroffenen Kinder eingeschränkt werden. Es konnten verschiedene Szenen dokumentiert werden, in denen es zwischen Kindern mit und ohne Integrationsstatus zu Konflikten kam, die Art und Weise der Auflösung jedoch vor allem durch die Kinder ohne Integrationsstatus dirigiert wurde. Beispielhaft sei der folgende Auszug angeführt: „*K1 geht auf das Fahrzeug zu, auf dem K2 sitzt, und versucht sich hinter K2 ebenfalls darauf zu setzen. K2 dreht sich daraufhin um und versucht K1 mit ihrem Arm davon abzuhalten, allerdings schafft sie es nicht. K2 zwickt K1. Beide Kinder stehen auf und hauen und beißen sich gegenseitig. K2 beißt K1 in den Arm, geht dann einen Schritt zurück, hält sich die Hand an das Kinn, geht zur Tür und ruft ‚K1 hat mir Aua gemacht.‘ Ich höre MA1, der bzw. die sich im Nachbarraum befindet, sagen: ‚Dann sag Stopp!‘. K2 geht zu K1 und sagt kaum hörbar: ‚Stopp‘. K1 rührt sich nicht. Beide Mädchen beginnen sich wieder gegenseitig zu schlagen. K1 zieht K2 nun an den Haaren, woraufhin K2 laut aufweint. MA1 betritt den Raum, nimmt K2 hoch in die Arme und geht mit ihr zusammen aus dem Raum hinaus*“ (B12, Z. 279–287). K1, ein Integrationskind mit – so zeigt sich im Material immer wieder – starken verbalsprachlichen Einschränkungen, sucht die Nähe zu bzw. das Spiel mit K2, reagiert dabei jedoch nicht auf deren Zurückweisung, sodass sich K2 – ggf. aufgrund der verbalsprachlichen Einschränkungen von K1 – dazu gezwungen sieht, diese über physische Mittel fernzuhalten. Die Kommunikation zwischen K1 und K2 scheitert und es kommt zu einem Konflikt, wobei die Art und Weise, in der die Kinder auf dessen Verlauf und Auflösung einwirken können, unterschiedlich ausfällt. Es zeigt sich, dass K2 dazu übergeht, die Unterstützung der Mitarbeiter:innen zu suchen, wobei es ihr – im Gegensatz zu K1 – gelingt, ihre subjektive Wahrnehmung des Geschehens wirksam zu platzieren. Es ist ihre Version, die durch MA1 gehört wird, und K1 ist es, der in der Folge die Solidarisierung mit MA1 gelingt. Sie verlässt gemeinsam mit und auf dem Arm von MA1 den Raum. Die Stimme von K1 findet in der Situation hingegen kein Gehör. Im Gegensatz zu K2 ist es ihr nicht (leicht) möglich, ihre Version des Konflikts zu schildern oder direkt für ihre Interessen einzutreten. Es vollzieht sich sowohl auf räumlicher als auch körperlicher Ebene eine Form von Ausschluss: K2 und MA1 wenden sich beide von K1 ab und verlassen gemeinsam den Raum. K1 wird hierdurch in die Rolle der Außenseiterin versetzt bzw. in ebendieser Rolle reproduziert. Es zeigt sich – hier exemplarisch –, dass die Subjektposition von Kindern mit verbalsprachlichen Einschränkungen durch eine besondere Prekarität gekennzeichnet ist – wenngleich klar ist, dass dies keineswegs zwangsläufig und immer so sein muss. Bei verbalsprachlichen Einschränkungen handelt sich um eine Barriere, die ein erhöhtes Ausschlussrisiko mit sich bringt, allerdings dennoch stets situativ zu betrachten ist und nicht immer zum Problem wird bzw. werden muss. Im ausgewerteten Material wurden viele Szenen vorgefunden, in denen verbalsprachliche Einschränkungen einzelner Kinder auch kompensiert wurden bzw. sich nicht als Problem der betreffenden Kinder manifestieren. Als sehr gelungen erweist sich hierbei vor allem der Rückgriff auf Formen der Gebärdensprache. Insbesondere in einer der untersuchten Einrichtungen konnte festgestellt werden, dass Gebärden in einer Form in den Alltag implementiert wurden, die es einem dort betreuten gehörlosen Mädchen ermöglicht, mit Mitarbeiter:innen und Kindern zu kommunizieren. Ihre verbalsprachlichen Einschränkungen werden hier lediglich dann zum Problem, wenn die Gebärdensprachkompetenzen einzelner Mitarbeiter:innen nicht in ausreichender Form verfügbar sind, wie zum Beispiel in der folgenden Szene deutlich wird: „*Das gehörlose Mädchen, K1, schaut mich an. Ich lächle ihr zu und sie lächelt zurück. Danach gestikuliert sie in Richtung von K2, die neben ihr steht. K2 schaut das Mädchen mit großen Augen an und sagt schließlich: ‚Aber ich nicht!‘, ohne mit ihren Armen das Gesagte zu unterstützen. K1 wendet sich an MA1 und versucht ihm/ ihr mittels ihrer Gebärden etwas mitzuteilen. K2 steht daneben und sagt mit erhobener Stimme: ‚Ey, nicht nur du!‘. Das gehörlose Mädchen gestikuliert nun verstärkt in die Richtung von K2 und MA1. MA1 blickt erst zu den Kindern und sieht danach mich an. Er bzw. sie zieht die Schultern hoch, als wolle er/ sie mir mitteilen, dass er/ sie das Mädchen nicht verstanden habe. MA1 wendet sich daraufhin von den beiden Mädchen ab und läuft in eine andere Ecke des Raums. Die Mädchen sehen MA1 erst hinterher und laufen dann nebeneinander in die Spielecke*“ (B19, Z. 243–250). Während sich anhand des Beispiels zeigen lässt, wie wichtig es für K1 ist, dass alle Mitarbeiter:innen, die in der Einrichtung tätig sind, in ausreichendem Maße über gebärdensprachliche Kompetenzen verfügen, wird ebenfalls deutlich, dass dies zumindest in der hiesigen Situation nicht unmittelbar zum Problem wird, denn den beiden Mädchen gelingt es, sich auch ohne MA1 zu organisieren und auf anderem Wege zu verständigen. Auch ohne das Einwirken von MA1 kommt es zu einer gemeinschaftlichen Handlungspraxis zwischen K1 und K2, wenngleich das Strukturproblem fehlender/ eingeschränkter gebärdensprachlicher Kenntnisse hiervon freilich unberührt bestehen bleibt.

Abschließend sei im Kontext der alltagspraktischen Implementierung von Gebärdensprache in den Einrichtungsalltag noch auf ein weiteres Ergebnis eingegangen. Die Auswertung zeigt immer wieder, dass dies – abgesehen von der Herausforderung, Gebärden lernen zu müssen – auch anderweitige Herausforderungen für Mitarbeiter:innen und Kinder mit sich bringt. Sehr gut lässt sich dies an dem folgenden Beispiel veranschaulichen: „*K1 kommt weinend von der Hochebene, wendet sich an MA1 und sagt, dass er gegen eine Holzkante gestoßen sei. MA1 fragt, was passiert ist und reicht ihm ein ‚Kühlpack'. K1 berichtet, dass K2 und K3 die Couch, auf der er saß, umgeschubst haben. K2 und K3 kommen gerade Hand in Hand die Treppe hinunter. […] MA1 gebärdet zu K2 gewandt, dass sie sich bei K1 entschuldigen soll und sagt dann, dass K3 dies ebenfalls tun solle, wenn er dabei gewesen ist. Mir fällt auf, dass MA1 zusätzlich zum Gebärden noch spricht. K2 und K3 entschuldigen sich beide in Gebärdensprache, woraufhin sich K1 entrüstet an MA1 wendet und sagt, dass K3 es ihm auch direkt sagen könne. MA1 sagt daraufhin, dass es in Ordnung sei und dass er es auch gebärden darf*" (B24, Z. 95–102). In der hier dokumentierten Szene zeigt sich, dass das Hinzutreten einer alternativen Sprach- und Aushandlungsform gänzlich eigene Konflikte mit sich bringen kann. Zum Beispiel wird im Auszug die Frage nach der Gültigkeit sowie dem Verhältnis der geläufigen Sprachformen zueinander aufgeworfen: Wer darf sich in welcher Situation welcher Sprachform bedienen? Stehen beide Sprachformen gleichberechtigt nebeneinander oder befinden sich diese (ggf. auch nur aus Sicht der Kinder) in einem hierarchischen Verhältnis? Im angeführten Auszug scheint der Rückgriff von K3, der sich theoretisch auch verbalsprachlich äußern kann, für K1 nicht zulässig. Für K1 handelt es sich bei gebärdensprachlichen Äußerungen offenbar um etwas, was nur für jene Kinder zulässig und aussagekräftig ist, die sich nicht verbalsprachlich äußern können. Die Implementierung einer neuen Sprachform führt allerdings auch zu einer erhöhten Komplexität beziehungsrelationaler Aushandlungspraxen zwischen den Kindern. Das (Nicht-)Sprechen einer Sprache erfährt eine tiefergehende soziale Bedeutungszuschreibung. So wird der Rückgriff von K3 auf Gebärdensprache in der hiesigen Szene beispielsweise zum Ausgangspunkt einer Solidarisierung zwischen K2 und K3.

12.2 Zusammenfassung der Ergebnisse

Abbildung 29: Überblick Beobachtungen

F3: „Welche (pädagogischen) Handlungspraxen vollziehen sich in integrativen Kindertageseinrichtungen?"		
	F3.1 „Wie vollziehen sich welche (pädagogischen) Praxen zwischen den verschiedenen Akteur:innen?"	Beobachtungen
	F3.2 „Wie und wo vollziehen sich inklusive bzw. behindernde Praxen und wie werden die Themen ‚Inklusion' und ‚Behinderung' im Alltag verhandelt?"	

F3.1 „Wie vollziehen sich welche (pädagogischen) Praxen zwischen den verschiedenen Akteur:innen?"

Die Beobachtungsprotokolle haben vielfältige Einblicke in die Handlungspraxen gegeben, die sich in den untersuchten Einrichtungen vollziehen. Mit Blick auf den Vollzug des pädagogischen Handelns der Mitarbeiter:innen zeigte sich zum Beispiel, wie grundlegend Facetten von Aufsicht und Steuerung hier sind. Praxen der Aufsicht und Steuerung erweisen sich im Alltag als allgegenwärtig. Zu jedwedem Zeitpunkt sind sie in den Protokollen feststellbar. Dies beginnt bereits – wie schon in Kapitel 10 herausgearbeitet – bei der räumlich-strukturellen Gestaltung der Einrichtungen, setzt sich aber auch in immer wiederkehrenden Handlungen – wie zum Beispiel dem Wickeln und entsprechender Kontrollen – fort. Die Kinder sind, solange sie sich in den Einrichtungen aufhalten, stetig dem prüfenden und damit einhergehend bewertenden Blick der Mitarbeiter:innen ausgesetzt, wobei sich – wie aufgezeigt – durchaus Differenzen dahingehend feststellen lassen, wie stark einzelne Kinder durch jenen beaufsichtigenden Blick erfasst werden. Dies wiederum macht deutlich, dass kindliches Handeln immer als ein gerahmtes Handeln zu verstehen ist und sich die von den Mitarbeiter:innen in den Interviews (Kapitel 11) hervorgehobene Konstruktion der Kinder als scheinbar selbstständige Akteur:innen des Alltags nicht uneingeschränkt aufrechterhalten lässt.

Die Auswertung der Beobachtungsprotokolle bestätigte darüber hinaus das Ergebnis der Interviewauswertung, wonach sich nicht nur das Handeln der Kinder, sondern auch das Handeln der Mitarbeiter:innen in einem ambivalenten Spannungsfeld von Freiheit und Zwang vollzieht. So wird auch das Handeln der Mitarbeiter:innen wesentlich durch den jeweiligen Ablaufplan der Einrichtungen vorstrukturiert. Immer wieder zeigte sich, dass das Handeln der Mitarbeiter:innen darauf ausgerichtet ist, den Vollzug des vorgegebenen Tagesablaufs sicherzustellen und die darin eingebetteten Programmpunkte abzuhalten. Diese Form der mitunter minutiösen Vorstrukturierung tritt dabei in ein Konfliktverhältnis mit Fragen von Spontaneität und Flexibilität und es offenbart sich die Herausforderung eines Handelns nach Plan, welches nur bedingt entlang der je situativen Belange der Kinder adaptiert werden kann. Dies kann, so zeigt die Auswertung immer wieder, vor allem für jene Kinder zum Problem werden, die einen erhöhten Unterstützungsbedarf haben, denn hier ergibt es sich häufiger, dass komplexere und damit zugleich zeitaufwendigere Aushandlungsformen von den Mitarbeiter:innen eingefordert werden.

Größere Spielräume persönlicher Handlungsökonomie wird den Mitarbeiter:innen allerdings in Bezug auf ihr je situatives Handeln zuteil, welches sich innerhalb des vorgegebenen Ablaufplans vollzieht. Es findet hier das Ergebnis Bestätigung, das schon in der Interviewauswertung dargelegt wurde: Das (pädagogische) Handeln der Mitarbeiter:innen kann nicht entlang einer in sich konsistenten Konstruktion pädagogischen Handelns gefasst und beschrieben werden. Zwar konnten durchaus Konstanten im Handeln der Mitarbeiter:innen herausgearbeitet werden – was wiederum auf das bereits in Kapitel 11 thematisierte ‚latente Handlungskonzept' verweist – eine einheitliche Linie, entlang derer das Handeln ausgestaltet ist – beispielsweise mit Blick auf die Frage, wann, wie und warum regulierend in kindliches Handeln eingegriffen wird und wann nicht –, wurde nicht bzw. nur bedingt deutlich. Pädagogisches Handeln vollzieht sich, so muss auch auf Grundlage der Beobachtungsprotokolle festgehalten werden, schwerpunktmäßig auf Basis individueller Präferenzlegungen und ‚aus dem Bauch heraus' und wird höchstens durch kurze spontane Gespräche im Team gerahmt. Während sich dies insofern ‚positiv' sehen lässt, da es der oben angeführten Bürokratisierung des Handelns entgegensteht, liegt hierin aber auch eine Herausforderung. Dies zum Beispiel deshalb, da die unterschiedlichen Handlungsideen der Mitarbeiter:innen und die damit einhergehenden Inkonsistenzen im Handeln die Frage nach der Zielsetzung des Handelns in den Einrichtungen unbestimmt lassen. Was soll durch das eigene Handeln auf Seiten der Kinder erzeugt bzw. hervorgebracht werden? Der hier gewonnene Blick in die Handlungspraxis zeigt, dass es den Mitarbeiter:innen an einem gemeinsamen Konzept bzw. einer einenden Vorstellung fehlt, an der sie ihr Handeln begründet ausrichten können. Erst wenn die Frage nach der gemeinsamen Handlungsidee beantwortet ist, erscheint es möglich, eine Richtlinie auszuloten und angesichts der vielfältigen Herausforderungen des Alltags handlungsfähig zu bleiben. Beispielhaft verwiesen sei hier etwa auf die Frage nach dem Umgang der Mitarbeiter:innen mit der Ambivalenz von Nähe und Distanz, die sich im hier untersuchten Handlungsfeld in besonders ausgeprägter Form zeigt. Die Art und Weise, wie diese Ambivalenz durch die einzelnen Mitarbeiter:innen ausgehandelt wird, ist von großer Relevanz mit Blick auf die Frage, wie Kinder im Alltag der Einrichtungen adressiert und hervorgebracht werden.

F3.2 „Wie und wo vollziehen sich inklusive bzw. behindernde Praxen und wie werden die Themen ‚Inklusion' und ‚Behinderung' im Alltag verhandelt?"

In Bezug auf die Fragestellung F3.2 konnten ebenfalls vielfältige Einblicke gewonnen werden. Deutlich wurde zum Beispiel, dass die Ergebnisse in Kontrast zu den (Selbst-)Darstellungen der Mitarbeiter:innen stehen, die im Zuge der Interviewauswertung offengelegt wurden. Während Inklusion durch die Mitarbeiter:innen in der Breite als etwas adressiert wurde, was im Alltag der Einrichtungen bereits gelebt werde und sich scheinbar problemlos und selbstverständlich vollzieht, so lässt sich anhand der Beobachtungsprotokolle sehr dezidiert nachzeichnen, dass sich dieser Anspruch zumindest nicht vollumgänglich aufrechterhalten lässt. Zwar konnten viele Situationen beobachtet werden, in denen Praxen des Ausschlusses erfolgreich relativiert bzw. vermieden wurden, gleichzeitig wurden aber ebenso verschiedene Praxen erfasst, die – je situativ – Formen von Ausschluss hervorgebracht haben. Beispielhaft anzuführen ist unter anderem das

Ergebnis, wonach Kinder mit Integrationsstatus in der Breite eine deutlich engere Begleitung durch die Mitarbeiter:innen erfahren und damit zwangsläufig einer verstärkten Aufsicht und Regulierung ausgesetzt sind. Dies zeigte sich sowohl im Kontext von Handlungspraxen, die sich innerhalb der Einrichtungen vollziehen – zum Beispiel bei Spiel- und Essenssituationen –, in besonderem Maße jedoch in jenen, die jenseits der Einrichtungen stattfinden (etwa im Kontext von Spielplatzbesuchen und/ oder Ausflügen). Auch wenn sich eine derartige engere Begleitung im Einzelfall als unvermeidbar erweisen kann – beispielsweise dann, wenn sich Kinder nicht ohne Unterstützung bewegen und/ oder essen und trinken können – so hat es ungeachtet dessen zur Folge, dass die betreffenden Kinder als besonders Schutz- und Aufsichtsbedürftig adressiert und hervorgebracht werden und sich zugleich etwas vollzieht, was sich als ‚Hervorbringung von Zuständigkeit' reflektieren lässt. Es wird hierdurch eine Konstruktion gefördert, die Kinder mit Integrationsstatus eher im Zuständigkeitsbereich der Mitarbeiter:innen verortet, womit sie aus dem Kollektiv der übrigen Kinder hausgelöst werden. Auf Seiten der anderen Kinder kann dies unter anderem zur Folge haben, dass Kinder mit Integrationsstatus nicht im gleichen Maße als potenzielle Spielgefährt:innen wahrgenommen werden. Auf Seiten von Kindern mit Integrationsstatus kann es wiederum begünstigen, dass Spielanfragen ihrerseits nicht an die anderen Kinder gerichtet werden, sondern eben an die Mitarbeiter:innen. Die Analyse der Beobachtungen zeigt: Im Alltag der untersuchten Einrichtungen sind es vor allem Kinder mit Integrationsstatus, die verhältnismäßig häufig als Außenseiter:innen agieren (vgl. Heimlich 2020, S. 57). An dieser Stelle knüpft dann auch das weiterführende Ergebnis an, wonach den Mitarbeiter:innen – bzw. der Ausgestaltung ihres Handelns – eine besondere Bedeutung mit Blick auf Fragen von Teilhabe und Ausschluss zuteilwird. Die Analyse der Beobachtungsprotokolle zeigt, dass das Handeln der Mitarbeiter:innen – wie oben bereits angeschnitten – dazu führen kann, dass Formen von Ausschluss hervorgebracht oder verstärkt werden – beispielsweise dann, wenn sie die oben adressierte ‚Hervorbringung von Zuständigkeit' weiterführend befeuern, indem sie (beispielsweise) das Zustandekommen von Interaktionen zwischen Kindern mit und ohne Integrationsstatus verhindern. Gleichzeitig können Mitarbeiter:innen aber auch eine bedeutende Brückenfunktion einnehmen und durch ihr Handeln dazu beitragen, Praxen des Ausschlusses situativ zu vermeiden bzw. zu dekonstruieren.

In der Breite zeigt die Auswertung der Beobachtungsprotokolle sehr deutlich, dass Inklusion nicht bereits dadurch erreicht ist, dass Kinder mit und ohne Behinderung gemeinsam eine Kindertageseinrichtung besuchen. Formen von Ausschluss können sich je situativ, in vielfältiger Art und Weise, in scheinbaren Nebensächlichkeiten und insbesondere auch ohne entsprechende Absicht der handelnden Personen manifestieren. Insbesondere die Subjektpositionen von Kindern mit erhöhtem Unterstützungsbedarf sind dabei einer besonderen Prekarität ausgesetzt. Dies umso mehr, wenn zeitliche und personelle Ressourcen zu knapp bemessen oder notwendige Unterstützungsangebote – beispielweise Mitarbeiter:innen mit ausreichenden Gebärdensprachkenntnissen – nicht im erforderlichen Maße vorhanden sind. Zusätzlich komplex wird die Frage nach Praxen des Ausschlusses auch vor dem Hintergrund, dass sich diese mitunter als unvermeidbar erweisen können, um überhaupt Formen von Teilhabe schaffen zu können. Verwiesen sei etwa auf die Praxis des Fütterns oder das Tragen von Kindern, die nicht selbst laufen können. Es zeigt sich hieran, dass Inklusion als hochgradig ambivalenter und krisenhafter Aushandlungsprozess zu begreifen ist, welcher der fortwährenden kritischen Selbstreflexion der Mitarbeiter:innen bedarf. Weiterhin wird deutlich, dass Fragen von Teilhabe und Ausschluss nicht entlang eines Entweder-oder-Prinzips zu denken sind. Beides steht in einem relationalen Verhältnis zueinander und muss immer in Bezug auf den je konkreten Einzelfall und je situativ reflektiert werden (vgl. Trescher 2018a, 33 ff; Hummrich 2019; Budde/Hummrich 2015, S. 33).[71] So zeigt sich zwar, dass Kinder mit Integrationsstatus im Alltag verstärkt von Formen des Ausschlusses bedroht sind, greifbar wird aber zugleich, dass sich dieser Ausschluss keinesfalls zwangsläufig und in jeder Situation manifestieren muss. Das, was für ein Kind eine ausschlussreproduzierende Wirkmächtigkeit entfalten kann, kann für ein wiederum anderes Kind überhaupt erst Formen von Teilhabe ermöglichen.

71 Siehe hierzu auch die Ausführungen in Kapitel 3.

13. Konklusionsphase: Zusammenführung, Einbettung und Diskussion der Ergebnisse

Abbildung 30: Überblick Fragestellung F4

F4: „Welche (pädagogischen) Herausforderungen bzw. Weiterentwicklungspotenziale lassen sich feststellen?"	Gesamtergebnisse F1, F2 & F3

Ziel der Studie „Inklusion als Herausforderung integrativer Kindertageseinrichtungen" war es, grundlegende Einblicke in integrative Kindertageseinrichtungen als Vollzugsorte pädagogischen Handelns und kindlicher Lebenspraxis zu erhalten und diese einerseits für sich genommen, andererseits aber auch vor dem Hintergrund von Inklusion zu reflektieren. Mit der Analyse der pädagogischen Konzepte (Kapitel 9), der strukturellen Ausgestaltung der Einrichtungen (Kapitel 10), der (Selbst-)Darstellungen der Mitarbeiter:innen (Kapitel 11) sowie der Interaktionen zwischen den verschiedenen Akteur:innen (Kapitel 12) wurden unterschiedliche methodische Zugänge gewählt und zunächst getrennt voneinander bearbeitet. Hierbei konnten, wie in den einzelnen Auswertungskapiteln im Detail dargelegt, vielfältige Ergebnisse herausgearbeitet werden. Eines davon war: Keine der in der Auswertung offengelegten Herausforderungen ließ sich nur isoliert in einer der untersuchten Einrichtungen feststellen. Die dargelegten Ergebnisse finden sich stattdessen in der Breite des Materialpools, was zumindest als Indiz dafür gewertet werden kann, dass es sich um Herausforderungen handelt, die auch die Breite des Handlungsfelds betreffen.

Ziel des nun folgenden Kapitels ist es, die einzelnen Ergebnisstränge der verschiedenen Auswertungsschritte zusammenzuführen, diese theoretisch einzuordnen, zu den Ergebnissen anderer Studien in Relation zu setzen und hierauf aufbauend die letzte verbleibende Forschungsfrage der Studie zu bearbeiten: die Frage nach den (pädagogischen) Herausforderungen und möglichen Weiterentwicklungspotenzialen der hier untersuchten Handlungspraxis. Konkret geht es hier also, wie in Kapitel 7 dargelegt, um den ersten Schritt der Bearbeitung der Fragestellung F4.

13.1 Positive Selbstwahrnehmung und wertschätzende Rahmung des Handlungsfelds

Eines der Kernergebnisse der Studie ist darin zu sehen, dass in Bezug auf das hier untersuchte Handlungsfeld von einer großen Zufriedenheit und Wertschätzung der beforschten Akteuer:innen – Mitarbeiter:innen und Kinder – gesprochen werden kann. Dies zeigte sich sowohl im Kontext der Interview- als auch der Beobachtungsauswertung. Bezugnehmend auf die Mitarbeiter:innen lässt sich zum Beispiel anführen, dass bei allen interviewten Personen ein positives Selbstbild in Bezug auf ihre berufliche Tätigkeit festgestellt werden konnte. Die hier beforschten Mitarbeiter:innen verstehen sich ausnahmslos als professionelle und handlungsfähige Akteur:innen ihres Alltags. Dies spiegelt sich unter anderem auch darin wider, dass in den Interviews keine ungedeckten Weiterbildungsbedarfe formuliert wurden. Gleiches gilt in Bezug auf mögliche Defizite oder Lücken in Bezug auf ihre jeweiligen Aus- bzw. Weiterbildungshintergründe. Die Mitarbeiter:innen sehen sich selbst als hinreichend gerüstet für ihre alltägliche Handlungspraxis – dies auch angesichts des anhaltenden Transformationsprozesses des Feldes sowie der stetig steigenden Erwartungen, die damit einhergehend von außen an sie gerichtet werden (vgl. König 2021, S. 7; Bollig 2019, 160 f; Thon/ Mai 2017, 260 f; Friederich/Schoyerer 2016, S. 49).[72] Beides wird zwar von den interviewten Mitarbeiter:innen benannt, jedoch nicht – zumindest nicht im subjektiv-intentionalen Sinn der Darstellungen – als problematisch eingestuft. Alle Mitarbeiter:innen eint, dass sie sich in dem von ihnen gewählten Tätigkeitsfeld wohlfühlen, die Tätigkeit als erfüllend erleben und sich mit dieser identifizieren. Dieses Ergebnis deckt sich mit denen anderer Erhebungen – beispielsweise der von Fuchs/ Trischler durchgeführten Befragung von 202 Erzieher:innen im Kontext des DGB-Index Gute Arbeit (vgl. Fuchs/Trischler 2008, 30; 43). Die Autor:innen halten hier fest, dass „84 Prozent der Erzieherinnen und Erzieher stolz auf ihre Arbeit sind. 80 Prozent geben an, dass sie ihre Arbeit begeistert. Auslöser für diese positiven Gefühle sind vielfach das Erleben der eigenen Arbeitsleistungen und -fähigkeiten, die Identifikation mit der Arbeitshandlung sowie gute soziale Beziehungen am Arbeitsplatz“ (Fuchs/Trischler 2008, S. 16; vgl. Nürnberg 2018, S. 19).

Die Ergebnisse der hiesigen Studie haben darüber hinaus gezeigt, dass die jeweiligen Erfahrungshintergründe, die von den Mitarbeiter:innen als Begründung für die wertschätzende Rahmung des eigenen Handlungsfelds bzw. der eigenen Tätigkeit angeführt wurden, sich zum Teil von Mitarbeiter:in zu Mitarbeiter:in unterscheiden. Die beforschten Personen haben mitunter je für sich eigene kleine Nischen im Tätigkeitsfeld gefunden, in denen sie sich aufgehoben fühlen und verwirklichen können (vgl. Dippelhofer-Stiem 2003, S. 141). Dies kann nicht zuletzt als Hinweis auf den Facettenreichtum des Handlungsfelds gesehen werden. Die Breite des Tätigkeitsfelds bietet die Möglichkeit, verschiedene Vorlieben zu

72 Einordnend ist hier allerdings nochmal anzumerken, dass die interviewten Personen – bis auf eine Ausnahme – zwischen 20 und 30 Jahren alt waren, sodass es sich ausnahmslos um Mitarbeiter:innen handelt, deren Ausbildung noch nicht lange zurückliegt.

bedienen sowie je differente Ausprägungsformen des Handelns und hieran geknüpfte Selbstverständnisse zuzulassen.[73]

Die wertschätzende Haltung der Mitarbeiter:innen zum eigenen Handlungsfeld findet sich auch in den erhobenen Beobachtungsprotokollen. Immer wieder zeigte sich hier, dass sich die Mitarbeiter:innen den Kindern gegenüber sehr zugewandt und aufmerksam verhalten. Beinahe ausnahmslos lässt sich ein sehr wertschätzender und liebevoller Umgang feststellen. Nur in Einzelfällen bzw. Einzelsituationen konnten Verhaltensweisen beobachtet werden, die sich als (annehmbar ungewollte) Ablehnung oder Zurückweisung interpretieren lassen. Auch hier decken sich die Ergebnisse der Studie mit denen anderer Erhebungen. In diesem Sinne arbeitet zum Beispiel König in ihrer videogestützten Studie heraus, dass „sich die Lernumwelt der Kinder im Kindergarten in fast allen Gruppen durch eine Atmosphäre der ‚Wertschätzung' gegenüber dem Kind auszeichnet" (König 2009, S. 256; vgl. Bäuerlein/Rößler/Schneider 2017, S. 130; 2017, S. 186; Dippelhofer-Stiem 2003, 145 f).

Wie eingangs bereits angemerkt, konnte auch auf der Ebene der Kinder fast ausschließlich eine positive Adressierung der Einrichtungen und der dort tätigen Mitarbeiter:innen festgestellt werden. Zwar wurden die Kinder im Rahmen der Studie nicht selbst interviewt, die Beobachtungsprotokolle machen aber deutlich, dass sich die Kinder gerne in den Einrichtungen aufzuhalten scheinen und vornehmlich positive Beziehungspraxen zu den Mitarbeiter:innen führen. Zwar wurde deutlich, dass einzelne Kinder im Alltag häufiger als andere als Außenseiter:innen agieren und in Konfliktsituationen mit den Mitarbeiter:innen geraten, jedoch ist dies keinesfalls immer und in jeder Situation der Fall. Formen von Ausschluss entstehen – dies sei schon an dieser Stelle nochmal betont – wenn überhaupt situativ und sind keinesfalls allumfassend. Wie in Kapitel 12 dargelegt, zeigt sich im Gros der gewonnenen Einblicke ein liebevoller und vertrauter Umgang zwischen den Kindern und Mitarbeiter:innen. Die Mitarbeiter:innen agieren als enge Vertrauens- und Bezugspersonen und die Kinder zeigen sich nicht zurückhaltend in Bezug auf das Äußern ihrer Bedürfnisse und Anliegen. Vielfach wurde deutlich, dass sie die Nähe und Aufmerksamkeit der Mitarbeiter:innen suchen und dabei nicht selten ihre Wertschätzung für die betreffenden Personen zum Ausdruck bringen.

Bezugnehmend auf die Frage nach Herausforderungen und Weiterentwicklungspotenzialen ist anzumerken, dass sowohl die wertschätzende Rahmung des eigenen Tätigkeitsfelds als auch die positive Selbstwahrnehmung der Mitarbeiter:innen vor allem als Chance zu reflektieren sind. Die Mitarbeiter:innen fühlen sich mit ihrer Tätigkeit verbunden bzw. gehen in dieser auf. Sie bringen sich als Personen ein und sind engagiert. Kritisch anzumerken ist jedoch, dass diese Selbstwahrnehmung der Mitarbeiter:innen auf Grundlage der Ergebnisse nicht uneingeschränkt eingelöst werden kann, da es immer wieder zu Brüchen

73 Dass dies auch ambivalent gesehen werden kann, wird im Unterpunkt 13.4 aufgegriffen.

zwischen subjektiv-intentionaler Selbstdarstellung und objektiver Selbstkonstruktion in den Interviews sowie subjektiv-intentionaler Selbstdarstellung in den Interviews und dem faktisch festgestellten Vollzug von (pädagogischen) Handlungspraxen in den Beobachtungsprotokollen gekommen ist. Hierauf wird in den folgenden Unterpunkten immer wieder explizit eingegangen.

13.2 Identifikation mit der Einrichtung und innerorganisationale Verbundenheit

Ein weiteres zentrales Ergebnis der Studie ist darin zu sehen, dass sich die Mitarbeiter:innen nicht nur mit ihrer Tätigkeit generell verbunden fühlen, sondern sich auch mit den Einrichtungen, in denen sie dieser nachgehen, identifizieren. Die zuvor adressierte Zufriedenheit der Mitarbeiter:innen mit ihrer Handlungspraxis wird insofern auch dadurch getragen, dass sich die positive Rahmung des Handlungsfelds auf den organisationalen Überbau ihrer Tätigkeit ausweitet. Die Ergebnisse decken sich in dieser Hinsicht nicht mit denen von Fuchs und Trischler, wenn sie festhalten: „Negativ zu beurteilen ist dagegen, dass nahezu die Hälfte der Erzieherinnen und Erzieher sich mit ihrem Unternehmen nie oder nur selten verbunden fühlen“ (Fuchs/Trischler 2008, S. 16; vgl. Nürnberg 2018, S. 50).

Im Kontext der hiesigen Studie waren es vor allem die Interviews, letztlich aber auch die Beobachtungen, die gezeigt haben, dass sich die Mitarbeiter:innen in den jeweiligen Einrichtungen, in denen sie tätig sind, wohlfühlen und die Ziele teilen, die durch den Träger vorgegeben werden. So konnte beispielsweise in Bezug auf Inklusion herausgearbeitet werden, dass Inklusion von den Mitarbeiter:innen einerseits als ein von außen auferlegter Handlungsauftrag konstruiert wird, andererseits aber auch als persönliches Anliegen. Es besteht in dieser und in anderen Hinsichten ein Passungsverhältnis zwischen organisationalen Leitvorstellungen und subjektiven Überzeugungen der Mitarbeiter:innen, welches zur subjektiv empfundenen Arbeitszufriedenheit beiträgt bzw. ebendiese befördert.

Weitergehend gestützt wird die Identifikation mit der organisationalen Rahmung durch die Zufriedenheit der Mitarbeiter:innen in Bezug auf die Zusammenarbeit im Kollektiv der Mitarbeiter:innen. Die gemeinsame Arbeit im Kollegium wird durch alle Mitarbeiter:innen als harmonisch und wertschätzend beschrieben (vgl. Nürnberg 2018, S. 19; Viernickel 2017, 47 f; Viernickel et al. 2013, S. 71; Dippelhofer-Stiem 2003, 145 f). Tiefgreifende Konflikte zwischen Mitarbeiter:innen konnten weder in den Interviews noch in den Beobachtungen festgestellt werden. Ausgehend von den Auswertungen können somit auch nicht die Ergebnisse anderer Studien bestätigen werden, wonach zum Beispiel die Kategorie ‚Alter‘ zum Ausgangspunkt innerkollegialer Generationenkonflikte werden kann – etwa in der Form, dass neue Leitbilder, an denen die pädagogische Handlungspraxis ausgerichtet werden soll, durch dienstältere Mitarbeiter:innen nicht im gleichen

Maße akzeptiert bzw. übernommen werden (vgl. Breitenbach/Bürmann/Thünemann 2012, S. 98; Brunner 2018, S. 296). Relativierend muss hierzu allerdings angeführt werden, dass in der hiesigen Untersuchung keine heterogene Altersverteilung erreicht werden konnte, da die Mitarbeiter:innen, die in den untersuchten Einrichtungen arbeiten, im Schnitt zwischen 20 und 30 Jahre alt sind. Abgrenzungskonstruktionen zwischen den Mitarbeiter:innen fanden sich lediglich in der Hinsicht, dass einzelne Mitarbeiter:innen für sich selbst in gewisser Hinsicht eine besondere Expertise beanspruchten. Deutlich wurde dies etwa im Kontext spezieller sonder- bzw. heilpädagogischer Ausbildungshintergründe, aus denen eine besondere Expertise im Umgang mit Kindern mit Behinderung bzw. der Thematik ‚Behinderung' insgesamt abgeleitet wurde. Abgesehen hiervon erwies sich der Ausbildungshintergrund der jeweiligen Mitarbeiter:innen nicht als relevante Größe in Bezug auf die Selbst- bzw. Fremdwahrnehmung. Die Ergebnisse decken sich eher, wie im Unterpunkt 13.6 ausführlicher aufgegriffen wird, mit den Ergebnissen anderer Studien, die eine Entkopplung von Ausbildungshintergrund und pädagogischer Handlungspraxis feststellen. So konstatiert beispielsweise Thole in seiner Rekonstruktion des Forschungsstandes, dass der „berufsspezifische Habitus der pädagogischen MitarbeiterInnen […] sich […] weitgehend unabhängig von der beruflichen Qualifizierungsphase zu konstituieren" (Thole 2010, S. 212) scheint (vgl. Göbel/Thole/Milbradt 2016, S. 85). Als weiteres relevantes Kriterium mit Blick auf die subjektive Zufriedenheit der Mitarbeiter:innen in Bezug auf ihre organisationale Einbettung ist darin zu sehen, dass sie zwar in einem hierarchisch gegliederten Feld agieren, die hierarchische Ordnung selbst allerdings flach ausgestaltet ist. Die Mitarbeiter:innen verorten sich auf Augenhöhe mit ihren Kolleg:innen, was nicht zuletzt darauf zurückzuführen ist, dass zum Beispiel auch die Leitungskräfte der Einrichtungen im sogenannten „Kinderdienst" tätig sind.

Ähnlich, wie es bereits im vorangegangenen Unterpunkt angeführt wurde, kann die subjektive Zufriedenheit und Verbundenheit der Mitarbeiter:innen mit der organisationalen Rahmung ihrer Handlungspraxis als großes Entwicklungspotenzial gesehen werden – insbesondere hinsichtlich Fragen der Personal- und Organisationsentwicklung. Die Mitarbeiter:innen fühlen sich mit ihrer Tätigkeit und der Einrichtung, in der sie dieser nachgehen, verbunden. Sie identifizieren sich mit beidem, was organisationale Handlungs- und Gestaltungsräume eröffnet. In den untersuchten Organisationen kann etwas bewegt bzw. verändert werden. Es herrscht insgesamt eine positive Organisationskultur, die als geeignetes Fundament für eine organisationale Weiterentwicklung gesehen werden kann.

13.3 Das Fehlen eines pädagogischen Konzepts

Ein weiteres Kernergebnis der Gesamtauswertung ist darin zu sehen, dass den hier beforschten Mitarbeiter:innen im Alltag kein Handlungskonzept zur Verfügung steht, das von ihnen als Orientierungsrahmen und Bezugspunkt des Handelns genutzt wird bzw. genutzt werden kann. Deutlich wurde dieses Ergebnis bereits im Zuge der Analyse der pädagogischen Konzepte der Einrichtungen. Es zeigte sich hier, dass es sich bei den durch den Träger bereitgestellten Broschüren nicht um Handreichungen handelt, die sich an die Mitarbeiter:innen in den Einrichtungen richten, sondern eher um Informationsmaterialien, die der Außenrepräsentanz der Einrichtungen bzw. des Trägers dienen. Sie adressieren vor allem Menschen der Allgemeingesellschaft bzw. Eltern, die als potenzielle Kund:innen infrage kommen und denen der Alltag der Einrichtungen, deren Leitlinien sowie die Einrichtungen vorgestellt werden sollen. Die Broschüren sind damit vor allem Ausdruck eines dienstleistungsbezogenen Werbens um Kundschaft, was auch durch ihre inhaltliche Ausgestaltung getragen wird. So legte die Analyse zum Beispiel offen, dass die Konzepte durch ein ‚Jargon der Unschärfe' geprägt sind. Theoretische Begriffe, mittels derer die Handlungspraxis in den Einrichtungen gerahmt wird (zum Beispiel die Begriffe ‚Bildung', ‚Diversität', ‚geschlechterbewusste Erziehung' und ‚Inklusion'), werden nicht theoretisch (konsistent) ausgearbeitet und finden keine handlungspraktische Auslegung. Dies hat zwangsläufig zur Folge, dass die Begriffe selbst an Trennschärfe einbüßen und eher eine Schlagwortfunktion einnehmen. Beides – sowohl die Begriffe als auch die Handlungspraxis, die sich dem Anspruch nach hieran ausrichtet – bleibt somit unscharf bzw. ungeklärt.

Die Auswertung der Mitarbeiter:innen-Interviews bestätigte die Ergebnisse der Konzeptanalyse. Hier wurde deutlich, dass die durch den Träger bereitgestellten Konzepte den Mitarbeiter:innen zwar – mal mehr, mal weniger detailliert – bekannt sind, für diese im Alltag allerdings keine handlungspraktische Relevanz haben. Das pädagogische Handeln der Mitarbeiter:innen vollzieht sich stattdessen ohne konkrete inhaltlich-konzeptionelle Rahmung durch die Trägerorganisation und wird vor allem individuell durch die einzelnen Mitarbeiter:innen bzw. spontan im Team ausgehandelt. Dies erscheint nicht unproblematisch, denn es kann hierin eine gewisse Delegation von Verantwortung gesehen werden: Es wird dem individuellen Verantwortungsbereich der Mitarbeiter:innen überlassen, begrifflich-theoretische Auseinandersetzungen zu leisten und sich theoretisch-abstrakte Begriffe – die sich letztlich auch in von außen an sie gerichteten Erwartungen manifestieren können – anzueignen, für ihre alltägliche Handlungspraxis handhabbar zu machen und zugleich eine einheitliche Linie für die Arbeit im Team auszuloten. Dies muss als eine enorme Herausforderung gesehen werden, die von Seiten der Mitarbeiter:innen auch angesichts der vielfältigen Herausforderungen ihres Alltags nur bedingt bewältigt werden kann und daher eher – hierauf verweisen die Ergebnisse – ‚auf der Strecke' zu bleiben scheint.

Die obigen Ausführungen lassen eine weitere Herausforderung greifbar werden, denn das Fehlen eines Handlungskonzepts kann auch insofern als Herausforderung reflektiert werden, als es gerade ein solches Konzept ist, das im

Alltag zum Ausgangspunkt eines begründeten, reflektierten Handelns werden kann. Die Ergebnisse zeigen immer wieder, dass sich die Mitarbeiter:innen in ihrer alltäglichen Handlungspraxis einer Vielzahl komplexer Situationen und mitunter widerstreitender Ansprüche ausgesetzt sehen, die ihnen ein hohes Maß an Selbstreflexion und das Treffen bewusster Entscheidungen abverlangen (vgl. Göbel 2018, S. 72; Thole/Milbradt/Göbel 2016, S. 2; Breitenbach/Bürmann/Thünemann 2012, S. 97; König 2009, S. 257). Um dem Anspruch eines professionellen pädagogischen Handelns gerecht zu werden, müssen diese Entscheidungen auf Grundlage (selbst-)kritischer Reflexionsprozesse abgewogen und begründet getroffen werden. *„Pädagogisches Handeln heißt reflexives Handeln und reflexives Handeln heißt auch dialektisches Verstehen beziehungsweise Denken und Handeln in Ambivalenzen*" (Trescher 2018a, S. 62; Hervorhebung im Orig.). Allerdings ist ein solches Handeln nur dann möglich, wenn die Mitarbeiter:innen eine konkrete, theoretisch fundierte Handlungsidee haben und diese auch praktisch reflektieren können. In diesem Sinne erscheint zum Beispiel ein theoretisch klar formulierter und handlungspraktisch ausgelegter Inklusionsbegriff als Grundvoraussetzung für ein Handeln, welches den Anspruch erhebt, Inklusion ‚machen' zu wollen, denn erst dann können das eigene Handeln begründet ausgestaltet und etwaige Brüche wahrgenommen werden. Ein Handlungskonzept, in dem theoretische Begriffe ausgearbeitet und handlungspraktisch durchdacht sind, kann hier als Stütze und ggf. Grundvoraussetzung dienen. Es begünstigt, dass sich ideologische Zielsetzungen des Handelns und je situative Aushandlungspraxen desgleichen am Ende ggf. nicht unvereinbar gegenüberstehen (vgl. Trescher/Börner 2019). Ein pädagogisches Konzept kann als Reflexionsfolie und normativer Referenzpunkt für je situative Entscheidungsprozesse der Mitarbeiter:innen fungieren und begünstigt darüber hinaus den Vollzug alltäglicher Aushandlungspraxen zwischen den Mitarbeiter:innen im Team – erleichtert eine solche gemeinsame Grundlage doch letztlich auch das Sprechen über Handlungspraxis, was – so zeigen Interviews und Beobachtungen – nur selten stattzufinden scheint.

Bezugnehmend auf Herausforderungen und Weiterentwicklungspotenziale der untersuchten Handlungspraxis wäre hier also die Überlegung aufzuwerfen, den Mitarbeiter:innen in den Einrichtungen ein entsprechendes Handlungskonzept zur Verfügung zu stellen bzw. gemeinsam zu erarbeiten und dabei letztlich auch theoretische Inhalte ausführlicher zu berücksichtigen. Hervorzuheben ist dass diese Überlegungen nicht als Forderung nach der Bereitstellung eines handlungspraktischen Rezeptwissens zu verstehen sind. Pädagogisches Handeln wird hier – wie in Kapitel 5 ausführlich dargestellt wurde – als hochgradig komplexes, ambivalentes Handeln verstanden, das sich einer einfachen Kausal-Logik entzieht. Pädagogisches Handeln bedarf immer wieder der situativen Neuaushandlung und muss stets „auf die Konkretion eines Falles in seiner historischen Eigenart und Eigenlogik bezogen" (Oevermann 2002b, S. 30) sein (vgl. Trescher 2018a, S. 60). Bei der Überlegung hinsichtlich eines pädagogischen Handlungskonzepts geht es insofern eher um die (gemeinsame) Ausarbeitung und Bereitstellung grundlegender Leitlinien, in denen elementare Grundbegriffe, auf denen die Handlungspraxis fußt, theoretisch ausgearbeitet und handlungspraktisch ausgelegt werden – und dies nicht zuletzt mit dem Ziel, die Mitarbeiter:innen in der Ausführung ihres Handelns bestmöglich zu unterstützen.

13.4 Pädagogisches Handeln als individuelle Größe

Das Ergebnis des Fehlens eines pädagogischen Handlungskonzepts steht in einem unmittelbaren Zusammenhang mit der Erkenntnis, wonach das pädagogische Handeln in den untersuchten Einrichtungen als etwas gesehen werden muss, was sich nicht einheitlich fassen lässt. Immer wieder wurde in der Auswertung der erhobenen Materialien deutlich, dass die Frage, wie die Mitarbeiter:innen ihre Handlungspraxis bzw. sich selbst als pädagogisch Handelnde konstruieren, von Mitarbeiter:in zu Mitarbeiter:in variieren kann. Zwar lassen sich – wie im folgenden Unterpunkt aufgegriffen wird – in den Konstruktionen der Mitarbeiter:innen (Interviewauswertung) sowie im je konkreten Vollzug ihres Handelns (Beobachtungsauswertung) einheitliche Linien bzw. Gemeinsamkeiten feststellen, jedoch erweist sich das Handeln der Mitarbeiter:innen nichtsdestotrotz immer wieder als individuelle Größe, die von den befragten Personen mitunter unterschiedlich ausgelegt und ausgehandelt wird (vgl. Klein 2010, 136; 155; Fried 2003, S. 81). Unter Rückbezug auf den ersten Unterpunkt der Ergebnisdarstellung kann also festgehalten werden, dass sich die Mitarbeiter:innen zwar in sozial-emotionaler Hinsicht als Kollektiv verstehen, sich in Bezug auf ihre jeweiligen Konstruktionen des Handelns jedoch durchaus voneinander abgrenzen, was die Gemeinschaftskonstruktion zumindest auf der Ebene des objektiven Sinns teilweise brüchig werden lässt. In den Interviews manifestiert sich dies zum Beispiel darin, dass sich die Mitarbeiter:innen bei der Beschreibung ihrer Handlungspraxis beinahe ausschließlich auf persönliche Auslegungen und Präferenzen sowie ihre eigenen biografischen Erfahrungen berufen. Während es einzelne Mitarbeiter:innen zum Beispiel als ihre persönliche Aufgabe sehen, den Kindern im Alltag Bildungsangebote bereitzustellen, die sie unter anderem auf ihre spätere schulische Laufbahn vorbereiten sollen (zum Beispiel das (erste) Einüben von Kulturtechniken), finden sich wiederum Mitarbeiter:innen, die genau diese Handlungsdimension mit Vehemenz von sich weisen und sich stattdessen stärker auf einen wahrgenommenen Betreuungs- und Fürsorgeauftrag berufen. Diese Diskrepanz berührt dann zum Beispiel auch die Frage danach, ob bzw. inwiefern eine „Kompensation familiär bedingter Bildungsbenachteiligung“ (Menz/Thon 2013, S. 140) von den Mitarbeiter:innen im Rahmen des eigenen Handlungsspektrums verortet wird oder nicht (vgl. Betz 2015, 231 f). Es lässt sich hieran aufzeigen, dass sich der politisch verordnete Strukturwandel der Kindertageseinrichtungen hin zu

Bildungseinrichtungen noch nicht so umfassend und insbesondere nicht einheitlich in der Selbstkonstruktion der Mitarbeiter:innen widerspiegelt (vgl. König 2021, S. 18; Kaul 2018, S. 34; Böhm/Jungmann/Koch 2017, S. 10). Die jeweiligen Auslegungen von Erziehung und Bildung, sowie das Verhältnis, in denen diese beiden Begriffe in das eigene Handlungsverständnis und das eigene Handeln implementiert werden, differiert mitunter von Mitarbeiter:in zu Mitarbeiter:in.

Das Ergebnis, wonach das pädagogische Handeln in Kindertageseinrichtungen stark durch eine individuelle Präferenzlegung der Mitarbeiter:innen gekennzeichnet ist, findet sich auch in anderen Untersuchungen. So verweisen zum Beispiel Breitenbach et al. darauf, dass sich in der Auswertung der von ihnen geführten Gruppendiskussionen unterschiedliche Handlungsmotive und Orientierungen auf Seiten der Mitarbeiter:innen feststellen lassen (vgl. Breitenbach/Bürmann/Thünemann 2012, S. 100). In diesem Sinne sehe eine Gruppe der Mitarbeiter:innen zum Beispiel „ihre Aufgabe eher in der Bildung als in der Erziehung" (Breitenbach/Bürmann/Thünemann 2012, S. 100). Auch Brunner arbeitet in ihrer Studie verschiedene Strukturmerkmale pädagogischer Handlungspraxis heraus und hebt hervor, dass diese von den Mitarbeiter:innen in je unterschiedlicher Ausprägung beansprucht werden, wobei sie unter anderem den beruflichen Erfahrungsschatz sowie die organisationsinterne Funktion der Mitarbeiter:innen als ausschlaggebende Größe identifiziert (vgl. Brunner 2018, S. 271). Ähnlich halten Göbel et al. sowie viele weitere Autor:innen fest, dass sich der je konkrete persönliche Erfahrungshintergrund bzw. biografische Verlauf als tragendes Element für die Ausgestaltung pädagogischer Praxis in Kindertageseinrichtungen erweist (vgl. Kaul 2018, 47 f; Brunner 2018, 274 f; Göbel/Thole/Milbradt 2016, S. 83; Friederich/Schoyerer 2016, S. 50; Thole 2010, S. 212; Klein 2010, S. 136; Fried 2005, S. 282; 2003, S. 81).

Die Möglichkeit der Mitarbeiter:innen, die normative Ordnung der eigenen Handlungspraxis – unter anderem aufgrund des Fehlens eines einenden Handlungskonzepts – relativ frei und entlang persönlicher Schwerpunktsetzungen gestalten zu können, kann ambivalent gesehen werden. Während sich auf der einen Seite die Frage nach einem konsistenten, zielgerichteten Handeln im Team der Mitarbeiter:innen und damit einhergehend die Frage nach Möglichkeitsräumen der Professionalisierung stellt, birgt das hohe Maß an persönlicher Handlungsökonomie der Mitarbeiter:innen in Bezug auf ihr Handeln auf der anderen Seite aber auch Chancen. Unter Rückbezug auf das Unterkapitel 13.1 zeigt sich zum Beispiel, dass diese Freiheiten als relevanter Faktor für die subjektive Zufriedenheit der Mitarbeiter:innen gesehen werden können. Das Fehlen eines Handlungskonzepts und die hieraus resultierende Möglichkeit, zu einem gewissen Grad selbst zu entscheiden, woran das eigene Handeln ausgerichtet wird, welche Ziele im Alltag verfolgt werden bzw. was auf Seiten der Kinder durch das eigene Handeln hervorgebracht werden soll, ermöglicht den Mitarbeiter:innen Räume der

Selbstverwirklichung und ein erfüllendes und letztlich auch kreatives Handeln. Ergänzend hierzu eröffnet es Räume für flexibles, ggf. je situativ abgestimmtes Handeln, was einem entscheidenden Strukturmerkmal pädagogischen Handelns entspricht, wonach es als komplexes, nicht-standardisierbares Phänomen zu fassen ist (vgl. Oevermann 2016b, S. 122; Helsper 2007, S. 18f).

13.5 Orientierung an einem ‚latenten Handlungskonzept'

Im vorangegangenen Unterpunkt wurde bereits darauf hingewiesen, dass sich in den ausgewerteten Datenmaterialien durchaus gemeinsame Orientierungspunkte im Handeln der Mitarbeiter:innen in Bezug auf die Ausrichtung ihrer Handlungspraxis feststellen ließen, sodass diese nicht vollends individuell ausgehandelt wird und – dies sei nochmal explizit betont – nicht willkürlich ist. Die Ergebnisse zeigen, dass gewisse Grundpfeiler existieren, die ausnahmslos von allen Mitarbeiter:innen getragen und nicht infrage gestellt werden. Diese Grundpfeiler wurden in der Auswertung unter dem Begriff des ‚latenten Handlungskonzepts' zusammengeführt. Unter Rekurs auf die Ausführungen in Kapitel 13.3 ist also festzuhalten, dass anstelle eines manifesten Handlungskonzepts ein eher lose bestehendes, ‚latentes Konzept' existiert, an dem sich die Mitarbeiter:innen orientieren. Hierzu zählen die Gewährleistung bzw. Sicherstellung des Schutzes der Kinder, ein hinwendungsvoller und verständnisvoller Umgang mit diesen, die Berufung auf Inklusion als (scheinbar) unbestreitbare Leitkategorie des eigenen Handelns, die Berücksichtigung der Belange der Eltern, die Orientierung an und Wahrung der vorgegebenen Alltagsabläufe der Einrichtung, die Zurückweisung einer ‚Besonderung' (bestimmter) Kinder, die Ablehnung steuernder Eingriffe pädagogischen Handelns und eine damit einhergehende Berufung auf eine Konstruktion der Kinder als selbst- bzw. eigenständige Akteur:innen des Alltags. In den folgenden Unterpunkten werden viele dieser Facetten nochmal einzeln aufgegriffen und ausführlicher diskutiert. Wichtig hervorzuheben ist, dass es sich hierbei um lose Orientierungspunkte handelt, die die Frage nach der konkreten Ausgestaltung der Handlungspraxis unberührt lassen. Die im Vorangegangenen adressierten Herausforderungen bleiben insofern unberührt bestehen.

13.6 Theoriedefizit und ‚Naturwüchsigkeit' pädagogischer Praxis

Die Auswertung der Mitarbeiter:innen-Interviews hat immer wieder deutlich gemacht, dass es den Mitarbeiter:innen Schwierigkeiten bereitet, theoretische Begriffe zu umreißen und diese in Bezug zu ihrer Handlungspraxis zu setzen. Herausgearbeitet wurde ein Theoriedefizit, welches wiederum einen

Unterstützungsbedarf markiert, der (unter anderem) aufgrund des bereits adressierten Fehlens eines konkreten Handlungskonzepts bisher nur unzureichend gedeckt ist. Die Ergebnisse zeigen, dass sich die Handlungspraxis der Mitarbeiter:innen weitgehend losgelöst von einer „Lehre der Begründung und Rechtfertigung" (Oevermann 2016b, S. 141) vollzieht und damit eher einen ‚naturwüchsigen' Charakter erhält. Pädagogische Professionalität, die sich entlang des hier zugrundeliegenden Verständnisses vor allem in der wechselseitigen Verwobenheit von Theorie, Empirie und Praxis vollzieht, wird dadurch von ihrer reflexiv-kritischen Instanz entkoppelt, was mit Blick auf mögliche Professionalisierungsbestrebungen kritisch betrachtet werden kann (vgl. Schäfer 2014, S. 259).

Das offengelegte Theoriedefizit ist jedoch auch vor dem Hintergrund des Ergebnisses zu reflektieren, wonach theoretische Inhalte für die Mitarbeiter:innen in ihrem alltäglichen Handeln schlicht nur eine geringe oder keine unmittelbare Relevanz bergen. Es ist ihnen – so zeigen die Ergebnisse immer wieder – konfliktlos möglich, ihrer Handlungspraxis „ohne expliziten Rückgriff auf wissenschaftliches und methodisch-didaktisches Wissen" (Thole/Milbradt/Göbel 2016, S. 3) nachzugehen. Demnach wird das Theoriedefizit zwar im Rahmen des Interviews zur Krise, da hier unter anderem explizit danach gefragt wurde, nicht aber im Kontext des alltäglichen Handelns. Das Handeln der Mitarbeiter:innen vollzieht sich vor allem entlang des oben benannten latenten Handlungskonzepts, welches gefüllt wird durch ein erfahrungsbezogenes Alltagswissens (vgl. König 2021, S. 17; Brunner 2018, S. 290; Thole 2010, S. 214; Thole/Cloos 2006, 47 ff). Hervorzuheben ist, dass damit nicht gesagt sein soll, dass die Mitarbeiter:innen über keinerlei theoretische Wissensgrundlagen verfügen. Die Auswertungen verdeutlichen, dass sie durchaus Ideen und Vorstellungen dahingehend haben, was zum Beispiel unter den Begriffen Inklusion, Bildung oder Behinderung zu verstehen ist. Jedoch ist es für die Ausübung ihrer Handlungspraxis nicht erforderlich, konsistente Verbindungen zwischen diesen Ideen/ Vorstellungen und ihrem Handeln herzustellen. Dies liegt auch darin begründet, dass sich in ihrem Alltag nicht die Notwendigkeit für theoretisch-reflexive Aushandlungspraxen bzw. Bezugnahmen auf handlungsbegründende Theorien ergibt. Ausgehend hiervon wäre Brunner also zuzustimmen, wenn sie ausgehend von den von ihr geführten Mitarbeiter:innen-Interviews konstatiert, dass das theoretische Wissen der Mitarbeiter:innen „theoretisches Wissen zu bleiben scheint" (Brunner 2018, S. 223) und es „nicht in reflexives Erfahrungswissen umgewandelt wird" (Brunner 2018, S. 223; vgl. Thole 2010, S. 216).

Sehr gut veranschaulicht werden kann das Theoriedefizit und die hieran geknüpften Folgen anhand der Inklusionsverständnisse der Mitarbeiter:innen, die in den Unterkapiteln 13.10 und 13.11 nochmal ausführlicher aufgegriffen werden. Wie die Auswertung der Interviews gezeigt hat, wird Inklusion von allen Mitarbeiter:innen auf der einen Seite als persönliches Anliegen konstruiert und als elementarer Bestandteil des eigenen Handelns proklamiert. Auf der anderen

Seite ist es ihnen aber nur bedingt möglich, ein konsistentes und handlungspraktisch handhabbares Inklusionsverständnis darzulegen. Konkret: Es war den Mitarbeiter:innen nur bedingt möglich, offenzulegen, was Inklusion für ihre Handlungspraxis bedeutet und inwiefern sich ihr Handeln ggf. auch im Vergleich zu früheren Leitideen verändert hat. Das Theoriedefizit in Bezug auf den Inklusionsbegriff wird hier zum Reflexionsdefizit und damit zur Herausforderung der Mitarbeiter:innen. Es fehlt eine theoretisch fundierte Wissensgrundlage, die von den Mitarbeiter:innen als Ausgangspunkt für das Treffen von Entscheidungen[74] im Alltag genutzt werden kann. Im Zuge dessen bleiben auch mögliche Dilemmata und Ambivalenzen, mit denen sich ihre Handlungspraxis im Kontext von Inklusion konfrontiert sieht, vielfach unreflektiert.

Auch wenn das Theoriedefizit zu einem gewissen Grad mit dem Fehlen eines Handlungskonzepts in Verbindung gebracht werden kann, wäre es allerdings verkürzt, es nur hierüber zu erklären. Von Relevanz ist sicherlich auch die Frage des Ausbildungshintergrunds einiger Mitarbeiter:innen, denn bei der Auseinandersetzung mit (zum Beispiel) sozialwissenschaftlichen Theorien und der Aneignung theoretischer Begriffe handelt es sich um Kompetenzbereiche, die insbesondere im Zuge eines Hochschulstudiums erlernt und im Rahmen einer praktisch-orientierten Berufsausbildung nicht oder nur bedingt abgedeckt werden (können). Auf diese Herausforderung wird auch in einer Vielzahl anderer Veröffentlichungen hingewiesen (vgl. König 2021; 2020b, o. S.; König/Heimlich 2020, S. 11; Wildgruber 2016, S. 165; Wildgruber/Becker-Stoll 2011, S. 73; Thole 2010). „Kindertageseinrichtungen sind nicht akademisierte Arbeitsfelder. Dementsprechend schwach sind Forschung und Theoriebildung entwickelt, denn das selbstverständliche Zusammenspiel von Forschung und Lehre, d. h. auch Ausbildung, ist hier nicht gegeben“ (König 2020b, o. S.). In Bezug auf die Auseinandersetzung mit Inklusion hebt König hervor, dass es sich hierbei um ein Thema handelt, das auch heutzutage – trotz der enormen gesellschaftspolitischen Präsenz – nicht prominent in der Ausbildung von Erzieher:innen aufgegriffen wird: „Im allgemeinen Beschluss der KMK (2019) zu den Fachschulen (soziale, pflegerische, technische und betriebswirtschaftliche Berufe) findet sich kein Eintrag unter dem Schlagwort ‚Inklusion‘“ (König 2020b, o. S.). Die Schwierigkeiten der Mitarbeiter:innen, theoretische Zugänge zu ihrer Handlungspraxis herzustellen und diese hiervon ausgehend zu gestalten und kritisch zu hinterfragen, scheint insofern nur bedingt verwunderlich. Thole führt hierzu kritisch an: „Das fachschulische Lernsetting ist bis in die Gegenwart hinein anscheinend nicht darauf ausgerichtet, die erfahrungsgesättigten, alltäglichen Deutungen der angehenden ErzieherInnen über wissenschaftliches Wissen in einer Art und Weise zu irritieren, dass sie als entscheidende Ressource für die Gestaltung der beruflichen Praxis an Bedeutung verlieren“ (Thole 2010, S. 212). Er verweist hiervon ausgehend

74 Siehe hierzu: Kapitel 5.

auf die Notwendigkeit der zunehmenden Akademisierung des Handlungsfelds, die Notwendigkeit der Reformierung bestehender Ausbildungsgänge und die enorme Bedeutung von Weiterbildungsangeboten (vgl. Viernickel 2017, 40 ff; Thole/Milbradt/Göbel 2016, S. 2; Thole 2010, S. 208). Auch andere Autor:innen machen hierauf aufmerksam. In der Breite wird vor allem die Notwendigkeit der verstärkten Verzahnung von Angeboten aus der Wissenschaft hervorgehoben, um auf Seiten der Mitarbeiter:innen ein theoretisch informiertes, kritisch-reflexives Erfahrungswissen zu kultivieren (vgl. König 2021, S. 17; 2020b, o. S.; Schwentesius 2017, S. 194; Wildgruber/Becker-Stoll 2011, S. 73). Es sei notwendig, „die sich vermehrende Forschung im Themenfeld der Frühen Bildung unmittelbarer und gezielter in der Ausbildung zu rezipieren und für die Praxis der Kindestageseinrichtungen nutzbar zu machen" (König 2021, S. 17), um hiervon ausgehend eine zunehmende Professionalisierung des Feldes zu erreichen. Entsprechende Entwicklungen seien nicht zuletzt deshalb erforderlich, damit die Mitarbeiter:innen den steigenden Anforderungen, denen sie sich in ihrer Tätigkeit ausgesetzt sehen, gerecht werden können. „War ihre Arbeit bisher primär durch Erziehungs- und Betreuungsaufgaben bestimmt, so erhält jetzt auch die frühkindliche Bildung einen erheblich höheren Stellenwert. Es ist keine Frage, dass die künftige ErzieherInnenausbildung den neuen Herausforderungen Rechnung tragen muss" (Thole/Cloos 2006, S. 68; vgl. König 2020b, o. S.; Geiger 2021, S. 21; Schmude 2013, S. 216; Menz/Thon 2013, S. 142; Betz 2013; Becker-Stoll/Wertfein 2013, S. 846; Fröhlich-Gildhoff/Nentwig-Gesemann/Pietsch 2011, S. 17; Helm 2010, S. 8). Ausgehend von den Ergebnissen der hiesigen Studie kann sich diesen Forderungen angeschlossen werden. Hervorzuheben ist allerdings, dass die Ergebnisse zugleich verdeutlichen, dass eine Behebung des Theoriedefizits nicht allein durch Maßnahmen erreicht werden kann, die sich einseitig an die Mitarbeiter:innen richten – beispielsweise durch eine Anpassung ihrer Aus- und Weiterbildung oder die Bereitstellung eines theoretisch ausgearbeiteten Handlungskonzepts. Wie in Kapitel 8.3.2 dargelegt, wurden in der Studie Interviews mit Mitarbeiter:innen aus unterschiedlichen (unter anderem universitären) Ausbildungskontexten geführt. Das beschriebene Theoriedefizit bzw. die Naturwüchsigkeit ihrer Handlungspraxis wurde jedoch – wenngleich mal mehr, mal weniger stark ausgeprägt – auch hier festgestellt. Die Ergebnisse der Studie stützen insofern eher die Perspektive, wonach eine zunehmende Akademisierung des Handlungsfelds allein nicht als Lösung der skizzierten Herausforderung gesehen werden kann (vgl. Autorengruppe Fachkräftebarometer 2019, S. 172; Jungmann/Koch 2017, S. 155; Schneider 2016, S. 73; Friederich/Schoyerer 2016, S. 49; Wildgruber/Becker-Stoll 2011, S. 65; Thole/Cloos 2006; Viernickel et al. 2013). Zur handlungspraktischen Herausforderung der Mitarbeiter:innen scheint ergänzend zu den bereits skizzierten Aspekten zu werden, dass es ihnen selbst dann, wenn sie über mehr oder weniger fundierte theoretische Wissensgrundlagen verfügen, nur bedingt möglich ist, diese in ihre Handlungspraxis einfließen zu lassen und zum Ausgangspunkt ihres Handelns zu machen (vgl. König/Buschle 2017, S. 129; Cloos 2017, S. 155). Als wirkmächtig erweisen sich hier unter anderem die organisatorisch-strukturellen Rahmenbedingungen der Einrichtungen, welche die Hervorbringung bestimmter Formen pädagogischer Handlungspraxis begünstigen und wiederum andere Formen einschränken.

13.7 Zwischen Handlungssouveränität und manifesten Vorgaben

Bereits die Analyse der pädagogischen Konzepte der Einrichtungen machte auf eine zentrale Ambivalenz aufmerksam, durch die die hier untersuchte Handlungspraxis gekennzeichnet ist. Wie schon in Kapitel 13.3 dargelegt, zeigte sie, dass den Mitarbeiter:innen auf der einen Seite kein konkretes Handlungskonzept zur Verfügung steht, das von ihnen als Entscheidungsgrundlage und damit als Stütze in ihrem Handeln genutzt wird respektive genutzt werden kann. Auf der anderen Seite wurde aber ebenfalls deutlich, dass der Alltag der Einrichtungen vollständig durchstrukturiert ist, sodass Spielräume persönlicher Handlungsökonomie, die durch das Fehlen eines Handlungskonzepts bereitet werden, dadurch eingeschränkt werden, dass den Mitarbeiter:innen minutiös vorgegeben ist, was zu welchem Zeitpunkt in den Einrichtungen zu geschehen hat. Der prinzipiellen Handlungssouveränität der Mitarbeiter:innen stehen somit enge organisatorische Abläufe gegenüber. Sowohl die Interview- als auch die Beobachtungsauswertung bestätigten dieses Ergebnis. Es zeigte sich hier, dass die manifeste Alltagsstruktur der Einrichtungen etwas begünstigt, was sich zumindest teilweise als ‚bürokratische Überformung' des pädagogischen Handelns verstehen lässt. Anhand der wechselseitigen Kontrastierung der Interview- und Beobachtungsanalyse konnte herausgearbeitet werden, dass es vielfach die kleinteilig vorgeplanten Alltagsabläufe sind, die in der Handlungspraxis der Mitarbeiter:innen zum Ausgangspunkt ihres Handelns werden. Ihr Handeln nimmt dabei zumindest teilweise die Form eines Handelns nach (Ablauf-)Plan an. Als Folge bleibt, dass das in Kapitel 5 herausgearbeitete Charakteristikum pädagogischen Handelns, wonach dieses durch eine Nicht-Standardisierbarkeit bzw. Nicht-Planbarkeit gekennzeichnet ist, verloren zu gehen droht. Es vollzieht sich eine teilweise Abkehr des Handelns von der Orientierung an den je situativen Belangen der Kinder und wird teilweise ersetzt durch ein Handeln, das wesentlich auf die Aufrechterhaltung bzw. Wiederherstellung des Ablaufplans und die Realisierung der darin verankerten Abläufe und Routinen zielt. Das Handeln fokussiert sich nicht länger (primär) auf das Gegenüber in der pädagogischen Beziehung, dessen Belange im Rahmen eines pädagogischen Arbeitsbündnisses zum Gegenstand pädagogischer Handlungspraxis gemacht werden, sondern pädagogisches Handeln wird eher als eine Art befolgendes Handeln hervorgebracht (vgl. Jung 2009, S. 235). Immer wieder zeigt sich, dass es faktisch nur wenig im Alltag der Einrichtungen gibt, was tatsächlich offen bzw. flexibel gestaltet ist. Dies kann als fremdbestimmendes Element pädagogischer, letztlich aber auch kindlicher Handlungspraxis gesehen werden. Pädagogisches Handeln erscheint in dieser Hinsicht als eher starr und unflexibel, sodass es nur bedingt verwunderlich erscheint, dass Ereignisse, die im Vorfeld nicht einkalkulierte Verzögerungen mit sich bringen, als besonders krisenhaft durch die Mitarbeiter:innen erlebt werden. Der immer wiederkehrende Blick auf die Uhr wird zum steten Begleiter des Alltags. Dass dies problematisch sein kann, zeigt sich unter anderem in den Momenten, in denen Anliegen der Kinder unter Verweis auf den Ablaufplan bzw. einen bestehenden Zeitdruck nicht oder nur eingeschränkt bearbeitet werden können oder abgelehnt werden. Der strukturell erzeugte Zeit- und Handlungsdruck der Mitarbeiter:innen wird dabei vor allem für jene Kinder zum Problem, die im Alltag auf komplexere Aushandlungspraxen mit und durch die Mitarbeiter:innen angewiesen sind – beispielsweise Kinder mit verbalsprachlichen Einschränkungen. Aber auch durch die Mitarbeiter:innen selbst wird der Zeitdruck – wie die Interviews offenlegten – mitunter als herausfordernd beschrieben.

Diese teilweise Inflexibilität pädagogischen Handelns wird auch im Kontext anderer Studien offengelegt und problematisiert. So verweist zum Beispiel Göbel darauf, dass das Handeln der Mitarbeiter:innen durch diese immer wieder „als ein wiederkehrendes Herstellen von Ordnung und Struktur" (Göbel 2016, S. 37) beschrieben wird. Auch Brunner arbeitet in ihrer Forschungsarbeit die Strukturgebundenheit der Mitarbeiter:innen als zentrales Moment pädagogischen Handelns in frühkindlichen Bildungseinrichtungen hervor. Sie schreibt hierzu: „Diese Benennung erscheint insofern passend, als die einrichtungsinterne Struktur in Form von zeitlichen Abläufen in der Tagesstruktur, des Regelsystems in der Gruppe, von Zuständigkeiten und Verantwortungsbereichen der frühpädagogischen Fachkräfte, Ausgangs- bzw. Orientierungspunkt für das pädagogische Handeln ist" (Brunner 2018, S. 230). Auch sie stellt fest, dass es im Alltag verschiedenfach zu einem Konflikt zwischen Strukturhoheit und Orientierung am Kind kommen kann, wenn es zur Gefährdung des Tagesplans bzw. darin vorgesehener Abläufe kommt: „Droht eine solche ‚Störung' des Ablaufs aufgrund des besonderen Bedarfs an Zuwendung und Aufmerksamkeit eines Kindes, wird im Sinne der Struktur – nicht im Sinne des Kindes – gehandelt" (Brunner 2018, S. 232).

Während die bürokratische Überformung pädagogischer Handlungspraxis bereits für sich aufgrund ihrer entfremdenden Wirkmächtigkeit problematisiert werden kann, erscheint sie unter anderem auch mit Blick auf das im Unterpunkt zuvor thematisierte Theoriedefizit von Bedeutung, denn die skizzierte Strukturhoheit im Handeln der Mitarbeiter:innen hat unweigerlich zur Folge, dass Fragen der Aus- und Weiterbildung der Mitarbeiter:innen an Relevanz verlieren. Wenn der pädagogische Alltag in den Einrichtungen vielfach darin besteht, den Vollzug der bestehenden Abläufe zu wahren, so spielen theoretische Wissensbestände zwangsläufig nur noch eine untergeordnete Rolle. Erlernte Wissensbestände aus der Aus- und Weiterbildung werden – so scheint es – vielfach nicht (mehr) gebraucht, sobald es um die Ausübung einer Handlungspraxis geht, die zu großen Teilen aus der Ausführung von bereits bestehenden Ritualen und Abläufen besteht (vgl. Thole/Cloos 2006). Auf diese begrenzende Wirkmächtigkeit struktureller Rahmenbedingungen weisen unter anderem auch Jungmann und Koch hin. Sie halten fest, dass die von ihnen befragten Mitarbeiter:innen „zeitliche und räumliche Beschränkungen [nennen], die ihnen den Transfer der Fortbildungsinhalte in den Alltag erschwert haben" (Jungmann/Koch 2017, S. 154). Ähnlich hält Brunner fest, dass die strukturellen Rahmenbedingungen „die Umsetzungsmöglichkeiten im pädagogischen Handeln der frühpädagogischen Fachkräfte und somit auch die Herstellung pädagogischer Qualität" (Brunner 2018, S. 278) be- bzw. verhindern können (vgl. Friederich/Schoyerer 2016, S. 38). Ausgehend hiervon kann abgeleitet werden, dass weder die Anhebung des Aus- und Weiterbildungsniveaus noch die Bereitstellung eines inhaltlich-konzeptionellen Handlungskonzepts dazu führen kann, das adressierte Theorie- und Reflexionsdefizit zu beheben. Probleme liegen auch in einer Bürokratisierung pädagogischen Handelns, die die Möglichkeit eines Handelns nach Plan bzw. eine Vorhersehbarkeit desgleichen impliziert. Dies hat zur Folge, dass nicht nur die Mitarbeiter:innen und das Aus- und Weiterbildungssystem in den Blick möglicher Veränderungen genommen werden dürfen, sondern auch die strukturelle Ausgestaltung der Einrichtungen, in denen sie tätig sind. Insofern wäre sich Thole und Cloos anzuschließen, wenn sie festhalten: „Die empirischen Beobachtungen legen nahe, dass die Anhebung des Qualifikationsniveaus nicht eine grundlegende Professionalisierung des Handlungsfeldes bewirken würde, wenn nicht gleichzeitig auch die arbeitsfeldspezifischen Regeln und Gewohnheiten sowie das dort vorzufindende Zusammenspiel von Aus-, Fort- und Weiterbildung und schließlich auch die Schnittstellen zu anderen pädagogischen Handlungs- und Berufsfeldern in den Blick geraten" (Thole/Cloos 2006, 52 f; vgl. Wildgruber/Becker-Stoll 2011, S. 73). Es zeigt sich, dass auch die Rahmenbedingungen, in denen sich pädagogisches Handeln vollzieht bzw. durch die das Handeln (mit) hervorgebracht wird, in den Blick genommen werden müssen, wenngleich sich hier erneut auf ambivalentem Terrain bewegt wird. So führt die manifeste Alltagsstruktur doch auf der einen Seite dazu, dass den Mitarbeiter:innen eine Handlungsorientierung zur Hand gegeben wird, womit sie eine entlastende Funktion erfüllt. Auf der anderen Seite schränkt sie aber auch – in der oben aufgezeigten Art und Weise – Formen freien bzw. flexiblen Handelns ein und unterstellt eine Planbarkeit bzw. einen ‚reibungslosen Ablauf' pädagogischer Handlungspraxis, was beides nicht oder nur bedingt einlösbar ist.

13.8 Negation der Handlungsdimension des Führens

Die Aushandlung der Ambivalenz zwischen Freiheit und Zwang (Kant 1967) bzw. Führen und Wachsenlassen (Litt 1964) stellt eine der zentralen Herausforderungen dar, die mit einer Tätigkeit im Kontext pädagogischen Handelns einhergeht. Wie großzügig sollen Spielräume persönlicher Handlungsökonomie für die jeweiligen Adressat:innen des Handelns gestaltet sein, um Formen selbstbestimmten Handelns zu ermöglichen bzw. ebendieses zu erlernen, und wie eng sollen demgegenüber Formen des Zwangs bzw. der Führung sein, um die (zum Beispiel) aktuell nur eingeschränkt gegebene Fähigkeit zu selbstbestimmtem Handeln nicht zur Gefährdung der Adressat:innen werden zu lassen? Helsper fasst dieses Dilemma als eine Bewegung zwischen „der Scylla einer pädagogischen Enteignung und der Charybdis einer krisenauslösenden Überforderung" (Helsper 2007, S. 20).[75] Die Tätigkeit im Kontext des hier beforschten Handlungsfeld integrativer Kindertageseinrichtungen stellt dabei nicht nur keine Ausnahme dar, sondern ist eher noch weitaus stärker von dieser Ambivalenz betroffen. Als eines der Kernergebnisse der Studie muss jedoch festgehalten werden, dass sich dies nur bedingt in den subjektiv-intentionalen Darstellungen der Mitarbeiter:innen widerspiegelt. Die Interviewauswertung hat immer wieder deutlich gemacht, dass die Mitarbeiter:innen versuchen, sich von regulierenden bzw. führenden Dimensionen pädagogischen Handelns abzugrenzen. Praxen der Regulierung bzw. Führung werden von ihnen – wenn überhaupt – als etwas markiert, auf das sie in ihrer alltäglichen Handlungspraxis nur im Notfall zurückgreifen – beispielsweise dann, wenn es darum geht, den ihnen auferlegten Schutzauftrag in Bezug auf die Kinder zu erfüllen. Unmittelbar an diese Handlungskonstruktion gekoppelt, ist die Berufung auf eine Konstruktion der Kinder, die diesen den Status von scheinbar selbstständigen, handlungsmächtigen Akteur:innen zuweist. Es ist vor allem die Handlungsdimension des Gewährenlassens, die in den subjektiv-intentionalen Darstellungen der Mitarbeiter:innen im Fokus steht. Die Handlungsdimension des Führens bzw. Anleitens hingegen wird – mal mehr, mal weniger stark – zurückgewiesen. Bereits die Analyse der Interviews zeigte allerdings, dass sich diese (Selbst-)Ansprüche nicht vollends aufrechterhalten lassen und sich mitunter deutliche Differenzen zwischen der Selbstdarstellung im subjektiven Sinn und der Selbstkonstruktion im objektiven Sinn ergeben. Die Auswertung der Beobachtungsprotokolle sowie die strukturanalytische Betrachtung unterstrich dies weiterführend. Auch hier wurde offengelegt, dass Praxen der Aufsicht und Regulierung als zentrale Bestandteile des Handelns der Mitarbeiter:innen zu sehen und vielfach bereits auf struktureller Ebene angelegt sind. Damit muss auch die Konstruktion der Kinder als selbst- und handlungsmächtige Akteur:innen als etwas gesehen werden, was im Alltag der Einrichtungen deutlich weniger Raum

75 Es sei an dieser Stelle auch auf die Ausführungen in Kapitel 5 verwiesen.

einnimmt, als es von den Mitarbeiter:innen angenommen bzw. beansprucht wird. Das Handeln der Kinder ist stets gerahmt durch die Alltagsabläufe und das steuernde bzw. anleitende Handeln der Mitarbeiter:innen, welches vielfältige Ausprägungen annehmen kann. So erfolgt es mal direkt, zum Beispiel durch konkrete Handlungsanweisungen an die Kinder oder eine physische Unterbrechung ihrer Handlungsvollzüge (zum Beispiel durch das Hochnehmen und Wegtragen aus einer Situation), und mal indirekt, etwa durch Formen der Suggestion, die enge Vorgabe von Wahlmöglichkeiten, die Beschränkung sprachlicher Aushandlungsformen (zum Beispiel die Begrenzung auf Ja- und Nein-Antworten) oder die spezielle Gestaltung respektive Vorbereitung von Räumlichkeiten (Blockieren von Zugängen zu Räumen oder Teilbereichen von Räumen usw.). All diese Formen der Steuerung treten dabei zusätzlich zu all jenen hinzu, die bereits konstitutiv auf räumlich-struktureller Ebene angelegt sind und die zunächst weitgehend unabhängig von dem je situativen Handeln der Mitarbeiter:innen stehen. So hat die strukturanalytische Auswertung in Kapitel 10 doch gezeigt, dass die räumliche Ausgestaltung der Einrichtungen selbst eine Vielzahl an Regulierungsmechanismen vorhält, die das Handeln der Kinder in ‚gewünschten Bahnen' lenkt. Bestimmte Aushandlungsformen kindlichen Handelns werden gefördert und wiederum andere bestmöglich be- bzw. verhindert. Womit die Kinder in ihrem Alltag überhaupt interagieren können oder nicht – sei es das Blumenbeet, das Klettergerüst oder die Nestschaukel – ist bereits zuvor Gegenstand strategischer Planungen gewesen und wurde mit einer mehr oder weniger konkreten Intention dort platziert. Vor allem in der Gesamtschau der Ergebnisse wird greifbar, dass sich die Mitarbeiter:innen einerseits explizit von führenden bzw. anleitenden Handlungspraxen zu distanzieren suchen, sich andererseits aber auch dem Ausmaß, in dem sie als Mitarbeiter:innen steuernd in kindliches Handeln eingreifen bzw. dieses in bestimmter Art und Weise hervorbringen, nicht immer bewusst sind. Dieses Ergebnis deckt sich auch mit den Ergebnissen anderer Forschungsarbeiten. So konstatiert beispielsweise König ausgehend von ihrer videogestützten Auswertung: „Zwar stimmen 79 % der ErzieherInnen der Aussage zu, das ‚Kind sei AkteurIn seiner Entwicklung' und bestätigen damit den Einfluss konstruktivistischer Bildungsvorstellungen, jedoch bleibt das beobachtete Handeln der ErzieherInnen im Kindergartenalltag weit hinter diesen Ansprüchen zurück" (König 2009, S. 254). Auch sie stellt fest, dass in der Handlungspraxis der MitarbeiterInnen Umgangsformen dominieren, die sich als „direkte ‚Handlungsanweisungen' an das Kind" (König 2009, S. 255) verstehen lassen und kommt hiervon ausgehend zu dem Schluss, dass der Alltag, „abgeleitet aus dem direkten Interaktionshandeln der ErzieherIn, sehr stark durch die Erwachsenen bestimmt" (König 2009, S. 263) ist (vgl. Trescher/Hauck 2015, 493 ff).

Diese Diskrepanz zwischen der Distanzierung von führenden respektive anleitenden Handlungsdimensionen und dem enormen Stellenwert, der ebendiesen in der Ausübung der alltäglichen Handlungspraxis zuteilwird, verweist abermals auf ein Reflexionsdefizit, welches nicht zuletzt auch vor dem Hintergrund des bereits thematisierten Theoriedefizits zu sehen ist (vgl. König 2009, S. 265). Es ist den Mitarbeiter:innen nur bedingt möglich, das eigene Handeln kritisch zu erfassen und zu hinterfragen, was auf einen entsprechend gelagerten Unterstützungsbedarf verweist. Insgesamt kann das Ergebnis aber auch als Indiz für die Wirkmächtigkeit eines ‚Akteurs-Dispositivs' im Kontext von Diskursen um pädagogisches sowie kindliches Handeln in frühkindlichen Bildungseinrichtungen gewertet werden, welches im Falle der hier interviewten Mitarbeiter:innen dazu führt, dass regulierende bzw. anleitende Ausprägungsformen pädagogischen Handelns in Verruf geraten. Es vollzieht sich eine Beschränkung des Sprechens und Nachdenkens über pädagogische Handlungspraxis, die zur Folge hat, dass es nicht länger zulässig zu sein scheint, Praxen der Führung bzw. Anleitung als legitime und ggf. zentrale Bestandteile pädagogischen Handelns zu benennen und zu reflektieren. Dies erscheint nicht unproblematisch, wird damit doch Reflexion, als zentrales Moment einer professionellen (d. h. letztlich auch immer (selbst-)kritischen) pädagogischen Praxis (vgl. Bernhard 2011, S. 86; Marotzki 2006), wenn nicht verunmöglicht, so doch wenigstens in ihrem Vollzug behindert.

Hervorzuheben ist hier allerdings, dass sich das Ergebnis der Negation von Führung und Zwang nicht nur auf der Ebene der Mitarbeiter:innen zeigte, sondern auch auf der des strukturellen Überbaus – erfasst durch die Strukturanalyse in Kapitel 10 sowie die Auswertung der pädagogischen Konzepte in Kapitel 9. In beiden Auswertungsschritten spiegelte sich die scheinbare Krisenhaftigkeit führender bzw. anleitender Handlungsdimensionen unter anderem in der immer wiederkehrenden Adressierung von Programmpunkten des Alltags als ‚Angebote' wider. Die Bezeichnung ‚Angebot' – die auch von den Mitarbeiter:innen in den Interviews häufig aufgegriffen wird – impliziert eine Wahlmöglichkeit bzw. eine Freiwilligkeit der Teilnahme, die jedoch – wie insbesondere die Beobachtungsprotokolle gezeigt haben – in der faktisch gelebten Handlungspraxis nicht immer gegeben ist. Es zeigt sich stattdessen, dass die sogenannten Angebote vielfach alternativlos bleiben, sodass es sich insgesamt eher um eine euphemistische sprachliche Rahmung handelt, die Spielräume kindlicher Handlungsökonomie impliziert, wo diese allerdings nur bedingt gegeben sind (vgl. Flämig 2017).

Abschließend sei angemerkt, dass mit den bisherigen Darstellungen freilich nicht gesagt werden soll, dass sich die von den Mitarbeiter:innen beanspruchte Adressierung der Kinder als aktive, selbstständige Akteur:innen des Alltags in keiner Weise aufrechterhalten lässt. Die Ergebnisse der Gesamtauswertung zeigen durchaus – wie in Kapitel 13.14 ausführlicher aufgegriffen wird –, dass die Kinder – in Anlehnung an die sogenannte „Agency-Perspektive"[76] – als handlungsmächtige Akteur:innen des Alltags und nicht nur als Verfügungsobjekte

76 Siehe Kapitel 4.

handlungsmächtiger Mitarbeiter:innen in Erscheinung treten (vgl. Betz/Eßer 2016; Bollig/Kelle 2014). Jedoch ist ihre „Akteursposition“ (Bollig/Kelle 2014, S. 267) wesentlich stärker durch das Handeln der Mitarbeiter:innen sowie die strukturellen Gegebenheiten der Einrichtungen überformt und durchzogen, als es von den Mitarbeiter:innen mitunter gesehen bzw. eingeräumt wird.

13.9 Zur Krisenhaftigkeit von Differenz und Heterogenität

Eine ähnliche Herausforderung, wie die, die im vorangegangenen Unterkapitel adressiert wurde, fand sich im Kontext des Umgangs mit differenz- bzw. heterogenitätsspezifischen Fragen. Auch hier manifestierte sich eine deutliche Diskrepanz zwischen dem Sprechen über und dem faktischen Vollzug pädagogischer Handlungspraxis, die ihrerseits auf ein Reflexionsdefizit und damit einhergehend auf einen entsprechend gelagerten Unterstützungsbedarf verweisen. In Bezug auf die Ebene der Mitarbeiter:innen lässt sich beispielsweise sagen, dass Differenz und Heterogenität immer wieder als etwas markiert wurde, was explizit erwünscht ist. Gleichzeitig zeigte sich aber, dass die Mitarbeiter:innen versuchten, differenzspezifische Begriffe bzw. die Adressierung von Differenz generell zu vermeiden. Die Auswertungen stützen hier die Ergebnisse Brunners, wenn sie ausgehend von ihren Analysen konstatiert: „Es scheint, als wissen die frühpädagogischen Fachkräfte (implizit) um die negativen Auswirkungen von Zuschreibungen und lehnen diese in ihren Ausführungen ab“ (Brunner 2018, S. 207; vgl. Joyce-Finnern 2017, S. 221). Im Kontext des Sprechens über die eigene Handlungspraxis zeigte sich diese Relativierung von Differenz unter anderem darin, dass sich einige Mitarbeiter:innen darauf beriefen, in ihrem Handeln keine Unterschiede zwischen den Kindern in ihren Gruppen zu machen. Als ein (scheinbares) Qualitätsmerkmal der eigenen Arbeit wurde hervorgehoben, dass alle Kinder im Alltag der Einrichtungen gleichbehandelt werden. Während dies auf der einen Seite als Indiz dafür gewertet werden kann, dass die Mitarbeiter:innen für Fragen sozialer Ungleichheit und die Wirkmächtigkeit statusbezogener Zuweisungen sensibilisiert und darum bemüht sind, durch ihr Handeln keine Verschärfung dergleichen hervorzurufen, erscheint es aber auch nicht unproblematisch, drängt sich doch unweigerlich die Herausforderung auf, dass Kinder bereits ohne die Berücksichtigung alltagsrelevanter Heterogenitätsdimensionen wie (Flucht-)Migrationshintergrund oder (geistige) Behinderung hochgradig unterschiedliche Bedürfnisse haben können. Eine faktisch realisierte Gleichbehandlung erscheint insofern nicht nur sehr schwerlich umsetzbar, sondern sie würde zugleich eine Missachtung der Besonderheit des Einzelfalls bedeuten. Gleichbehandlung als Qualitätskriterium und Antwort auf die Frage danach, was Inklusion für das eigene Handeln bedeutet, scheint demnach zu kurz gegriffen. Unterschiedliche Bedürfnisse erfordern unterschiedliche pädagogische Herangehensweisen. Von zentraler Bedeutung für den hiesigen Zusammenhang ist nun allerdings, dass es sich hierbei um etwas handelt, was durch die Mitarbeiter:innen in ihrem Alltag wie selbstverständlich praktiziert wird. Die Beobachtungsprotokolle zeigen immer wieder, dass die Mitarbeiter:innen in ihrem Handeln weder eine konsequente Gleichbehandlung aller Kinder anstreben noch realisieren. Der in den Interviews erhobene (Selbst-) Anspruch, keine Unterschiede zwischen den Kindern zu machen und sich hierbei auch nicht von eventuellen Statuszuweisungen beeinflussen zu lassen, lässt sich bei einer Konfrontation mit der faktisch gelebten Handlungspraxis somit nicht aufrechterhalten. Das Handeln der Mitarbeiter:innen wird durchaus auf die einzelnen Kinder abgestimmt und es zeigt sich, dass sich hier auch Differenzkategorien für das Handeln der Mitarbeiter:innen als wirkmächtig erweisen. Als eine äußerst wirkmächtige Kategorie des Alltags präsentiert sich zum Beispiel die des Lebensalters (vgl. Joyce-Finnern 2017, S. 134).

An dieser Diskrepanz zwischen dem Sprechen über und dem faktischen Vollzug pädagogischen Handelns lässt sich aufzeigen, dass die Themen ‚Differenz' und ‚Umgang mit Differenz' für die Mitarbeiter:innen mit einer besonderen Krisenhaftigkeit verbunden sind. Einerseits wissen die Mitarbeiter:innen darum, dass von Ihnen erwartet wird, Differenz – im Sinne von Vielfalt – positiv zu begegnen. Andererseits führt diese Vorgabe aber auch dazu, dass es für die Mitarbeiter:innen offenbar nicht zulässig ist, Differenz zu thematisieren und offen zu reflektieren – wenngleich es sich um ein Thema handelt, das in ihrer Handlungspraxis allgegenwärtig ist und ihr Handeln grundlegend berührt. Es fehlt ihnen an einer theoretischen Idee, wie Differenz jenseits negativ-defizitärer Zuschreibungen gedacht und diese Idee produktiv in die eigene Handlungspraxis überführt werden kann. Es schließt sich hier abermals der Kreis zu dem bereits angeführten Theoriedefizit. An diesem differenz- bzw. heterogenitätsbezogenen Dilemma der Mitarbeiter:innen lässt sich weiterführend veranschaulichen, dass auch der gegenwärtigen Inklusionsdebatte – ähnlich dem im Unterkapitel zuvor adressierten ‚Akteurs-Dispositiv' – eine ‚moralische Gewalt' inhärent ist. Der Stellenwert, der Inklusion in aktuellen gesellschaftspolitischen Diskursen (um pädagogisches Handeln) beigemessen wird, führt im hier untersuchten Handlungsfeld dazu, dass Reflexionsräume in Bezug auf das Thema „Differenz" eher begrenzt als geöffnet werden. Es vollzieht sich eine weiterführende Beschränkung dessen, was thematisierbar ist und was nicht. Differenzspezifische Aushandlungen fallen – so lässt sich ausgehend von den Ergebnissen der Studie feststellen – einer wohlmeinenden „Tabuisierung von Begriffen" (Dederich 2001, S. 91) zum Opfer. Dies zeigte sich nicht nur auf der Ebene der Mitarbeiter:innen-Interviews, sondern ebenfalls im Kontext der Analyse der pädagogischen Konzepte[77], sodass das differenz- bzw. heterogenitätsbezogene Dilemma ebenfalls auf Träger- bzw. Einrichtungsebene zu verorten ist. Bezugnehmend auf die Frage nach

77 Siehe Kapitel 9.

Herausforderungen und Weiterentwicklungspotenzialen wäre hier vor allem die Frage aufzuwerfen, wie Beschränkungen des Thematisierbaren wieder aufgehoben und damit einhergehend ein kritischer Diskurs (wieder) angestoßen werden kann. Hierzu zählt dann insbesondere auch die Überwindung des Theoriedefizits – beispielsweise in der Form, dass die Vertreter:innen der Handlungspraxis für ein relationales Verständnis von Differenz sensibilisiert werden (zum Beispiel im Anschluss an Butler (2016a, S. 70)), um der „Sackgasse der Polarität von Gleichheit und Differenz" (van Dyk 2020, S. 158) zu entkommen und Differenz auch unabhängig von negativ-defizitären Zuschreibungen denken zu können.

13.10 Inklusion zwischen Omnipräsenz und Unschärfe

Ein weiteres Gesamtergebnis der Studie ist darin zu sehen, dass Inklusion in den untersuchten Einrichtungen in mehrerlei Hinsicht ein ambivalenter Charakter zuteilwird. Eine dieser Ambivalenzen besteht darin, dass Inklusion durch die Mitarbeiter:innen auf der einen Seite als etwas konstruiert wurde, was für sie und ihre Handlungspraxis von enormer Bedeutung ist. Von allen interviewten Mitarbeiter:innen wurde Inklusion als handlungsbegründendes und scheinbar allgegenwärtiges Leitbild der eigenen Handlungspraxis beschworen und im Zuge dessen sowohl als von außen auferlegter Handlungsauftrag als auch als persönliches Anliegen konstruiert. Auf der anderen Seite zeigte sich allerdings, dass dieser ausdrucksstarken Berufung auf Inklusion das Ergebnis gegenübersteht, wonach durch die Mitarbeiter:innen vielfach kein einheitliches und/ oder in sich konsistentes Inklusionsverständnis dargelegt werden konnte. Inklusion bewegt sich insofern in einem ambivalenten Raum zwischen Omnipräsenz und Unschärfe. Einerseits ist Inklusion für die Mitarbeiter:innen scheinbar allgegenwärtig, andererseits aber auch nicht konkret zu fassen. So kann sich das, was unter Inklusion verstanden wird, sowie die Frage danach, welche Verbindungslinien zwischen diesem Inklusionsverständnis und der eigenen Handlungspraxis gezogen werden, durchaus von Mitarbeiter:in zu Mitarbeiter:in unterscheiden. Beispielsweise wurde herausgearbeitet, dass Inklusion von einigen Mitarbeiter:innen eher als Gebot der Gleichbehandlung aller Kinder verstanden wird. Andere Mitarbeiter:innen hingegen sehen in Inklusion eher die Forderung nach Chancengleichheit, die mitunter erst durch ihr eigenes Handeln hergestellt werden muss. Hier geht es insofern explizit nicht um eine Perspektive der Gleichbehandlung, sondern um Fragen der Förderung bzw. des Nachteilsausgleichs. Weitere Differenzen in den Inklusionsverständnissen der Mitarbeiter:innen finden sich darin, wie ‚breit' diese durch die Mitarbeiter:innen angelegt werden. Während sich einzelne Personen zum Beispiel primär auf ein personengruppenspezifisches Verständnis von Inklusion berufen, das Inklusion als behinderungsspezifische Größe fasst, formulieren wiederum andere einen Inklusionsbegriff, der neben der Differenzkategorie Behinderung noch weitere Differenzkategorien berücksichtigt – beispielsweise die der Fluchtmigration. Selten fanden sich aber auch Bezugnahmen auf Inklusion, die sich dezidiert von solchen personengruppenspezifischen Ansätzen zu lösen versuchten und Inklusion zumindest punktuell als etwas beschrieben, dass nicht nur einzelne Personen bzw. Gruppen von Personen betrifft, sondern als etwas, was in größeren, gesamtgesellschaftlichen Zusammenhängen zu denken ist und die Gesellschaft in ihrer Gesamtheit tangiert. Insgesamt betrachtet muss also das Ergebnis herausgestellt werden, dass es sich bei den Inklusionsverständnissen der Mitarbeiter:innen nicht um etwas handelt, was sich klar und einheitlich fassen lässt. Anstelle von trennscharfen Inklusionsverständnissen muss eher von einem Flickenteppich von unscharfen und zum Teil in sich widersprüchlichen Annahmen und Ideen gesprochen werden, aus denen sich die Inklusionsverständnisse zusammensetzen. Dabei bleibt Inklusion paradoxerweise immer das, auf was sich mit Blick auf die Ausführung der eigenen Handlungspraxis berufen und womit das eigene Handeln auch ein Stück weit begründet bzw. gerechtfertigt wird.

Gemeinsam ist den hier erfassten Bezugnahmen auf Inklusion weiterhin, dass sie nicht auf theoretischen Definitionsansätzen gründen, sondern sich vor allem aus persönlichen Überlegungen/ Überzeugungen und in gesellschaftlich-öffentlichen Diskursen geläufigen Schlagworten speisen – beispielsweise das vielfach angeführte Zitat des ehemaligen Bundespräsidenten Richard von Weizsäcker „Es ist normal, verschieden zu sein" (Weizsäcker 1993). Manifest wird hier erneut das bereits eingehend in Kapitel 13.6 thematisierte Theoriedefizit: Es fehlt den einzelnen Mitarbeiter:innen – und damit letztlich auch den Teams in den Einrichtungen – schlicht an einer (gemeinsamen) Idee, wie Inklusion konsistent theoretisch gedacht und handlungspraktisch gewendet werden kann. Eine solche (kollektiv geteilte) Idee ist allerdings grundlegend für eine Handlungspraxis, die anstrebt, Inklusion zum zentralen Orientierungspunkt des eigenen Handelns zu machen, denn nur diese ermöglicht ein zielgerichtetes sowie begründetes Handeln im Sinne der Bewältigung der pädagogischen Entscheidungskrise und lässt zugleich mögliche Verstöße, Dilemmata und Ambivalenzen erfahrbar werden, die im Falle der hiesigen Interviews nicht reflektiert werden.

Als weitere Konstante der formulierten Inklusionsverständnisse ist anzuführen, dass Inklusion durch die Mitarbeiter:innen ein klarer moralischer Wert zugeschrieben wird. Die Auswertungen zeigen, dass Inklusion für sie etwas ist, was nicht hinterfragt bzw. über das nicht (kritisch) nachgedacht werden darf. Inklusion ist für die interviewten Mitarbeiter:innen zu einer zustimmungspflichten Größe avanciert und hat einen – etwas überspitzt formuliert – beinahe sakralen Status. Greifbar wird an dieser Stelle, dass sich die im Unterpunkt zuvor thematisierte ‚moralische Gewalt' des Inklusionsdiskurses nicht nur in Bezug auf das Thema Differenz offenbart, sondern auch auf Inklusion selbst. Inklusion ist auf der einen Seite das, dem sich Mitarbeiter:innen und Träger mehr oder weniger zwangsläufig anschließen (müssen) gleichzeitig bleibt der Begriff selbst jedoch unscharf und kann nicht klar gefasst werden. Die Begrenzungen des Thematisierbaren führen jedoch dazu, dass Inklusion nicht zum Thema gemacht wird. Inklusion wird damit zu einer Krise, die – so scheint es – keine Krise sein darf.

Im Kontext der Beschäftigung mit der Frage nach Inklusionsverständnissen der Mitarbeiter:innen darf allerdings nicht übersehen werden, dass auch auf der Ebene des wissenschaftlichen Fachdiskurses keinesfalls einheitlich geklärt ist, was nun eigentlich unter dem Begriff zu fassen und wie er in die Lebenspraxis zu überführen ist (vgl. Hauck 2021; Budde et al. 2019; Schmitt 2016, o. S.; Cramer/Harant 2014, 642 ff; Dangl 2014, 258 ff; Ackermann 2013, S. 171). Es erschiene daher vermessen, die Pluralität und Unschärfe von Inklusionsverständnissen in der Handlungspraxis einseitig als eine Art hausgemachtes Problem im Zusammenhang mit Aus- und Weiterbildungsinhalten oder (beschränkten) Spielräumen persönlicher Handlungsökonomie im Alltag zu reflektieren. Beides muss letztlich auch als notwendige Konsequenz der Begriffspluralität und Unschärfe der Aushandlungen auf der Ebene der Wissenschaft gewertet werden (vgl. Schmitt 2016, o. S.). Als kritisch-reflexive Instanz ist es die Aufgabe der Wissenschaft, den Akteur:innen der Handlungspraxis einen Inklusionsbegriff bereitzustellen, der durch diese aufgegriffen und praktisch handhabbar gemacht werden kann.

13.11 Zur Krisenhaftigkeit von Inklusion

Im vorangegangenen Unterkapitel wurde bereits darauf hingewiesen, dass sich die subjektiv-intentionalen Bezugnahmen der Mitarbeiter:innen auf Inklusion nicht uneingeschränkt aufrechterhalten lassen. Der Druck der Mitarbeiter:innen, sich zum Leitbild ‚Inklusion' zu bekennen bzw. auf Inklusion zu berufen, steht der Unbestimmtheit dessen gegenüber, was unter ‚Inklusion als Leitbild' zu verstehen ist. Ähnlich verhält es sich, wenn der Blick auf die Frage nach dem Vollzug von Inklusion als Praxis gerichtet wird. Ein zentrales Ergebnis der Interviewauswertung ist darin zu sehen, dass Inklusion von den Mitarbeiter:innen nicht nur als allgegenwärtiges Leitbild des eigenen Handelns proklamiert wird, sondern auch als etwas, was im Alltag mehrheitlich scheinbar problem- und konfliktlos umgesetzt wird. Sowohl Inklusion als auch die pädagogische Handlungspraxis, die sich hieran ausrichtet, erhalten im Zuge dessen den Schein der Selbstläufigkeit, der allerdings bei der Konfrontation mit der gelebten Handlungspraxis bricht. So waren es vor allem die Beobachtungsprotokolle, die offenlegt haben, wie hochgradig komplex und herausfordernd das alltägliche Handeln der Mitarbeiter:innen ist. Es zeigte sich nicht nur, dass sich auch entgegen dem im subjektiv-intentionalen Sinn erhobenen Anspruch durchaus Handlungspraxen vollziehen, die sich als

„ungleichheitsrelevante Positionierungspraktik[en]“ (Machold/Diehm 2017, S. 316) reflektieren lassen, sondern zugleich, dass sich jene Praxen niemals vollends vermeiden lassen und sich auch ohne dahinterliegende Intention der Mitarbeiter:innen und in scheinbaren Nebensächlichkeiten des Alltags vollziehen können (vgl. Beutin/Flämig 2018b, S. 172; Trescher/Börner 2022; Göbel 2018, S. 72) – zum Beispiel in Form kurzer Kommentierungen des Verhaltens einzelner Kinder oder der Art und Weise, wie Interaktionen zwischen Kindern mit und Kindern ohne Behinderung durch die Mitarbeiter:innen begleitet werden. Die Auswertung der Beobachtungsprotokolle hat mit Nachdruck gezeigt, dass Inklusion nicht bereits dadurch erreicht ist, dass (zum Beispiel) Kinder mit und ohne Behinderung gemeinsam eine Kindertageseinrichtung besuchen. Weiterhin wurde klar, dass Inklusion auch dann nicht erreicht ist, wenn alle Kinder an allen Angeboten der betreffenden Einrichtungen teilnehmen. Eine Teilnahme am Alltagsgeschehen selbst ist – so zeigte sich in vielen Szenen – keinesfalls ein Garant für den Vollzug von inklusiven Praxen. Vielmehr bringt die gemeinsame Teilnahme am Alltagsgeschehen erst viele neue Herausforderungen mit Blick auf den Vollzug von Inklusion mit sich, die sich sonst erst gar nicht stellen würden. Verwiesen sei hier etwa auf die Aushandlung von Außenseiterrollen bzw. die Frage, wer sich in welcher Form in das Alltagsgeschehen einbringen kann und wer nicht. Die Beobachtungsprotokolle machen klar, dass sich Inklusion als Praxis nur situativ vollziehen kann – ebenso wie sich Praxen von Ausschluss immer nur situativ vollziehen können (vgl. Trescher/Börner 2022; Trescher 2022; 2020b; 2018f).[78] Es muss als eines der Kernergebnisse der Studie angesehen werden, dass sich auch in einem – dem Anspruch nach – ‚inklusiven Setting‘ durchaus und in vielfältiger Hinsicht (je situativ) Praxen des Ausschlusses vollziehen können. Greifbar wird damit auch, dass Inklusion nicht etwas ist, was überhaupt abschließend ‚erreicht‘ werden kann oder sich final umsetzen lässt (vgl. Trescher/Hauck/Börner 2022; Trescher/Börner 2021). Inklusion und Behinderung sind nicht im Sinne eines wechselseitigen Ausschlusses zu denken, sondern beides steht in einem relationalen Verhältnis zueinander. Bei beidem handelt es sich um fortwährende Aushandlungspraxen, die stets in Bezug auf den je konkreten Einzelfall und die je konkrete Situation zu reflektieren sind und sich – zwangsläufig hieraus hervorgehend – auch gleichzeitig bzw. parallel zueinander vollziehen können (vgl. Trescher 2018a, 33 ff; Hummrich 2019; Budde/Hummrich 2015, S. 33). So kann etwas, was im Falle eines Kindes dazu führt, dass ihm eine Form von Teilhabe gewährt wird, im Falle eines anderen Kindes dazu führen, dass eine Form von Ausschluss hervorgebracht wird. Komplementär hierzu können zum Beispiel Maßnahmen oder Angebote, die darauf ausgerichtet sind, Praxen des Ausschlusses im Alltag zu verhindern und damit einhergehend die Hervorbringung von Andersartigkeit einzelner Kinder zu umgehen, ihrerseits dazu führen,

78 Siehe hierzu auch die grundlagentheoretischen Ausführungen in Kapitel 3.

dass gänzlich neue ungleichheitsrelevante Fragen und Dilemmata aufgeworfen werden, die im Rahmen der pädagogischen Entscheidungskrise erkannt, abgewogen und ausgehandelt werden müssen. Dies soll nochmal anhand eines kurzen Beispiels veranschaulicht werden: In einem der geführten Interviews wurde von einem bzw. einer Mitarbeiter:in hervorgehoben, dass die Tatsache, dass Therapiebedarfe einzelner Kinder mit Behinderung direkt in der Einrichtung und nicht in separaten therapeutischen Einrichtungen bedient werden, als Indiz für eine gelingende Inklusion zu sehen ist. Diese Sichtweise erscheint nachvollziehbar, bleiben die betreffenden Kinder mit ihren Belangen doch im physischen Handlungsraum der betreffenden Einrichtungen und sind somit weiterhin Teil des dortigen Alltags. Allerdings führt die Verlagerung von Therapieangeboten in den Alltag der Einrichtungen aber auch zu gewissen Verschiebungen und damit einhergehend stellen sich neue Herausforderungen. Beispielsweise führt die Teilnahme an Therapieangeboten innerhalb der Einrichtungen zu etwas, was sich als eine verstärkte ‚Offenheit von Defiziten' verstehen lässt. Kinder, die an den Angeboten teilnehmen, sind im Handlungsraum der Einrichtungen stärker als ‚therapiebedürftig' erfahrbar. Parallel hierzu stellt sich die Herausforderung, wie entsprechende Therapieangebote innerhalb des Alltagsgeschehens der Einrichtung verhandelt werden. Vor allem: Wie wird – von Seiten der Mitarbeiter:innen oder der übrigen Kinder – über die Therapieangebote und die Kinder, die an diesen teilnehmen, gesprochen? Dass es hier zu Problemen kommen kann, wurde bereits in der Auswertung der Beobachtungen ausführlich dargelegt.[79]

Die Tatsache, dass sich die Komplexität und Krisenhaftigkeit von pädagogischer Handlungspraxis und Inklusion nicht oder nur eingeschränkt in den subjektiv-intentionalen Darstellungen der interviewten Mitarbeiter:innen widerspiegelt, ist zum Teil sicherlich auf das bereits im vorangegangenen Unterkapitel benannte Kritikverbot in Bezug auf Inklusion zurückzuführen. Ebenso wenig, wie es zulässig erscheint, kritisch über Inklusion als Leitidee zu reflektieren, scheint es für die Mitarbeiter:innen zulässig, Schwierigkeiten bzw. Herausforderungen in Bezug auf die Umsetzung von Inklusion zu thematisieren. Die Proklamierung einer problemlosen Realisierung von Inklusion wird zum scheinbaren Qualitätsmerkmal pädagogischer Handlungspraxis und die Benennung von Herausforderungen als Ausdruck eines (scheinbar unzulässigen) persönlichen Scheiterns gewertet. Angesichts der Krisenhaftigkeit, die pädagogisches Handeln bereits per se kennzeichnet und die im Kontext von Inklusion noch deutlicher zutage tritt[80], erscheint diese Form der Selbstrepräsentanz geradezu paradox. So wäre aus professionalisierungstheoretischer Perspektive doch gerade die offene Reflexion von Herausforderungen, Dilemmata und Ambivalenzen sowie die

79 Siehe Kapitel 12.

80 Siehe die Kapitel 3.3 und 5.

Thematisierung des sich notwendigerweise vollziehenden ‚Scheiterns'[81] des Handelns als Ausdruck professionellen Handelns und damit als Manifestation einer idealisierten Selbstdarstellung zu werten. Greifbar wird an dieser Stelle abermals das bereits vielfach thematisierte Theorie- und Reflexionsdefizit im Handlungsfeld. Es zeigt sich, dass es mit Blick auf eine perspektivische Weiterentwicklung der untersuchten Handlungspraxis darum gehen muss, eine verstärkte Sensibilisierung der Mitarbeiter:innen für die Krisenhaftigkeit der eigenen Handlungspraxis zu erreichen. Dabei geht es um eine Wertschätzung und Würdigung der eigenen Handlungspraxis als konflikthaft und herausfordernd, gleichzeitig aber auch um eine Sensibilisierung für die Krisenhaftigkeit von Inklusion. Den zentralen Ausgangspunkt bildet dabei ein theoretisch gerahmter Inklusionsbegriff, der nicht einseitig moralisierend ist und keine Grenzen des Thematisierbaren setzt, sondern aus einer kritisch-problematisierenden Perspektive heraus zu Reflexion anregt und Ambivalenzen zum Gegenstand macht (vgl. Trescher 2018e; Trescher/Hauck/Börner 2022). Zwar erscheint es – wie in Kapitel 13.1 und 13.2 thematisiert – durchaus erfreulich, dass die Mitarbeiter:innen die eigene Handlungspraxis als gelingend empfinden und sich in dieser verwirklichen können, jedoch scheint es mit Blick auf die vielfältigen Herausforderungen des Handlungsfeldes geboten, für die Krisenhaftigkeit desgleichen zu sensibilisieren und dabei auch einen veränderten Blick auf die Frage nach dem Scheitern zu kultivieren. Es ist gerade das oben herausgestellte Inklusionsverständnis, welches Inklusion und Behinderung als wechselseitig aufeinander bezogene, relationale Praxen versteht, die deutlich macht, dass pädagogisches Handeln immer auch zwangsläufig die Potenzialität eines zumindest punktuellen, situativen Scheiterns mit sich bringt, denn es ist nicht möglich, allen Kindern in jeder Situation immer in gleichem Maße gerecht zu werden oder generell sicherzustellen, dass es nur die gewünschten Effekte sind, die durch eine eigene Handlung hervorgebracht werden (vgl. Trescher/Börner 2022; Trescher 2018c). Die Krisenhaftigkeit pädagogischer Handlungspraxis im Zeichen von Inklusion besteht gerade darin, dass bewusste Entscheidungen getroffen und damit einhergehend ggf. auch je situativ bewusst behindernde Praxen in Kauf genommen werden müssen, um andere Praxen, die ggf. mit drastischeren Auswirkungen auf die Kinder einhergehen würden, zu umgehen. Ein mögliches ‚Scheitern' darf insofern nicht – wie bereits in Kapitel 5.2 dargelegt – als scheinbarer Beleg für ein persönliches Versagen gewertet werden, sondern als Zwangsläufigkeit einer Handlungspraxis, die im Spannungsfeld von Entscheidungszwang und gleichzeitiger Nicht-Verfügbarkeit über Verlauf und Ausgang einer Handlung angelegt ist. Scheitern anzuerkennen und Scheitern anzunehmen, heißt auch, Scheitern als Chance zu begreifen.

81 Zum Begriff des Scheiterns siehe die Kapitel 5.2 und 5.3.

13.12 Zur Konstruktion und zum alltagspraktischen Stellenwert der Differenzkategorie ‚Behinderung'

Im Unterpunkt 13.9 wurde bereits darauf eingegangen, dass das Thema „Umgang mit und Benennung von Differenz" für die Mitarbeiter:innen durch eine besondere Krisenhaftigkeit gekennzeichnet ist. Dies zeigte sich sehr deutlich im Kontext der Auseinandersetzung der Mitarbeiter:innen mit der Differenzkategorie ‚Behinderung'. Immer wieder wurde ersichtlich, dass die Mitarbeiter:innen versuchten, den Begriff und damit einhergehend auch die Statuszuschreibung „*Integrationskind*" zu umgehen. Ungeachtet dieser Zurückhaltung wurde das Thema „Behinderung" dennoch gegenständlich. Dabei konnte herausgearbeitet werden, dass sich zwar – ähnlich wie mit Blick auf Inklusion – nicht von einem einheitlichen Behinderungsverständnis der Mitarbeiter:innen sprechen lässt, wohl aber, dass es vor allem medizinisch-naturwissenschaftlich informierte Sichtweisen auf Behinderung sind, die als vorherrschend zu bezeichnen sind (vgl. Joyce-Finnern 2017, S. 112). Entlang dieser Perspektiven wird Behinderung vorrangig als subjektgebundene Eigenschaft bzw. quasinatürliches Wesensmerkmal von Personen begriffen und über lebenspraktische Einschränkungen und einen damit einhergehenden Unterstützungsbedarf gedacht. Behinderung markiert hier eine (negativ-defizitäre) Normabweichung, was sich nicht zuletzt auch anhand jener Bezugnahmen auf Behinderung veranschaulichen lässt, die Behinderung als speziellen Zuständigkeitsbereich oder besonderes Interessensgebiet einzelner Mitarbeiter:innen adressieren.[82] Allerdings muss hervorgehoben werden, dass sich durchaus auch Differenzen mit Blick auf Behinderungsverständnisse offenbart haben. So wurde von einer bzw. einem Mitarbeiter:in beispielsweise darauf hingewiesen, dass im Kontext der Frage nach Behinderung auch soziale Faktoren eine zentrale Rolle spielen, weshalb ein rein personenbezogener Fokus zu kurz greifen würde. Soziale Faktoren wurden jedoch ausschließlich in Form sekundärer Einschränkungen erfasst, die zusätzlich zu den ohnehin gegebenen, quasi-natürlichen Einschränkungen der Personen hinzukommen. Es kann also konstatiert werden, dass Behinderung durch die Mitarbeiter:innen vor allem als manifeste und nicht als relationale Größe verstanden wird.[83]

Bezugnehmend auf die Frage nach dem alltagspraktischen Stellenwert der Differenzkategorie ‚Behinderung' wurde deutlich, dass diese – entgegen den subjektiv-intentionalen Darstellungen der Mitarbeiter:innen – durchaus als wirkmächtige Größe des Alltags betrachtet werden muss. So konnte anhand vielfältiger Beispiele aus den Beobachtungsprotokollen aufgezeigt werden, dass es oftmals Kinder mit Integrationsstatus sind, die im Alltag besonders eng durch die Mitarbeiter:innen begleitet werden und damit einhergehend stärker als andere

82 Siehe die ausführlichen Darlegungen in Kapitel 11.1.3.

83 Siehe hierzu Kapitel 3.

Kinder durch Praxen der Aufsicht und Regulierung erfasst werden. Relevant hervorzuheben ist in diesem Zusammenhang allerdings, dass die Statuszuweisung als Kind mit Integrationsstatus keinesfalls immer und in jeder Situation eine solche alltagspraktische Wirkmächtigkeit entfaltet. Im Fokus steht weniger die Frage, ob ein Kind formal als ‚Integrationskind' zählt oder nicht, sondern eher die Frage nach dem je individuellen Unterstützungsbedarf bzw. die Frage nach der Fähigkeit eines Kindes, sich ohne die Unterstützung der Mitarbeiter:innen ‚angepasst' bzw. unauffällig im Alltag der Einrichtungen zu bewegen und sich in diesen einzugliedern. So zeigen die Auswertungen immer wieder, dass es einzelnen Integrationskindern durchaus gelingt, sich einer engeren Begleitung durch die Mitarbeiter:innen zu entziehen. Dies ist insbesondere dann der Fall, wenn bestehende Unterstützungsbedarfe selbstständig kompensiert bzw. relativiert werden können – im Falle eines gehörlosen Kindes beispielsweise durch den selbstständigen Rückgriff auf Formen der Gebärdensprache. Dies macht deutlich, dass die Differenzkategorie Behinderung auch in der unmittelbaren Handlungspraxis der Mitarbeiter:innen nicht pauschal als Problem gefasst wird – was schlussendlich als eine Form gelebter Dekonstruktion von Behinderung gesehen werden kann. Auch in dieser Hinsicht überschneiden sich die Ergebnisse mit denen anderer Studien (vgl. Brunner 2018, S. 289).

Zusammenfassend lässt sich auf Grundlage der hiesigen Studie also konstatieren, dass die Ergebnisse einerseits auf eine nachhaltige Dominanz tradierter Vorstellungen von Behinderung verweisen. Zeitgleich machen sie aber ebenso deutlich, dass diese Vorstellungen nur bedingt eine handlungspraktische Relevanz mit sich bringen und Behinderung als alltagspraktische Kategorie zumindest punktuell aufgebrochen werden kann. Mit Blick auf den Vollzug inklusiver Praxen erscheint dies zunächst einmal sehr ‚positiv', markiert es doch ein gewisses Dekonstruktionspotenzial der Differenzkategorie ‚Behinderung'. Wie im Unterpunkt 13.11 herausgestellt, bedeutet dies jedoch nicht, dass sich im Alltag der untersuchten Einrichtungen keine ungleichheitsrelevanten Positionierungspraxen vollziehen, welche – entlang des hier vertretenen Theorems[84] – als Praxen der Behinderung zu verstehen sind. Hierauf wird im folgenden Unterpunkt ausführlicher eingegangen.

13.13 Zur Prekarität (der Zuschreibung) eines erhöhten Unterstützungsbedarfs

Die Ergebnisse der Studie zeigen, dass Kinder, die im Alltag vermehrt auf Unterstützungsleistungen durch die Mitarbeiter:innen angewiesen sind – oder denen dies entsprechend zugeschrieben wird – in besonderem Maße durch Formen des

84 Siehe auch hier die Ausführungen aus Kapitel 3.

Ausschlusses bedroht oder betroffen sind. Ein bestehender oder zugeschriebener Unterstützungsbedarf und hiervon ausgehende Betreuungspraxen müssen entlang der Auswertungen als die primäre ausschlussreproduzierende Größe im Alltag der untersuchten Einrichtungen reflektiert werden. Vielfach – jedoch nicht ausschließlich – betroffen sind hiervon jene Kinder, die mit einem Integrationsstatus versehen sind. Unter Rückbezug auf das vorangegangene Unterkapitel wäre also zu sagen, dass sich die Differenzkategorie ‚Behinderung' nicht per se als wirkmächtige Größe des Alltags erweist, die hierunter gefassten Kinder aber durchaus häufiger mit Zuschreibungen von Hilfe- bzw. Unterstützungsbedarf in Verbindung gebracht werden, sodass es vorrangig ihre Subjektpositionen sind, die im Alltag prekär werden.

Es waren insbesondere die Beobachtungsprotokolle, die offenlegten, wie vielschichtig und komplex sich ausschlussreproduzierende Praxen im Alltag der Einrichtungen erweisen können. So wurde zum Beispiel deutlich, dass es vielfach die Kinder mit Integrationsstatus sind, die im Alltag besonders eng durch die Mitarbeiter:innen begleitet werden und damit einhergehend einer stärkeren Aufsicht und Kontrolle unterliegen. Mit dieser engeren Begleitung wiederum geht nicht nur zwangsläufig eine stärkere Beschränkung der persönlichen Handlungsökonomie der betreffenden Kinder einher, sondern diese werden im Alltag der Einrichtungen auch verstärkt als besonders schutz- bzw. aufsichtsbedürftig hervorgebracht. Deutlich wurde darüber hinaus, dass sich ausschlussreproduzierende Praxen oftmals in scheinbaren Nebensächlichkeiten des Alltags vollziehen und nicht selten aus gegenteiligen respektive wohlmeinenden Handlungsmotiven heraus erwachsen. Letzteres ist beispielsweise dann der Fall, wenn sich Mitarbeiter:innen wiederholt als Spielgefährt:innen für Kinder mit Integrationsstatus anbieten oder Spielaufforderungen, die von diesen Kindern an sie gerichtet werden, annehmen und aushandeln und hierdurch im Laufe der Zeit eine gewisse ‚Zuständigkeit' hervorbringen bzw. eine bereits existierende ‚Zuständigkeit' weiterführend festigen: Die ohnehin vielfach bestehende Nähe zwischen Mitarbeiter:innen und Kindern mit Integrationsstatus verfestigt sich und die betreffenden Kinder lösen sich sukzessive aus der gelebten Gemeinschaft der übrigen Kinder heraus – einerseits dadurch, dass sie selbst nicht (mehr) den spielerischen Kontakt zu den anderen Kindern suchen, andererseits aber auch insofern, als auch die anderen Kinder die betreffenden Integrationskinder eher im Zuständigkeitsbereich der Mitarbeiter:innen verorten und spielerische Angebote fortan nicht (mehr) an sie richten. Das sich hierin manifestierende Dilemma der Mitarbeiter:innen zwischen Unterstützung und (Re-)Produktion von Zuständigkeit ist eines, das bereits im Kontext anderer Studien in Bezug auf die Frage nach gesellschaftlichen Teilhabemöglichkeiten von erwachsenen Menschen mit ‚geistiger Behinderung' herausgearbeitet werden konnte. So wurde etwa im Zuge der Studie „Freizeit als Fenster zur Inklusion" (Trescher 2015) offengelegt, dass Menschen der Mehrheitsgesellschaft Menschen mit ‚geistiger Behinderung' vielfach als im

Zuständigkeits- bzw. Verantwortungsbereich von Einrichtungen des Systems der sogenannten „Behindertenhilfe“ verorten und Fragen der (scheiternden) Teilnahme nicht als gesamtgesellschaftliche Herausforderung sehen, sondern eben als Herausforderung jenes speziellen Teilbereichs, der für die Deckung der Belange jenes Personenkreises ‚zuständig‘ ist (vgl. Trescher 2015, S. 144). Ausgehend davon, dass der Lebensbereich Kindertageseinrichtung der Bereich ist, in dem viele Kinder erstmals in mehr oder weniger selbstständige Aushandlung mit der gesellschaftlichen Lebenswelt treten und – wie im hiesigen Falle – auch in Kontakt mit Kindern mit besonderem Unterstützungsbedarf kommen, ließe sich hier ggf. ein erster Reproduktionsmechanismus einer solchen Denkfigur verorten.

Im Zuge der Auswertung konnten noch viele weitere Beispiele herausgearbeitet werden, in denen Konstruktionen von Andersartigkeit und andere ausschlussreproduzierende Praxen durch das Handeln der Mitarbeiter:innen (mit) hervorgebracht wurden. Verwiesen sei etwa auf die in Kapitel 12.1.2 offengelegten Praxen der Mystifizierung, Praxen der Vereinnahmung oder die auch die offene Thematisierung von Therapiebedarfen und Defiziten. Deutlich wurde allerdings auch, dass es nicht selten die übergeordneten strukturellen Rahmenbedingungen der Einrichtungen oder soziokulturell vorherrschende Verhaltensnormen sind, die dazu führen können, dass Subjektpositionen von Kindern mit erhöhtem Unterstützungsbedarf (zunehmend) prekär werden. Verwiesen sei etwa auf die in Unterpunkt 13.7 thematisierten engen Tagesabläufe sowie den hieraus hervorgehenden Zeit- und Handlungsdruck auf Seiten der Mitarbeiter:innen, der dazu führen kann, dass nur bedingt flexibel auf unvorhergesehene Ereignisse reagiert werden kann und komplexere Aushandlungspraxen mit einzelnen Kindern mitunter nicht im notwendigen Maße stattfinden können.

Insgesamt betrachtet verweist die verstärkte Bedrohung von Kindern mit erhöhtem Unterstützungsbedarf durch ausschlussreproduzierende Praxen erneut darauf, wie wichtig es für die Mitarbeiter:innen ist, einen (selbst-)kritischen Zugang zur ihrer eigenen Handlungspraxis zu entwickeln (vgl. Treber 2011, S. 21; Kron 2006; Schmude 2013, S. 216). Dies gilt umso mehr in Anbetracht der Tatsache, dass das Handeln der Mitarbeiter:innen nicht nur dazu führen kann, dass sich Praxen des Ausschlusses im Alltag vollziehen, sondern ebenso, dass sie durch ihr Handeln Praxen des Ausschlusses aufbrechen oder diese vor ihrem alltagswirksamen Zustandekommen ‚auffangen‘ und relativieren können. In diesem Sinne zeigte die Auswertung der Beobachtungsprotokolle zum Beispiel, dass die Mitarbeiter:innen im Alltag der Einrichtungen eine Art ‚Brückenfunktion‘ einnehmen können. Sie sind es, die im Alltag vielfach darüber entscheiden, wie einzelne Kinder oder deren Handeln in der Gemeinschaft der Kindertageseinrichtung wahrgenommen werden oder ob Kinder einen Zugang zu anderen Kindern finden können oder nicht. Dies betrifft – wie oben schon herausgestellt – insbesondere jene Kinder, die nicht oder nur stark eingeschränkt für sich selbst ‚sprechen‘ können. „Es manifestiert sich hier eine zentrale Erkenntnis: Nicht die

1:1-Betreuung der sog. ‚i-Kinder' im Strukturrahmen ‚integrative Kindertagesstätte' ist die pädagogische Aufgabe, vielmehr ist es die Unterstützung bei Vergemeinschaftungsprozessen zwischen allen Kindern, mit und ohne Behinderung, wodurch sich lebenspraktisch inklusive Prozesse, an deren Ende Teilhabe steht, vollziehen könnten" (Trescher/Hauck 2015, S. 499; vgl. Heimlich 2020, S. 52).

13.14 Kinder als (Ko-)Konstrukteure: Zur Handlungsmächtigkeit der Kinder

In den vorangegangenen Unterpunkten der Ergebnisdarstellung wurde immer wieder die Frage nach dem pädagogischen Handeln und/ oder dem Strukturrahmen der untersuchten Kindertageseinrichtungen aufgeworfen sowie (vornehmlich) die Frage reflektiert, wie sich beides auf die Kinder auswirkt. Es wurde dargelegt, dass kindliches Handeln immer auch als ein vorstrukturiertes, reguliertes Handeln und kindliche Handlungsökonomie als eine gewährte Handlungsökonomie zu verstehen ist. Im hiesigen Unterpunkt sollen nun jedoch verstärkt die Ergebnisse in den Blick genommen werden, die zeigen, dass die Kinder selbst maßgeblichen Einfluss auf den Alltag und das Leben in den Einrichtungen haben. Angeschlossen wird hier an die sogenannte „Agency-Perspektive", die – wie in Kapitel 4 bereits thematisiert – in Studien zu Kindheit und frühkindlichen Bildungseinrichtungen zunehmend Verbreitung findet und die Handlungsfähigkeit von Kindern in den Fokus rückt bzw. sie als aktive Ko-Konstrukteure gesellschaftlicher Lebenswelten fasst – hier: des Alltags in den Kindertageseinrichtungen (vgl. Bollig/Kelle 2014, 265 ff).

Es war vor allem die Auswertung der Beobachtungsprotokolle, die in verschiedener Hinsicht verdeutlichte, dass die Kinder durch ihr Handeln immer wieder selbst unmittelbar daran beteiligt sind, dass sich der Alltag in den Einrichtungen in der skizzierten Art und Weise vollzieht. Hierzu zählt dann auch, dass es nicht zuletzt das Handeln der Kinder ist, welches die Ausgestaltung des pädagogischen Handelns in der hier vorgefundenen Form beeinflusst und (mit) hervorbringt. Beispielhaft verwiesen sei etwa darauf, dass die in Unterpunkt 13.8 thematisierten Praxen der Aufsicht und Regulierung der Mitarbeiter:innen nicht selten durch die Kinder selbst eingefordert bzw. durch ihr Verhalten initiiert werden – etwa dann, wenn Kinder die Mitarbeiter:innen aktiv in die Schlichtung von Konflikten einbeziehen respektive die Schlichtung von Konflikten an die Mitarbeiter:innen verweisen. Veranschaulichen lässt sich an diesem Beispiel dann auch, dass die Kinder bei der Aushandlung ihrer eigenen Subjektpositionen im Alltag maßgeblich mitwirken: Je stärker sie (zum Beispiel) Praxen der Aufsicht und Regulierung durch die Mitarbeiter:innen einfordern respektive auslösen, desto stärker tragen sie zur Reproduktion eines eher begrenzenden, protektiven pädagogischen Handelns bei, welches seinerseits eine kindlich-infantile Form der

Adressierung der Kinder zum Gegenstand hat. Das Handeln der Mitarbeiter:innen lässt sich insofern nicht ohne die Berücksichtigung des Handelns der Kinder lesen. Gemeinsam mit dem Mitarbeiter:innen bringen die Kinder so den Alltag der Einrichtungen sowie die jeweiligen Ausprägungsformen pädagogischen Handelns durch ihr eigenes Handeln hervor und betreiben im Zuge dessen „aktiv und situativ hochvariabel Selbstpositionierungen in allen Praktiken, an denen sie partizipieren" (Bollig/Kelle 2014, S. 276).

Die Wirkmächtigkeit kindlichen Handelns konnte darüber hinaus in weiteren Kontexten herausgearbeitet werden. So machten die Beobachtungsprotokolle zum Beispiel deutlich, dass Fragen von Teilhabe und Ausschlusses maßgeblich durch die Kinder bzw. deren Handeln mitverhandelt werden. Kindliches Handeln hat – so zeigen die Auswertungen immer wieder – entscheidenden Einfluss darauf, ob und, wenn ja, wie je situativ Formen von Ausschluss hervorgebracht werden – oder eben nicht. Auch mit Blick auf die Hervorbringung von Raum im Alltag der Einrichtungen wurde deutlich, dass die Kinder als wirkmächtige Akteur:innen zu begreifen sind. Es wurde greifbar, dass sich die Kinder zwar – wie in Unterpunkt 13.8 hervorgehoben – in strategisch vor- und durchgeplanten Räumen bewegen, weshalb ihr Handeln immer als ein in gewisser Hinsicht gesteuertes zu begreifen ist, sie es jedoch ungeachtet dessen immer wieder schaffen, sich von den ihnen dargebotenen räumlichen Arrangements zu lösen, verändernd in diese einzugreifen und Raum in anderer – eigener – Art und Weise hervorzubringen (vgl. Alberth/Bollig/Schindler 2020; Schreiber 2020; 2019; Deinet/Gumz 2017, S. 169).[85] Hierbei bedienen sich die Kinder vor allem ihrer Fantasie, um – losgelöst von der strategischen Inszenierung der sie umgebenden Räume –, eigene, fiktive Räume zu kreieren, in denen sie auch in ihrer Handlungsmächtigkeit von den sonst geltenden Begrenzungen entbunden sind. Hierin kann letztlich ein Moment der Widerständigkeit bzw. der Auflehnung gesehen werden. Durch die Mitarbeiter:innen bzw. den Träger vorgeplante räumliche Arrangements werden für die Kinder so zu „einer höchst persönlichen Welt: die Teerfläche zur Pferdekoppel, das Klettergerüst zum Höhenrausch, die Fensterbank zur Gratwanderung" (Schreiber 2020, 258 f). Die Beobachtungsprotokolle haben gezeigt, dass sich die Kinder die ihnen dargebotenen Räume immer wieder zu eigen machen und dabei mitunter auch nicht davor zurückschreckten, ‚ihre Räume' vor ihnen fremden Personen – beispielsweise den Beobachter:innen des hiesigen Forschungsprojekts – zu verteidigen. „Räume machen etwas mit Kindern und Kinder mit ihnen" (Schreiber 2020, S. 252).

Abschließend ist also festzuhalten, dass die Ergebnisse der Studie durchaus darauf verweisen, dass den Kindern – trotz der starken Rahmung ihres Handelns – eine Handlungsmächtigkeit zugesprochen werden muss. Hervorzuheben

85 Zur Hervorbringung von Raum siehe auch: Löw 2018; 2012; Schroer 2006; Schreiber/Hasse 2019; Trescher 2018a, 43 ff; Trescher/Hauck 2017.

ist hier allerdings, wie schon in den vorangegangenen Unterpunkten deutlich gemacht, dass die Studie zugleich sehr deutlich macht, dass diese Handlungsmächtigkeit nicht bei allen Kindern im gleichen Maße ausgeprägt ist. Konkret heißt das: Das Ausmaß, in dem sie überhaupt als Ko-Konstrukteur:innen des Alltags und Gestalter:innen ihrer eigenen Subjektpositionen agieren (können), ist ganz wesentlich durch die Frage beeinflusst, welche Subjektpositionen ihnen zugewiesen werden und inwiefern sie sich selbst im Alltag ermächtigen können. So verdeutlichten die Auswertungen etwa, dass zum Beispiel Kinder mit verbalsprachlichen Einschränkungen weitaus weniger auf das Alltagsgeschehen einwirken können als jene Kinder, denen verbalsprachliche Aushandlungen möglich sind. Die Tatsache, dass Subjektpositionen einzelner Kinder prekärer sind als andere, macht klar, dass nicht alle in gleichem Maße Formen von Agency ausleben können. An dieser Stelle schließt sich dann auch der Kreis zu den bisherigen Ausführungen: Es bedarf einer Sensibilisierung der Mitarbeiter:innen bzw. einer Schärfung ihres kritisch-reflexiven Blicks in Bezug auf die Frage, welchen Kindern welche Formen von Agency zuteilwerden und welchen dies wo bzw. in welchen Situationen vorenthalten bleibt.

14. Rekapitulation des forschungspraktischen Vorgehens

Rückblickend kann konstatiert werden, dass sich das gewählte methodische Vorgehen der Studie bewährt hat. Mit den pädagogischen Konzepten, Leitfadeninterviews und Beobachtungen konnte ein sehr breiter sowie heterogener Materialpool erhoben und ausgewertet werden, der verschiedene Perspektiven zusammengebracht und damit ausführliche Einblicke in den Alltag der gewählten Kindertageseinrichtungen gewährt hat. Im Zuge der Auswertung konnten viele Herausforderungen und Ambivalenzen, aber auch Potenziale herausgearbeitet werden, wobei sich gerade das Ineinandergreifen bzw. die wechselseitige Verschränkung der verschiedenen methodischen Zugänge bewährt hat. Erst hierüber war es möglich, der Komplexität des Alltags gerecht zu werden und diesen abzudecken. Sehr deutlich wurde dies unter anderem angesichts der Diskrepanzen zwischen der Ebene der subjektiven (Selbst-)Darstellungen der Trägerorganisation und der Mitarbeiter:innen einerseits und der faktisch gelebten Praxis in den Einrichtungen andererseits. Aber auch in Bezug auf das eher diskursanalytisch gelagerte Erkenntnisinteresse, wie sich gesellschaftspolitische Diskurse in die (Selbst-)Darstellungen der jeweils involvierten Akteur:innen einschreiben, erwies sich die gewählte Verschränkung von Forschungszugängen als gehaltvoll. Ein Zugang, der bei alledem allerdings nur bedingt abgedeckt werden konnte, ist die Perspektive der Kinder und – in nochmal stärkerer Form – die Perspektive der Eltern. Rückblickend wäre es durchaus von Interesse gewesen, herauszuarbeiten, welche Anforderungen und Erwartungen sowohl Kinder als auch Eltern an die pädagogische Handlungspraxis in den untersuchten Kindertageseinrichtungen formulieren und wie sich die jeweiligen Sinnkonstruktionen zu den hier herausgearbeiteten Ergebnissen verhalten. Mit Blick auf zukünftige Forschungsvorhaben wäre dies eine Perspektive, die verstärkt in den Fokus gerückt und als zusätzliche Kontrastfolie herangezogen werden könnte. Im hier gegenständlichen Forschungsvorhaben war dies allerdings – nicht zuletzt bedingt durch die begrenzten Ressourcen des Forschungsvorhabens – nicht möglich.

Auch mit Blick auf die gewählte Auswertungsmethode lässt sich sagen, dass sich diese als gewinnbringend erwiesen hat. Erst durch den Rückgriff auf die rekonstruktiven Analyseverfahren der objektiven Hermeneutik war es möglich, die oben adressierten Diskrepanzen zwischen subjektiven Formen der (Selbst-)Darstellung und objektiver Selbstkonstruktion offenzulegen und kritisch in den Blick zu nehmen. Als besonders gewinnbringend muss zudem die Verbindung der rekonstruktiven Analyseverfahren mit dem theoretischen Verständnis pädagogischen Handelns gesehen werden, das dieses als ein Handeln in Ambivalenzverhältnissen fasst. Der offene und kritische Zugang der objektiven Hermeneutik erweist sich als äußerst geeignet, um Ambivalenzen pädagogischen Handelns aufzudecken, ergeben sich diese doch oftmals an der analytischen Schnittstelle zwischen subjektivem und objektivem Sinn. Profitiert hat das Forschungsvorhaben nicht zuletzt davon, dass bereits in der Vergangenheit erfolgreich mit ähnlichen methodischen Settings gearbeitet wurde, sodass hier auf eine breite Erfahrung in method(olog)ischer Hinsicht zurückgegriffen werden konnte.[86]

Abschließend sei noch auf die Operationalisierung des Vorhabens als Lehrforschungsprojekt eingegangen[87]. Es muss klar hervorgehoben werden: Ohne das Hinzuschalten dreier Lehrveranstaltungen und die damit einhergehende tatkräftige Unterstützung durch die Studierenden, die in allen Phasen des Projekts – von der Planung, Erhebung, Auswertung und abschließenden Reflexion der Ergebnisse – mitgearbeitet haben, wäre das Vorhaben in der nun vorliegenden Form – insbesondere mit Blick auf den Umfang der bearbeiteten Materialien – nicht zu realisieren gewesen. Aber auch für die Studierenden selbst kann die Teilnahme an dem Forschungsprojekt als gewinnbringend betrachtet werden. Die Mitarbeit an der Studie ermöglichte ihnen nicht nur, Einblicke in ein größer angelegtes Forschungsvorhaben zu erhalten und forschungspraktische Erfahrungen zu sammeln, sondern auch ein Handlungsfeld pädagogischer Praxis, das nicht selten von Studierenden nach dem Anschluss des Studiums als Berufsfeld gewählt wird, kennenzulernen und kritisch zu reflektieren. Der Teilnahme am Lehrforschungsprojekt kann insofern auch eine berufsorientierende Wirkmächtigkeit zugeschrieben werden, die – so die Rückmeldung einzelner Studierender – sogar dazu geführt hat, dass eine entsprechende studienbegleitende Tätigkeit aufgenommen wurde. In wiederum anderen Fällen hat die Mitarbeit am Forschungsprojekt auch dazu geführt, dass Studierende, die bereits im hier untersuchten Handlungsfeld tätig waren, den kritischen Austausch, der innerhalb der Veranstaltungen und anhand des Materials geführt wurde, in ihre jeweiligen Arbeitskontexte hineingetragen haben, um diesen gemeinsam mit ihren Kolleg:innen zu nutzen, um dort wiederum kritische Reflexionsschleifen im Alltag zu implementieren. Das Forschungsprojekt wurde so auf mehreren Ebenen zu einem Weiterbildungselement von gegenwärtigen und zukünftigen Mitarbeiter:innen im untersuchten Handlungsfeld – aber auch darüber hinaus.

86 Siehe: Trescher 2018a; 2017a; 2017f; 2015.

87 Verwiesen sei hier auf die entsprechenden Ausführungen in Kapitel 8.

15. Ausblick

Abbildung 31: Überblick Fragestellung F4

F4: „Welche (pädagogischen) Herausforderungen bzw. Weiterentwicklungspotenziale lassen sich feststellen?“	Gesamtergebnisse F1, F2 & F3

Ziel des hiesigen Kapitels ist es, im Rahmen eines handlungspraktisch orientierten Ausblicks die zentralen Implikationen, die aus den Ergebnissen herausgelesen werden können, aufzugreifen und gebündelt darzustellen. Das Kapitel bildet damit – unter Rückbezug auf die Darstellungen aus Kapitel 13 – den zweiten und letzten Schritt in der Bearbeitung der Fragestellung F4, wobei gezielt nach Weiterentwicklungspotenzialen gefragt wird – Weiterentwicklungspotenziale auf individueller Ebene, also der Ebene der einzelnen Mitarbeiter:innen (Kapitel 15.1), und Weiterentwicklungspotenziale auf organisationaler/ struktureller Ebene, also der Ebene der Trägerorganisation bzw. der je konkreten Einrichtungen selbst (Kapitel 15.2).

15.1 Weiterentwicklungspotenziale auf individueller Ebene

Die Ergebnisse haben gezeigt, dass die hier beforschten Mitarbeiter:innen ausnahmslos gerne in dem von ihnen gewählten Handlungsfeld tätig sind. Sie fühlen sich in den Einrichtungen, in denen sie arbeiten, wohl und identifizieren sich mit diesen und deren Leitbildern. Weiterhin wurde deutlich, dass auch in Bezug auf ihr persönliches Handeln eine positive Selbstwahrnehmung vorherrschend ist. Die Mitarbeiter:innen verstehen sich als handlungsmächtige Akteur:innen des Alltags und als hinreichend gewappnet für die Anforderungen, die das Handlungsfelds für sie birgt – auch im Zeichen des zunehmenden Wandels, in dem sich dieses befindet (vgl. König 2020a, 16 ff; König/Heimlich 2020, S. 11).[88] All dies kann, wie schon in den Kapiteln 13.1 und 13.2 dargelegt, als großes Potenzial mit Blick auf zukünftige Entwicklungsprozesse in den Einrichtungen begriffen werden: Die Mitarbeiter:innen sind engagiert und gewillt, aktuelle Entwicklungen und die steigenden Ansprüche, die an ihr Handlungsfeld gerichtet werden, mitzutragen. Bezugnehmend auf die Frage nach Weiterentwicklungspotenzialen sind es – entlang der hier erarbeiteten Ergebnisse und den Perspektiven der beforschten Personen – daher weniger arbeitstechnische Rahmenbedingungen des Tätigkeitsfeldes oder Fragen der subjektiven Zufriedenheit der

88 Siehe die Ausführungen in Kapitel 1.

Mitarbeiter:innen, die in den Blick zu nehmen wären. Der primäre Handlungs- respektive Unterstützungsbedarf ist vor allem in den dargelegten Diskrepanzen zwischen (Selbst-)Ansprüchen der Mitarbeiter:innen und faktisch gelebter Handlungspraxis zu verorten. Mit Blick auf zukünftige Entwicklungen muss es vor allem darum gehen, das offengelegte Reflexionsdefizit zu adressieren und zu überwinden.

Behebung des Theoriedefizits

Die Überwindung des Theoriedefizits muss als zentrale Stellschraube in Bezug auf Weiterentwicklungspotenziale der hier untersuchten Handlungspraxis gesehen werden. Den Mitarbeiter:innen mangelt es vielfach an theoretischem Wissen zu Begriffen und Leitbildern, die ihre Handlungspraxis ganz grundlegend betreffen, was wiederum zur Bedrohung von Praxen der kritischen Selbstreflexion wird (vgl. Betz 2013, S. 271). Ein solches Wissen muss sich angeeignet werden – sei es im Rahmen der Berufsausbildung oder im Kontext von berufsbegleitenden Weiterbildungsangeboten. Wesentlich ist allerdings nicht nur die Vermittlung theoretischen Wissens, sondern zugleich die handlungspraktische Wendung desgleichen. Insbesondere angesichts der zunehmenden Anforderungen, die von außen an die Mitarbeiter:innen und ihre Handlungspraxis herangetragen werden – sei es von Seiten der Politik, des Trägers oder der Eltern –, scheint die festgestellte Naturwüchsigkeit der Handlungspraxis nicht unproblematisch und die Behebung des Theoriedefizits geboten, steigt mit den zunehmenden Anforderungen doch letztlich auch der Bedarf, das eigen Handeln begründet herleiten, von anderen Formen des Handelns abzugrenzen und ggf. rechtfertigen zu können.

Die Überwindung des Theoriedefizits sieht sich jedoch mit verschiedenen Herausforderungen konfrontiert. Eine solche muss zum Beispiel darin gesehen werden, dass eine verstärkte Implementierung theoretischer Inhalte in die Aus- und Weiterbildungsangebote mit dem Ergebnis berufsfeldbezogener Studien in Konflikt gerät, wonach Gründe für die Berufswahl von Erzieher:innen vielfach darin liegen, dass es sich eben um ein betont praxisnahes Tätigkeitsfeld handelt, bei dem theoretische Ausbildungsinhalte – mit Blick auf die spätere Praxis – keine derart zentrale Rolle spielen, wie zum Beispiel im Kontext Schule (vgl. Thole 2010, S. 212). Dies zeichnet sich auch am Wahlverhalten von Erzieher:innen mit Blick auf Fort- und Weiterbildungen ab. So konstatiert Klein: „Erzieherinnen bevorzugen Fortbildungen, die einen geringen theoretischen Anspruch erheben, die einen hohen Praxisbezug aufweisen" (Klein 2010, S. 158). Mit einer entsprechenden Transformation von Ausbildungs- und Fortbildungsinhalten ginge insofern die Gefahr einher, dass sich ggf. weniger Personen dazu bereiterklären würden, diese wahrzunehmen oder sich ggf. mehr Personen gegen das Berufsfeld entscheiden. Es handelt sich um einen Balanceakt, zwischen der Wahrung eines eher praxisorientierten Schwerpunkts und der erforderlichen Vermittlung theoretischen Wissens.

Eine weitere Herausforderung, die sich hinsichtlich der Überwindung des Theoriedefizits stellt, besteht darin, dass die Wahrnehmung von Fort- bzw. Weiterbildungsangeboten – zumindest im Falle der hier beforschten Einrichtungen – vor allem dem subjektiven Ermessen der Mitarbeiter:innen obliegt. Werden jedoch von Seiten der Mitarbeiter:innen keine Defizite in Bezug auf den eigenen Wissensstand festgestellt, so nehmen die Mitarbeiter:innen eher nicht an entsprechenden Angeboten teil. Vor diesem Hintergrund scheint auch die von verschiedenen Autor:innen betonte hohe Weiterbildungsbereitschaft von Mitarbeiter:innen in Kindertageseinrichtungen nur bedingt aussagekräftig (vgl. König/ Buschle 2017, S. 120; Lechner 2016, S. 102), denn wenn die Weiterbildungsbereitschaft zwar besteht, aber kein Weiterbildungsbedarf gesehen wird, ändert dies nichts an der eigentlichen Problematik. Dies wird wiederum vor dem Hintergrund zur Herausforderung, dass theoretische Reflexionen/ Aushandlungen im Alltag der untersuchten Einrichtungen schlicht nicht gegenständlich und damit auch nicht zum subjektiv erfahrbaren Problem werden. Es findet sich hierin ein Reproduktionsmechanismus des beschriebenen Theoriedefizits, dem es perspektivisch entgegenzusteuern gilt – einerseits durch einzelne Mitarbeiter:innen selbst, indem Praxen der kritischen (Selbst-)Reflexion verstärkt in den Alltag implementiert werden und auch Formen des Scheiterns nicht verdrängt, sondern anerkannt und angenommen werden, andererseits aber auch durch die Einrichtungen respektive die Trägerorganisation. Auf Letzteres wird im Unterpunkt 15.2 ausführlicher eingegangen.

Kultivierung und Förderung von Praxen kritischer (Selbst-)Reflexion

Die Auswertung der Interviews hat gezeigt, dass es den Mitarbeiter:innen nur selten möglich ist, eine kritische Distanz zum eigenen Handlungsfeld und zum eigenen Handeln einzunehmen. Strukturprobleme und Dilemmata der eigenen Handlungspraxis bleiben eher unerkannt bzw. unbenannt, was zur Folge hat, dass pädagogisches Handeln von diesen primär als ein scheinbar problemlos gelingendes, krisenbefreites Handeln konstruiert wird. Dies steht den Ergebnissen der Beobachtungsauswertung kontrastiv gegenüber, die immer wieder die Komplexität und Krisenhaftigkeit des pädagogischen Handelns in den untersuchten Einrichtungen verdeutlichten. Die Gesamtergebnisse zeigen, dass sich die Mitarbeiter:innen in ihrem Handlungsalltag einer Vielzahl widerstreitender Ansprüche und Ambivalenzen ausgesetzt sehen und – um je situativ handlungsfähig zu bleiben – fortwährend krisenhafte Entscheidungen treffen müssen. Mit Blick auf zukünftige Entwicklungen scheint es insofern geboten, einen kritischen Blick im Handlungsfeld zu kultivieren und Praxen kritischer (Selbst-)Reflexion zu fördern, um hierdurch dem Anspruch des Handlungsfelds bestmöglich gerecht zu werden und einen produktiven Umgang mit der Krisenhaftigkeit desgleichen zu ermöglichen.

Dies betrifft insbesondere auch eine verstärkte Sensibilisierung hinsichtlich der eigenen Rolle im Alltag und der Wirkmächtigkeit des eigenen Handelns – sowohl in Bezug auf die Hervorbringung als auch den Aufbruch von Praxen und Erfahrungen von Ausschluss. Die oben adressierte Behebung des Theoriedefizits wäre ein wesentlicher Schritt in diese Richtung, verweist doch bereits die Auseinandersetzung mit der Frage nach pädagogischem Handeln auf die vielfachen Ambivalenzen des Handlungsfeldes.[89] Flankiert werden könnte die Behebung des Theoriedefizits durch die Bereitstellung erweiterter Unterstützungsangebote der Mitarbeiter:innen in der Handlungspraxis. Im Fachdiskurs hervorgehoben wird hier zum Beispiel die (begleitete) Bereitstellung und Aufbereitung von wissenschaftlichen Erkenntnissen bzw. die verstärkte Vernetzung von Wissenschaft und Handlungspraxis (vgl. König 2021, S. 17; 2020b, o. S.; Beutin/Flämig 2021, S. 56; Schwentesius 2017, S. 194; Nentwig-Gesemann 2017, S. 235; Betz 2013, S. 271; Wildgruber/Becker-Stoll 2011, S. 73). Dies könnte etwa durch die verstärkte Veröffentlichung von (auch kritischen) wissenschaftlichen Ergebnissen in praxisnahen Journals – beispielhaft hierfür etwa der Beitrag von Beutin und Flämig (2018a) – oder anderen niedrigschwelligen Publikationsplattformen geschehen. Verwiesen sei hier etwa auf das kürzlich gestartete Blogvorhaben „DiverseKindheiten.de". Andere Wege, Mitarbeiter:innen der Handlungspraxis für die Krisenhaftigkeit ihrer Tätigkeit zu sensibilisieren, könnten darin bestehen, Forschungsergebnisse direkt für Reflexionsangebote zu nutzen – beispielsweise in der Form von Workshops oder Vorträgen, die gemeinsam mit Einrichtungsträgern bzw. deren Mitarbeiter:innen angeboten werden. In der Vergangenheit und in anderweitigen Projektkontexten (vgl. Trescher/Hauck/Börner 2022; Trescher 2018a; 2017f; 2017a; 2015) hat sich hierbei insbesondere die Arbeit an konkreten Fallbeispielen aus den Datenmaterialien bewährt, in denen Dilemmata und Ambivalenzen pädagogischen Handelns gegenständlich und gemeinsam mit (angehenden) Praktiker:innen diskutiert bzw. reflektiert werden konnten (vgl. Nentwig-Gesemann 2017, 242 f; Weltzien 2014a, 206 f).[90]

Zulassen von Kritik und zur Bedeutung des Scheiterns

Neben der Überwindung des Theoriedefizits sowie der verstärkten Vernetzung von Wissenschaft und Handlungspraxis erscheint es ausgehend von den Ergebnissen der hiesigen Studie zugleich von Bedeutung, gemeinsam mit den Mitarbeiter:innen einen veränderten Blick auf Fragen von Kritik sowie die

89 Siehe hierzu: Kapitel 5.

90 Verwiesen sei an dieser Stelle auf Kapitel 16 und die dortigen Ausführungen zur Methode des „pädagogischen Verstehens".

Potenzialität des Scheiterns des eigenen Handelns zu entwickeln. Wie im Vorangegangenen bereits angemerkt, zeigt die Studie, dass die Mitarbeiter:innen pädagogisches Handeln einseitig als gelingendes Handeln konstruieren und Konflikte bzw. Praxen des Scheiterns negieren respektive von sich weisen. Um professionelles Handeln zu ermöglichen, scheint es erforderlich, die Mitarbeiter:innen im Handlungsfeld dafür zu sensibilisieren, dass Scheitern als konstitutives Moment pädagogischen Handelns zu betrachten ist. Dies liegt – wie in Kapitel 5 dargelegt – bereits darin begründet, dass pädagogisches Handeln keinen technischen Ursache-Wirkung-Zusammenhängen folgt (vgl. Oevermann 2016b, S. 138) und sich immer in einer „Zone der Ungewißheit" (Oevermann 2016b, S. 138) vollzieht. Es kann niemals gesichert angenommen werden, dass Intention und Effekt einer Handlung übereinstimmen (vgl. Rieger-Ladich 2014, S. 285). Kurz gesagt: Pädagogisches Handeln ist in hohem Maße störanfällig und daher auch in besonderem Maße durch Erfahrungen des Scheiterns gekennzeichnet. Hinzu kommt, dass es – wie an einer Vielzahl der in Beobachtungsprotokollen dokumentierten Situationen gezeigt werden konnte – schlicht unmöglich ist, immer allen Bedürfnissen und Anforderungen gleichermaßen gerecht zu werden, sodass Scheitern als wesentliches und zugleich produktives Moment des Handelns zu begreifen ist. Pädagogisches Handeln heißt immer zu einem gewissen Grad: Scheitern in der Praxis. Ausdruck professionellen pädagogischen Handelns wäre es, sich dessen bewusst zu sein und auf Grundlage dieser Erkenntnis wachsam und handlungsfähig zu bleiben. Dies meint auch ein Zulassen von Kritik – auch an der eigenen Person bzw. in Bezug auf das eigene Handeln.

15.2 Weiterentwicklungspotenziale auf organisationaler/struktureller Ebene

Nachdem im Vorangegangenen einige Weiterentwicklungsperspektiven auf der Ebene der Mitarbeiter:innen in den Blick genommen wurden, wird der Fokus nun auf entsprechende Perspektiven in Bezug auf die Träger- bzw. Einrichtungsebene verlagert. Empirisch beleuchtet wurde diese letztlich auf allen hier erfolgten Analyseschritten: der Auswertung der pädagogischen Konzepte, der Strukturanalyse, den Interviews mit den Mitarbeiter:innen sowie den Beobachtungsprotokollen. Insofern basieren die im Folgenden skizzierten Überlegungen auf der Breite des gesamten Materialpools.

Bereitstellung bzw. Anpassung der pädagogischen Konzepte

Eine zentrale Herausforderung in den untersuchten Einrichtungen ist auf Grundlage der Gesamtergebnisse darin zu sehen, dass die bereitgestellten pädagogischen Konzepte der Einrichtungen dem – im Titel enthaltenen – selbstgestellten Anspruch nicht gerecht werden können.[91] Die bereitgestellten Konzepte dienen insbesondere der Vorstellung der Einrichtungen und richten sich somit an interessierte Eltern. Sie sind Ausdruck eines dienstleistungsbezogenen Werbens um Kundschaft und fokussieren nicht bzw. nur randständig die faktische pädagogische Handlungspraxis in den Einrichtungen. Als zwangsläufige Folge bleibt, dass es den Mitarbeiter:innen in den Einrichtungen an Orientierungspunkten hinsichtlich der je situativen Ausgestaltung ihrer Handlungspraxis fehlt. Insofern sind die dargelegten Ergebnisse betreffend des Theoriedefizits sowie der je individuellen Aushandlung pädagogischer Praxis nur bedingt verwunderlich. Ein Weiterentwicklungspotenzial wäre insofern darin zu sehen, ein entsprechendes Konzept gemeinsam mit den Mitarbeiter:innen auszuarbeiten und dieses als Referenzpunkt für die alltägliche Handlungspraxis zu nutzen. Von Bedeutung ist dabei, dass das bisherige Theoriedefizit, welches sich auch in den Konzepten feststellen ließ, überwunden wird. Es bedarf eines pädagogischen Konzepts, in dem relevante Begriffe theoretisch fundiert und konsistent ausbuchstabiert werden. Weiterhin muss es Gegenstand des Konzepts sein, dass diese theoretischen Begriffe handlungspraktisch durchdrungen werden, um die Mitarbeiter:innen mit entsprechenden Aushandlungen nicht allein zu lassen. Die Delegation der Verantwortung hinsichtlich der Auseinandersetzung mit grundlagentheoretischen Fragen – beispielsweise hinsichtlich der Frage nach pädagogischem Handeln oder Inklusion – ist eine Problematik, die sich letztlich auf der Ebene der Mitarbeiter:innen reproduziert. Die Ergebnisse der Studie haben sehr deutlich gezeigt, dass die Mitarbeiter:innen Unterstützungsangebote bei der Aneignung theoretischer Begriffe brauchen. Hierbei könnte ein angepasstes pädagogisches Konzept helfen. Dieses könnte darüber hinaus dazu beitragen, die teils divergierenden Handlungspraxen der einzelnen Mitarbeiter:innen zu bündeln, die Pluralität der Handlungsmotive der Mitarbeiter:innen zu überwinden und perspektivisch verstärkt das ‚Ziehen an einem Strang' zu begünstigen.

Erneut hervorzuheben ist, dass die skizzierten Überlegungen hinsichtlich der Anpassung der pädagogischen Konzepte nicht als Forderung nach der Breitstellung eines Rezeptwissens oder der Vorhaltung von ‚Qualitätsstandards' pädagogischer Handlungspraxis zu verstehen sind. „Mit Konzepten allein lässt sich der Alltag in vorschulischen Institutionen nicht perfekt inszenieren […]. Das würde nämlich voraussetzen, die Realität ‚Punkt-für-Punkt' anzuleiten. Jeder Versuch in dieser Richtung muss aber an der Komplexität des Alltags in pädagogischen Institutionen scheitern" (Fried 2003, 78 f). Es geht stattdessen explizit um die Förderung einer kritischen (Selbst-)Reflexionskompetenz (vgl. Weiß 2020, S. 105; Leu/Kalicki 2014, S. 193). Qualitätsstandards bergen

91 Siehe hierfür vor allem die Auswertungen in Kapitel 9.

schlussendlich immer die Problematik, der Besonderheit und Komplexität sozialer Situationen nicht gerecht zu werden und damit selbst zum Spielball dessen zu werden, was mithilfe der Standards eigentlich überwunden werden soll. Verwiesen sei hier etwa auf die bürokratische Überformung pädagogischen Handelns und damit einhergehende Entfremdungsprozesse.

Kultivierens eines Sprechens über Handlungspraxis

Anknüpfend an das Ergebnis der Auswertung, wonach Gründe für das Theoriedefizit auf Seiten der Mitarbeiter:innen auch darin zu sehen sind, dass theoretische Inhalte für das pädagogische Handeln in den Einrichtungen schlicht keine Relevanz bergen und daher zwar im Interview, allerdings nicht im Alltag zum subjektiv erfahrbaren Problem werden könnte es sich mit Blick auf Weiterentwicklungsperspektiven auf organisationaler Ebene als förderlich erweisen, innerhalb der untersuchten Einrichtungen verstärkt Möglichkeitsräume des Sprechens über Handlungspraxis zu kultivieren. Dies würde dann auch an das Ergebnis anschließen, wonach reflexive Aushandlungspraxen bezüglich der Ausgestaltung des eigenen pädagogischen Handelns zwischen Mitarbeiter:innen im Zuge der Beobachtungen nicht dokumentiert werden konnten. Besprechungen des Alltags beschränken sich in der Regel auf die Frage nach der organisatorischen Bewältigung einzelner Programmpunkte des Alltags, beziehen sich jedoch nur sehr selten auf das je situative Handeln der Kinder bzw. der Mitarbeiter:innen. Es wird kaum über je konkretes, situatives Handeln gesprochen. Durch das Kultivieren eines Sprechens über Handlungspraxis wäre es möglich, sich den individuellen Erwartungshaltungen und Zielen der jeweils anderen Mitarbeiter:innen zu nähern und zu diskutieren. Für jede bzw. jeden Mitarbeiter:in wäre so nachvollziehbar(er) woran die anderen Mitarbeiter:innen sich in ihrem Handeln orientieren und was sie auf Seiten der Kinder durch ihr Handeln eigentlich genau hervorbringen wollen. Dies betrifft dann auch Fragen der teaminternen Aushandlung von individuellen Inklusionsverständnissen bzw. der Frage, wie die Mitarbeiter:innen diese Verständnisse handlungspraktisch ‚übersetzen'. Das gemeinsame Sprechen über Handlungspraxis – das sich sowohl angeleitet als auch ‚in einem freien Raum' vollziehen könnte, könnte es ebenfalls ermöglichen, verstärkt ‚an einem Strang zu ziehen' bzw. das pädagogische Handeln in den Einrichtungen entlang gemeinsamer Leitlinien und Vorstellungen auszugestalten und sowohl der Parzellierung der Handlungsmotive als auch der festgestellten ‚Naturwüchsigkeit' pädagogischen Handelns entgegenzuwirken. Teamarbeit bedeutet, „sich immer wieder über die gemeinsamen Ziele und Wertvorstellungen, das methodische Repertoire, aber auch Belastungsgrenzen und Schwierigkeiten im pädagogischen Alltag auszutauschen" (Herz 2017, S. 79).

Ein gemeinsames Sprechen über Handlungspraxis könnte weiterhin der Problematik entgegenwirken, dass nicht nur Kritik in Bezug auf das eigene pädagogische Handeln bzw. die eigene Rolle als pädagogisch Handelnde/r ggf.

leichter geäußert werden kann, sondern vielleicht auch Kritik innerhalb des Teams der Mitarbeiter:innen zu formulieren. Denn auch hier zeigen die Ergebnisse dass dies mit einer besonderen Krisenhaftigkeit behaftet ist und eher vermieden wird (vgl. Nürnberg 2018, S. 43). Derartige „Konflikte können jedoch sinnhaft gewendet werden, indem diese als Teil einer notwendigen (Entscheidungs-)Krise verstanden werden, in der Ambivalenzverhältnisse sichtbar gemacht und Praxen neu ausgehandelt werden können. So kann im gemeinsamen Austausch die häufig ambivalente Praxis im Lichte unterschiedlicher Blickwinkel diskutiert werden. Dabei braucht es einen verstehenden Ansatz, der andere Meinungen und Überzeugungen nicht negiert, sondern als unterstützend wahrnimmt, da so eine Praxis aus unterschiedlichen Perspektiven reflektiert werden kann" (Trescher 2018a, S. 282).

Weiterbildungsangebote

In Unterpunkt 15.1 wurde bereits darauf hingewiesen, dass Fragen von Aus- und Weiterbildung als Schlüsselelemente der Weiterentwicklung der hier untersuchten Handlungspraxis gesehen werden. Weiterhin wurde thematisiert, dass Handlungsbedarfe nicht ausschließlich auf der Ebene des Ausbildungssystems oder der einzelnen Mitarbeiter:innen zu sehen sind – etwa im Sinne der Bereitschaft, überhaupt berufsbegleitend an Fort- bzw. Weiterbildungen teilzunehmen –, sondern ebenso, dass entsprechende Entwicklungen durch organisationsinterne Maßnahmen zu flankieren sind (vgl. König/Buschle 2017, S. 128). So könnte es als hilfreich angesehen werden, das individuelle Fort- und Weiterbildungsverhalten des Personals ggf. stärker zu steuern, um dieses nicht in erster Linie vom subjektiven Bedarfsempfinden der Mitarbeiter:innen abhängig zu machen. Ausgehend von dem vielfach diskutierten Theoriedefizit scheinen hier vor allem theoriebezogene Weiterbildungsmaßnahmen von Interesse, die grundlagentheoretische Fragen (zum Beispiel) nach pädagogischem Handeln sowie der Frage nach Inklusion zum Gegenstand haben.

Ein Handlungsbedarf auf organisatorisch-struktureller Seite zeigt sich darüber hinaus mit Blick auf das Ergebnis, wonach sich die Handlungspraxis der Mitarbeiter:innen in einem ambivalenten Zwischenraum von Naturwüchsigkeit und strikter organisatorischer Rahmung vollzieht. Es könnte angedacht werden, organisationale Rahmenbedingungen, die begünstigen oder zur Folge haben, dass Möglichkeitsräume für flexibles und spontanes Handeln der Mitarbeiter:innen eingeschränkt werden und pädagogisches Handeln entlang einer Bürokratisierungslogik eher als ‚befolgendes Handeln' hervorgebracht wird, zurückzubauen, um dafür Sorge zu tragen, dass Weiterbildungsinhalte überhaupt in das Handeln der Mitarbeiter:innen aufgenommen und nutzbar gemacht werden können (vgl. Cloos 2017, S. 155; König/Buschle 2017, S. 129). Wenn pädagogisches Handeln vielfach darin besteht, den festgelegten Tagesablauf in seinem Vollzug sicherzustellen und insofern keiner weiteren Begründung bzw.

Verankerung bedarf, scheinen Fort- und Weiterbildungen, in denen (zum Beispiel) Handlungsstrategien vermittelt werden, nur bedingt hilfreich – insbesondere dann, wenn die Fort- und Weiterbildung nur von einzelnen und nicht von allen Mitarbeiter:innen besucht werden. Kurzum: Um eine Weiterentwicklung pädagogischer Handlungspraxis durch Fort- und Weiterbildungsangebote zu erreichen, müssen von Seiten der Trägerorganisation Räume dafür geschaffen werden, dass die vermittelten Inhalte auch in die konkrete Handlungspraxis überführt werden können.

Kultivieren von Spontaneität und Flexibilität

Der letzte Punkt, der hier aufgegriffen werden soll, schließt unmittelbar an die vorangegangenen Darstellungen an. Die Auswertungen zeigen, dass der Alltag in den untersuchten Einrichtungen sehr stark durchgeplant und vorstrukturiert ist (vgl. Trescher/Hauck 2015, S. 499). Spontaneität und Flexibilität sind Momente, die hierbei immer wieder unterzugehen drohen. Nur sehr wenig von dem, was in den Einrichtungen geschieht, erfolgt spontan bzw. losgelöst vom vorgegebenen Ablaufplan. Der stete Blick auf die Uhr sowie hieran anschließende Steuerungsmaßnahmen gehörten fest zum Handeln der Mitarbeiter:innen-Teams. Dies wird hier insofern als Herausforderung eingestuft, als es die Annahme einer Planbarkeit pädagogischer Handlungspraxis suggeriert, die – nicht zuletzt angesichts der Komplexität des Handlungsfeldes und der Schnelllebigkeit des Alltags – so nicht eingehalten werden kann. Graßhoff et al. sprechen in diesem Zusammenhang von einer „institutionelle[n] Paradoxie" (Graßhoff/Paul/Yeshurun 2015, S. 314), die sich auch im hiesigen Handlungsfeld zeigt: „Auf der einen Seite sind pädagogische Prozesse nicht steuerbar, auf der anderen Seite sollen diese dann aber [...] zu den vorgesehenen Öffnungszeiten und an den entsprechenden Orten stattfinden" (Graßhoff/Paul/Yeshurun 2015, S. 314). Exemplarisch für die Herausforderungen, die dies mit sich bringen kann, kann auf die in den Beobachtungsprotokollen dokumentierten Situationen verwiesen werden, in denen Belange der Kinder nicht oder nur bedingt durch die Mitarbeiter:innen aufgegriffen und ausgehandelt werden konnten, da zeitliche Abläufe dies nicht mehr zuließen. Die Auswertungen verdeutlichen, dass dies vor allem für jene Kinder zum Problem wird, die auf komplexere Unterstützungsleistungen durch die Mitarbeiter:innen angewiesen sind – beispielsweise Kinder mit verbalsprachlichen Einschränkungen. Insofern könnte überlegt werden, die manifesten Alltagsabläufe zumindest teilweise aufzubrechen, um hierdurch Spontaneität und Flexibilität (wieder) verstärkt im Alltag zu kultivieren. Dies würde dann auch bedeuten, Möglichkeitsräume dafür zu schaffen, dass das Handeln der Mitarbeiter:innen (wieder) primär an den Belangen der Kinder ansetzen kann. Es handelt sich hierbei um etwas, was in Zuge früherer Studien und in anderen Handlungszusammenhängen als „Refokussierung des Subjekts" (Trescher 2017a, S. 262; 2018a, 259 ff) gefasst wurde. Insgesamt scheint es von Bedeutung, dass sich die

Krisenhaftigkeit des Handlungsfelds auch auf organisatorisch-struktureller Ebene widerspiegelt. Im Anschluss an die vorangegangenen Punkte bedeutet dies dann auch, dass den Mitarbeiter:innen Raum und Zeit gegeben wird, um sich reflexiv mit der eigenen Handlungspraxis sowie der eigenen Rolle innerhalb dergleichen zu beschäftigen.

16. Die Methode des pädagogischen Verstehens

Die Gesamtergebnisse der Studie haben gezeigt, dass es den Mitarbeiter:innen schwerfällt, sich selbst bzw. das eigene Handeln kritisch zu hinterfragen und im Alltag – ggf. auch gemeinsam im Team – Praxen der (Selbst-)Reflexion zu leben – was auch darauf zurückzuführen ist, dass entsprechende Angebote im Alltag fehlen. Im hiesigen Unterpunkt soll nun in komprimierter Form eine Methode vorgestellt werden, die an ebendieser Stelle ansetzt und versucht, handlungsbezogene (Selbst-)Reflexionsprozesse anzuregen. Konkret geht es um die Methode des pädagogischen Verstehens, die im Rahmen des Forschungsprojekts „Wohin mit dem Wohnheim? Institutionsanalyse und Organisationsentwicklung in der stationären Behindertenhilfe" (Trescher 2018a) entwickelt wurde und hier erstmals auf das Handlungsfeld integrativer Kindertageseinrichtungen übertragen wird (vgl. Trescher 2020d). In einem ersten Schritt wird zunächst die Methode selbst kurz vorgestellt[92] (Kapitel 16.1). Im Anschluss daran wird sie anhand von drei Beispielen aus der hiesigen Studie veranschaulicht (Kapitel 16.2). In Kapitel 16.3 wird nochmal eine kurze Einordnung vorgenommen.

16.1 Zur Methode

Im Mittelpunkt des pädagogischen Verstehens steht eine fall- bzw. situationsbezogene Reflexion. Ziel ist es, Möglichkeitsräume dafür zu schaffen, pädagogisches Handeln bzw. Handeln in pädagogischen Kontexten kritisch zu hinterfragen und „einen verstehenden Zugang zur sozialen Wirklichkeit" (Hummrich 2016, S. 14) (pädagogischer) Handlungspraxis zu generieren (vgl. Thiersch 2015, 60f; Dewe 2013; Wernet 2006). Den zentralen Ausgangspunkt hierfür bildet eine Perspektive, entlang der pädagogisches Handeln – wie in den Kapiteln 5 und 13 dargelegt – als hochgradig komplexes, krisenhaftes Handeln begriffen wird. Es wird als ein Handeln gefasst, welches sich nicht standardisieren lässt, immer wieder neu ausgehandelt und auf den Einzelfall hin bezogen werden muss, durch mannigfaltige Ambivalenzen geprägt und nicht zuletzt dadurch in besonderem Maße durch Erfahrungen des situativen Scheiterns[93] gekennzeichnet ist. Um angesichts der Komplexität und Krisenhaftigkeit[94] pädagogischen Han-

92 Für eine ausführlichere Darstellungen siehe: Trescher 2018a

93 Zum Begriff des Scheiterns siehe die entsprechenden Ausführungen in Kapitel 5.

94 Siehe auch hierzu Kapitel 5.

delns professionell handlungsfähig zu bleiben, bedarf es der fortwährenden Selbstreflexion der Mitarbeiter:innen (vgl. Trescher/Börner 2022; Gaus/Uhle 2006, S. 9). „Die antinomische Struktur des Handlungsfeldes verlangt den einzelnen PädagogInnen grundsätzliche Positionierungen ab und erfordert ein Verfügen über pädagogische Handlungsmöglichkeiten" (Breitenbach/Bürmann/Thünemann 2012, S. 97). Der Ansatz des pädagogischen Verstehens setzt genau an dieser Stelle an. Ziel ist die Einnahme verschiedener Perspektiven, die wiederum für eine materialbezogene Reflexion und Diskussion fruchtbar gemacht werden. Zentral ist hierbei der Versuch des Verstehens, der sich daran ausrichtet, „dass individuelle Fälle nicht durch Wissen um Gesetzmäßigkeiten und Randbedingungen immer in gleicher Weise erklärt werden können" (Uhle 2006, S. 214). Um Verstehen zu ermöglichen, ist es erforderlich, sich auf die Einzigartigkeit einer je konkreten Situation einzulassen und diese differenziert in den Blick zu nehmen. In den Fokus gerückt werden dabei drei verschiedene Verstehenszugänge – ein *subjektiv-intentionaler*, ein *subjektiv-affektiver* und *objektiver Verstehenszugang* – entlang derer erhobenes Datenmaterial betrachtet und reflektiert wird. Die drei Zugänge eröffnen jeweils unterschiedliche Perspektiven auf das Material. Es geht darum, „Adressierungen, Gefühle und Interessen der ProtagonistInnen pädagogischer Situationen vielschichtig herauszuarbeiten und so reflexiv verstehbar zu machen, um pädagogischem Handeln in seiner oftmals ambivalenten Komplexität entsprechen zu können" (Trescher 2020d, 54). Anders als in den Auswertungskapiteln der hiesigen Studie, in denen mit den Analyseverfahren der objektiven Hermeneutik gearbeitet wurde, werden hier also noch weitere Zugänge hinzugenommen, wodurch eine gewisse methodische Breite, aber – unmittelbar damit einhergehend – auch eine gewisse Unschärfe entsteht. Diese Unschärfe wird allerdings zugunsten der Breite der Verstehenszugänge hingenommen. Im Mittelpunkt steht also nicht mehr primär die Frage nach objektiven Sinn- bzw. Bedeutungsstrukturen, sondern eine breit angelegte Reflexion pädagogischen Handelns. Ziel ist dabei immer – im Sinne einer dekonstruktivistischen Logik – (eigene) Praxis infrage zu stellen und letztlich auch die Reflexionsfähigkeit in der Praxis zu erhöhen und zu erweitern. Forciert wird also eine Art kritische Bewusstmachung hinsichtlich der Komplexität und ‚Undurchsichtigkeit' pädagogischen Handelns, um hierauf aufbauend die Frage nach alternativen Handlungsoptionen aufwerfen und diskutieren zu können. Es geht um die Aufdeckung von Vielschichtigkeit, ohne überkomplex zu werden.

Wichtig zu sehen ist, bevor ausführlicher auf die einzelnen Verstehenszugänge eingegangen wird, dass es nicht darum geht, die verschiedenen Verstehenszugänge gegeneinander abzuwägen – beispielsweise in dem Sinne, dass nach einer vermeintlich ‚richtigen' Auslegung gefragt wird. Vielmehr geht es darum, zu zeigen, *„inwiefern eine Situation aus unterschiedlichen Perspektiven (völlig) anders eingeschätzt werden kann"* (Trescher 2018a, S. 223; Hervorhebung im Orig.), wobei alle Auslegungen gleichberechtigt nebeneinanderstehen. Zu sagen ist außerdem, dass es bei der Reflexion nicht darum geht, unbedingt alle möglichen Interpretationen einer Szene darzulegen. Vielmehr steht im Fokus, pädagogische Handlungspraxis aus verschiedenen Perspektiven zu diskutieren.

Subjektiv-intentionaler Verstehenszugang

Verstehenszugänge auf subjektiv-intentionaler Ebene adressieren das, was eine Person – im Falle einer getroffenen Aussage – ausdrücken will bzw. was eine Person mit ihrer Aussage *meint*. Der subjektiv-intentionale Sinn geht unter anderem auf Weber zurück – und zwar in Bezug auf einen „begrifflich konstruierten *reinen* Typus von dem oder den als Typus *gedachten* Handelnden subjektiv *gemeinte*[n] Sinn" (Weber 1984, S. 19; Hervorhebung im Orig.). Entlang dieses Zugangs bekommen soziale Handlungen „dadurch einen Realitätsgehalt, dass sie auf die Sinnorientierungen individueller Akteure zurückgeführt werden können" (Bongaerts 2012, S. 24). Eine Analyse des subjektiv-intentionalen Sinns zielt also darauf, die Intention der Protagonist:innen herauszuarbeiten. „Die Herangehensweise ist […] ein Nachvollziehen der Situation aus Perspektive der Handelnden. Dies gelingt darüber, sich rational in die Situation hineinzuversetzen und sich die Fragen zu stellen: *Warum handeln die AkteurInnen so (und nicht anders)? Was wollen sie damit bezwecken? Warum sind die Gegebenheiten so?* Dies entspricht dem *Modus der rationalen Rechtfertigung*" (Trescher 2020d, 54; Hervorhebung im Orig.).

Objektiver Verstehenszugang

Vom subjektiv-intentionalen Verstehenszugang ist der objektive Verstehenszugang insofern zu unterscheiden, als letzterer über das ‚*Gemeinte*' und ‚*Erlebte*' hinausgeht. Im Mittelpunkt steht hier der objektive Sinn, der bereits in Kapitel 8.5 genauer thematisiert wurde. Der objektive Sinn adressiert das, was – im Falle eines Ausspruchs – tatsächlich *gesagt* wird. Im Kontext einer objektiv hermeneutischen Analyse ist er es, der das Erschließen der latenten Sinn- bzw. Bedeutungsstrukturen ermöglicht (vgl. Oevermann 2002a; Garz/Raven 2015, 138f; Bude 2016, 115ff).[95] „Latente Sinnstrukturen und objektive Bedeutungsstrukturen sind […] jene abstrakten, d.h. selbst sinnlich nicht wahrnehmbaren Konfigurationen und Zusammenhänge, die wir alle mehr oder weniger gut und genau ‚verstehen' und ‚lesen', wenn wir […] alle denkbaren Begleitumstände menschlicher Praxis wahrnehmen, die in ihrem objektiven Sinn durch bedeutungsgenerierende Regeln erzeugt werden und unabhängig von unserer je subjektiven Interpretation objektiv gelten" (Oevermann 2002a, S. 2). Für das Verstehen einer Handlung oder eines Ausspruchs entlang des objektiven Verstehenszugangs ist es wichtig zu sehen, dass jene latenten Sinnstrukturen nicht das intentional Ausgedrückte adressieren, sondern dahinterliegende, objektive Strukturen (vgl. Trescher 2013, S. 38).

95 Verwiesen sei weiterhin auf die Ausführungen in Kapitel 8.5.

Subjektiv-affektiver Verstehenszugang
Ein subjektiv-affektiver Verstehenszugang adressiert die Ebene des individuellen Erlebens einer Person. Es geht um das, was eine Person in der jeweils vorliegenden Situation *fühlt* bzw. *erlebt*. „Erweitert wird das Verstehen dadurch, welche Affekte und Assoziationen mit der Szene verbunden werden bzw. bei den Interpretierenden aufkommen. Die Herangehensweise ist folglich ein methodisch gestütztes (Nach-)Erleben der Situation" (Trescher 2020d, 55). Es geht darum, sich emotional in die vorliegende Szene hineinzuversetzen, diese nachzufühlen und sich auf die einzelnen Personen und deren Positionen einzulassen. Klar ist, dass eine solche Interpretation sehr stark von der jeweils interpretierenden Person abhängt, sodass es durchaus möglich oder sogar die Regel ist, dass im Zuge der Interpretation verschiedene und mitunter konträre Affekte und Interpretationen nebeneinanderstehen. Insofern ist es von Bedeutung, hervorzuheben, dass die Interpretation keine Vollständigkeit beansprucht. Ebenso wenig ist es möglich, über die ‚Richtigkeit' einer Interpretation zu entscheiden. „Das Vorgehen des subjektivaffektiven Verstehens entspricht dem *Modus der Emotionalisierung*" (Trescher 2020d, 55). Methodologisch wird dabei ein Anschluss an tiefenhermeneutisch orientierte Forschungszugänge hergestellt (vgl. Lorenzer 1990; 1986; 1981; König 2010; Trescher 2017f, 53 ff). Dies hat zur Folge, dass im subjektiv-affektiven Verstehen weniger auf Semantik oder Ähnliches Wert gelegt wird als auf das, „wofür die Erzählfiguren stehen: auf Erinnerungsspuren, d. h. auf Szenen. […] Das psychoanalytische Erkennen ist das Verstehen von Szenen" (Lorenzer 1983, S. 110).

16.2 Drei Beispiele zur Veranschaulichung

Im Folgenden wird die Methodik des pädagogischen Verstehens nun konkret am Material veranschaulicht. Ausgewählt wurden hierfür drei Auszüge aus den Beobachtungsprotokollen, deren Auswertung ausführlich in Kapitel 12 dargestellt wurde. Anzumerken ist jedoch, dass das pädagogische Verstehen in seinem Anwendungsbereich nicht auf die Arbeit mit Beobachtungsprotokollen beschränkt ist. Theoretisch könnten alle möglichen Materialtypen – seien es Dokumente, Interviewprotokolle oder auch bildliche Darstellungen – hierüber betrachtet und reflektiert werden. Die Erfahrung aus früheren Arbeitskontexten zeigt aber, dass es vor allem die Arbeit mit Situationen aus der pädagogischen Handlungspraxis ist, die sich besonders als gemeinsame Diskussions- und Reflexionsgrundlage anbietet.

Auch die jeweiligen Verstehenszugänge ließen sich theoretisch beliebig erweitern – beispielsweise um eine Dimension der historischen Hervorbringung etwa aus poststrukturalistischer Perspektive, was wissenschaftlich sicherlich sehr spannend wäre, sich allerdings – so zeigt ebenfalls die Erfahrung – nicht wirklich für die Praxis eignet, da hierfür für ein breiteres Vorwissen vonnöten ist, welches sich nur sehr bedingt im engen Alltag der Handlungspraxis erwerben lässt.

Die hier abgebildeten Beispiele wurden im Rahmen von Interpretationsgruppen bearbeitet und diskutiert.

16.2.1 Beispiel 1: Zur Ambivalenz von Sittlichkeitsnormen und Prekarität verbalsprachlicher Einschränkungen

Der folgende Auszug stammt aus einer Beobachtung, in der (unter anderem) eine Mittagessensituation beobachtet wurde. Im Fokus steht die Interaktion zwischen einem bzw. einer Mitarbeiter:in (MA1) und dessen/ deren Interaktion mit einem Kind mit Integrationsstatus (K1):

> *„Alle Kinder beginnen nun zu essen. MA1 schiebt den Teller mit Nudeln vor K1, gibt ihr die kleine Gabel in die Hand, führt diese zum Teller, nimmt ein paar Nudeln auf und führt die Gabel zu ihrem Mund. […] MA1 schenkt ihr auch etwas Wasser in ihren Trinkbecher ein. K1 steckt daraufhin ihre Hand in den Becher und dann in den Mund. MA1 wendet sich an MA2 und fragt: ‚Seit wann macht sie das?' MA2 antwortet nicht, sondern blickt verträumt durch den Raum. MA1 sagt daraufhin: ‚Ist das ihre rebellische Phase?'. MA2 antwortet nur mit einem knappen ‚Jop'. […] K1 greift nun mit ihrer Hand in den Nudelteller, greift sich eine Handvoll davon und führt die Hand zum Mund. MA1 ruft daraufhin: ‚Nein! Nein! Nein!' und schüttelt die Hand mit den Nudeln aus"* (B10, Z. 284–360).

Subjektiv-intentionaler Verstehenszugang:
MA1 füttert K1 und bedient sich hierbei – entlang bestehender Sittlichkeitsnormen, die auch für die anderen Kinder gelten – einer Gabel. Da K1 selbst nicht über die feinmotorischen Fähigkeiten verfügt, die Gabel in der erforderlichen Art und Weise zu führen, sieht sich MA1 gefordert, die Handlung des Fütterns auszuführen. MA1 kümmert sich um K1 und versucht, ihre Versorgung sicherzustellen. Es handelt sich um eine fürsorgliche Handlung, die in der Folge jedoch durch K1 gestört wird. K1 beginnt unabhängig von den Handlungen von MA1 (Näherziehen des Tellers, Anreichen der Nudeln oder des Bechers) zu agieren. Sie greift in den Wasserbecher, befeuchtet die Hand und steckt sie daraufhin in den Mund. Weiterhin versucht sie, die Nudeln mit der Hand zum Mund zu führen. Beides wird durch MA1 als unzulässige Störung bzw. Akt des Ungehorsams gesehen. K1 widersetzt sich den Handlungen von MA1 und stört zugleich die Norm, wonach die Nahrungsaufnahme nicht mit den Händen zu erfolgen hat. Das Ausschütteln der Hand kann insofern als Handlung gesehen werden, die mit dem Ziel erfolgt, K1 sowie den übrigen anwesenden Kindern die Bedeutung der Einhaltung von Sittlichkeitsnormen nahezubringen sowie K1 zu verdeutlichen,

dass sie sich dem Handeln der Mitarbeiter:innen nicht zu widersetzen hat. MA1 versucht nicht, eine Handlung mit dem Ziel der Bestrafung auszuführen, sondern zielt auf einen edukatorischen Effekt. Sie versucht, K1 – entlang der für sie wichtigen Verhaltensnormen – zu erziehen.

Objektiver Verstehenszugang:
Die Praxis des Fütterns beschreibt eine Praxis der Besonderung, die zunächst unvermeidlich scheint: K1 kann scheinbar nicht – wie die übrigen Kinder im Raum – eigenständig essen, sodass sie auf Unterstützungshandlungen (durch MA1) angewiesen ist. Deutlich wird allerdings, dass es vor allem die Sittlichkeitsnorm hinsichtlich der Verwendung von Essbesteck ist, die hier zum zentralen Ausgangspunkt der (Re-)Produktion von Behinderung wird. K1 ist nur deshalb auf die Unterstützung durch MA1 (oder andere Mitarbeiter:innen) angewiesen, da die Sittlichkeitsnorm verlangt, dass nicht – wie in anderen Kulturkreisen gängig – mit den Händen gegessen wird. Die Norm entfaltet hier also insofern eine behindernde Wirkmächtigkeit, als sie dazu führt, dass das Vermögen von K1, sich theoretisch unabhängig von besondernden Unterstützungsangeboten der Mitarbeiter:innen ernähren zu können, abgewertet bzw. nicht gewürdigt wird. K1 scheitert an der Norm, die durch MA1 als manifest vorausgesetzt wird. Die regulierende Handlung von MA1 – das Ausschütteln der Hand – kann insofern zwar als edukatorische Handlung verstanden werden, gleichzeitig stellt sie aber eine geradezu gewaltförmige Handlung dar, die für K1 eine entmündigende und zugleich entmutigende Wirkung hat. Letzteres deshalb, da K1 signalisiert wird, dass das ihr mögliche Handlungsspektrum als nicht ausreichend bewertet wird und dass sie sich der besonderndern Praxis des Fütterns und der hieran geknüpften Reproduktion einer Außenseiterrolle (Demonstration von Defiziten) zu unterwerfen hat. Sie wird – vor der Gesamtgruppe – durch die Sittlichkeitsnorm und den hieran ausgerichteten Eingriff von MA1 in eine handlungsohnmächtige, infantile Subjektposition versetzt und in dieser fixiert.

Situativer Ausschluss manifestiert sich darüber hinaus dadurch, dass die Handlungen von K1 eine einseitig negative Rahmung erfahren, die durch den ausbleibenden Widerspruch durch MA2 wiederum manifest wird. K1 wird als ‚willentlich widerspenstig' bzw. ‚aufsässig' adressiert, wenngleich andere Motive zumindest denkbar wären – beispielswese die Demonstration von Handlungsfähigkeit bzw. der Versuch, wie die übrigen Kinder ohne die Unterstützung/ Regulation durch die Mitarbeiter:innen zu essen. Durch die je situative Aushandlung der involvierten Mitarbeiter:innen wird sie jedoch als rebellisch, widerständig markiert, wodurch sich das Bild der Außenseiterin auf einer weiteren Ebene verfestigt und an Tiefe gewinnt. Erschwerend hinzu kommt, dass K1 aufgrund ihrer verbalsprachlichen Einschränkungen nicht für sich selbst sprechen bzw. in unmittelbarere Aushandlungen mit den Mitarbeiter:innen treten kann. Sie befindet sich in einer Situation des Ausgeliefertseins und ist umfassend auf das je situative

Handeln der Mitarbeiter:innen angewiesen, wenn es um die Auslegung ihrer Handlungen und Intentionen geht.

Subjektiv-affektiver Verstehenszugang:
Die Situation wirkt zunächst ruhig, vertraut und harmonisch, was im Verlauf jedoch bricht. Wird sich in MA1 hineinversetzt, scheint es, als würde er bzw. sie sich durch das Handeln von K1 gestört bzw. provoziert fühlen. Ggf. spürt MA1 eine gewisse Aggression, Wut und Enttäuschung gegenüber K1, da sie sich dem geplanten Ablauf/ Handeln und damit den an sie gerichteten Verhaltenserwartungen widersetzt. In der Wahl seiner bzw. ihrer Handlungsmöglichkeiten ist es vorstellbar, dass sich MA1 ggf. eingeschränkt bzw. beengt fühlt. Weiterhin fühlt sich MA1 möglicherweise hilflos und dazu gezwungen, die Zurechtweisung von K1 auf körperlicher Ebene zu lösen. Er bzw. sie fühlt sich im Umgang mit K1 ggf. unsicher. Durch den Widerstand von K1 empfindet MA1 ggf. auch ein Gefühl des persönlichen Scheiterns und der Ablehnung durch K1.

Wird sich hingegen in K1 hineinversetzt, können unter anderem Gefühle der Frustration und Ohnmacht nachgefühlt werden. Sie kann nicht für sich selbst sprechen, fühlt sich ggf. hilflos und MA1 ausgeliefert. Weiterhin wäre denkbar, dass sie sich verletzt fühlt, da ihr durch den Eingriff von MA1 vermittelt wird, dass ihre Versuche, eigenständig zu handeln, nicht geschätzt werden. Denkbar wären auch Gefühle der Wut gegenüber MA1. K1 lehnt MA1 ab und will nicht von ihm bzw. ihr gefüttert werden. Ggf. verspürt sie auch ein Gefühl des Trotzes und einer widerständigen Fröhlichkeit angesichts des Ärgers von MA1. Denkbar wäre zudem, dass ihr Handeln aus purer Freude bzw. dem Wunsch nach einem Spiel heraus erfolgt. So wäre denkbar, dass anfängliche Gefühle der Leichtigkeit und Freude – aufgrund der vehementen Reaktion von MA1 – durch Gefühle des Erschreckens bzw. Schocks ersetzt werden.

Aus der Perspektive von MA2 lassen sich Gefühle der Erleichterung und ggf. auch Freude nachfühlen. MA2 könnte froh darüber sein, dass es (diesmal) nicht er bzw. sie selbst ist, der bzw. die sich mit K1 und ihrem Verhalten beschäftigen und den Konflikt aushandeln muss. Denkbar wären aber auch Gefühle der Resignation, da die Mitarbeiter:innen der Gruppe ggf. schon (nach ihrem Ermessen) alles versucht haben, um K1 von derartigen Verhaltensweisen abzuhalten. Im Anschluss an das Handeln von MA1 wären auch Gefühle von Ärger und Ablehnung gegenüber MA1 denkbar.

Einordnung:
Der Auszug zeigt sehr gut, als wie komplex und konflikthaft scheinbar alltäglich anmutende Situationen im Kontext von integrativen Kindertageseinrichtungen sind. Auch wenn MA1 keine böswillige Intention zugeschrieben werden kann, führt sein bzw. ihr Handeln auf mehreren Ebenen dazu, dass die Subjektposition von K1 prekär wird und Formen des Ausschlusses hervorgebracht werden.

Durch das ausbleibende Eingreifen von MA2 – beispielsweise in Form eines Widerspruchs hinsichtlich der Deutung des Verhaltens von K1 – trägt auch er bzw. sie dazu bei, dass beides weiterführend manifestiert wird. Greifbar wird an dieser Stelle das in der Auswertung vielfach dargelegte Ergebnis, wie herausfordernd es für die Mitarbeiter:innen ist, eine kritische Distanz zum eigenen Handeln oder dem Handeln der Kolleg:innen einzunehmen und Reflexionsschleifen in den Alltag zu implementieren. Die Mitarbeiter:innen agieren eher für sich. Weiterhin zeigt sich die besondere Position des Ausgeliefertseins von K1, die sich aus ihren verbalsprachlichen Einschränkungen ergibt. Sie ist weitaus stärker als die übrigen Kinder darauf angewiesen, dass sich ebensolche komplexere Reflexionsleistungen auf Seiten der Mitarbeiter:innen vollziehen. Zunehmend komplex wird die Situation zudem dadurch, dass das Handeln von MA1 entlang einer scheinbar neutralen, unumstößlichen Instanz erfolgt, nämlich einer Sittlichkeitsnorm, deren Einhaltung im geltenden soziokulturellen Kontext von Bedeutung ist und deren Vermittlung nicht selten Gegenstand frühkindlicher Bildungseinrichtungen ist. Es ist vor allem diese Norm, an der K1 scheitert. Bezugnehmend auf die Frage nach dem Vollzug von Inklusion als Praxis wäre insofern die Frage nach dem höheren Gut und dem Ziel der Bildungseinrichtung Kindertageseinrichtung zu diskutieren: Soll auf die Einhaltung von Sittlichkeitsnormen und deren Vermittlung bestanden werden, auch wenn dies möglicherweise zur Folge hat, dass Spielräume persönlicher Handlungsökonomie begrenzt, situativ Formen von Ausschluss hervorgebracht werden und damit womöglich gegen die Zielsetzung Inklusion verstoßen wird? Oder wäre im Sinne eines auf Inklusion ausgerichteten pädagogischen Handelns nicht eher die Überlegung anzustellen, den Kindern – entlang ihrer je individuellen Möglichkeiten – ein möglichst selbstbestimmtes Handeln zu ermöglichen, auch wenn das zur Folge haben könnte, dass scheinbar manifeste Sittlichkeitsnormen nicht eingehalten bzw. ‚in the long run' aufgeweicht werden müssen? Anhand des hier abgebildeten Beispiels lassen sich insofern nicht nur Themen und Ambivalenzen diskutieren, die unmittelbar mit dem pädagogischen Handeln in Kindertageseinrichtungen in Zusammenhang stehen – etwa die Tatsache, dass sich Praxen des Ausschlusses keinesfalls immer und überall verhindern lassen –, sondern deutlich breiter angelegt sind, denn Inklusion wird hier gerade auch als gesamtgesellschaftliche Herausforderung greif- und nachvollziehbar.

16.2.2 Beispiel 2: Zur (eingeschränkten) Handlungsmächtigkeit der Kinder

Das zweite Beispiel, das zur Veranschaulichung der Methode des pädagogischen Verstehens herangezogen werden soll, stammt aus einem Beobachtungsprotokoll, in dem eine Freispielsituation beobachtet wurde. Im Fokus der Beobachtung steht ein Kind mit Integrationsstatus, das bereits in vielen anderen Protokollen als Kind identifiziert wurde, das besonders häufig als Außenseiter agiert.

> „*K1 läuft draußen umher und ahmt Bus-Durchsagen nach: ‚Nächste Haltestelle [Name der Haltestelle], nächste Haltestelle [Name der Haltestelle]'. Neben ihm spielen fünf andere Kinder, die dort schaufeln. Keines der Kinder schenkt ihm Aufmerksamkeit. [...] Ich merke, wie K1 mit den Durchsagen immer lauter wird. Er ruft laut: ‚Wer möchte mit mir Bus fahren? Wer möchte mit mir spielen?' Die übrigen Kinder ignorieren ihn und antworten nicht. K1 fragt weiter: ‚Welches Kind will mit mir was spielen?' Er wird dabei immer lauter und ruft: ‚Kinder, kommt bitte zu mir! Kinder, ihr sollt sofort zu mir kommen!!!' Er lässt zwischen den Sätzen immer eine Pause, jedoch kommt keine Reaktion [...] K1 steht noch immer Abseits des Geschehens. K2 läuft auf ihn zu und sagt: ‚Ich spiele mit dir Busfahren. Komm, wir gehen die Oma besuchen!'. Nun guckt auch K3 von seinem Spiel auf und rennt hinter den beiden her. Er ruft ‚Wartet auf mich!' K1 ruft ihm zu: ‚Ja, wir halten dir die Tür auf, K3!' Alle drei klettern auf den Baumstamm und setzen sich in aneinandergereiht darauf. K2 sitzt vorne und sagt: ‚Die nächste Haltestelle... äh Haltestation ist... macht man das so?' K1 nickt und sagt ‚Ja'*" (B48, Z. 110–201).

Subjektiv-intentionaler Verstehenszugang:
Im Rahmen des gruppenübergreifenden Freispiels spielt und bewegt sich K1 allein auf dem Außengelände der Einrichtung und strebt danach, dies zu ändern. Er sucht durch seine Rufe die Aufmerksamkeit der anderen Kinder und versucht auf sich aufmerksam zu machen. K1 initiiert ein Spiel und lädt die anderen Kinder dazu ein, in dieses einzusteigen. Das Ausbleiben einer Reaktion der anderen Kinder führt im Fortgang der Situation dazu, dass er immer lauter und bestimmter wird. Die anfängliche Bitte um ein gemeinsames Spiel wird zu einem Befehl. Die übrigen Kinder ignorieren die Ersuche von K1, bis sich K2 nach einigen Minuten zu ihm begibt und auf das offerierte Spielangebot eingeht. Sie beginnen ein gemeinsames Spiel, in das auch ein weiteres Kind – K3 – einsteigt.

Objektiver Verstehenszugang:
K1 tritt als Außenseiter in Erscheinung. Er bewegt sich nicht – wie die übrigen Kinder der Gruppe – in einer kleinen Teilgruppe umher und wird auch nicht von den anderen Kindern zu ihrem Spiel hinzugezogen. K1 wird nicht gehört, sodass er sich bei der Adressierung der übrigen Kinder eines Mitarbeiter:innen-Jargons bedient („*Kinder, kommt bitte zu mir! Kinder, ihr sollt sofort zu mir kommen!!!*"). Er greift auf einen Befehlston zurück und löst sich hierdurch zunehmend aus dem Kollektiv der übrigen Kinder heraus. K1 steht seinem Status als Außenseiter hilflos gegenüber. Er schafft es nicht, diesen selbstständig zu überwinden. Sein Handeln scheitert auf mehreren Ebenen. Durchbrochen wird sein Agieren als Außenseiter erst durch die Aktivität von K2. Sie ist es, die auf die Aufforderungen eingeht und ihm hilft, seine ‚Rolle' als Außenseiter nicht nur temporär zu

überwinden, sondern zugleich zeitweilig zu transformieren. Durch die Unterstützung von K2 wird K1 zum vorübergehenden ‚Leiter' der kleinen Spielgemeinschaft. K2 ist es, die hier als handlungsmächtig in Erscheinung tritt, wenngleich dies insofern eingeschränkt wird, als sie sich willentlich dem Spiel bzw. den Regeln von K1 ‚unterwirft'. Das gemeinsame Spiel wird somit – zumindest in der abgebildeten Szene – eher einseitig gestaltet.

Subjektiv-affektiver Verstehenszugang:
Wird sich in K1 hineinversetzt, wäre vorstellbar, dass er sich allein bzw. isoliert fühlt. Er ist in sich gefangen, scheint unzufrieden mit der Situation und wünscht sich die Aufmerksamkeit und Zuneigung der anderen Kinder. Er scheint sich sozialen Anschluss und Wertschätzung zu wünschen. Inmitten der eigentlich harmonisch anmutenden Spielsituation um ihn herum spürt er seine Rolle als Außenseiter der Gruppe noch stärker als sonst. Seine Gefühle der Sehnsucht wandeln sich – so scheint es – zunehmend in Verzweiflung und Frustration. Er fühlt sich zunehmend abgelehnt, einsam, ungeliebt und hilflos.

Wird sich in die Perspektive der anderen Kinder versetzt, scheint es, als würden sich diese in der Nähe von K1 nicht wohl fühlen. Sie ignorieren bzw. meiden ihn und wollen ihn nicht als Teil ihrer jeweiligen Spielgemeinschaften, wobei die Abneigung bzw. Ablehnung auch als eine Frage der Gruppendynamik reflektiert werden kann. Dies verschärft sich angesichts der zunehmend aggressiven Verhaltensweisen von K1.

K2 könnte ein Gefühl von Mitleid zugeschrieben werden. Sie nimmt die Hilflosigkeit und Verzweiflung von K1 wahr und möchte ihm helfen. Ggf. verspürt sie aber auch einfach die Lust danach, „Bus" zu spielen. Es ergeben sich aber auch Gefühle der Unsicherheit im Umgang mit K1. Es scheint, als hätte K2 Angst vor der Aggressivität bzw. Impulsivität von K1, weshalb sie versucht, seinem Spiel bzw. seinen Regeln zu folgen.

Aus dem gemeinsamen Spiel wiederum ergeben sich für K1 ggf. Gefühle der Zugehörigkeit und ggf. der Erleichterung und/ oder des Triumphs, denn seine Verhaltensstrategien waren zielführend. Weiterhin könnte er ein Gefühl der Erhabenheit empfinden, da er nun derjenige ist, der einer Gruppe von Kindern vorgibt, was richtig ist und was nicht.

Wird die Situation aus der Perspektive von K3 reflektiert, ließe sich ein Wandel der Gefühle nachempfinden – aus einer möglichen Ablehnung von K1 erwachsen durch das Hinzutreten von K2 ggf. Gefühle der Neugier. Ggf. hat K3 eine engere Bindung an K2, sodass er hierdurch dazu ermutigt wird, sich auf die spielerische Situation mit K1 einzulassen.

Einordnung:
Das Beispiel zeigt sehr deutlich, dass Fragen von Teilhabe und Ausschluss maßgeblich – wie in Kapitel 13.14 bereits explizit aufgegriffen – auch durch

die Kinder ausgehandelt werden. Kinder schließen andere Kinder durch ihr Handeln aus, ebenso wie sie durch ihr Handeln mit dazu beitragen können, dass von Ausschluss bedrohte oder betroffene Kinder ebendiesen überwinden können. Es wird deutlich, dass es K1, der – wie bereits erwähnt – auch in vielen anderen Situationen als Außenseiter der Gruppe erkennbar wird, nicht ohne Unterstützung von außen gelingt, seine ‚Rolle' als Außenseiter zu verlassen und Anschluss an die anderen Kinder zu finden. K1 tritt als anschlusssuchende Person in Erscheinung, jedoch ist er mit seinen Bemühungen, etwas an seiner Position zu ändern, nicht erfolgreich. Aufzeigen lässt sich hieran, wie das sogenannte „Freispiel" ein besonderes Ausschlussrisiko für Kinder wie K1 birgt. Es sind gerade jene Momente, in denen sich Spielpraxen der Kinder ohne direkte Anleitung der Mitarbeiter:innen vollziehen, in welchen der Außenseiterstatus einzelner Kinder besonders deutlich zum Vorschein kommt. K1 erlebt nicht aufgrund struktureller Gegebenheiten Ausschluss, sondern durch die offene Dynamik der Situation. Bezugnehmend auf die hier dokumentierte Situation hätte es ggf. erweiterter Unterstützungsangebote durch die Mitarbeiter:innen gebraucht, um K1 die Frustration des Scheiterns des eigenen Handelns zu ersparen oder zu lindern und ihm einen Weg in die Gruppe der übrigen Kinder aufzuzeigen. Aufgeworfen wird allerdings auch hier die Frage nach dem höheren Gut. Wie viel Unterstützung und Aufmerksamkeit durch die Mitarbeiter:innen soll K1 in solchen und anderen Situationen zuteilwerden, geht doch auch dies unter Umständen mit Formen der Besonderung einher. Weiterhin stellt sich die Frage, ob eine Intervention durch die Mitarbeiter:innen in der hiesigen Situation ggf. deshalb ausgeblieben ist, da es womöglich pädagogisch gewollt war, dass K1 aufgrund eines möglicherweise als ‚unangemessen' eingestuften Verhaltens (Erteilen von Befehlen etc.) situativ Erfahrungen von Ausschluss macht, um sein Handeln in Zukunft ggf. entlang dieser Erfahrungen anders zu gestalten. Kritisch erschiene hier dann jedoch, dass eine gemeinsame Aufarbeitung der Situation mit K1 ausgeblieben ist, in der ebendies hätte dargelegt und reflektiert werden können.

Zusammenfassend lässt sich sagen, dass auch wenn alle Kinder als wirkmächtige Akteur:innen des Alltags zu betrachten sind, dennoch klar herausgestellt werden muss, dass Grade von Handlungsmächtigkeit von Kind zu Kind differieren. Nicht alle Kinder haben in gleichem Ausmaß Einfluss auf das Alltagsgeschehen und sich dort vollziehende Aushandlungspraxen. Die Aufarbeitung des hiesigen Beobachtungsauszugs zeigt insofern, wie wichtig es ist, dass die Mitarbeiter:innen Erfahrungen von Ausschluss im Alltag erkennen, diese kritisch – auch in Bezug auf das eigene Handeln – reflektieren und die Kinder beim Umgang mit bzw. der Überwindung dergleichen unterstützen. Hierbei bedarf es – insbesondere mit Blick auf die Gestaltung etwaiger Interventionen – einem großen Feingefühl, um nicht ggf. an einem anderen Ende wiederum andere Praxen des Ausschlusses hervorzubringen – verwiesen sei etwa auf die (Re-)Produktion von Zuständigkeit.[96]

16.2.3 Beispiel 3: Zwischen der Wahrung struktureller Vorgaben und Orientierung am Kind

Das dritte und letzte Beispiel, anhand dessen die Methode des pädagogischen Verstehens veranschaulicht werden soll, wurde ebenfalls im Kontext der Darstellung der Beobachtungsauswertungen eingehender diskutiert. Dokumentiert ist hier der gemeinsame Ausflug einer Einrichtung zu einem nahegelegenen Spielplatz sowie das anschließende Spiel auf ebendiesem. Im Fokus des Auszugs steht jedoch die Interaktion zwischen MA1 und K1, einem Kind mit Integrationsstatus, die sich auf dem Weg zum Spielplatz vollzieht.

> *„MA1 sagt so laut, dass alle Kinder ihn bzw. sie hören, dass es nun losgeht. Die Gruppe setzt sich in Bewegung. Nach ca. zwei Minuten sehe ich, dass K1 auf dem Boden sitzt. Er hat sich hingesetzt. Der vordere Teil der Gruppe (ca. zwölf Kinder plus MA2 und MA3), setzt ihren Weg fort, bis MA2 sich umdreht und sie zum Stehen bringt. Alle Personen hinter K1 bleiben stehen. MA1 beugt sich zu K1 herunter und sagt in freundlichem Ton, dass er aufstehen soll, da er bzw. sie ihn sonst tragen müsse. Nach einer Minute steht K1 immer noch nicht. MA1 geht in die Knie und sagt, dass K1 bitte aufstehen solle, er wolle doch bestimmt auch zum Spielplatz. K1 macht keine Anstalten aufzustehen. Nach ein wenig mehr Zureden von MA1 und dem Angebot, er bzw. sie helfe ihm beim Aufstehen, zieht er bzw. sie ihn auf die Beine und die Gruppe setzt ihren Weg fort“* (B21, Z. 33–60).

Subjektiv-intentionaler Verstehenszugang:
MA1 sieht sich in einem Dilemma. Auf der einen Seite sieht er bzw. sie sich dem Druck der Gruppe ausgesetzt und weiß um die zeitlichen Arrangements, die durch das verweigernde Handeln von K1 bedroht werden. Je länger für den Weg zum Spielplatz gebraucht wird, desto weniger Zeit steht auf dem Spielplatz selbst zur Verfügung. Auf der anderen Seite stehen jedoch K1 und dessen Belange. Durch seine verweigernde Haltung signalisiert er, dass – zumindest für ihn – ein Konflikt besteht. MA1 sieht sich insofern einer Entscheidungskrise ausgesetzt. In der Konsequenz entscheidet sich MA1 für ein Handeln zugunsten der Gruppe: Er bzw. sie versucht nicht, die Motive von K1 zu erörtern bzw. dem Grund für seine Verweigerungshaltung nachzugehen und ihn hierdurch (ggf. später) zum Weiterlaufen zu bewegen, sondern überspringt komplexere Aushandlungen und bedient sich ‚zeitsparender Alternativen'. Unter der Hinzunahme einer unmittelbar am

96 Siehe hierzu unter anderem die Ausführungen in Kapitel 12.1.2.

Körper ansetzenden Intervention – das Hochziehen von K1 – gelingt es schließlich, die Situation aufzulösen und K1 zum Weiterlaufen zu bewegen.

Objektiver Verstehenszugang:
Auf der Ebene des objektiven Verstehenszugangs ist zunächst einmal anzuführen, dass die durch MA1 realisierte Lösung der Entscheidungskrise zugunsten der Gesamtgruppe eine Form der Nicht-Beachtung von K1 bedeutet. Seine Belange werden in der konkreten Situation übergangen, um den Weg zum Spielplatz nicht weiter zu verzögern. Weiterhin wird deutlich, dass MA1 bei den Versuchen, K1 zum Laufen zu bewegen, inkonsistent wird. So wird eine Handlung zwar angekündigt (das Tragen von K1, sollte er nicht freiwillig aufstehen), jedoch wird diese nicht eingelöst. Hierdurch verliert er bzw. sie gegenüber den Kindern zu einem gewissen Grad an Integrität und Vertrauen. MA1 demonstriert, dass angekündigte Handlungen folgenlos bleiben (können) und Belangen einzelner Kinder nicht immer nachgegangen werden kann – insbesondere dann, wenn es hierdurch zu Verzögerungen des geplanten Ablaufs kommen kann. MA1 scheitert mit seinen bzw. ihren Versuchen, den Konflikt durch verbalsprachliche Aushandlungen zu lösen und greift auf eine körperliche Intervention zurück. Dies kann – drastisch formuliert – als eine Form des Zwangs bzw. der körperlichen Unterwerfung gesehen werden.

Subjektiv-affektiver Verstehenszugang:
Wird sich in die Situation von MA1 hineinversetzt, so wäre vorstellbar, dass er bzw. sie sich darüber ärgert, dass K1 das Vorankommen der Gruppe und damit den im Voraus geplanten Ablauf stört. MA1 weiß, dass die Augen der gesamten Gruppe auf dem Konflikt ruhen und sich die Gruppe möglicherweise über das Verhalten von K1 ärgert. Es wäre denkbar, dass MA1 eine Form von Druck verspürt, die Situation möglichst schnell lösen zu müssen – ggf. auch im Sinne von K1 –, woraus sich eine Form von Unruhe und ggf. ‚Panik' ergibt. MA1 ist in der Folge ggf. enttäuscht oder frustriert darüber, dass er bzw. sie die Situation nicht über eine nicht-körperliche Regulierung lösen konnte. MA1 könnte den Handlungsverlauf daher als eine Form des persönlichen Scheiterns empfinden. Allerdings erschiene es ebenso möglich, dass MA1 womöglich ein Gefühl von Bestätigung bzw. des Erfolgs empfindet, da er bzw. sie K1 schließlich erfolgreich zum Weiterlaufen bewegt hat.

Wird sich in die Situation von K1 hineinversetzt, wäre vorstellbar, dass K1 Trauer oder seinerseits Ärger verspürt – zum Beispiel deshalb, da MA1 nicht auf sein Anliegen eingeht. Er könnte verärgert sein, da er nicht auf den Spielplatz möchte. Hieraus ließe sich auch ein Gefühl der Hilflosigkeit und Verzweiflung herauslesen, denn sein Widerstand wird durch das Handeln von MA1 einfach aufgelöst, ohne eine große Wirkung zu zeigen. Eine alternative Lesart wäre aber auch, dass K1 sich Aufmerksamkeit wünscht und froh ist, über jede Zuwendung, die ihm durch MA1 zuteilwird. Womöglich spürt er ein Gefühl der Freude, dass er situativ im Mittelpunkt der Gesamtgruppe steht und sich MA1 nur um ihn kümmert.

Aus Perspektive der anderen Mitarbeiter:innen wären zum Beispiel Gefühle des Mitleids gegenüber MA1 denkbar – ggf. aber auch des Ärgers, da MA1 K1 nicht schneller zum Weiterlaufen bringt. Weiterhin wäre eine Form von Erleichterung oder Bewunderung denkbar – Erleichterung dahingehend, dass es MA1 ist, der bzw. die sich um K1 kümmern muss und Bewunderung deshalb, da MA1 K1 nicht direkt auf die Beine zieht, sondern zuvor verschiedene andere Strategien bedient und damit Geduld und Kreativität ausstrahlt.

Wird sich in die Situation der übrigen Kinder hineinversetzt, wären Gefühle der Ungeduld oder des Ärgers denkbar – allerdings auch der Belustigung, handelt es sich bei dem Verhalten von K1 doch um ein auflehnendes Verhalten, welches die Autorität von MA1 untergräbt. Dies wiederum könnte bei den übrigen Mitarbeiter:innen Gefühle des Ärgers und der perspektivischen Ablehnung von MA1 hervorbringen, könnte dieser Autoritätsverlust doch ggf. auch die eigene Arbeit perspektivisch erschweren.

Einordnung:
Die eingehendere Betrachtung der Situation verdeutlicht abermals sehr gut die Komplexität pädagogischer Handlungspraxis. MA1 sieht sich widerstreitenden Ansprüchen ausgesetzt, die jeweils für sich ihre Berechtigung haben. Jedoch ist es ihm bzw. ihr nicht möglich, beiden Seiten gleichermaßen zu entsprechen. Im Prinzip kann das Handeln von MA1 – abhängig von der Perspektive, die eingenommen wird – nur scheitern. Trotzdem muss MA1 begründet eine Entscheidung treffen. Diese fällt hier zum Wohle der Gesamtgruppe und zu Lasten von K1 aus. Veranschaulichen lässt sich darüber hinaus, wie im Voraus geplante Abläufe zum unmittelbaren Handlungsproblem der Mitarbeiter:innen – und hiervon ausgehend auch der Kinder – werden können. MA1 weiß darum, dass für den Weg von der Einrichtung zum Spielplatz nur ein gewisses Zeitfenster eingeplant ist. Je länger der Weg dauert, desto weniger Zeit bleibt für die eigentliche Aktivität des Spielplatzbesuchs, stehen doch im Anschluss wiederum andere Programmpunkte an, die zu realisieren sind. Verbindlichkeiten des Alltags führen an dieser Stelle zu etwas, was sich auch als eine ‚Gefährdung des Pädagogischen' reflektieren lässt. Das Einzelsubjekt mit seinen je situativen Belangen – in diesem Fall K1 – tritt in den Hintergrund. Komplexere Aushandlungen mit Kindern werden angesichts von Ablaufplänen, die eine Planmäßigkeit pädagogischen Handelns implizieren, zunehmend erschwert, was wiederum zum besonderen Ausschlussrisiko für Kinder wird, die sich nicht oder nur eingeschränkt verbalsprachlich ausdrücken können bzw. auch darüber hinaus im Alltag einen erhöhten Unterstützungsbedarf haben.

16.3 Methodischer Ausblick

Die vorangegangenen Darstellungen haben gezeigt, dass die Methode des pädagogischen Verstehens vor allem als eine Art ‚Praxistool' zu verstehen ist. Ihr Mehrwert wird darin gesehen, Pädagog:innen eine Möglichkeit an die Hand zu geben, die mannigfaltigen Herausforderungen und Ambivalenzen, mit denen sie im Zuge ihrer alltäglichen Arbeit konfrontiert werden, erfassen und reflektieren zu können. Die Arbeit entlang der drei Verstehenszugänge forciert die Einnahme unterschiedlicher Perspektiven bzw. Standpunkte, aus denen heraus sich mit pädagogischer Handlungspraxis beschäftigt werden kann. Klar ist dabei, dass das pädagogische Verstehen nicht als wissenschaftliche Methode zu verstehen ist. Als ‚Praxistool' verfolgt es keinen Anspruch auf methodische ‚Reinheit'. Vielmehr handelt es sich um den Versuch, sozialwissenschaftliche Methodologie in ihrer Komplexität zu reduzieren und für Vertreter:innen der Handlungspraxis (leichter) handhabbar zu machen. Im Kern geht es um Praxen der kritischen Bewusstmachung, die angestoßen werden sollen, bzw. darum, eine Art Innehalten im oftmals schnelllebigen und durch Routinen gespeisten Alltag zu ermöglichen und die pädagogische Entscheidungskrise (wieder) in den Fokus zu rücken.[97] Ziel ist es, über routinisierte Abläufe und Selbstverständlichkeiten zu sprechen und die Frage nach möglichen Wirkungen und Alternativen zu stellen. Die Erfahrung zeigt, dass sich die Arbeit mit der Methode vor allem in Gruppen bzw. in Workshops oder Seminaren lohnt – also dann, wenn (angehende) Pädagog:innen zusammenkommen und gemeinsam über pädagogisches Handeln nachdenken und sprechen können. Bisher wurde das pädagogische Verstehen vor allem in der Reflexion von Forschungsergebnissen mit Mitarbeiter:innen pädagogischer Einrichtungen, im Rahmen der (jeweils eigenen) Praxisreflexion mit Studierenden in praxisnahen Seminaren oder auf Fachtagungen genutzt. Immer wieder wurde dabei deutlich, wie bereichernd eine Reflexion für alle beteiligten Personen sein kann, die sowohl problematisierend als auch wertschätzend ist. Es sind derartige verstehende Zugänge zu pädagogischem Handeln, denen hier – unter Rückbezug auf die Ausführungen in Kapitel 5 – ein professionalisierendes Moment zugeschrieben wird.

97 Siehe hierzu ausführlicher die Darstellungen in Kapitel 5.

17. Abschließende Gedanken

Die vorliegende Studie hat viele Einblicke ermöglicht, sodass es am Ende schwerfällt, ein konkretes Einzelergebnis in den Blick zu nehmen, ohne die Bedeutung der anderen Ergebnisse zu schmälern. Besonders hervorgestochen ist jedoch, dass das Handlungsfeld in integrativen Kindertageseinrichtungen als ein sehr facettenreiches und hochgradig ‚belohnendes' Handlungsfeld identifiziert wurde. Alle hier beforschten Personen schätzen ihre Tätigkeit in hohem Maße, bringen sich als ganze Person ein und gehen ihrer Arbeit mit Leidenschaft und großem Engagement nach. Dies zeigen nicht nur die geführten Interviews, sondern auch die vielfältigen Einsichten, die in den Beobachtungsprotokollen gewonnen werden konnten. Deutlich wurde aber ebenso, dass es sich um ein sehr komplexes Handlungsfeld handelt, das durch mannigfaltige Ambivalenzen und Herausforderungen gekennzeichnet ist, die durch die betreffenden Mitarbeiter:innen ausgehalten und ausgehandelt werden müssen. Insofern müssen jegliche Formen der Herabwürdigung bzw. Geringschätzung des Handlungsfelds respektive der dort tätigen Personen klar zurückgewiesen werden. Ganz entscheidend getragen wird dies zudem dadurch, dass es sich bei Kindertageseinrichtungen auch um ein – wie in den hinführenden Worten in Kapitel 1 bereits dargelegt – gesellschaftspolitisch hochgradig relevantes Handlungsfeld handelt. Dies unter anderem deshalb, da Kinder hier erstmals in eigenständige Aushandlung mit der sie umgebenden Lebenswelt treten und losgelöst von den Eltern eigene Erfahrungen machen, die wiederum ihren weiterführenden, je individuellen Lebenslauf beeinflussen. Diese Prozesse pädagogisch zu begleiten und zu gestalten, heißt letztendlich nicht nur, mehr oder weniger tiefgreifenden Einfluss auf das Leben anderer zu nehmen, sondern ebenso, gesellschaftliche Entwicklungen mitzugestalten bzw. Gesellschaft zu verändern. Pädagogisches Handeln schließt daher immer ein politisches Handeln ein und auch dies unterstreicht, wie bedeutsam es ist, sich der Verantwortung des eigenen Handelns bewusst zu sein und dieses zielgerichtet bzw. begründet auszugestalten. In diesem Sinne zeigte die Auswertung doch, dass in Kindertageseinrichtungen bereits ganz wesentlich Einfluss auf die Hervorbringung von Teilhabe und Ausschluss genommen wird. Welche Kinder mit Blick auf die Zukunft als im Diskurs ‚sprechende' Jugendliche bzw. Erwachsene hervorgebracht werden bzw. sich selbst in entsprechender Art und Weise hervorbringen können, ist eine Frage, die zum Teil bereits hier, in Kindertageseinrichtungen, ausgehandelt und beeinflusst wird. Dies bedeutet, wachsam zu bleiben und sich der Wirkmächtigkeit des eigenen Handelns gewahr zu sein. Erfreulich ist, dass im hiesigen Handlungsfeld bereits vergleichsweise viel geforscht wird und – wie über den Verlauf der vorliegenden Schrift immer wieder aufgezeigt – vielversprechende Ansätze verfolgt werden. Dies scheint eine wesentliche

Grundvoraussetzung dafür zu sein, den gegenwärtigen sowie den zukünftigen Herausforderungen, die das Handlungsfeld erwarten, gerecht zu werden. Von besonderem Wert ist hierfür, dies sei abschließend noch einmal betont, nach Ansicht der beiden Autoren eine verstärkte Vernetzung von Handlungspraxis und Forschung – sowohl in dem Sinne, dass Auszubildende bzw. Studierende bereits frühzeitig lernen, pädagogisches Handeln theoriegeleitet zu reflektieren, als auch dahingehend, dass Forschungsergebnisse in die Handlungspraxis zurückgespiegelt werden, um dort als Ausgangspunkt für Praxen der berufsbegleitenden Professionalisierung zu dienen.

Literaturverzeichnis

Ackermann, Karl-Ernst (2013): Geistigbehindertenpädagogik zwischen Disziplin und Profession. In: Ackermann, Karl-Ernst/Musenberg, Oliver/Riegert, Judith (Hrsg.): Geistigbehindertenpädagogik!? Disziplin – Profession – Inklusion. Oberhausen: Athena, S. 171–184.

Ahnert, Lieselotte/Pinquart, Martin/Lamb, Michael E. (2006): Security of children's relationships with nonparental care providers: a meta-analysis. In: Child development 77, H. 3, S. 664–679.

Albers, Timm (2009): Sprache und Interaktion im Kindergarten. Eine quantitativ-qualitative Analyse der sprachlichen und kommunikativen Kompetenzen von drei- bis sechsjährigen Kindern. Bad Heilbrunn: Julius Klinkhardt.

Albers, Timm (2017): Sprachliche Bildung und Förderung im Kontext von Inklusion. Grundlagen und Perspektiven einer inklusiven Frühpädagogik. In: Balluseck, Hilde von (Hrsg.): Professionalisierung der Frühpädagogik. Perspektiven, Entwicklungen, Herausforderungen. 2. Auflage. Opladen, Berlin, Toronto: Barbara Budrich, S. 269–282.

Albers, Timm/Weltzien, Dörte/Ali-Tani, Caroline/Döther, Sabrina/Söhnen, Sarah Aileen/Verhoeven, Nadja (2020): Herausforderungen inklusiver Bildung in Kita-Teams. Konzipierung eines individualisierten Curriculums für Weiterbildung und Prozessbegleitung. In: QfI – Qualifizierung für Inklusion, H. 2.

Alberth, Lars/Bollig, Sabine/Schindler, Larissa (2020): Materialitäten der Kindheit: Analytische Sichtachsen auf Körper, Dinge und Räume. In: Bollig, Sabine/Alberth, Lars/Schindler, Larissa (Hrsg.): Materialitäten der Kindheit. Körper – Dinge – Räume. Wiesbaden: Springer VS, S. 1–14.

Alkemeyer, Thomas/Buschmann, Nikolaus (2016): Praktiken der Subjektivierung – Subjektivierung als Praxis. In: Schäfer, Hilmar (Hrsg.): Praxistheorie. Ein soziologisches Forschungsprogramm. Bielefeld: Transcript, S. 115–136.

Andresen, Sabine (2004): Kindheit als Dispositiv. In: Pongratz, Ludwig/Wimmer, Michael/Nieke, Wolfgang/Masschelein, Jan (Hrsg.): Nach Foucault. Diskurs- und machtanalytische Perspektiven der Pädagogik. Wiesbaden: Springer VS, S. 158–175.

Andresen, Sabine/Hurrelmann, Klaus (2010): Kindheit. Weinheim und Basel: Beltz.

Ariès, Philippe (1975): Geschichte der Kindheit. München: Carl Hanser.

Autorengruppe Fachkräftebarometer. „Fachkräftebarometer Frühe Bildung 2019". https://www.fachkraeftebarometer.de/fileadmin/Redaktion/Publikation_FKB2019/Fachkraeftebarometer_Fruehe_Bildung_2019_web.pdf (Abfrage 17.07.2022).

Balzer, Nicole/Ricken, Norbert (2010): Anerkennung als pädagogisches Problem – Markierungen im erziehungswissenschaftlichen Diskurs. In: Schäfer, Alfred/Thompson, Christiane (Hrsg.): Anerkennung. Paderborn: Schöningh, S. 35–87.

Bäuerlein, Kerstin/Rößler, Jan/Schneider, Wolfgang (2017): Fachkraft-Kind-Interaktionen in der Krippe. Zusammenhänge mit der Fachkraft-Kind-Bindung. In: Wadepohl, Heike/Mackowiak, Katja/Fröhlich-Gildhoff, Klaus/Weltzien, Dörte (Hrsg.): Interaktionsgestaltung in Familie und Kindertagesbetreuung. Wiesbaden: Springer VS, S. 115–146.

Bayer, Karl/Happ, Erich (Hg.) (2002): Lateinische Wortkunde. Bamberg, München: C. C. Buchner, Lindauer, Oldenbourg.

Becker-Lenz, Roland/Franzmann, Andreas/Jansen, Axel/Jung, Matthias (Hrsg.) (2016): Die Methodenschule der Objektiven Hermeneutik. Eine Bestandsaufnahme. Wiesbaden: Springer VS.

Becker-Lenz, Roland/Müller-Hermann, Silke (2013): Die Notwendigkeit von wissenschaftlichem Wissen und die Bedeutung eines professionellen Habitus für die Berufspraxis der Sozialen Arbeit. In: Becker-Lenz, Roland/Busse, Stefan/Ehlert, Gudrun/Müller-Hermann, Silke (Hrsg.): Professionalität in der Sozialen Arbeit. Standpunkte, Kontroversen, Perspektiven. 3. Auflage. Wiesbaden: Springer VS, S. 203–229.

Becker-Stoll, Fabienne/Wertfein, Monika (2013): Qualitätsmessung und Qualitätsentwicklung in Kindertageseinrichtungen. In: Stamm, Margit/Edelmann, Doris (Hrsg.): Handbuch frühkindliche Bildungsforschung. Wiesbaden: Springer VS, S. 844–856.

Benner, Dietrich (2015): Allgemeine Pädagogik. Eine systematisch-problemgeschichtliche Einführung in die Grundstruktur pädagogischen Denkens und Handelns. 8. Auflage. Weinheim, München: Beltz Juventa.

Benner, Dietrich/Brüggen, Friedhelm (2011): Geschichte der Pädagogik. Vom Beginn der Neuzeit bis zur Gegenwart. Stuttgart: Reclam.

Bernhard, Armin (2011): Pädagogisches Denken. Einführung in allgemeine Grundlagen der Erziehungs- und Bildungswissenschaft. 4. Auflage. Baltmannsweiler: Schneider Hohengehren.

Betz, Tanja (2013): Anforderungen an Fachkräfte in Kindertageseinrichtungen. In: Stamm, Margit/Edelmann, Doris (Hrsg.): Handbuch frühkindliche Bildungsforschung. Wiesbaden: Springer VS, S. 259–272.

Betz, Tanja (2015): Pädagogische Fachkräfte im Spannungsfeld zwischen Selbstverständnis und externen Erwartungen. In: Stenger, Ursula/Edelmann, Doris/König, Anke (Hrsg.): Erziehungswissenschaftliche Perspektiven in frühpädagogischer Theoriebildung und Forschung. Weinheim und Basel: Beltz Juventa, S. 221–243.

Betz, Tanja/Eßer, Florian (2016): Kinder als Akteure. Forschungsbezogene Implikationen des erfolgreichen Agency-Konzepts. In: Diskurs Kindheits- und Jugendforschung 11, H. 3, S. 301–314.

Beutin, Anna/Flämig, Katja (2018a): Helfen ist nicht immer hilfreich. Erkenntnisse aus einer laufenden Studie zum Thema Teilhabe. In: Kindergarten heute 48, H. 1, S. 34–37.

Beutin, Anna/Flämig, Katja (2018b): Relevanz und Funktion von Differenzkonstruktionen im Alltag integrativer Kindertageseinrichtungen. In: Der pädagogische Blick, H. 3, S. 163–175.

Beutin, Anna/Flämig, Katja (2021): Kinder und ihre Beiträge zur Konstitution des Kita-Alltags. Beobachtungen in integrativen Kindertageseinrichtungen. In: König, Anke (Hrsg.): Wissenschaft für die Praxis. Erträge und Reflexionen zum Handlungsfeld Frühe Bildung. Weinheim und Basel: Beltz Juventa, S. 43–59.

Biewer, Gottfried/Schütz, Sandra (2016): Inklusion. In: Hedderich, Ingeborg/Biewer, Gottfried/Hollenweger, Judith/Markowetz, Reinhard (Hrsg.): Handbuch Inklusion und Sonderpädagogik. Bad Heilbrunn: Klinkhardt, S. 123–126.

Bischoff, Stefanie/Betz, Tanja (2018): Zusammenarbeit aus der Sicht von Eltern und Fachkräften im Kontext übergreifender Ungleichheitsverhältnisse. In: Thon, Christine/Menz, Margarete/Mai, Miriam/Abdessadok, Luisa (Hrsg.): Kindheiten zwischen Familie und Kindertagesstätte. Differenzdiskurse und Positionierungen von Eltern und pädagogischen Fachkräften. Wiesbaden: Springer VS, S. 25–46.

Bock, Karin (2013): Biographisierung oder Institutionalisierung der Kindheit? Mögliche Forschungsperspektiven aus sozialpädagogischer Sicht. In: Wustmann, Cornelia/Karber, Anke/Giener, Anita (Hrsg.): Kindheit aus sozialwissenschaftlicher Perspektive. Graz: Leykam, S. 23–34.

Böhm, Julia/Jungmann, Tanja/Koch, Katja (2017): Professionalisierung pädagogischer Fachkräfte. In: Jungmann, Tanja/Koch, Katja (Hrsg.): Professionalisierung pädagogischer Fachkräfte in Kindertageseinrichtungen. Konzept und Wirksamkeit des KOMPASS-Projektes. Wiesbaden: Springer VS, S. 9–27.

Bollig, Sabine (2019): Kindergarten. In: Schreiber, Verena/Hasse, Jürgen (Hrsg.): Räume der Kindheit. Ein Glossar. Bielefeld: transcript, S. 159–165.

Bollig, Sabine/Kelle, Helga (2012): Vergleichen und Kontrastieren. Zur analytischen Konstruktion von Feldern und Vergleichsobjekten in der ethnographischen Forschung. In: Friebertshäuser, Barbara/Kelle, Helga/Boller, Heike/Bollig, Sabine/Huf, Christina/Langer, Antje/Ott, Marion/Richter, Sophia (Hrsg.): Feld und Theorie. Herausforderungen erziehungswissenschaftlicher Ethnographie. Opladen, Berlin, Toronto: Budrich, S. 201–216.

Bollig, Sabine/Kelle, Helga (2014): Kinder als Akteure oder als Partizipanden von Praktiken? Zu den Herausforderungen für eine akteurszentrierte Kindheitssoziologie durch Praxistheorien. In: Zeitschrift für Soziologie der Erziehung und Sozialisation 34, H. 3, S. 263–279.

Bongaerts, Gregor (2012): Sinn. Bielefeld: transcript.

Braband, Janne (2020): „Die Sprache soll den Kindern als Anker dienen“. Subjektive Theorien von Eltern und Kitafachkräften über mehrsprachiges Aufwachsen. In: Bloch, Bianca/Kluge, Lucie/Trân, Hoa Mai/Zehbe, Katja (Hrsg.): Pädagogik der frühen Kindheit im Wandel. Gegenwärtige Herausforderungen und Wirklichkeiten. Weinheim und Basel: Beltz Juventa, S. 170–188.

Breidenstein, Georg/Hirschauer, Stefan/Kalthoff, Herbert/Nieswand, Boris (2013): Ethnographie. Die Praxis der Feldforschung. Konstanz, München: UVK.

Breitenbach, Eva/Bürmann, Ilse/Thünemann, Silvia (2012): Pädagogische Orientierungen als Kernstück pädagogischer Professionalität. Erste Ergebnisse aus einem rekonstruktiven Forschungsprojekt mit ErzieherInnen. In: Frühe Bildung 1, H. 2, S. 95–102.

Bröckling, Ulrich/Krasmann, Susanne/Lemke, Thomas (Hrsg.) (2004): Glossar der Gegenwart. Frankfurt am Main: Suhrkamp.

Broström, Stig (2002): Communication and continuity in the transition from kindergarten to school. In: Dunlop, Aline-Wendy/Fabian, Hilary (Hrsg.): Transitions in the early years. Debating continuity and progression for young children in early education. London: Routledge, S. 52–63.

Broström, Stig (2003): Problems and Barriers in Children's Learning When They Transit From Kindergarten to Kindergarten Class in School. In: European Early Childhood Education Research Journal 11, H. 1, S. 51–66.

Brunner, Julia (2018): Professionalität in der Frühpädagogik. Perspektiven pädagogischer Fachkräfte im Kontext einer inklusiven Bildung. Wiesbaden: Springer VS.

Budde, Jürgen/Blasse, Nina/Rißler, Georg/Wesemann, Victoria (2019): Inklusion als Professionalisierungsdilemma? In: Zeitschrift für Inklusion, H. 3 (auch online unter https://www.inklusion-online.net/index.php/inklusion-online/article/view/512, (Abfrage 17.07.2022).

Budde, Jürgen/Hummrich, Merle (2013): Reflexive Inklusion. In: Zeitschrift für Inklusion, H. 3 (auch online unter https://www.inklusion-online.net/index.php/inklusion-online/article/view/193).

Budde, Jürgen/Hummrich, Merle (2015): Inklusion aus erziehungswissenschaftlicher Perspektive. In: Erziehungswissenschaft 26, S. 33–42.

Bude, Heinz (1994): Das Latente und das Manifeste. Aporien einer „Hermeneutik des Verdachts". In: Garz, Detlef/Kraimer, Klaus (Hrsg.): Die Welt als Text. Theorie, Kritik und Praxis der objektiven Hermeneutik. Frankfurt am Main: Suhrkamp, S. 114–124.

Bude, Heinz (2016): Das Latente und das Manifeste. Aporien einer „Hermeneutik des Verdachts". In: Garz, Detlef/Kraimer, Klaus (Hrsg.): Die Welt als Text. Theorie, Kritik und Praxis der objektiven Hermeneutik. 3. Auflage. Frankfurt am Main: Suhrkamp, S. 114–124.

Bührmann, Andrea D./Schneider, Werner (2010): Die Dispositivanalyse als Forschungsperspektive. Begrifflich-konzeptionelle Überlegungen zur Analyse gouvernementaler Techniken und Technologien. In: Angermüller, Johannes/van Dyk, Silke (Hrsg.): Diskursanalyse meets Gouvernementalitätsforschung. Perspektiven auf das Verhältnis von Subjekt, Sprache, Macht und Wissen. Frankfurt am Main: Campus, S. 261–288.

Bührmann, Andrea D./Schneider, Werner (2012): Vom Diskurs zum Dispositiv. Eine Einführung in die Dispositivanalyse. Bielefeld: transcript.

Burmeister, Christoph T. (2020): Noch einmal: Kindheit als Dispositiv. In: Bollig, Sabine/Alberth, Lars/Schindler, Larissa (Hrsg.): Materialitäten der Kindheit. Körper – Dinge – Räume. Wiesbaden: Springer VS, S. 49–69.

Buschle, Christina/Gruber, Veronika/Hartwich, Pascal (2021): Die Weiterbildungsbeteiligung von Beschäftigten in der Frühen Bildung. Eine Analyse auf der Basis des Mikrozensus und der WiFF-Fachkräftebefragung. In: König, Anke (Hrsg.): Wissenschaft für die Praxis. Erträge und Reflexionen zum Handlungsfeld Frühe Bildung. Weinheim und Basel: Beltz Juventa, S. 98–115.

Butler, Judith (1991): Das Unbehagen der Geschlechter. Frankfurt am Main: Suhrkamp.

Butler, Judith (2014): Kritik der ethischen Gewalt. Erweiterte Ausgabe. Frankfurt am Main: Suhrkamp.

Butler, Judith (2016a): Das Unbehagen der Geschlechter. 18 Auflage. Frankfurt am Main: Suhrkamp.

Butler, Judith (2016b): Was ist Kritik? Ein Essay über Foucaults Tugend. In: Jaeggi, Rahel/Wesche, Tilo (Hrsg.): Was ist Kritik? 4. Auflage. Frankfurt am Main: Suhrkamp, S. 221–246.

Cloos, Peter (2017): Multiprofessionelle Teams in Kindertageseinrichtungen. Neue Herausforderungen für die Zusammenarbeit. In: Balluseck, Hilde von (Hrsg.): Professionalisierung der Frühpädagogik. Perspektiven, Entwicklungen, Herausforderungen. 2. Auflage. Opladen, Berlin, Toronto: Barbara Budrich, S. 145–157.

Cloos, Peter (2021): Professionalisierung im System der Kindertagesbetreuung. Chancen, Ambivalenzen und Widersprüche. In: König, Anke (Hrsg.): Wissenschaft für die Praxis. Erträge und Reflexionen zum Handlungsfeld Frühe Bildung. Weinheim und Basel: Beltz Juventa, S. 136–155.

Cramer, Colin/Harant, Martin (2014): Inklusion – Interdisziplinäre Kritik und Perspektiven von Begriff und Gegenstand. In: Zeitschrift für Erziehungswissenschaft 17, H. 4, S. 639–659.

Dangl, Oskar (2014): Inklusion als Herausforderung für die Geistigbehindertenpädagogik. In: Zeitschrift für Bildungsforschung 4, H. 3, S. 257–270.

Daub, Tobias (2013): Raumaneignung in Institutionen. Ein Handlungsforschungsprojekt in einer Einrichtung der Kinder- und Jugendhilfe. In: Alisch, Monika/May, Michael (Hrsg.): Sozialraumentwicklung und Raumaneignung von Kindern und Jugendlichen. Opladen, Berlin & Toronto: Verlag Barbara Budrich, S. 29–44.

Dederich, Markus (2001): Menschen mit Behinderung zwischen Ausschluss und Anerkennung. Bad Heilbrunn: Klinkhardt.

Dederich, Markus (2017): Ethische Aspekte der Inklusion. In: Ziemen, Kerstin (Hrsg.): Lexikon Inklusion. Göttingen, Bristol: Vandenhoeck & Ruprecht, S. 71–73.

Dederich, Markus (2019): Vulnerabilität, Exklusion und Ethik. Überlegungen in Anschluss an Butler und Levinas. In: Stein, Roland Alfred/Holtmann, Sophie C./Hascher, Philipp (Hrsg.): Inklusionen und Exklusionen des Humanen. Bad Heilbrunn: Julius Klinkhardt, S. 109–124.

Dederich, Markus (2020): Das provokative Essay: Prävention von Behinderung als Herrschaftstechnik. Eine Polemik. In: Vierteljahresschrift für Heilpädagogik und ihre Nachbargebiete 89, H. 1, S. 1–6.

Deinet, Ulrich/Gumz, Heike (2017): Sozialraumorientierung. Zwischen Kooperationen im Stadtteil und subjektivem Aneignungsraum. In: Balluseck, Hilde von (Hrsg.): Professionalisierung der Frühpädagogik. Perspektiven, Entwicklungen, Herausforderungen. 2. Auflage. Opladen, Berlin, Toronto: Barbara Budrich, S. 159–171.

Derrida, Jacques (1986): Positionen. Gespräche mit Henri Ronse, Julia Kristeva, Jean-Louis Houdebine, Guy Scarpetta. Herausgegeben von Peter Engelmann. Graz: Böhlau.

Derrida, Jacques (1990): Die différance. In: Engelmann, Peter (Hrsg.): Postmoderne und Dekonstruktion. Texte französischer Philosophen der Gegenwart. Stuttgart: Reclam, S. 76–113.

Derrida, Jacques (1999): Randgänge der Philosophie. 2. Auflage. Wien: Passagen-Verlag.

Derrida, Jacques (2016): Grammatologie. Frankfurt am Main: Suhrkamp.

Dewe, Bernd (2013): Reflexive Sozialarbeit im Spannungsfeld von evidenzbasierter Praxis und demokratischer Rationalität – Plädoyer für die handlungslogische Entfaltung reflexiver Professionalität. In: Becker-Lenz, Roland/Busse, Stefan/Ehlert, Gudrun/Müller-Hermann, Silke (Hrsg.): Professionalität in der Sozialen Arbeit. Standpunkte, Kontroversen, Perspektiven. 3. Auflage. Wiesbaden: Springer VS, S. 95–116.

Diehm, Isabell (2010): Anerkennung ist nicht Toleranz. In: Schäfer, Alfred/Thompson, Christiane (Hrsg.): Anerkennung. Paderborn: Schöningh, S. 119–139.

Diller, Angelika/Rauschenbach, Thomas (Hrsg.) (2006): Reform oder Ende der Erzieherinnenausbildung? Beiträge zu einer kontroversen Fachdebatte. München: Verlag Deutsches Jugendinstitut.

Dippelhofer-Stiem, Barbara (2003): Beruf und Professionalität. In: Einführung in die Pädagogik der frühen Kindheit. Weinheim und Basel: Beltz, S. 122–152.

Dörr, Margret (Hrsg.) (2019): Nähe und Distanz. Ein Spannungsfeld pädagogischer Professionalität. 4. Auflage. Weinheim und Basel: Beltz.

Dreyfus, Hubert L./Rabinow, Paul (1987): Michel Foucault. Jenseits von Strukturalismus und Hermeneutik. Frankfurt am Main: Athenäum.

Dunlop, Aline-Wendy (2014): Design and Organisation of the Transition from Kindergarten to Elementary School and the Integration of this Theme in (University Degree) Training in Scotland. In: Cloos, Peter/Hauenschild, Katrin/Pieper, Irene/Baader, Meike (Hrsg.): Elementar- und Primarpädagogik. Internationale Diskurse im Spannungsfeld von Institutionen und Ausbildungskonzepten. Wiesbaden: Springer VS, S. 139–155.

Edelmann, Doris (2014): Ausbildungssituation im Elementar- und Primarbereich in der Schweiz. In: Cloos, Peter/Hauenschild, Katrin/Pieper, Irene/Baader, Meike (Hrsg.): Elementar- und Primarpädagogik. Internationale Diskurse im Spannungsfeld von Institutionen und Ausbildungskonzepten. Wiesbaden: Springer VS, S. 97–111.

Eßer, Florian (2014): Kindertagesbetreuung im Kontext sozialpädagogischer Professionalität. In: Betz, Tanja/Cloos, Peter (Hrsg.): Kindheit und Profession. Konturen und Befunde eines Forschungsfeldes. Weinheim und Basel: Beltz, S. 36–48.

Felden, Heide von (2003): Bildung und Geschlecht Zwischen Moderne und Postmoderne. Zur Verknüpfung Von Bildungs-, Biographie- und Genderforschung. Opladen: Leske + Budrich.

Fischer, Wolfgang (1996): Pädagogik und Skepsis. Bemerkungen zum skeptisch-transzendentalkritischen Einsatz in der Pädagogik. In: Borrelli, Michele/Ruhloff, Jörg (Hrsg.): Deutsche Gegenwartspädagogik. Band 2. Baltmannsweiler: Schneider Verlag Hohengehren, S. 16–27.

Fischer, Wolfram (2019): Der „Gegenstand" biographischer Fallrekonstruktionen: biographische Strukturen. In: Jost, Gerhard/Haas, Marita (Hrsg.): Handbuch zur soziologischen Biographieforschung. Grundlagen für die methodische Praxis. Opladen, Toronto: Barbara Budrich, S. 19–40.

Flämig, Katja (2017): Freiwillig und verbindlich. Ethnografische Studien zu „Angeboten" in der Kindertageseinrichtung. Weinheim und Basel: Beltz Juventa.

Flick, Uwe (2011): Qualitative Sozialforschung. Eine Einführung. 4. Auflage. Reinbek bei Hamburg: Rowohlt.

Forst, Rainer (1994): Kontexte der Gerechtigkeit. Politische Philosophie jenseits von Liberalismus und Kommunitarismus. Frankfurt am Main: Suhrkamp.

Forst, Rainer (2005): Die erste Frage der Gerechtigkeit. In: Aus Politik und Zeitgeschichte 55, H. 37, S. 24–31.

Foucault, Michel (1978): Die „Gouvernementalität". In: Defert, Daniel (Hrsg.): Analytik der Macht. Frankfurt am Main: Suhrkamp, S. 148–174.

Foucault, Michel (1981): Archäologie des Wissens. Frankfurt am Main: Suhrkamp.

Foucault, Michel (2003): Die Ordnung des Diskurses. Frankfurt am Main: Fischer.

Foucault, Michel (2005a): Antwort auf eine Frage. In: Defert, Daniel/Ewald, François (Hrsg.): Michel Foucault. Analytik der Macht. Frankfurt am Main: Suhrkamp, S. 25–51.

Foucault, Michel (2005b): Subjekt und Macht. In: Defert, Daniel/Ewald, François (Hrsg.): Schriften in vier Bänden. Dits et Ecrits. Band 4. Frankfurt am Main: Suhrkamp, S. 269–294.

Foucault, Michel (2013): Überwachen und Strafen. Die Geburt des Gefängnisses. 14. Auflage. Frankfurt am Main: Suhrkamp.

Foucault, Michel (2014): Der Wille zum Wissen. Sexualität und Wahrheit 1. Berlin: Suhrkamp.

Foucault, Michel (2015): Die Geburt der Biopolitik. Geschichte der Gouvernementalität II. Frankfurt am Main: Suhrkamp.

Foucault, Michel (2017): Der Wille zum Wissen. 21. Auflage. Frankfurt am Main: Suhrkamp.

Friebertshäuser, Barbara (1997): Feldforschung und teilnehmende Beobachtung. In: Friebertshäuser, Barbara/Prengel, Annedore (Hrsg.): Handbuch Qualitative Forschungsmethoden in der Erziehungswissenschaft. Weinheim und München: Juventa, S. 503–534.

Fried, Lilian (2003): Pädagogische Programme und subjektive Orientierungen. In: Einführung in die Pädagogik der frühen Kindheit. Weinheim und Basel: Beltz, S. 54–85.

Fried, Lilian (2005): Zum Stand der Forschung im Bereich der Pädagogik der frühen Kindheit. In: Schweppe, Cornelia/Thole, Werner (Hrsg.): Sozialpädagogik als forschende Disziplin. Theorie, Methode, Empirie. Weinheim und München: Juventa, S. 277–290.

Friederich, Tina/Schoyerer, Gabriel (2016): Professionalisierung des Systems Kindertagesbetreuung. Zum Verhältnis von Fachkräften, Strukturen und Kontexten. In: Friederich, Tina/Lechner, Helmut/Schneider, Helga/Schoyerer, Gabriel/Ueffing, Claudia (Hrsg.): Kindheitspädagogik im Aufbruch. Professionalisierung, Professionalität und Profession im Diskurs. Weinheim und Basel: Beltz Juventa, S. 38–63.

Fröhlich-Gildhoff, Klaus/Nentwig-Gesemann, Iris/Pietsch, Stefanie (2011): Kompetenzorientierung in der Qualifizierung frühpädagogischer Fachkräfte. München.

Fuchs, Tatjana/Trischler, Falko (2008): Arbeitsqualität aus Sicht von Erzieherinnen und Erziehern. Ergebnisse aus der Erhebung zum DGB-Index Gute Arbeit. Stadtbergen.

Garz, Detlef (1997): Die Methode der Objektiven Hermeneutik – Eine anwendungsbezogene Einführung. In: Friebertshäuser, Barbara/Prengel, Annedore (Hrsg.): Handbuch Qualitative Forschungsmethoden in der Erziehungswissenschaft. Weinheim und München: Juventa, S. 535–543.

Garz, Detlef/Raven, Uwe (2015): Theorie der Lebenspraxis. Einführung in das Werk Ulrich Oevermanns. Wiesbaden: Springer VS.

Gaus, Detlef/Uhle, Reinhard (2006): Verstehen und Pädagogik. Annäherungen an ein nicht zu vergessendes Thema. In: Gaus, Detlef/Uhle, Reinhard (Hrsg.): Wie verstehen Pädagogen? Begriffe und Methoden des Verstehens in der Erziehungswissenschaft. Wiesbaden: Springer VS, S. 7–14.

Geiger, Kristina (2021): Personalentwicklung in Kindertageseinrichtungen. Im Spannungsfeld von Anspruch und Wirklichkeit. In: König, Anke (Hrsg.): Wissenschaft für die Praxis. Erträge und Reflexionen zum Handlungsfeld Frühe Bildung. Weinheim und Basel: Beltz Juventa, S. 21–42.

Gelhard, Andreas (2013): Dispositive der Subjektivierung. Eine terminologische Notiz. In: Gelhard, Andreas/Alkemeyer, Thomas/Ricken, Norbert (Hrsg.): Techniken der Subjektivierung. München: Fink, S. 107–132.

Gergen, Kenneth J. (2009): Relational Being. Beyond Self and Community. Oxford: Oxford University Press.

Gessler, Angélique/Hanssen, Kirsten/Peucker, Christian (2021): Akademisierung in der Frühen Bildung. Was ist aus dem Modernisierungsprojekt geworden? In: König, Anke (Hrsg.): Wissenschaft für die Praxis. Erträge und Reflexionen zum Handlungsfeld Frühe Bildung. Weinheim und Basel: Beltz Juventa, S. 116–135.

Göbel, Sabrina (2016): Herstellung von Ordnung und Struktur. In: Thole, Werner/Milbradt, Björn/Göbel, Sabrina/Rißmann, Michaela (Hrsg.): Wissen und Reflexion. Der Alltag in Kindertageseinrichtungen im Blick der Professionellen. Wiesbaden: Springer VS. S. 37–46.

Göbel, Sabrina (2018): Konstruktion von Gemeinschaft im frühpädagogischen Alltag. Praxistheoretische Rekonstruktion einer konfliktbezogenen Interventionssituation. In: Kaul, Ina/Schmidt, Desirée/Thole, Werner (Hrsg.): Kinder und Kindheiten. Wiesbaden: Springer VS, S. 55–76.

Göbel, Sabrina/Thole, Werner/Milbradt, Björn (2016): Thematisierungen des pädagogischen Alltags – Resümee. In: Thole, Werner/Milbradt, Björn/Göbel, Sabrina/Rißmann, Michaela (Hrsg.): Wissen und Reflexion. Der Alltag in Kindertageseinrichtungen im Blick der Professionellen. Wiesbaden: Springer VS, S. 83–86.

Goffman, Erving (1973): Asyle. Über die soziale Situation psychiatrischer Patienten und anderer Insassen. Frankfurt am Main: Suhrkamp.

Graßhoff, Gunther/Paul, Laura/Yeshurun, Stéphanie-Aline (2015): Adressat/-innen und Nutzer/-innen als Bedrohung der sozialpädagogischen Profession. In: Becker-Lenz, Roland/Busse, Stefan/Ehlert, Gudrun/Müller-Hermann, Silke (Hrsg.): Bedrohte Professionalität. Einschränkungen und aktuelle Herausforderungen für die Soziale Arbeit. Wiesbaden: Springer VS, S. 303–316.

Graßhoff, Gunther/Ullrich, Heiner/Binz, Christine/Pfaff, Annika/Schmenger, Sarah (2013): Eltern als Akteure im Prozess des Übergangs vom Kindergarten in die Grundschule. Wiesbaden: Springer VS.

Griebel, Wilfried/Niesel, Renate (2003): Die Bewältigung des Übergangs vom Kindergarten in die Grundschule. In: Fthenakis, Wassilios E. (Hrsg.): Elementarpädagogik nach PISA. Wie aus Kindertagesstätten Bildungseinrichtungen werden können. Freiburg im Breisgau, Basel, Wien: Herder, S. 136–151.

Groenemeyer, Axel (2014): Soziale Praxis – Institutionen – Diskurse – Erfahrung. Behinderung im Problematisierungsprozess. In: Soziale Probleme 25, H. 2, S. 150–172.

Gudjons, Herbert (2016): Pädagogisches Grundwissen. Überblick – Kompendium – Studienbuch. 6. Auflage. Bad Heilbrunn: Verlag Julius Klinkhardt.

Hammerstein, Notker/Herrmann, Ulrich (Hrsg.) (2005): Handbuch der deutschen Bildungsgeschichte, Band 2. 18. Jahrhundert. Vom späten 17. Jahrhundert bis zur Neuordnung Deutschlands um 1800. München: Beck.

Hartmann, Jutta (2001): Bewegungsräume zwischen Kritischer Theorie und Poststrukturalismus. Eine Pädagogik vielfältiger Lebensweisen *als Herausforderung für die Erziehungswissenschaft*. In: Fritzsche, Bettina/Hartmann, Jutta/Schmidt, Andrea/Tervooren, Anja (Hrsg.): Dekonstruktive Pädagogik. Erziehungswissenschaftliche Debatte unter poststrukturalistischen Perspektiven. Wiesbaden: Springer VS, S. 65–84.

Hauck, Teresa (2021): Pädagogisches Handeln und Inklusion. Selbst- und Inklusionskonstruktionen pädagogisch Handelnder im Kontext der Betreuung von Menschen mit geistiger Behinderung. Marburg.

Heimlich, Ulrich (2020): Kinder mit Behinderungen. Freies Spiel als genuiner Ort für Partizipation. In: König, Anke/Heimlich, Ulrich (Hrsg.): Inklusion in Kindertageseinrichtungen. Eine Frühpädagogik der Vielfalt. Stuttgart: Kohlhammer, S. 48–72.

Hein, Anna Katharina/Eckerth, Melanie/Hanke, Petra (2012): Die Bewältigung des Übergangs von der Kita in die Grundschule durch Kinder aus der Sicht von Erzieherinnen, Erziehern und Eltern – Ergebnisse aus dem FiS-Projekt. In: Kucharz, Diemut/Irion, Thomas/Reinhoffer, Bernd (Hrsg.): Grundlegende Bildung ohne Brüche. 1. Aufl. Wiesbaden: VS Verlag für Sozialwissenschaften, S. 95–98.

Heinzel, Friederike (2019): Morgenkreis. In: Schreiber, Verena/Hasse, Jürgen (Hrsg.): Räume der Kindheit. Ein Glossar. Bielefeld: transcript, S. 247–252.

Helfferich, Cornelia (2005): Die Qualität qualitativer Daten. Manual für die Durchführung qualitativer Interviews. Wiesbaden: Springer VS.

Helfferich, Cornelia (2012): Einleitung. In: Bethmann, Stephanie/Helfferich, Cornelia/Hoffmann, Heiko/Niermann, Debora (Hrsg.): Agency. Die Analyse von Handlungsfähigkeit und Handlungsmacht in qualitativer Sozialforschung und Gesellschaftstheorie. Weinheim und Basel: Beltz Juventa, S. 9–39.

Helm, Jutta (2010): Das Bachelorstudium Frühpädagogik. Zugangswege – Studienzufriedenheit – Berufserwartungen. Ergebnisse einer Befragung von Studierenden. München.

Helsper, Werner (2007): Pädagogisches Handeln in den Antinomien der Moderne. In: Krüger, Heinz-Hermann/Helsper, Werner (Hrsg.): Einführung in die Grundbegriffe und Grundfragen der Erziehungswissenschaft. 8. Auflage. Opladen, Farmington Hills: Budrich, S. 15–34.

Hengst, Heinz (2008): Kindheit. In: Willems, Herbert (Hrsg.): Lehr(er)buch Soziologie. Für die pädagogischen und soziologischen Studiengänge Band 2. Wiesbaden: Springer VS, S. 551–582.

Herz, Birgit (2017): Gruppen leiten. Eine Einführung für pädagogische Praxisfelder. Opladen, Berlin, Toronto: Budrich.

Hinz, Andreas (2013): Inklusion – von der Unkenntnis zur Unkenntlichkeit!? Kritische Anmerkungen zu einem Jahrzehnt Diskurs über schulische Inklusion in Deutschland. In: Zeitschrift für Inklusion, H. 3 (auch online unter https://www.inklusion-online.net/index.php/inklusion-online/article/view/26/26, (Abfrage: 17.07.2022).

Hirschberg, Marianne/Köbsell, Swantje (2016): Grundbegriffe und Grundlagen. Disability Studies, Diversity und Inklusion. In: Hedderich, Ingeborg/Biewer, Gottfried/Hollenweger, Judith/Markowetz, Reinhard (Hrsg.): Handbuch Inklusion und Sonderpädagogik. Bad Heilbrunn: Klinkhardt, S. 555–568.

Honig, Michael-Sebastian (1999): Entwurf einer Theorie der Kindheit. Frankfurt am Main: Suhrkamp.

Hopf, Christel (2010): Qualitative Interviews. Ein Überblick. In: Flick, Uwe/Kardorff, Ernst von/Steinke, Ines (Hrsg.): Qualitative Forschung. Ein Handbuch. Reinbek bei Hamburg: Rowohlt, S. 349–360.

Hornstein, Walter/Thole, Werner (2005): Kindheit. In: Kreft, Dieter/Mielenz, Ingrid (Hrsg.): Wörterbuch Soziale Arbeit. Aufgaben, Praxisfelder, Begriffe und Methoden der Sozialarbeit und Sozialpädagogik. 5. Auflage. Weinheim und Basel: Beltz Juventa.

Huf, Christina/Friebertshäuser, Barbara (2012): Über Felder, Theorien und Horizonte ethnografischer Forschung in der Erziehungswissenschaft – eine Einleitung. In: Friebertshäuser, Barbara/Kelle, Helga/Boller, Heike/Bollig, Sabine/Huf, Christina/Langer, Antje/Ott, Marion/Richter, Sophia (Hrsg.): Feld und Theorie. Herausforderungen erziehungswissenschaftlicher Ethnographie. Opladen, Berlin, Toronto: Budrich, S. 9–24.

Hummrich, Merle (2016): Was ist der Fall? Zur Kasuistik in der Erziehungswissenschaft. In: Hummrich, Merle/Hebenstreit, Astrid/Hinrichsen, Merle/Meier, Michael (Hrsg.): Was ist der Fall? Kasuistik und das Verstehen pädagogischen Handelns. Wiesbaden: Springer VS, S. 13–37.

Hummrich, Merle (2019): Die Macht der Inklusion. Zur Relationalität von symbolischen Ordnungen in der Schule. In: Holtmann, Sophie C./Hascher, Philipp/Stein, Roland (Hrsg.): Inklusionen und Exklusionen des Humanen. Bad Heilbrunn: Klinkhardt, S. 13–40.

Hurrelmann, Klaus/Bründel, Heidrun (2003): Einführung in die Kindheitsforschung. 2. Auflage. Weinheim und Basel: Beltz.

Jooß-Weinbach, Margarete (2012): Erzieherinnen in der Krippe. Modi, Motive und Konstitutionen professionellen Handelns. Weinheim und Basel: Beltz.

Jooß-Weinbach, Margarete (2014): Stellvertretende Deutung als Kernelement professionellen Handelns in der Krippe. In: Betz, Tanja/Cloos, Peter (Hrsg.): Kindheit und Profession. Konturen und Befunde eines Forschungsfeldes. Weinheim und Basel: Beltz Juventa, S. 276–287.

Jost, Gerhard (2019): Konturen soziologischer Biographieforschung. Methodologische Grundlagen und thematische Ausrichtungen. In: Jost, Gerhard/Haas, Marita (Hrsg.): Handbuch zur soziologischen Biographieforschung. Grundlagen für die methodische Praxis. Opladen, Toronto: Barbara Budrich, S. 59–80.

Joyce-Finnern, Nina-Kathrin (2017): Vielfalt aus Kinderperspektive. Verschiedenheit und Gleichheit im Kindergarten. Bad Heilbrunn: Klinkhardt.

Jung, Petra (2009): Kindertageseinrichtungen zwischen pädagogischer Ordnung und den Ordnungen der Kinder. Eine ethnografische Studie zur pädagogischen Reorganisation der Kindheit. Wiesbaden: Springer VS.

Jungmann, Tanja/Koch, Katja (2017): Schlussbetrachtung. In: Jungmann, Tanja/Koch, Katja (Hrsg.): Professionalisierung pädagogischer Fachkräfte in Kindertageseinrichtungen. Konzept und Wirksamkeit des KOMPASS-Projektes. Wiesbaden: Springer VS, S. 151–160.

Kant, Immanuel (1967): Über Pädagogik (1803). In: Hermann Holstein (Hrsg.). 2. Auflage. Bochum: Kamp.

Katzenbach, Dieter (2015): Zu den Theoriefundamenten der Inklusion. Eine Einladung zum Diskurs aus der Perspektive der kritischen Theorie. In: Schnell, Irmtraud (Hrsg.): Herausforderung Inklusion. Theoriebildung und Praxis. Bad Heilbrunn: Klinkhardt, S. 19–32.

Kaul, Ina (2018): Kinder und Kindheiten in den heimlichen Bildungskonzepten von Erzieherinnen. Rekonstruktion eines biographisch-narrativen Interviews. In: Kaul, Ina/Schmidt, Desirée/Thole, Werner (Hrsg.): Kinder und Kindheiten. Wiesbaden: Springer VS, S. 33–54.

Kirchhöfer, Dieter (1997): Veränderungen in der sozialen Konstruktion von Kindheit. In: Tenorth, Heinz-Elmar (Hrsg.): Kindheit, Jugend und Bildungsarbeit im Wandel. Ergebnisse der Transformationsforschung. Zeitschrift für Pädagogik, Beiheft, 37. Weinheim und Basel: Beltz, S. 15–34.

Klein, Ursula (2010): Supervision und Weiterbildung. Instrumente zur Professionalisierung von ErzieherInnen. Wiesbaden: Springer VS.

König, Anke (2009): Interaktionsprozesse zwischen Erzieherinnen und Kindern. Eine Videostudie aus dem Kindergartenalltag. Wiesbaden: Springer VS.

König, Anke (2020a): Bedeutungswandel der Kindertageseinrichtung. Kulturelles Lernen als Basis für eine inklusive Frühpädagogik. In: König, Anke/Heimlich, Ulrich (Hrsg.): Inklusion in Kindertageseinrichtungen. Eine Frühpädagogik der Vielfalt. Stuttgart: Kohlhammer, S. 16–30.

König, Anke (2020b): Inklusion: Transfer von Forschungsbefunden in der frühen Bildung. Eigenlogiken und Systemdifferenz als Herausforderung. QfI – Qualifizierung für Inklusion. Online-Zeitschrift zur Forschung über Aus-, Fort- und Weiterbildung pädagogischer Fachkräfte, Bd. 2 Nr. 2 (2020): Sonderheft: Wissenstransfer.

König, Anke (2021): Wissenschaft für die Praxis. Bedeutung von Arbeitsfeldforschung. In: König, Anke (Hrsg.): Wissenschaft für die Praxis. Erträge und Reflexionen zum Handlungsfeld Frühe Bildung. Weinheim: Beltz Juventa, S. 7–20.

König, Anke/Buschle, Christina (2017): Hoffnungsträger Weiterbildung. Analysen und Diskussion. In: Balluseck, Hilde von (Hrsg.): Professionalisierung der Frühpädagogik. Perspektiven, Entwicklungen, Herausforderungen. 2. Auflage. Opladen, Berlin, Toronto: Barbara Budrich, S. 119–133.

König, Anke/Heimlich, Ulrich (2020): Einleitung. In: König, Anke/Heimlich, Ulrich (Hrsg.): Inklusion in Kindertageseinrichtungen. Eine Frühpädagogik der Vielfalt. Stuttgart: Kohlhammer, S. 11–15.

König, Hans-Dieter (2010): Tiefenhermeneutik. In: Flick, Uwe/Kardorff, Ernst von/Steinke, Ines (Hrsg.): Qualitative Forschung. Ein Handbuch. Reinbek bei Hamburg: Rowohlt, S. 556–569.

Konrad, Franz-Michael/Schultheis, Klaudia (2008): Kindheit. Eine pädagogische Einführung. Stuttgart: Kohlhammer.

Köpfer, Andreas/Powell, Justin J. W./Zahnd, Raphael (2021): Entwicklungslinien internationaler und komparativer Inklusionsforschung. In: Köpfer, Andreas/Powell, Justin J. W./Zahnd, Raphael (Hrsg.): Handbuch Inklusion international. Globale, nationale und lokale Perspektiven auf Inklusive Bildung. Opladen, Berlin, Toronto: Verlag Barbara Budrich, S. 11–41.

Kowalski, Marlene (2020): Nähe, Distanz und Anerkennung in Pädagogischen Beziehungen. Rekonstruktionen Zum Lehrerhabitus und Möglichkeiten der Professionalisierung. Wiesbaden: Springer VS.

Kraimer, Klaus (2000): Die Fallrekonstruktion. Bezüge, Konzepte, Perspektiven. In: Kraimer, Klaus (Hrsg.): Die Fallrekonstruktion. Sinnverstehen in der sozialwissenschaftlichen Forschung. Frankfurt am Main: Suhrkamp, S. 23–57.

Kränzl-Nagl, Renate (1998a): Bilder von Kindheit und Kindern. In: Kränzl-Nagl, Renate/Riepl, Barbara/Wintersberger H, Helmut (Hrsg.): Kindheit in Gesellschaft und Politik. Eine multidisziplinäre Analyse am Beispiel Österreichs. Frankfurt am Main und New York: Campus, S. 21–32.

Kränzl-Nagl, Renate (1998b): Einleitung. In: Kränzl-Nagl, Renate/Riepl, Barbara/Wintersberger H, Helmut (Hrsg.): Kindheit in Gesellschaft und Politik. Eine multidisziplinäre Analyse am Beispiel Österreichs. Frankfurt am Main und New York: Campus, S. 11–18.

Kränzl-Nagl, Renate/Mierendorff, Johanna (2007): Kindheit im Wandel. Annäherung an ein komplexes Phänomen. In: SWS-Rundschau 47, H. 1, S. 3–25.

Kron, Maria (2006): 25 Jahre Integration im Elementarbereich – ein Blick zurück, ein Blick nach vorn. In: Zeitschrift für Inklusion, H. 1, S. 1–6 (auch online unter https://www.inklusion-online.net/index.php/inklusion-online/article/view/185 (Abfrage 17.07.2022).

Kucharz, Diemut/Rathgeb-Schnierer, Elisabeth (Hrsg.) (2014): Professionelles Handeln im Elementarbereich (PRIMEL). Eine deutsch-schweizerische Videostudie. Münster, New York: Waxmann.

Lazzari, Arianna/Balduzzi, Lucia (2014): The Relationship Between ECE and CSE in the Training Field. The Italian Case. In: Cloos, Peter/Hauenschild, Katrin/Pieper, Irene/Baader, Meike (Hrsg.): Elementar- und Primarpädagogik. Internationale Diskurse im Spannungsfeld von Institutionen und Ausbildungskonzepten. Wiesbaden: Springer VS, S. 67–82.

Leber, Martina/Oevermann, Ulrich (1994): Möglichkeiten der Therapieverlaufs-Analyse in der Objektiven Hermeneutik. Eine exemplarische Analyse der ersten Minuten einer Fokaltherapie aus der Ulmer Textbank („Der Student“). In: Garz, Detlef/Kraimer, Klaus (Hrsg.): Die Welt als Text. Theorie, Kritik und Praxis der objektiven Hermeneutik. Frankfurt am Main, Suhrkamp. S. 383–427.

Lechner, Helmut (2016): Professionalisierung und Kompetenzentwicklung. Überlegungen zur Genese von individueller Professionalität. In: Friederich, Tina/Lechner, Helmut/Schneider, Helga/Schoyerer, Gabriel/Ueffing, Claudia (Hrsg.): Kindheitspädagogik im Aufbruch. Professionalisierung, Professionalität und Profession im Diskurs. Weinheim und Basel: Beltz Juventa, S. 93–106.

Lemke, Thomas/Krasmann, Susanne/Bröckling, Ulrich (2012): Gouvernementalität, Neoliberalismus und Selbsttechnologie. Eine Einleitung. In: Bröckling, Ulrich/Krasmann, Susanne/Lemke, Thomas (Hrsg.): Gouvernementalität der Gegenwart. Studien zur Ökonomisierung des Sozialen. Frankfurt am Main: Suhrkamp, S. 7–40.

Lessenich, Stephan (2009): Lohn und Leistung, Schuld und Verantwortung. Das Alter in der Aktivgesellschaft. In: van Dyk, Silke/Lessenich, Stephan (Hrsg.): Die jungen Alten. Analysen einer neuen Sozialfigur. Frankfurt am Main: Campus, S. 279–295.

Leu, Hans Rudolf/Kalicki, Bernhard (2014): Zur Professionalisierung und Kompetenzorientierung in der Weiterbildung frühpädagogischer Fachkräfte. In: Betz, Tanja/Cloos, Peter (Hrsg.): Kindheit und Profession. Konturen und Befunde eines Forschungsfeldes. Weinheim und Basel: Beltz Juventa, S. 191–205.

Ley, Thomas (2010): Einführung in die Methode der objektiv-hermeneutischen Sequenzanalyse. Frankfurt am Main: Verlag für Polizeiwissenschaft.

Lichtblau, Michael/Albers, Timm (2020): Inklusion und Übergang von der Kita in die Grundschule. Analyse aktueller Bedingungen und zukünftiger Entwicklungsaufgaben. In: König, Anke/Heimlich, Ulrich (Hrsg.): Inklusion in Kindertageseinrichtungen. Eine Frühpädagogik der Vielfalt. Stuttgart: Kohlhammer, S. 145–164.

Liegle, Ludwig (2017): Beziehungspädagogik. Erziehung, Lehren und Lernen als Beziehungspraxis. Stuttgart: Kohlhammer.

Lindmeier, Christian/Lütje-Klose, Birgit (2015): Inklusion als Querschnittsaufgabe in der Erziehungswissenschaft. Mitteilungen der Deutschen Gesellschaft für Erziehungswissenschaft. In: Erziehungswissenschaft, H. 26, S. 7–16.

Link, Jürgen (2020): Dispositiv. In: Kammler, Clemens/Parr, Rolf/Schneider, Ulrich Johannes (Hrsg.): Foucault-Handbuch. Leben – Werk – Wirkung. 2. Auflage. Berlin: J. B. Metzler Verlag. S. 278–281.

Litt, Theodor (1964): Führen oder Wachsenlassen. Eine Erörterung des pädagogischen Grundproblems. Stuttgart: Klett.

Locke, John (2020): An Essay Concerning Human Understanding / Ein Versuch über den menschlichen Verstand. Auswahlausgabe. Ditzingen: Reclam.

Lorenzer, Alfred (1981): Zum Beispiel „Der Malteser Falke“. Analyse der psychoanalytischen Untersuchung literarischer Texte. In: Urban, Bernd/Kudszus, Winfried (Hrsg.): Psychoanalytische und psychopathologische Literaturinterpretation. Darmstadt: Wissenschaftliche Buchgesellschaft. S. 23–46.

Lorenzer, Alfred (1983): Sprache, Lebenspraxis und szenisches Verstehen in der psychoanalytischen Therapie. In: Psyche 37, H. 2, S. 97–115.

Lorenzer, Alfred (1986): Tiefenhermeneutische Kulturanalyse. In: Lorenzer, Alfred (Hrsg.): Kultur-Analysen. Psychoanalytische Studien zur Kultur. Frankfurt am Main: Fischer. S. 11–98.

Lorenzer, Alfred (1990): Verführung zur Selbstpreisgabe – psychoanalytisch-tiefenhermeneutische Analyse des Gedichts von Rudolf Alexander Schröder. In: Kulturanalysen 2, S. 261–277.
Löw, Martina (2012): Raumsoziologie. 7. Auflage. Frankfurt am Main: Suhrkamp.
Löw, Martina (2018): Vom Raum aus die Stadt denken. Grundlagen einer raumtheoretischen Stadtsoziologie. Bielefeld: transcript.
Machold, Claudia (2015): Kinder und Differenz. Wiesbaden: Springer VS.
Machold, Claudia (2018): Kinder positionieren. In: Thon, Christine/Menz, Margarete/Mai, Miriam/Abdessadok, Luisa (Hrsg.): Kindheiten zwischen Familie und Kindertagesstätte. Differenzdiskurse und Positionierungen von Eltern und pädagogischen Fachkräften. Wiesbaden: Springer VS, S. 133–149.
Machold, Claudia/Diehm, Isabell (2017): (Elementar-)Pädagogische Ordnungen – ihre Organisationsspezifik und Ungleichheitsrelevanz. In: Budde, Jürgen/Dlugosch, Andrea/Sturm, Tanja (Hrsg.): (Re-)Konstruktive Inklusionsforschung. Differenzlinien. Handlungsfelder. Empirische Zugänge. Opladen, Berlin, Toronto: Barbara Budrich, S. 307–320.
Marotzki, Winfried (2006): Bildungstheorie und Allgemeine Biographieforschung. In: Krüger, Heinz-Hermann/Marotzki, Winfried (Hrsg.): Handbuch erziehungswissenschaftliche Biographieforschung. 2. Auflage. Wiesbaden: Springer VS, S. 59–69.
Menz, Margarete/Thon, Christine (2013): Legitime Bildung im Elementarbereich. empirische Empirische Erkundungen zur Adressierung von Eltern durch Fachkräfte. In: Zeitschrift für Qualitative Forschung 14, H. 1, S. 139–156 (auch online unter https://www.ssoar.info/ssoar/bitstream/handle/document/39335/ssoar-zqf-2013-1-menz_et_al-Legitime_Bildung_im_Elementarbereich_.pdf;jsessionid=C68504C519D5ACEBA86991968E00665B?sequence=1, (Abfrage 17.07.2022).
Mills, Sara (2007): Der Diskurs. Tübingen: Francke.
Motakef, Mona (2014): Subjektposition. In: Wrana, Daniel/Ziem, Alexander/Reisigl, Martin/Nonhoff, Martin/Angermuller, Johannes (Hrsg.): DiskursNetz. Wörterbuch der interdisziplinären Diskursforschung. Frankfurt am Main: Suhrkamp, S. 394–395.
Müller, Anja (2014): Profession und Sprache. Die Sicht der (Zweit-)Spracherwerbsforschung. In: Betz, Tanja/Cloos, Peter (Hrsg.): Kindheit und Profession. Konturen und Befunde eines Forschungsfeldes. Weinheim und Basel: Beltz, S. 66–83.
Nentwig-Gesemann, Iris (2017): Berufsfeldbezogene Forschungskompetenz als Voraussetzung für die Professionalisierung der Frühen Bildung, Betreuung und Erziehung. In: Balluseck, Hilde von (Hrsg.): Professionalisierung der Frühpädagogik. Perspektiven, Entwicklungen, Herausforderungen. 2. Auflage. Opladen, Berlin, Toronto: Barbara Budrich, S. 235–244.
Nentwig-Gesemann, Iris/Nicolai, Katharina (2017): Interaktive Abstimmung in Essenssituationen – Videobasierte Dokumentarische Interaktionsanalyse in der Krippe. In: Wadepohl, Heike/Mackowiak, Katja/Fröhlich-Gildhoff, Klaus/Weltzien, Dörte (Hrsg.): Interaktionsgestaltung in Familie und Kindertagesbetreuung. Wiesbaden: Springer VS, S. 53–81.
Nentwig-Gesemann, Iris/Walther, Bastian/Bakels, Elena/Munk, Lisa-Marie (2021): Kinder als Akteure in Qualitätsentwicklung und Forschung. Eine rekonstruktive Studie zu KiTa-Qualität aus der Perspektive von Kindern. Gütersloh: Bertelsmann Stiftung.
Neumann, Sascha (2014): Bildungskindheit als Professionalisierungsprojekt. Zum Programm einer kindheitspädagogischen Professionalisierungs(folgen)forschung. In: Betz, Tanja/Cloos, Peter (Hrsg.): Kindheit und Profession. Konturen und Befunde eines Forschungsfeldes. Weinheim und Basel: Beltz, S. 145–159.
Nonhoff, Martin (2014): Subjekt. In: Wrana, Daniel/Ziem, Alexander/Reisigl, Martin/Nonhoff, Martin/Angermuller, Johannes (Hrsg.): DiskursNetz. Wörterbuch der interdisziplinären Diskursforschung. Frankfurt am Main: Suhrkamp, S. 391–393.
Nonhoff, Martin/Gronau, Jennifer (2012): Die Freiheit des Subjekts im Diskurs. Anmerkungen zu einem Verhältnis der Gleichursprünglichkeit. In: Keller, Reiner/Schneider, Werner/Viehöver, Willy (Hrsg.): Diskurs – Macht – Subjekt. Theorie und Empirie von Subjektivierung in der Diskursforschung. Wiesbaden: Springer VS, S. 109–130.
Nürnberg, Carola (2018): Kita-Alltag zwischen Belastung und Erfüllung. Ergebnisse einer explorativen Interviewstudie mit Gruppenkräften und Kita-Leitungen. Weiterbildungsinitiative Frühpädagogische Fachkräfte, WiFF Studien. München.
Oevermann, Ulrich (1986): Kontroversen über sinnverstehende Soziologie. Einige wiederkehrende Probleme und Mißverständnisse in der Rezeption der „objektiven Hermeneutik". In: Aufenanger,

Stefan/Lenssen, Margrit (Hrsg.): Handlung und Sinnstruktur. Bedeutung und Anwendung der objektiven Hermeneutik. München: Kindt, S. 19–83.

Oevermann, Ulrich (1993): Die objektive Hermeneutik als unverzichtbare methodologische Grundlage für die Analyse von Subjektivität. Zugleich eine Kritik der Tiefenhermeneutik. In: Jung, Thomas/Müller-Doohm, Stefan (Hrsg.): „Wirklichkeit" im Deutungsprozeß. Frankfurt am Main: Suhrkamp, S. 106–189.

Oevermann, Ulrich. „Krise und Muße. Struktureigenschaften ästhetischer Erfahrung aus soziologischer Sicht". Vortrag am 19.06. in der Städel-Schule. https://d-nb.info/974364967/34.

Oevermann, Ulrich (2000): Die Methode der Fallrekonstruktion in der Grundlagenforschung sowie der klinischen und pädagogischen Praxis. In: Kraimer, Klaus (Hrsg.): Die Fallrekonstruktion. Sinnverstehen in der sozialwissenschaftlichen Forschung. Frankfurt am Main: Suhrkamp, S. 58–156.

Oevermann, Ulrich. „Klinische Soziologie auf der Basis der Methodologie der objektiven Hermeneutik. Manifest der objektiv hermeneutischen Sozialforschung". Unveröffentlichtes Manuskript. http://www.ihsk.de/publikationen/Ulrich_Oevermann-Manifest_der_objektiv_hermeneutischen_Sozialforschung.pdf (Abfrage 17.07.2022).

Oevermann, Ulrich (2002b): Professionalisierungsbedürftigkeit und Professionalisiertheit pädagogischen Handelns. In: Kraul, Margret/Marotzki, Winfried/Schweppe, Cornelia (Hrsg.): Biographie und Profession. Bad Heilbrunn/Obb.: Klinkhardt, S. 19–63.

Oevermann, Ulrich (2016a): „Krise und Routine" als analytisches Paradigma in den Sozialwissenschaften. In: Becker-Lenz, Roland/Franzmann, Andreas/Jansen, Axel/Jung, Matthias (Hrsg.): Die Methodenschule der Objektiven Hermeneutik. Eine Bestandsaufnahme. Wiesbaden: Springer VS, S. 43–114.

Oevermann, Ulrich (2016b): Theoretische Skizze einer revidierten Theorie professionalisierten Handelns. In: Combe, Arno/Helsper, Werner (Hrsg.): Pädagogische Professionalität. Untersuchungen zum Typus pädagogischen Handelns. 8. Auflage 2016. Frankfurt am Main: Suhrkamp, S. 70–182.

Oevermann, Ulrich/Allert, Tilmann/Konau, Elisabeth/Krambeck, Jürgen (1979): Die Methodologie einer „objektiven Hermeneutik" und ihre allgemeine forschungslogische Bedeutung in den Sozialwissenschaften. In: Soeffner, Hans-Georg (Hrsg.): Interpretative Verfahren in den Sozial- und Textwissenschaften. Stuttgart: Metzler, S. 352–434.

Öhlschläger, Günther (1974): Einige Unterschiede zwischen Naturgesetzen und sozialen Regeln. In: Heringer, Hans J. (Hrsg.): Der Regelbegriff in der praktischen Semantik. Frankfurt am Main: Suhrkamp, S. 88–110.

Opitz, Sven (2014): Subjektivierung. In: Wrana, Daniel/Ziem, Alexander/Reisigl, Martin/Nonhoff, Martin/Angermuller, Johannes (Hrsg.): DiskursNetz. Wörterbuch der interdisziplinären Diskursforschung. Frankfurt am Main: Suhrkamp, S. 393.

Panagiotopoulou, Argyro (2020): Inklusion und Migration. Zur Konstruktion von und zum Umgang mit „migrationsbedingter Heterogenität" in Kindertageseinrichtungen und Schulen. In: König, Anke/Heimlich, Ulrich (Hrsg.): Inklusion in Kindertageseinrichtungen. Eine Frühpädagogik der Vielfalt. Stuttgart: Kohlhammer, S. 73–89.

Pilz, Dirk (2007): Krisengeschöpfe. Zur Theorie und Methodologie der Objektiven Hermeneutik. Wiesbaden: Deutscher Universitäts-Verlag.

Popper, Karl R. (1980): Die offene Gesellschaft und ihre Feinde. Der Zauber Platons. Bern, München: Francke.

Postman, Neil (1982): Das Verschwinden der Kindheit. Frankfurt am Main: Fischer.

Przyborski, Aglaja/Wohlrab-Sahr, Monika (2021): Qualitative Sozialforschung. Ein Arbeitsbuch. 5. Auflage. München: Oldenbourg.

Reckwitz, Andreas (2003): Grundelemente einer Theorie sozialer Praktiken. Eine sozialtheoretische Perspektive. In: Zeitschrift für Soziologie 32, H. 4, S. 282–301.

Reckwitz, Andreas (2008a): Subjekt. 2. Auflage. Bielefeld: transcript.

Reckwitz, Andreas (2008b): Unscharfe Grenzen. Perspektiven der Kultursoziologie. Bielefeld: transcript.

Reckwitz, Andreas (2012): Subjekt. 3. Auflage. Bielefeld: transcript.

Ricken, Norbert (2013a): Anerkennung als Adressierung. Über die Bedeutung von Anerkennung für Subjektivationsprozesse. In: Alkemeyer, Thomas/Budde, Gunilla/Freist, Dagmar (Hrsg.): Selbst-Bildungen. Soziale und kulturelle Praktiken der Subjektivierung. Bielefeld: transcript, S. 69–100.

Ricken, Norbert (2013b): Zur Logik der Subjektivierung. Überlegungen an den Rändern eines Konzepts. In: Gelhard, Andreas/Alkemeyer, Thomas/Ricken, Norbert (Hrsg.): Techniken der Subjektivierung. München: Fink, S. 29–48.
Riegel, Christine (2016): Bildung – Intersektionalität – Othering. Pädagogisches Handeln in widersprüchlichen Verhältnissen. Bielefeld: transcript.
Rieger-Ladich, Markus (2014): Auffälliges Vermeidungsverhalten. Scheitern als Gegenstand des pädagogischen Diskurses. In: John, René/Langhof, Antonia (Hrsg.): Scheitern – Ein Desiderat der Moderne? Wiesbaden: Springer VS, S. 279–299.
Rieger-Ladich, Markus (2017): Postschalter und Dreiräder. Zur materiellen Dimension von Subjektivierungspraktiken. In: Thompson, Christiane/Casale, Rita/Ricken, Norbert (Hrsg.): Die Sache(n) der Bildung. Paderborn: Schöningh, S. 191–211.
Rohrmann, Tim/Wanzeck-Sielert, Christa (2018): Mädchen und Jungen in der KiTa. Körper – Gender – Sexualität. 2. Auflage. Stuttgart: Kohlhammer.
Rösner, Hans-Uwe (2012): Auf's Spiel gesetzte Anerkennung. Judith Butlers Bedeutung für eine kulturwissenschaftlich orientierte Heilpädagogik. In: Ricken, Norbert/Balzer, Nicole (Hrsg.): Judith Butler: Pädagogische Lektüren. Wiesbaden: Springer VS, S. 373–397.
Rösner, Hans-Uwe (2014): Behindert sein – behindert werden. Texte zu einer dekonstruktiven Ethik der Anerkennung behinderter Menschen. Bielefeld: transcript.
Roßbach, Hans-Günther/Sechtig, Jutta/Freund, Ulrike (2010): Empirische Evaluation des Modellversuchs „Kindergarten der Zukunft in Bayern – KiDZ". Ergebnisse der Kindergartenphase. Bamberg: Univ. of Bamberg Press.
Roßbach, Hans-Günther/Weinert, Sabine (Hrsg.) (2008): Kindliche Kompetenzen im Elementarbereich. Förderbarkeit, Bedeutung und Messung. Bonn, Berlin.
Rouse, Joseph (2001): Two concepts of practices. In: Schatzki, Theodore R./Knorr Cetina, Karin/Savigny, Eike von (Hrsg.): The Practice Turn in Contemporary Theory. London, New York: Routledge, S. 198–208.
Rousseau, Jean-Jacques (1998): Emile oder Über die Erziehung. Paderborn.
Saar, Martin (2007): Genealogie als Kritik. Geschichte und Theorie des Subjekts nach Nietzsche und Foucault. Frankfurt am Main: Campus.
Saar, Martin (2013): Analytik der Subjektivierung. Umrisse eines Theorieprogramms. In: Gelhard, Andreas/Alkemeyer, Thomas/Ricken, Norbert (Hrsg.): Techniken der Subjektivierung. München: Fink, S. 17–28.
Schäfer, Gerd E. (2014): Was ist frühkindliche Bildung? Kindlicher Anfängergeist in einer Kultur des Lernens. Weinheim und Basel: Beltz Juventa.
Schäfer, Gerd E. (2016a): Bildungsprozesse im Kindesalter. Selbstbildung, Erfahrung und Lernen in der frühen Kindheit. Weinheim und Basel: Beltz Juventa.
Schäfer, Hilmar (2016b): Einleitung. Grundlagen, Rezeption und Forschungsperspektiven der Praxistheorie. In: Schäfer, Hilmar (Hrsg.): Praxistheorie. Ein soziologisches Forschungsprogramm. Bielefeld: transcript, S. 9–25.
Schatzki, Theodore R. (2001): Introduction. Practice theory. In: Schatzki, Theodore R./Knorr Cetina, Karin/Savigny, Eike von (Hrsg.): The Practice Turn in Contemporary Theory. London, New York: Routledge, S. 10–23.
Schatzki, Theodore R./Knorr Cetina, Karin/Savigny, Eike von (Hrsg.) (2001): The Practice Turn in Contemporary Theory. London, New York: Routledge.
Schmitt, Caroline (2016): Inklusion, Interkulturelle Öffnung, Diversity. Professionstheoretische Überlegungen zu einem kritisch-reflexiven Inklusionsverständnis. In: Zeitschrift für Inklusion, H. 2 (auch online unter https://www.inklusion-online.net/index.php/inklusion-online/article/view/365, (Abfrage: 17.07.2022).
Schmude, Corinna (2013): Inklusion. (K)ein Thema der Frühpädagogik? In: Frühe Bildung 2, S. 215–218.
Schneider, Helga (2016): Professionalisierung ohne Kollektivierung? Zur Konstruktion der Profession im gegenwärtigen Diskurs der Kindheitspädagogik. In: Friederich, Tina/Lechner, Helmut/Schneider, Helga/Schoyerer, Gabriel/Ueffing, Claudia (Hrsg.): Kindheitspädagogik im Aufbruch. Professionalisierung, Professionalität und Profession im Diskurs. Weinheim und Basel: Beltz Juventa, S. 64–78.

Schoyerer, Gabriel/Frank, Carola/Jooß-Weinbach, Margarete/Loick Molina, Steffen (2020): Professionelle Praktiken. Ethnografische Studien zum pädagogischen Alltag in Kindertageseinrichtungen und Kindertagespflege. Weinheim und Basel: Beltz Juventa.

Schreiber, Verena (2019): Schulhof. In: Schreiber, Verena/Hasse, Jürgen (Hrsg.): Räume der Kindheit. Ein Glossar. Bielefeld: transcript. S. 296–301.

Schreiber, Verena (2020): Geographien der Kindheit – Zur Relevanz des Räumlichen für die Kindheitsforschung. In: Bollig, Sabine/Alberth, Lars/Schindler, Larissa (Hrsg.): Materialitäten der Kindheit. Körper – Dinge – Räume. Wiesbaden: Springer VS, S. 249–261.

Schreiber, Verena/Hasse, Jürgen (Hrsg.) (2019): Räume der Kindheit. Ein Glossar. Bielefeld: transcript.

Schreyögg, Georg/Koch, Jochen (2014): Grundlagen des Managements. Basiswissen für Studium und Praxis. 3. Auflage. Wiesbaden: Springer Gabler.

Schroer, Markus (2006): Räume, Orte, Grenzen. Auf dem Weg zu einer Soziologie des Raums. Frankfurt am Main: Suhrkamp.

Schwentesius, Anja (2017): Kindheitspädagogik und Professionalisierung. rofessionstheoretische Überlegungen zu Chancen und Möglichkeiten der Einführung kindheitspädagogischer Studiengänge. In: Borke, Jörn/Schwentesius, Anja/Sterdt, Elena (Hrsg.): Berufsfeld Kindheitspädagogik. Aktuelle Erkenntnisse, Projekte und Studien zu zentralen Themen der frühen Bildung. Kronach, Köln: Carl Link, S. 179–200.

Searle, John R. (1971): Sprechakte. Ein sprachphilosophischer Essay. Frankfurt am Main: Suhrkamp.

Seifert, Ruth (2013): Eine Debatte revisited: Exklusion und Inklusion als Themen der Sozialen Arbeit. In: Inklusion online, H. 1 (auch online unter https://www.inklusion-online.net/index.php/inklusion-online/article/download/25/25, (Abfrage 17.07.2022).

Seitz, Simone/Finnern, Nina-Kathrin (2015): Inklusion anschlussfähig machen. Inklusion als gemeinsame Herausforderung für Kindertageseinrichtung und Grundschule. In: Urban, Michael/Schulz, Marc/Meser, Kapriel/Thoms, Sören (Hrsg.): Inklusion und Übergang. Perspektiven der Vernetzung von Kindertageseinrichtungen und Grundschulen. Bad Heilbrunn: Klinkhardt, S. 19–35.

Sell, Ulrike (2020): Adressierung und Subjektwerdung. Potenziale einer anerkennungstheoretischen Perspektive für die Analyse (früh-)pädagogischer Interaktionen und für die Professionalisierung. In: Bloch, Bianca/Kluge, Lucie/Trân, Hoa Mai/Zehbe, Katja (Hrsg.): Pädagogik der frühen Kindheit im Wandel. Gegenwärtige Herausforderungen und Wirklichkeiten. Weinheim und Basel: Beltz Juventa, S. 88–107.

Shove, Elizabeth/Pantzar, Mika/Watson, Matt (2012): The Dynamics of Social Practice. Everyday Life and How It Changes. London u. a.: Sage.

Stamm, Magrit (2014): Theoretische und empirische Konturen der internationalen kindheitspädagogischen Professionsforschung. In: Betz, Tanja/Cloos, Peter (Hrsg.): Kindheit und Profession. Konturen und Befunde eines Forschungsfeldes. Weinheim und Basel: Beltz, S. 116–129.

Strehmel, Petra (2007): Der Einfluss von vorschulischer Betreuung auf den Schulerfolg. In: Alt, Christian (Hrsg.): Kinderleben – Start in die Grundschule. Band 3: Ergebnisse aus der zweiten Welle. Wiesbaden: Springer VS, S. 61–80.

Syczewska, Aleksandra/Licandro, Ulla/Beckerle, Christine/Schulz, Wiebke (2020): Sprachlich-kommunikative Kompetenzen von Kindern mit Migrations- oder Fluchthintergrund und frühpädagogischen Fachkräften. Methodische Zugänge im NiKK-Projekt. In: Bloch, Bianca/Kluge, Lucie/Trân, Hoa Mai/Zehbe, Katja (Hrsg.): Pädagogik der frühen Kindheit im Wandel. Gegenwärtige Herausforderungen und Wirklichkeiten. Weinheim und Basel: Beltz Juventa, S. 148–167.

Tenorth, Heinz-Elmar (Hrsg.) (1997): Kindheit, Jugend und Bildungsarbeit im Wandel. Ergebnisse der Transformationsforschung. Zeitschrift für Pädagogik, Beiheft, 37. Weinheim und Basel: Beltz.

Tervooren, Anja/Engel, Nicolas/Göhlich, Michael/Miethe, Ingrid/Reh, Sabine (2014): Ethnographie als internationales und interdisziplinäres Projekt. Eine Einleitung. In: Tervooren, Anja/Engel, Nicolas/Göhlich, Michael/Miethe, Ingrid/Reh, Sabine (Hrsg.): Ethnographie und Differenz in pädagogischen Feldern. Internationale Entwicklungen erziehungswissenschaftlicher Forschung. Bielefeld: transcript, S. 9–24.

Thiersch, Hans (2015): Berufsidentität und Lebensweltorientierte Soziale Arbeit. Essayistische Überlegungen zur Frage nach der Berufsidentität. In: Becker-Lenz, Roland/Busse, Stefan/Ehlert, Gudrun/Müller-Hermann, Silke (Hrsg.): Bedrohte Professionalität. Einschränkungen und aktuelle Herausforderungen für die Soziale Arbeit. Wiesbaden: Springer VS, S. 43–61.

Thole, Werner (2010): Die pädagogischen MitarbeiterInnen in Kindertageseinrichtungen. Professionalität und Professionalisierung eines pädagogischen Arbeitsfeldes. In: Zeitschrift für Pädagogik 56, S. 206–222.

Thole, Werner/Cloos, Peter (2006): Akademisierung des Personals für das Handlungsfeld Pädagogik der Kindheit. Zur Implementierung kindheitspädagogischer Studiengänge an Universitäten. In: Diller, Angelika/Rauschenbach, Thomas (Hrsg.): Reform oder Ende der Erzieherinnenausbildung? Beiträge zu einer kontroversen Fachdebatte. München: Verlag Deutsches Jugendinstitut, S. 47–77.

Thole, Werner/Fölling-Albers, Maria/Roßbach, Hans-Günther (2008): Die „Pädagogik der Kindheit" im Fokus der Wissenschaft. Einleitung. In: Thole, Werner/Roßbach, Hans-Günther/Fölling-Albers, Maria/Tippelt, Rudolf (Hrsg.): Bildung und Kindheit. Pädagogik der Frühen Kindheit in Wissenschaft und Lehre. Opladen, Farmington Hills: Verlag Barbara Budrich, S. 17–32.

Thole, Werner/Milbradt, Björn/Göbel, Sabrina (2016): Wissen und Reflexion – Einleitung. In: Thole, Werner/Milbradt, Björn/Göbel, Sabrina/Rißmann, Michaela (Hrsg.): Wissen und Reflexion. Der Alltag in Kindertageseinrichtungen im Blick der Professionellen. Wiesbaden: Springer VS, S. 1–6.

Thompson, Christiane/Weiss, Gabriele (2008): Zur Widerständigkeit des Pädagogischen. Eine Skizze. In: Thompson, Christiane/Weiss, Gabriele (Hrsg.): Bildende Widerstände – widerständige Pädagogik. Blickwechsel zwischen Pädagogik und Philosophie. Bielefeld: transcript, S. 7–20.

Thon, Christine/Mai, Miriam (2017): Inklusion oder Teilhabe nach Plan? Über die Pädagogisierung eines politischen Anliegens im Kontext ‚frühkindlicher Bildung'. In: Miethe, Ingrid/Tervooren, Anja/Ricken, Norbert (Hrsg.): Bildung und Teilhabe. Zwischen Inklusionsforderung und Exklusionsdrohung. Wiesbaden: Springer VS, S. 259–278.

Thon, Christine/Mai, Miriam (2018): Positionierungen in ‚Milieus'. In: Thon, Christine/Menz, Margarete/Mai, Miriam/Abdessadok, Luisa (Hrsg.): Kindheiten zwischen Familie und Kindertagesstätte. Differenzdiskurse und Positionierungen von Eltern und pädagogischen Fachkräften. Wiesbaden: Springer VS, S. 113–129.

Treber, Monika (2011): Vielfalt und Inklusion als Herausforderung einer Pädagogik der Kindheit. In: Jungk, Sabine/Treber, Monika/Willenbring, Monika (Hrsg.): Bildung in Vielfalt. Inklusive Pädagogik der Kindheit. Freiburg im Breisgau: FEL-Verlag, S. 13–25.

Trescher, Hendrik (2013): Kontexte des Lebens. Lebenssituation Demenziell Erkrankter Menschen Im Heim. Wiesbaden: Springer VS.

Trescher, Hendrik (2015): Inklusion. Zur Dekonstruktion von Diskursteilhabebarrieren im Kontext von Freizeit und Behinderung. Wiesbaden: Springer VS.

Trescher, Hendrik (2016a): Grundlagen der Objektiven Hermeneutik. In: Katzenbach, Dieter (Hrsg.): Qualitative Forschungsmethoden in der Sonderpädagogik. Stuttgart: Kohlhammer, S. 183–193.

Trescher, Hendrik (2016b): Objektive Hermeneutik in der Anwendung. Ethnographische Beobachtung und institutionelle Strukturanalyse am Beispiel des Forschungsfelds Demenz. In: Katzenbach, Dieter (Hrsg.): Qualitative Forschungsmethoden in der Sonderpädagogik. Stuttgart: Kohlhammer, S. 228–240.

Trescher, Hendrik (2017a): Behinderung als Praxis. Biographische Zugänge zu Lebensentwürfen von Menschen mit „geistiger Behinderung", Bielefeld: transcript.

Trescher, Hendrik (2017b): Disabling practices. In: Cogent Social Sciences 3, H. 1.

Trescher, Hendrik (2017c): Inclusion as Critique. Deconstructionist Approaches Exemplified through ‚Care' of People with Cognitive Disabilities in Germany. In: International Journal of Social Science Studies 5, H. 8, S. 33–43.

Trescher, Hendrik (2017d): Subjektivierungspraxen in der stationären Behindertenhilfe. Ein pädagogisches Dilemma. In: Neue Praxis 47, H. 4, S. 354–370.

Trescher, Hendrik (2017e): Von behindernden Praxen zu einer Reformulierung des Behinderungsbegriffs. In: Behindertenpädagogik 56, H. 3, S. 267–282.

Trescher, Hendrik (2017f): Wohnräume als pädagogische Herausforderung. Lebenslagen institutionalisiert lebender Menschen mit Behinderung. 2. Auflage. Wiesbaden: Springer VS.

Trescher, Hendrik (2017g): Zur bürokratischen Überformung der Subjekte. Wohnen in der stationären Alten- und Behindertenhilfe. In: Meuth, Miriam (Hrsg.): Wohn-Räume und pädagogische Orte. Erziehungswissenschaftliche Zugänge zum Wohnen. Wiesbaden: Springer VS, S. 245–266.

Trescher, Hendrik (2018a): Ambivalenzen pädagogischen Handelns. Reflexionen der Betreuung von Menschen mit ‚geistiger Behinderung'. Bielefeld: transcript.

Trescher, Hendrik (2018b): Barrierearme Mobilität und kognitive Beeinträchtigung. Stand der Forschung. In: Teilhabe 57, H. 2, S. 63–67.
Trescher, Hendrik (2018c): Inklusion in der Kita. Eine Krise, die keine sein darf? In: Der pädagogische Blick 26, H. 3, S. 176–187.
Trescher, Hendrik (2018d): Inklusion und Dekonstruktion. Die Praxis der ‚Versorgung' von Menschen mit Behinderung in Deutschland zum Gegenstand. In: Zeitschrift für Inklusion 12, H. 2 (auch online unter https://www.inklusion-online.net/index.php/inklusion-online/article/view/411, (Abfrage 17.07.2022).
Trescher, Hendrik (2018e): Inklusion zwischen Dekategorisierung und Dekonstruktion. In: Musenberg, Oliver/Riegert, Judith/Sansour, Teresa (Hrsg.): Dekategorisierung in der Pädagogik. Notwendig und riskant? Bad Heilbrunn: Klinkhardt, S. 79–90.
Trescher, Hendrik (2018f): Inklusion zwischen Theorie und Lebenspraxis. In: Journal für Psychologie 26, H. 2, S. 29–49.
Trescher, Hendrik (2018g): Kognitive Beeinträchtigung und Barrierefreiheit. Eine Pilot-Studie. Bad Heilbrunn: Klinkhardt.
Trescher, Hendrik (2018h): Wie Bürokratie ‚behindert' macht. Verwaltete Subjekte im Hilfesystem. In: Schilling, Elisabeth (Hrsg.): Verwaltete Biografien. Wiesbaden: Springer VS, S. 225–247.
Trescher, Hendrik (2020a): Auszug und (Nicht-)Ablösung aus dem Elternhaus von Menschen mit geistiger oder komplexer Behinderung. In: Landesverband für Menschen mit Körper- und Mehrfachbehinderung NRW e. V. (Hrsg.): Ich selbst? Bestimmt! – Selbstbestimmt Wohnen mit hohem Unterstützungsbedarf. Düsseldorf: Verlag selbstbestimmtes Leben, S. 139–152.
Trescher, Hendrik (2020b): Inklusion ist ein ambivalenter und krisenhafter Prozess. Zum relationalen Verhältnis von Raum, Subjekt und Inklusion. In: Benze, Andrea/Rummel, Dorothee (Hrsg.): Inklusionsmaschine STADT. Inklusion im Städtebau, interdisziplinär diskutiert. Berlin: jovis. S. 95–102.
Trescher, Hendrik (2020c): Leichte Sprache und Barrierefreiheit. In: Schweizerische Zeitschrift für Heilpädagogik 26, H. 10, S. 48–54.
Trescher, Hendrik (2020d): Pädagogisches Handeln methodisch reflektieren. Entwicklung einer Reflexionsfolie nicht nur für die Praxis. In: Menschen 43, H. 2, 53–59.
Trescher, Hendrik (2022): Barriere. In: Kessl, Fabian/Reutlinger, Christian (Hrsg.): Sozialraum. Eine elementare Einführung. Wiesbaden: Springer VS, 451–462.
Trescher, Hendrik/Börner, Michael (2019): Empowerment und Inklusion. Zur (Un)vereinbarkeit zweier Paradigmen. In: Behindertenpädagogik 58, H. 2, S. 137–156.
Trescher, Hendrik/Börner, Michael (2021): Perspektiven inklusiver Sozialraumentwicklung. Empirische Befunde zu Inklusionspotentialen des Lebensbereichs Freizeit. In: Freericks, Renate/Brinkmann, Dieter (Hrsg.): Erlebnis – Gemeinschaft – Transformation. Berufsfeld Freizeit und Tourismus im Umbruch. Bremen: Institut für Freizeitwissenschaft und Kulturarbeit e. V., S. 151–170.
Trescher, Hendrik/Börner, Michael (2022): Die Krise als konstitutives Moment pädagogischer Professionalität. Zur Wiederentdeckung und Würdigung der Krisenhaftigkeit pädagogischen Handelns am Beispiel integrativer Kindertageseinrichtungen. In: transfer Forschung-Schule, H. 8 (im Erscheinen).
Trescher, Hendrik/Hauck, Teresa (2015): Ambivalenz und Inklusion. Subjektivierungspraxen in der integrativen Kindertagesstätte. In: Neue Praxis 45, H. 5, S. 488–502.
Trescher, Hendrik/Hauck, Teresa (2017): Raum und Inklusion. Zu einem relationalen Verhältnis. In: Zeitschrift für Inklusion 11, H. 4 (auch online unter https://www.inklusion-online.net/index.php/inklusion-online/article/download/432/340?inline=1, (Abfrage: 17.07.2022).
Trescher, Hendrik/Hauck, Teresa (2019): Inklusion im relationalen Raum. Ethnographische Sozialraumbegehungen zwischen Teilhabe und Ausschluss. In: Ricken, Gabi/Degenhardt, Sven (Hrsg.): Vernetzung, Kooperation, Sozialer Raum. Inklusion als Querschnittaufgabe. Bad Heilbrunn: Julius Klinkhardt, S. 227–231.
Trescher, Hendrik/Hauck, Teresa (2020a): Behindernde Räume. Aneignungs- und Teilhabepraxen im Sozialraum. In: Gemeinsam leben 28, H. 2, S. 105–113.
Trescher, Hendrik/Hauck, Teresa (2020b): Inklusion im kommunalen Raum. Sozialraumentwicklung im Kontext von Behinderung, Flucht und Demenz. Bielefeld: transcript.
Trescher, Hendrik/Hauck, Teresa/Börner, Michael (2022): „Kommune Inklusiv"? – Potenziale und Herausforderungen inklusiver Sozialraumentwicklung. In: Wansing, Gudrun/Schäfers, Markus/

Köbsell, Swantje (Hrsg.): Teilhabeforschung – Einführung in ein neues Forschungsfeld. Methodologien, Methoden und Projekte der Teilhabeforschung. Wiesbaden: VS (im Erscheinen).

Uhle, Reinhard (2006): Konzepte praktischen Verstehens in der Pädagogik. In: Gaus, Detlef/Uhle, Reinhard (Hrsg.): Wie verstehen Pädagogen? Begriffe und Methoden des Verstehens in der Erziehungswissenschaft. Wiesbaden: Springer VS, S. 213–227.

Ulich, Michaela/Oberhuemer, Pamela/Soltendieck, Monika (2005): Die Welt trifft sich im Kindergarten. Interkulturelle Arbeit und Sprachförderung in Kindertageseinrichtungen. 2. Auflage. Weinheim und Basel: Beltz.

van Dyk, Silke (2020): Soziologie des Alters. 2. Auflage. Berlin: transcript.

Viernickel, Susanne (2017): Rahmenbedingungen für professionelles Handeln in Kindertageseinrichtungen. In: Balluseck, Hilde von (Hrsg.): Professionalisierung der Frühpädagogik. Perspektiven, Entwicklungen, Herausforderungen. 2. Auflage. Opladen, Berlin, Toronto: Barbara Budrich, S. 39–52.

Viernickel, Susanne/Nentwig-Gesemann, Iris/Nicolai, Katharina/Schwarz, Stefanie/Zenker, Luise (2013): Schlüssel zu guter Bildung, Erziehung und Betreuung. Bildungsaufgaben, Zeitkontingente und strukturelle Rahmenbedingungen in Kindertageseinrichtungen. Forschungsbericht. Berlin: Der Paritätische Gesamtverband, Diakonie. GEW.

Wadepohl, Heike (2017): Die Gestaltung wertschätzender Interaktionen als eine Facette der Beziehungsqualität in der Kita. In: Wadepohl, Heike/Mackowiak, Katja/Fröhlich-Gildhoff, Klaus/Weltzien, Dörte (Hrsg.): Interaktionsgestaltung in Familie und Kindertagesbetreuung. Wiesbaden: Springer VS, S. 171–198.

Wadepohl, Heike/Mackowiak, Katja/Bosshart, Susanne/Billmeier, Ursula/Burkhardt Bossi, Carine/Dieck, Margarete/Gierl, Katharina/Hüttel, Caroline/Janßen, Martina/Kauertz, Alexander/Kuchartz, Dietmut/Lieger, Catherine/Lindenfelser, Christoph/Rathgeb-Schnierer, Elisabeth/Tournier, Maike und Ziroli, Sergio (2014): Das Forschungsprojekt PRIMEL. Fragestellung und Methode. In: Kucharz, Diemut/Rathgeb-Schnierer, Elisabeth (Hrsg.): Professionelles Handeln im Elementarbereich (PRIMEL). Eine deutsch-schweizerische Videostudie. Münster, New York: Waxmann, S. 49–83.

Walker, Sue/Dunbar, Stephanie/Meldrum, Katrina/Whiteford, Chrystal/Carrington, Suzanne/Hand, Kirstine/Berthelsen, Donna/Nicholson, Jan (2012): The transition to school of children with developmental disabilities: Views of parents and teachers. In: Australasian Journal of Early Childhood 37, H. 3, S. 22–29.

Weber, Max (1984): Soziologische Grundbegriffe. 6 Auflage. Tübingen: Mohr Siebeck.

Weiß, Hans (2020): Kinder in Armut und sozialer Benachteiligung. Konsequenzen für inklusive Kindertagesstätten. In: König, Anke/Heimlich, Ulrich (Hrsg.): Inklusion in Kindertageseinrichtungen. Eine Frühpädagogik der Vielfalt. Stuttgart: Kohlhammer, S. 90–117.

Weizsäcker, Richard von (1993): Ansprache von Bundespräsident Richard von Weizsäcker bei der Eröffnungsveranstaltung der Tagung der Bundesarbeitsgemeinschaft Hilfe für Behinderte. Bonn.

Weltzien, Dörte (2014a): Der forschende Habitus in der Kindheitspädagogik. Aktuelle Diskurslinien im Kontext von Kompetenzforschung und Kompetenzentwicklung. In: Betz, Tanja/Cloos, Peter (Hrsg.): Kindheit und Profession. Konturen und Befunde eines Forschungsfeldes. Weinheim und Basel: Beltz Juventa, S. 206–220.

Weltzien, Dörte (2014b): Pädagogik: Die Gestaltung von Interaktionen in der Kita. Merkmale – Beobachtung – Reflexion. Weinheim und Basel: Beltz Juventa.

Weltzien, Dörte/Fröhlich-Gildhoff, Klaus/Strohmer, Janina/Rönnau-Böse, Maike/Wünsche, Michael/Bücklein, Christina/Hoffer, Rieke/Tinius, Claudia (2017): Gestaltung von Interaktionen – Ein videogestütztes Evaluationsinstrument. Manual. Weinheim und Basel: Beltz Juventa.

Wenzl, Thomas/Wernet, Andreas (2015): Fallkonstruktion statt Fallrekonstruktion. Zum methodologischen Stellenwert der Analyse objektiver Daten. In: Sozialer Sinn. Zeitschrift für hermeneutische Sozialforschung 16, H. 1, S. 85–102.

Wernet, Andreas (2006): Hermeneutik – Kasuistik – Fallverstehen. Eine Einführung. Stuttgart: Kohlhammer.

Wernet, Andreas (2009): Einführung in die Interpretationstechnik der Objektiven Hermeneutik. 3. Auflage. Wiesbaden: Springer VS.

Wernet, Andreas (2011): Zu entgrenzenden und entspannenden Informalisierungen unterrichtlicher Interaktion. In: Aßmann, Alex (Hrsg.): Ironie in der Pädagogik. Theoretische und empirische Studien zur pädagogischen Bedeutsamkeit der Ironie. Weinheim und München: Juventa, S. 163–180.

Wildgruber, Andreas (2016): Der Beitrag der (Interaktions-)Forschung zur Professionalisierung des pädagogischen Handelns. In: Friederich, Tina/Lechner, Helmut/Schneider, Helga/Schoyerer, Gabriel/Ueffing, Claudia (Hrsg.): Kindheitspädagogik im Aufbruch. Professionalisierung, Professionalität und Profession im Diskurs. Weinheim und Basel: Beltz, S. 165–168.

Wildgruber, Andreas/Becker-Stoll, Fabienne (2011): Die Entdeckung der Bildung in der Pädagogik der frühen Kindheit. Professionalisierungsstrategien und -konsequenzen. In: Helsper, Werner/Tippelt, Rudolf (Hrsg.): Pädagogische Professionalität. Weinheim und Basel: Beltz, S. 60–76.

Wittgenstein, Ludwig (1967): Philosophische Untersuchungen. Frankfurt am Main: Suhrkamp.

Wolstein, Katrin/Ehm, Jan-Henning/Peters, Svenja/Mischo, Christoph (2020): Interaktionen in Kindertageseinrichtungen gestalten. Wie hängen bereichsspezifische Selbstwirksamkeitserwartungen frühpädagogischer Fachkräfte und die Qualität ihres Interaktionsverhaltens zusammen? In: Weltzien, Dörte/Wadepohl, Heike/Nentwig-Gesemann, Iris/Alemzadeh, Marjan (Hrsg.): Forschung in der Frühpädagogik XIII. Frühpädagogischen Alltag gestalten und erleben. Freiburg im Breisgau: FEL Verlag Forschung – Entwicklung – Lehre, S. 219–244.

Zirfas, Jörg (2001): Identitäten und Dekonstruktionen. Pädagogische Überlegungen im Anschluss an Jacques Derrida. In: Fritzsche, Bettina/Hartmann, Jutta/Schmidt, Andrea/Tervooren, Anja (Hrsg.): Dekonstruktive Pädagogik. Erziehungswissenschaftliche Debatte unter poststrukturalistischen Perspektiven. Wiesbaden: Springer VS, S. 49–64.